四川省哲学社会科学规划重大项目"以县城为重要载体的四川新型城镇化建设研究"结题成果

以县城为重要载体的四川新型城镇化建设研究

熊方军 汪 瑞 杜 伟 吴 萌 马 寅 彭 亮 著

科学出版社

北 京

内 容 简 介

本书遵循"理论分析→实践评价→机制完善→路径优化→配套保障"的演进规律，坚持"研究内容与一线需求精准对接，规范研究与实证分析深度融合，理论研究与实践应用一体衔接"的研究范式，在系统梳理以县城为重要载体的四川新型城镇化建设的理论基础和政策制度的基础上，选择四川新型城镇化建设试点县城进行深度调研、比较分析、经验总结和问题分析，科学设计指标模型并运用熵权法对其指标体系展开科学评估。在剖析以县城为重要载体的新型城镇化的理论内涵、影响机制和重点问题基础上，系统谋划推进以县城为重要载体的新型城镇化的主要目标、总体思路、重点任务，全面围绕四川县城新型城镇化建设中的城镇体系布局、经济支撑能力、城乡生活品质、农业转移人口市民化、多维政策保障体系等五类关键问题的解决方案展开深入探究，提出在高度上具有战略性、在视野上具有系统性、在操作上具有可行性的四川县城新型城镇化建设方案的优化建议。

本书适宜从事新型城镇化问题理论工作者和实际工作者阅读，也可供具有一定经济学、地理学及对城镇化问题有兴趣的读者阅读。

图书在版编目（CIP）数据

以县城为重要载体的四川新型城镇化建设研究 ／ 熊方军等著.
北京：科学出版社，2025.05. -- ISBN 978-7-03-079611-0

Ⅰ. F299.277.1

中国国家版本馆 CIP 数据核字第 2024DS2558 号

责任编辑：莫永国 / 责任校对：张亚丹
责任印制：罗　科 / 封面设计：墨创文化

科学出版社 出版

北京东黄城根北街 16 号
邮政编码：100717
http://www.sciencep.com

四川煤田地质制图印务有限责任公司 印刷
科学出版社发行　各地新华书店经销

*

2025 年 5 月第 一 版　　开本：720 × 1000　1/16
2025 年 5 月第一次印刷　　印张：22 1/4
字数：440 000

定价：320.00 元
（如有印装质量问题，我社负责调换）

前　言

一、现实背景

县城是实现城乡融合发展和共同富裕目标的最重要切入点，是四川推进"四化同步"的重要空间、实现"城乡融合"的关键纽带、打造"五区共兴"城镇格局的重要环节。以习近平同志为核心的党中央高度重视新型城镇化建设工作，明确提出了"城镇化是现代化的必由之路"这一重大论断，深刻阐释了城镇化与现代化之间的关系。近年来出台了大量政策文件指导县城新型城镇化建设。2022年5月中共中央办公厅、国务院办公厅印发的《关于推进以县城为重要载体的城镇化建设的意见》全面系统提出推进以县城为重要载体的城镇化建设的总体要求、具体任务、政策保障、组织实施等；2022年5月中国共产党四川省第十二次代表大会上的报告指出要"深入实施以人为核心的新型城镇化战略，推进以县城为重要载体的城镇化建设"；2022年10月党的二十大报告再次指出要"推进以县城为重要载体的城镇化建设"；2022年11月四川省发展和改革委员会印发的《四川省"十四五"新型城镇化实施方案》明确了四川省推进以县城为重要载体的城镇化建设的具体内容和目标；2023年4月四川省新型城镇化工作暨城乡融合发展工作领导小组办公室印发的《四川省县城新型城镇化建设试点工作方案》将大英县、金堂县、绵竹市等37个县城按照大城市周边县城、专业功能县城、农产品主产区县城和重点生态功能区县城四个方向分别探索各具特色的城镇化发展模式；2023年8月四川省出台《关于推进以县城为重要载体的城镇化建设的实施意见》，从生产、生活、生态等方面对四川县城新型城镇化建设推进提出实施意见。

四川县城类型多样、自然条件和经济水平差异较大，四川县城城镇化建设还面临县城城镇化率差异大、水平低，人口资源分化大、密度低，经济实力差距大、层次低，公共供给区别大、效率低等现实困难，许多基本理论和实践问题亟待深入研究。本专著调查研究系统周密，研究计划执行情况良好。本专著研究团队坚持"实践—认识—再实践—再认识"的认识发展规律，采用"研究内容与一线实际精准对接、规范研究与实证分析深度融合、理论研究与实践应用一体衔接"的工作方式，以社会科学研究与自然科学研究的深度协同为主线，深入四川省县域一线进行了广泛的实证调研和应用研究。本书对应课题组先后在成都、泸州、乐山、内江、雅安、巴中、凉山等市州开展了覆盖20余个县（区）、60余个乡镇的实地考察和调研，调研农户 10000 余户、经营业主 1000 余家、市县乡各级政府工作人员 3000 余人，对各地以县城为重要载体的新型城镇化建设模式及举措进行了归纳分类和总结分析。深入研究如何以县城为重要载体，推动四川新型城镇化建设，是促进四川县城城镇体系结构持续优化、农业转移人口市民化加速推进、城镇产业支撑力不断增强、城镇功能品质持续提升、城乡融合发展纵深推进的重大课题，是四川推进"四化同步、城乡融合、五区共兴"重大战略部署的基本单元。

二、核心内容

本专著以促进人的新型城镇化为核心，以推动县城的新型城镇化高质量发展为主题，以转变县城发展方式为主线，以"四化同步、城乡融合、五区共兴"为总抓手，开展以县城为重要载体的四川新型城镇化建设问题研究；遵循"理论分析→实践评价→机制完善→路径优化→配套保障"的演进规律，坚持"研究内容与一线需求精准对接，规范研究与实证分析深度融合，理论研究与实践应用一体衔接"的研究范式，在系统梳理以县城为重要载体的四川新型城镇化建设的理论基础和政策制度的基础上，选择金堂县、乐至县、大英县、石棉县等四川新型城镇化建设试点县城进行深度调研、比较分析、经验总结和问题分析，科学设计指标模型，并运用熵权法对四川县城新型城镇化建设指标体系展开科学评估，准确把握四川县城新型城镇化发展的基础条件和趋势性特征。本专著在剖析以县城为重要载体的新型城镇化的理论内涵、影响机制和重点问题基础上，系统谋划推进以县城为重要载体的新型城镇化的主要目标、总体思路、重点任务，全面围绕四川县城新型城镇化建设中的城镇体系布局、经济支撑能力、城乡生活品质、农业转移人口市民化、多元政策保障体系五类关键问题的解决方案展开深入探究，提出在高度上具有战略性、在视野上具有系统性、在操作上具有可行性的四川县城新型城镇化建设方案的优化建议，为深入实施以县城为重要载体的四川新型城镇化建设提供科学性与适应性的理论指导和决策参考。

（一）以县城为重要载体的新型城镇化建设的理论基础与文献综述

本部分以人的全面发展论、城乡一体论、多元可持续论等理论为基础分为四阶段论、两时期多阶段论两类分段方式讨论新型城镇化建设的演进历程文献，梳理以县城为重要载体的新型城镇化建设的政策内涵文献，结合新型城镇化的实践模式探索、实践经验总结、实践主要做法三方面总结新型城镇化建设的实践探索文献，并进一步分析以县城为重要载体的新型城镇化建设的现实困境文献，归纳出关于以县城为重要载体的新型城镇化建设的实现路径和配套协同,聚焦四川县城新型城镇化文献,评述四川县城新型城镇化过程中产业支撑、服务供给、人口流动、要素融通等发展路径方面的典型举措,提出现有理论成果存在的研究内容缺乏系统性、研究视角相对狭窄、研究应用性不足等现实问题,为本研究搭建理论基础。

(二)以县城为重要载体的四川新型城镇化建设实践评析

本部分首先对四川县城城镇化建设的历史演进分五大经济区进行纵向回顾与横向对比,与四川省、西南地区、全国的县城城镇化建设平均水平实施横向比较,总结归纳四川县城城镇化的显著特征;其次,系统梳理国家层面和四川地方层面县城新型城镇化建设政策的实施背景、内容安排和具体举措;然后,采用调查研究方式对四川县城新型城镇化建设分类进行典型案例分析,提出应按照以"金堂经验"为模板的大城市周边县城模式、以"大英经验"为模板的专业功能县城模式、以"乐至经验"为模板的农产品主产区县城模式、以"石棉经验"为模板的重点生态功能区县城模式分类开展特色鲜明的县城新型城镇化建设;最后,采用熵权法,兼顾"综合性+可比性+导向性+客观性+可操作性"等多维要求、"生活品质+人口集聚+经济繁荣"等多元目标的以县城为重要载体的四川新型城镇化建设全新指标评价体系,对以县城为重要载体的四川新型城镇化建设整体进程展开整体和分区域评价。

(三)以县城为重要载体的四川新型城镇化建设路径构建

本部分在对以县城为重要载体的四川新型城镇化建设中县城、新型城镇化、二者关系、建设内涵等关键概念的分析基础上,总结不同类型、功能特点的县城多维表征,从现代化建设、经济高质量发展、新发展格局、乡村振兴、城乡融合、共同富裕等视角分析县城新型城镇化建设的时代价值;系统分析了县城空间布局、县城产业发展、县城服务均衡、县城人口迁移、县城制度变迁五项内容之间相互关联、相互促进、共同影响的以县城为重要载体的新型城镇化建设的内在驱动机制;剖析四川县城新型城镇化建设在城镇体系结构优化、特色优势产业培育、公共服务均衡供给、农业转移人口市民化、其他保障等方面的重点问题;形成了坚持分类建设、坚持城乡融合、坚持扩权赋能、坚持核心增长、坚持品质生活、坚持现代治理的县城新型城镇化建设总体思路;构建了完善四川县城城镇体系、强化四川县城产业支撑、提升四川县城供给效率、稳步四川县城人口转移、增强四川县城制度保障五方面协同发展的重点任务框架体系。

（四）以县城为重要载体优化四川城镇体系的发展路径

本部分首先运用县域大数据分析四川县城的城镇化水平与空间结构，提出了四川县城城镇体系优化的功能协调、区划设置、交通网络、公共设施、治理能力"五大要素"，形成四川县城城镇体系优化的主要路径和关键目标；其次，在研判四川现代化建设、成渝地区双城经济圈建设、新型城镇化建设赋予四川县城城镇体系的"新要求""新阶段""新任务""新使命"等新内容的基础上，重点聚焦"一轴三带"串联起四川县城城镇化网络的特征，提出了侧重建设成渝城市发展主轴线县城、成德绵眉乐雅广西攀城市发展带县城、成遂南达城市发展带县城、攀宜泸沿江城市发展带县城的四川县城关键空间节点布局思路；最后，根据四川县城地理条件、经济水平、基础设施、服务供给、外部环境和社会文化发展差异，分类从大城市周边县城、专业功能县城、农产品主产区县城、重点生态功能区县城四类县城特征出发提出分类施策构建特色化、差异化新型城镇化的基本内涵、试点县城和建设策略。

（五）以县城为重要载体增强四川经济支撑能力的发展路径

本部分在总结四川县域经济发展的历史经验及其战略作用的基础上，分成都平原经济区、川东北经济区、川南经济区、川西北生态示范区、攀西经济区五区域对四川县城多维发展情况进行系统分析，并指出四川县城根据阶段特征及时优化发展战略、因地制宜分多类型发展县域经济、坚持改革作为县域经济发展动力、不断加快打造内陆对外开放高地、统筹城乡发展夯实农业经济基础的经济发展特色，凸显县域经济发展对四川"四化同步、城乡融合、五区共兴"、经济强省建设的重要支撑作用；从强化四川县城经济协同联动发展、坚持四川县城经济分类协同发展、打破四川县城经济传统路径依赖、加强四川县城经济各类风险防控等构建四川县域经济高质量发展的新思路；分别从四川县城经济的供给和需求两端出发，从构建四川县城现代化产业体系、打造四川县城经济核心增长极、创新四川县城产业发展模式、完善四川县城特色平台建设等维度搭建提升四川县城经济驱动力的实施路径，从优化四川县城商业网点布局、增强四川县城供给适应消费需求能力、形成四川县城更广阔的需求增长极等维度构建激发四川县城消费市场活力的实施路径。

（六）以县城为重要载体提升四川城乡生活品质的发展路径

本部分通过对四川县城市政设施体系建设和公共服务供给现状进行评价，分析总结了四川县城生活实践的成效和不足,并提出提升四川城乡生活品质的三个"一体化"发展路径。关于完善四川市政设施一体化建管的发展路径主要有:一是建立县城市政基础设施一体化机制;二是优化县城市政基础设施空间布局;三是增强县城基础设施运行效能和抗风险能力。关于提升四川公共服务一体化供给的发展路径主要有:一是强化县城公共服务供给;二是推进县城公共服务优质均衡发展;三是构筑县城完善的基本公共服务体系。关于强化四川政府治理一体化服务的发展路径主要有:一是提升县城新型城镇化规划建设水平;二是优化县城城市空间结构和管理格局;三是强化和创新县城城镇社会治理。除此之外,本书还认为应通过推进县城高质量转型发展,健全县城常住地基本公共服务,以城市群、都市圈为依托促进县城城乡融合发展,形成人口要素流动保障机制。

(七)以县城为重要载体推进四川农业转移人口市民化的发展路径

本部分首先在系统分析全国、四川省、四川县城农业转移人口市民化的趋势与特征分析基础上,总结了四川县城农业转移人口市民化在人口规模、地区差异、目标城市选择、年龄、性别、教育水平方面的突出特征,提出四川县城农业转移人口市民化的社会融入、经济融入、文化融入要求。其次,从县城人口结构、经济结构、社区结构、环境结构维度分析四川县城农业转移人口市民化的经济后果,提出从户籍制度改革、进城农民权益维护、四川进城农民技能提高、农业转移人口市民化激励机制四方面推进四川县城农业转移人口市民化的发展路径。对于推动四川县城户籍制度改革的发展路径主要有:一是提高农民进城的便利性;二是保障农民在城市的权益;三是提升农民的市民化水平。对于维护四川进城农民权益的发展路径主要有:一是提高农民的法律意识;二是加强法律服务和援助;三是建立权益投诉和纠纷解决机制。对于提高四川进城农民技能的发展路径主要有:一是设立技能培训项目;二是建立职业资格认证制度;三是加强与就业市场的对接。对于健全四川农业转移人口市民化激励机制的发展路径主要有:一是财政转移支付激励;二是社会保障激励;三是市民参与激励;四是教育培训激励;五是社会融入激励。

(八)以县城为重要载体完善四川新型城镇化政策保障的发展路径

本部分在系统分析目前四川县城新型城镇化建设中部分地区存在的政策执行不到位、资金和资源不足、公共服务不平衡、信息宣传和培训不足,以及社会融入和文化认同、公共服务和基础设施建设、政策协调和整合、监测和评估机制等配套政策方面存在问题的基础上,从建设用地利用政策、投融资机制政策、城乡融合发展体制机制政策等方面提出完善四川县城新型城镇化政策保障体系的建议：一是提出实施严格的土地使用控制，促进土地资源的集约利用，提升土地使用的透明度和公平性，以此优化县城建设用地利用政策的建议；二是提出创新融资渠道，引导和吸引社会资本，建立风险防控机制，构建县城多元可持续投融资机制的建议；三是提出加强城乡规划的整合，提升城乡公共服务的均衡发展水平，促进城乡经济融合发展的建议；四是提出完善县城规划和管理，强化政策的协调性和连续性，加强政策执行的监督和评估，健全县城城镇化建设政策体系的建议。

三、主要创新

（一）提出了以县城为重要载体的新型城镇化驱动因素矩阵，构建了四川县城新型城镇化建设重点任务框架体系

一是系统分析了县城空间布局、县城产业发展、县城服务均衡、县城人口迁移、县城制度变迁五项内容之间相互关联、相互促进、共同影响的以县城为重要载体的新型城镇化建设的内在驱动机制，指出了当前四川县城建设面临城镇体系结构待优化、特色优势产业待培育、公共服务供给待均衡、农业转移人口市民化待健全、土地和资金等制度保障待完善等影响新型城镇化建设的重要问题。二是形成了坚持分类建设、坚持城乡融合、坚持扩权赋能、坚持核心增长、坚持品质生活、坚持现代治理的县城新型城镇化建设总体思路，构建了完善四川县城城镇体系、强化四川县城产业支撑、提升四川县城供给效率、稳步四川县城人口转移、增强四川县城制度保障五方面协同发展的重点任务框架体系。

（二）提出了支持四川县城新型城镇化分类施策的"金堂经验""大英经验""乐至经验""石棉经验"，构建了以县城为重要载体的四川新型城镇化建设指标评价体系

一是根据四川新型城镇化建设中面临的"四大四低"现实困境（县城城镇化率差异大、水平低，人口资源分化大、密度低，经济实力差距大、层次低，公共供给区别大、效率低），按照《四川省县城新型城镇化建设试点工作方案》中坚持分类开展特色鲜明的新型城镇化发展模式探索的要求，归纳并提出了以"金堂经验"为模板的大城市周边县城模式、以"大英经验"为模板的专业功能县城模式、以"乐至经验"为模板的农产品主产区县城模式、以"石棉经验"为模板的重点生态功能区县城模式。二是设计了兼顾"综合性+可比性+导向性+客观性+可操作性"等多维要求、"生活品质+人口集聚+经济繁荣"等多元目标的以县城为重要载体的四川新型城镇化建设全新指标评价体系。

（三）提出了四川县城新型城镇化建设的关键空间节点布局，构建了分类推进以县城为重要载体的四川新型城镇化建设的策略体系

一是分析了四川县城城镇体系优化的功能协调、区划设置、交通网络、公共设施、治理能力"五大要素"。二是研判了四川现代化建设、成渝地区双城经济圈建设、新型城镇化建设赋予四川县城城镇体系的"新要求""新阶段""新任务""新使命"。三是重点聚焦"一轴三带"串联起四川县城城镇化网络的特征，提出了侧重建设成渝城市发展主轴线县城、成德绵眉乐雅广西攀城市发展带县城、成遂南达城市发展带县城、攀宜泸沿江城市发展带县城的关键空间节点布局。四是根据四川县城地理条件、经济水平、基础设施、服务供给、外部环境和社会文化发展差异，提出了分类施策构建大城市周边县城、专业功能县城、农产品主产区县城、重点生态功能区县城的特色化、差异化的新型城镇化策略体系。

（四）提出了四川县城经济高质量发展的新思路，构建了以县城为重要载体提升四川经济驱动力和激发四川消费市场活力的实施路径

一是总结了四川县城根据阶段特征及时优化发展战略、因地制宜分多类型发展县域经济、坚持以改革作为县域经济发展动力、不断加快打造内陆对外开放高地、统筹城乡发展夯实农业经济基础的经济发展特色。二是系统分析县域经济发展对四川"四化同步、城乡融合、五区共兴"、经济强省建设的重要支撑作用。三是指出四川县域经济发展应强化四川县城经济协同联动发展，坚持四川县城经济分类协同发展，打破四川县城经济传统路径依赖，加强四川县城经济各类风险防控的新思路。四是搭建了从构建四川县城现代化产业体系、打造四川县城经济核心增长极、创新四川县城产业发展模式、完善四川县城特色平台建设到提升四川县城经济驱动力的实施路径。五是形成了从优化四川县城商业网点布局、增强四川县城供给适应消费需求能力、形成四川县城更广阔的需求增长极到激发四川县城消费市场活力的实施路径。

（五）提出了四川县城公共服务一体化供给和政府治理一体化服务的发展路径，构建了以县城为重要载体促进四川人口要素流动的促进机制

一是建立了县城市政基础设施一体化机制；二是优化了县城市政基础设施空间布局；三是增强了县城基础设施运行效能和抗风险能力；四是强化了县城公共服务供给；五是推进了县城公共服务优质均衡发展；六是构筑了县城完善的基本

公共服务体系；七是提升了县城新型城镇化规划建设水平；八是优化了县城城市空间结构和管理格局；九是强化和创新了县城城镇社会治理；十是搭建了推进县城高质量转型发展、健全县城常住地基本公共服务、以城市群和都市圈为依托促进县城城乡融合发展的促进人口要素流动的保障机制。

（六）提出了四川县城农业转移人口市民化的发展路径，构建了以县城为重要载体的四川新型城镇化建设的多元政策保障体系

一是系统分析了四川县城农业转移人口市民化对县城人口结构、经济结构、社区结构、环境结构的影响机制和作用现状，提出从户籍制度改革、进城农民权益维护、进城农民技能提高、农业转移人口市民化激励机制四维度综合推进四川县城农业转移人口市民化的发展路径。二是提出了实施严格的土地使用控制、促进土地资源的集约利用、提升土地使用的透明度和公平性的优化县城建设用地利用政策的建议。三是提出了创新融资渠道、引导和吸引社会资本、建立风险防控机制的县城多元可持续投融资机制建议。四是提出了加强城乡规划的整合、提升城乡公共服务的均衡化、促进城乡经济的融合发展的县城创新城乡融合发展体制机制建议。五是提出了完善县城规划和管理、强化政策的协调性和连续性、加强政策执行的监督和评估的健全县城城镇化建设政策体系的建议。

目　　录

前言
第一章　绪论 ··· 1
　第一节　以县城为重要载体的四川新型城镇化建设的现实背景 ············· 1
　　一、党中央和四川省政府高度重视以县城为重要载体的新型城镇化建设 ······ 1
　　二、以县城为重要载体的四川新型城镇化建设的三大关键问题 ·············· 3
　第二节　以县城为重要载体的四川新型城镇化建设的研究重点 ············· 6
　　一、四川省城镇体系基本情况 ·· 6
　　二、以县城为重要载体的四川新型城镇化建设的重点研究任务 ············· 6
　第三节　县城城镇化发展的理论逻辑与现实逻辑及本书内容框架 ·········· 10
　　一、县城城镇化发展的理论逻辑与现实逻辑 ······························ 10
　　二、以县城为重要载体的四川新型城镇化建设的研究内容框架 ············ 13
　　三、以县城为重要载体的四川新型城镇化建设的核心观点 ················ 15
　第四节　以县城为重要载体的四川新型城镇化建设的分析方法和步骤 ····· 18
　　一、融合使用多学科的分析方法 ··· 18
　　二、科学搭建多层次的分析步骤 ··· 19
　第五节　以县城为重要载体的四川新型城镇化建设的研究价值和创新 ····· 19
　　一、以县城为重要载体的四川新型城镇化建设研究的主要价值 ············ 19
　　二、以县城为重要载体的四川新型城镇化建设研究的主要创新 ············ 24
第二章　以县城为重要载体的新型城镇化建设的理论基础与文献综述 ········ 26
　第一节　关于新型城镇化建设相关研究总体情况 ·························· 26
　第二节　关于新型城镇化建设内涵特征的研究 ···························· 28
　　一、关于新型城镇化建设重要内涵 ······································· 28
　　二、关于新型城镇化建设主要特征 ······································· 30
　第三节　关于新型城镇化建设演进历程的研究 ···························· 31
　　一、四阶段论 ··· 31
　　二、两时期多阶段论 ··· 32
　第四节　关于以县城为重要载体的新型城镇化建设政策内涵的研究 ········ 33
　第五节　关于以县城为重要载体的新型城镇化建设实践探索的研究 ········ 35

一、新型城镇化建设实践探索……………………………………………35
　　　二、以县城为重要载体的新型城镇化建设实践探索………………………38
　第六节　关于以县城为重要载体的新型城镇化建设现实困境的研究…………39
　第七节　关于以县城为重要载体的新型城镇化建设实现路径的研究…………40
　　　一、新型城镇化建设实现路径……………………………………………40
　　　二、以县城为重要载体的新型城镇化建设实现路径………………………41
　第八节　关于以县城为重要载体的新型城镇化建设配套协同的研究…………42
　　　一、新型城镇化建设配套协同……………………………………………42
　　　二、以县城为重要载体的新型城镇化建设制度联动………………………43
　第九节　关于以县城为重要载体的四川新型城镇化建设的研究………………44
　第十节　国内相关研究存在的不足………………………………………………45
第三章　以县城为重要载体的四川新型城镇化建设实践评析……………………46
　第一节　以县城为重要载体的四川新型城镇化建设的历史演进………………46
　　　一、以县城为重要载体的四川新型城镇化建设的纵向回顾………………47
　　　二、以县城为重要载体的四川新型城镇化建设的横向对比………………52
　　　三、以县城为重要载体的四川新型城镇化建设的特征归纳………………56
　第二节　以县城为重要载体的四川新型城镇化建设的政策研究………………63
　　　一、以县城为重要载体的四川新型城镇化建设的政策梳理………………63
　　　二、以县城为重要载体的四川新型城镇化建设的政策价值………………74
　　　三、以县城为重要载体的四川新型城镇化建设的政策适配………………75
　第三节　以县城为重要载体的四川新型城镇化建设的典型案例分析…………77
　　　一、基于大城市周边县城新型城镇化建设的典型案例分析………………78
　　　二、基于专业功能县城新型城镇化建设的典型案例分析…………………82
　　　三、基于农产品主产区县城新型城镇化建设的典型案例分析……………89
　　　四、基于重点生态功能区县城新型城镇化建设的典型案例分析…………94
　第四节　以县城为重要载体的四川新型城镇化建设的定量评价………………99
　　　一、构建以县城为重要载体的四川新型城镇化建设评价指标体系………99
　　　二、基于熵权法评估四川县城新型城镇化建设…………………………102
　　　三、以县城为重要载体的四川新型城镇化建设的问题总结……………107
第四章　以县城为重要载体的四川新型城镇化建设路径构建…………………113
　第一节　以县城为重要载体的新型城镇化建设的理论内涵探析……………113
　　　一、以县城为重要载体的新型城镇化建设的概念内涵…………………113
　　　二、以县城为重要载体的新型城镇化建设的多维表征…………………120
　　　三、以县城为重要载体的新型城镇化建设的时代价值…………………125

第二节　以县城为重要载体的新型城镇化建设的影响机制分析 128
一、县城空间布局对新型城镇化建设的影响 128
二、县城产业发展对新型城镇化建设的影响 130
三、县城服务均衡对新型城镇化建设的影响 133
四、县城人口迁移对新型城镇化建设的影响 135
五、县城制度变迁对新型城镇化建设的影响 137
六、以县城为重要载体的新型城镇化驱动因素内在关系 138

第三节　以县城为重要载体的四川新型城镇化建设的重点问题剖析 139
一、四川县城城镇体系结构优化问题剖析 139
二、四川县城特色优势产业培育问题剖析 141
三、四川县城公共服务均衡供给问题剖析 142
四、四川县城农业转移人口市民化问题剖析 144
五、四川县城城镇化的其他保障问题剖析 145

第四节　以县城为重要载体的四川新型城镇化建设的发展路径搭建 146
一、以县城为重要载体的四川新型城镇化建设的主要目标 146
二、以县城为重要载体的四川新型城镇化建设的总体思路 147
三、以县城为重要载体的四川新型城镇化建设的重点任务 151

第五章　以县城为重要载体优化四川城镇体系的发展路径 157

第一节　四川县城的城镇化水平与空间结构 157
一、四川县城土地使用整体情况 157
二、四川县城分区城镇化具体情况 158
三、四川县城分区城镇化汇总情况 163
四、四川县城新型城镇化试点情况 165

第二节　以县城为重要载体的四川城镇体系的优化路径 166
一、四川县城城镇体系优化的关键要素 166
二、四川县城城镇体系优化的路径与目标 169

第三节　以县城为重要载体的四川城镇体系的空间布局 171
一、四川县城城镇体系的发展新趋势 171
二、四川县城城镇体系的关键空间节点 173

第四节　以县城为重要载体的四川新型城镇化试点县建设策略 175
一、四川县城新型城镇化分类策略 175
二、大城市周边县城试点县建设策略 176
三、专业功能县城试点县建设策略 177
四、农产品主产区县城试点县建设策略 178

五、重点生态功能区县城试点县建设策略 …… 179

第六章 以县城为重要载体增强四川经济支撑能力的发展路径 …… 181

第一节 四川县域经济发展的历史经验与战略作用 …… 181
一、四川县域经济发展的历史演变 …… 181
二、四川县域经济发展的经验特色 …… 184
三、四川县域经济发展的战略作用 …… 187

第二节 四川县域经济发展的区域特征 …… 189
一、四川经济发展整体情况 …… 189
二、四川县城分区经济发展具体情况 …… 191
三、四川县城分区经济发展汇总情况 …… 199
四、四川试点县城经济发展情况 …… 203

第三节 四川县城经济高质量发展的新思路 …… 206
一、强化四川县城经济协同联动发展 …… 206
二、坚持四川县城经济分类协同发展 …… 208
三、打破四川县城经济传统路径依赖 …… 210
四、加强四川县城经济各类风险防控 …… 212

第四节 以县城为重要载体提升四川经济驱动力的实施路径 …… 214
一、构建四川县城现代化产业体系 …… 214
二、打造四川县城经济核心增长极 …… 216
三、创新四川县城产业发展模式 …… 217
四、完善四川县城特色平台建设 …… 220

第五节 以县城为重要载体激发四川消费市场活力的实施路径 …… 222
一、优化四川县城商业网点布局 …… 222
二、增强四川县城供给适应消费需求能力 …… 226
三、形成四川县城更广阔的需求增长极 …… 228

第七章 以县城为重要载体提升四川城乡生活品质的发展路径 …… 230

第一节 四川县城市政设施体系建设和公共服务供给现状评价 …… 230
一、四川县城市政设施体系建设现状评价 …… 230
二、四川县城公共服务供给现状评价 …… 232

第二节 以县城为重要载体完善四川市政设施一体化建管的发展路径 …… 238
一、建立县城市政基础设施一体化机制 …… 239
二、优化县城市政基础设施空间布局 …… 240
三、增强县城基础设施运行效能和抗风险能力 …… 241

第三节 以县城为重要载体提升四川公共服务一体化供给的发展路径 …… 242

  一、强化县城公共服务供给 …………………………………………… 243
  二、推进县城公共服务优质均衡发展 …………………………………… 245
  三、构筑县城完善的基本公共服务体系 ………………………………… 247
 第四节 以县城为重要载体强化四川省政府治理一体化服务的发展路径 … 250
  一、提升县城新型城镇化规划建设水平 ………………………………… 250
  二、优化县城城市空间结构和管理格局 ………………………………… 253
  三、强化和创新县城城镇社会治理 ……………………………………… 256
 第五节 以县城为重要载体促进四川人口要素流动的保障机制 ………… 259
  一、推进县城高质量转型发展 …………………………………………… 259
  二、健全县城常住地基本公共服务 ……………………………………… 260
  三、以城市群、都市圈为依托，促进县城城乡融合发展 ……………… 260

第八章 以县城为重要载体推进四川农业转移人口市民化的发展路径 ……… 261
 第一节 四川县城农业转移人口市民化的趋势与特征分析 ……………… 261
  一、全国农业转移人口市民化趋势 ……………………………………… 261
  二、四川农业转移人口市民化趋势 ……………………………………… 262
  三、四川县城农业转移人口市民化的特征 ……………………………… 264
  四、四川县城农业转移人口的市民化 …………………………………… 272
 第二节 县城农业转移人口市民化对四川城镇体系的影响 ……………… 273
  一、市民化对县城人口结构的影响 ……………………………………… 274
  二、市民化对县城经济结构的影响 ……………………………………… 275
  三、市民化对县城社区发展的影响 ……………………………………… 278
  四、市民化对县城环境压力的影响 ……………………………………… 279
 第三节 以县城为重要载体深化四川户籍制度改革的发展路径 ………… 281
  一、户籍制度改革与农业转移人口市民化的关系 ……………………… 281
  二、四川县城户籍制度改革的现状 ……………………………………… 282
  三、推动四川县城户籍制度改革的策略和路径 ………………………… 283
 第四节 以县城为重要载体维护四川进城农民权益的发展路径 ………… 285
  一、四川县城进城农民当前权益状况 …………………………………… 285
  二、四川县城进城农民权益保障制度的重要性 ………………………… 286
  三、完善四川县城进城农民权益保障制度的策略和路径 ……………… 288
 第五节 以县城为重要载体提高四川进城农民技能的发展路径 ………… 289
  一、四川县城进城农民的技能现状 ……………………………………… 289
  二、提高四川县城进城农民技能的重要性 ……………………………… 290
  三、提高四川县城进城农民技能的策略和路径 ………………………… 290

第六节　以县城为重要载体建立四川农业转移人口市民化激励机制……291
　　一、四川县城市民化激励机制的必要性……291
　　二、四川县城市民化激励机制的现状……292
　　三、健全四川县城市民化激励机制的策略和路径……293

第九章　以县城为重要载体完善四川新型城镇化政策保障的发展路径……295
第一节　以县城为重要载体完善四川农业转移人口市民化配套政策……295
　　一、当前四川县城农业转移人口市民化配套政策概述……295
　　二、配套政策在县城市民化过程中的作用……299
　　三、县城配套政策存在的问题及挑战……300
　　四、完善县城配套政策的建议和路径……302
第二节　以县城为重要载体优化四川集约高效的建设用地利用政策……303
　　一、当前四川县城建设用地利用政策概述……303
　　二、建设用地利用政策在县城发展中发挥的作用……305
　　三、县城建设用地利用政策存在的问题及挑战……307
　　四、优化县城建设用地利用政策的建议和路径……309
第三节　以县城为重要载体建立四川多元可持续的投融资机制政策……310
　　一、当前四川县城投融资机制政策概述……310
　　二、多元可持续投融资机制在县城发展中发挥的作用……311
　　三、四川县城投融资机制政策存在的问题及挑战……314
　　四、建立县城多元可持续投融资机制的建议和路径……315
第四节　以县城为重要载体创新四川城乡融合发展体制机制政策……317
　　一、当前四川县城城乡融合发展体制机制政策概述……317
　　二、城乡融合发展体制机制在县城发展中的作用……320
　　三、四川县城城乡融合发展体制机制政策存在的问题及挑战……321
　　四、县城创新城乡融合发展体制机制的建议和路径……323
第五节　以县城为重要载体健全四川城镇化建设政策体系……326
　　一、当前四川县城城镇化建设政策体系概述……326
　　二、城镇化建设政策体系在县城发展中发挥的作用……328
　　三、四川县城城镇化建设政策体系存在的问题及挑战……330
　　四、健全县城城镇化建设政策体系的建议和路径……331

参考文献……335

第一章 绪 论

第一节 以县城为重要载体的四川新型城镇化建设的现实背景

一、党中央和四川省政府高度重视以县城为重要载体的新型城镇化建设

县城是实现城乡融合发展和共同富裕目标的重要切入点,是我国现代化城镇体系中的重要环节,是我国城镇框架中最基本的单元。在县城新型城镇化进程中,新型城镇化的类型、发展模式、政策推进都与地区产业发展、人民幸福生活、生态环境保护紧密关联,是影响不同区域、不同县城、城乡两级人民四化同步、相互融合、共同富裕的热点议题。但是,长期以来我国县城存在城镇化发展程度不平衡、产业发展集聚程度不够、公共服务和市政设施供给效率不高、人口集聚力和吸引力不足、政策制度保障不完善等问题。针对上述县城城镇化问题,党中央和四川省政府高度重视县城新型城镇化建设问题,近年来出台多项文件对以县城为重要载体的新型城镇化建设工作进行专门指导。

2020年5月,国家发展改革委印发的《关于加快开展县城城镇化补短板强弱项工作的通知》[1]对加快推进县城城镇化建设做出重要部署;2021年3月《中华人民共和国国民经济和社会发展第十四个五年规划和2035年远景目标纲要》[2]和2022年1月中央一号文件[3]都对以县城为载体的新型城镇化建设提出了具体的实施要求;2022年5月中共中央办公厅、国务院办公厅印发的《关于推进以县城为重要载体的城镇化建设的意见》[4]全面系统提出推进以县城为重要载体的城镇化建设的总体要求、主要目标、具体任务和制度保障等;2022年10月党的二十大报告指出要"推进以县城为重要载体的城镇化建设";2022年11月四川省发展和改革委员会出台的《四川省"十四五"新型城镇化实施方案》[5]明确了四川省推进以

---

[1] 2020年5月29日国家发展改革委印发《关于加快开展县城城镇化补短板强弱项工作的通知》(发改规划〔2020〕831号)。
[2] 2021年3月11日十三届全国人大四次会议表决通过了《关于国民经济和社会发展第十四个五年规划和2035年远景目标纲要》的决议。
[3] 2022年1月4日中央一号文件《中共中央 国务院关于做好2022年全面推进乡村振兴重点工作的意见》发布。
[4] 2022年5月6日中共中央办公厅、国务院办公厅印发《关于推进以县城为重要载体的城镇化建设的意见》。
[5] 2022年11月24日四川省发展和改革委员会印发《四川省"十四五"新型城镇化实施方案》。

县城为重要载体的城镇化建设的具体内容和目标；2023年4月四川省新型城镇化工作暨城乡融合发展工作领导小组办公室印发的《四川省县城新型城镇化建设试点工作方案》①将大英县、金堂县、绵竹市等37个县城按照大城市周边县城、农产品主产区县城、专业功能县城和重点生态功能区县城四个方向分别探索各具特色的城镇化发展模式；2023年7月四川省发展和改革委员会印发了《四川省县城新型城镇化建设试点省级预算内基本建设投资奖励补助管理办法》②，以提高县城新型城镇化建设资金使用绩效。2023年8月四川省委办公厅、省政府办公厅印发的《关于推进以县城为重要载体的城镇化建设的实施意见》③从生产、生活、生态等方面对四川县城新型城镇化建设推进提出具体指导意见。站在向第二个百年奋斗目标进军的历史起点上，以县城为载体推进新型城镇化建设是落实党的二十大精神的新战略、推进实现共同富裕的新部署、促进区域协调发展的新举措，对于我国实现中国式现代化具有深远历史影响和重大现实意义。

四川省有183个县（市、区），县级行政区数量全国最多。四川省坚持分类引导县城发展，2022年13个区入围全国百强区，百强区数量全国第四、西部第一，36个县（市）入围中国西部百强县，数量居西部第一。2022年11月，四川省委十二届二次全会提出以"四化同步、城乡融合、五区共兴"④为总抓手建设现代化四川的重大战略举措，为新阶段推进以县城为重要载体的四川新型城镇化建设指明了工作方向。自党的十八大以来，四川省城镇化发展水平大幅提升：2011~2021年四川省常住人口城镇化率从41.8%提高到57.8%⑤，与全国的差距由10个百分点缩小到6.9个百分点，年均提高1.6个百分点，比全国高0.3个百分点；城镇体系结构持续优化，成都市跻身超大城市行列，绵阳、南充、宜宾、泸州先后迈入Ⅱ型大城市行列，达州等10座城市达到中等城市规模；2011~2021年全省

---

① 2023年4月12日四川省新型城镇化工作暨城乡融合发展工作领导小组办公室印发《四川省县城新型城镇化建设试点工作方案》。

② 2023年7月25日四川省发展和改革委员会印发《四川省县城新型城镇化建设试点省级预算内基本建设投资奖励补助管理办法》。

③ 2023年8月3日四川省委办公厅、省政府办公厅印发《关于推进以县城为重要载体的城镇化建设的实施意见》。

④ 2022年11月29日中国共产党四川省第十二届委员会第二次全体会议通过《中共四川省委关于深入学习贯彻党的二十大精神在全面建设社会主义现代化国家新征程上奋力谱写四川发展新篇章的决定》。"四化"指的是新型工业化、信息化、城镇化、农业现代化，"同步"就是要推动"四化"在时间上同步演进、空间上一体布局、功能上耦合叠加。"城乡融合"是现代化的重要标志，就是要统筹推动新型城镇化和乡村振兴，加快形成以城带乡、以工促农、城乡共同繁荣的新局面。"五区共兴"是破解发展不平衡问题的现实需要，也是推进四川现代化建设的必然要求，就是要根据四川省不同区域发展水平和产业特点制定差异化政策，高水平推动区域协调发展，促进成都平原、川南、川东北、攀西经济区和川西北生态示范区协同共兴。

⑤ 2012年3月2日四川省人民政府发布《2011年四川省国民经济和社会发展统计公报》；2022年3月14日四川省人民政府发布《2021年四川省国民经济和社会发展统计公报》。

累计落户农业转移人口 1110 万,基本公共服务加快覆盖全部城镇常住人口;城镇产业体系发展壮大,"5+1"现代工业、"4+6"现代服务业加快发展,2011~2021 年城镇新增就业 825.3 万人,常住人口城镇化率每提高 1 个百分点带动城镇新增就业 64.5 万人;城镇功能品质持续提升,城市人文魅力进一步彰显,城乡融合发展纵深推进。

但是,不平衡、不充分依然是四川省城镇化发展当前最大的实际问题:一是城镇化发展进度不平衡,区域板块存在较大差异,市州城镇化发展不均衡,城市和建制镇设施水平存在较为明显的差距,半城镇化现象较为突出,农业转移人口再就业社保、随迁子女教育、住房保障等方面尚未同等享受城镇居民待遇,户籍人口城镇化率与常住人口城镇化率差距从 2010 年的 14 个百分点扩大到 2021 年的 19.4 个百分点;二是城镇化发展水平不充分,2021 年全省常住人口城镇化率较全国低 6.9 个百分点,城镇体系不完善,大部分城市建成区人口密度偏低,城市产业发展层次有待提升,虽然城乡居民收入比值由 2010 年的 3.0 下降到 2021 年的 2.4[①],但绝对收入差距从 10321 元扩大到 23869 元。总体上,在实现共同富裕目标的愿景下,四川省县城发展呈现积极变化,结合自身资源禀赋和比较优势,积极推动新旧动能转换,增长动力接续转换取得新进展,四川省县城发展取得的进步是在较低基础上取得的进步。四川省城镇体系已经发生了重大变化,但城市层级体系尚不健全,人口过度集中和局部人口塌陷现象并存,对区域空间规划、公共资源配置和城市治理能力提出了更高要求。

二、以县城为重要载体的四川新型城镇化建设的三大关键问题

在我国国家治理体系中,县城是上连接大中城市和下连接乡村镇的关键节点,是推进县城产业发展、公共服务供给效率提升、市政设施建设完善、环境文化情况优化的重要载体。城镇化是现代化的必由之路,四川省高度重视以县城为重要载体的四川新型城镇化建设,在准确把握四川省城镇化发展的基础条件、趋势特征基础上,科学谋划深入推进以县城为重要载体的四川新型城镇化建设的总体思路、主要路径、政策举措。本书主要解决以下三大关键问题。

(一)以县城为重要载体的四川新型城镇化建设的主要问题和矛盾

经过多年努力,四川省经济强县不断涌现,2021 年地区生产总值超过 100 亿元

---

① 2011 年 5 月 31 日四川省人民政府公布《2010 年四川省国民经济和社会发展统计公报》;2022 年 3 月 14 日四川省人民政府公布《2021 年四川省国民经济和社会发展统计公报》。

的县（市、区）达到125个，在西部百强县（市、区）中，四川省上榜26个县，居西部各省份首位。四川省的分类指导逐步完善，结合主体功能区建设，差异化特色化发展成效初显，重点开发区县是全省新增就业、新增常住人口的主区域、工业化城镇化的主战场，农产品主产县（市、区）履行了保障国家粮食安全的重要责任，生态功能县（市、区）较好平衡了发展与保护的关系。四川省体制改革不断深化，发展活力进一步释放，全省共有75个县（市、区）纳入扩权范围。强县与富民同步推进，发展质量持续提升，财政民生投入占一般公共预算支出的绝大部分安排到了县级。

从发展阶段看，四川省县城总体上进入转型发展的关键期，但这是在相对较低的基础上取得的进步，人口多、底子薄、不平衡、欠发达这个最大省情没有完全改变，发展不足仍是四川省面临的最突出的问题，县情是省情的一部分，不平衡、不充分依然是县城发展最大的实际。本书将对四川省县城人口资源分布的平衡性、经济发展水平的平衡性、经济发展的充分性、发展的要素利用与资源效率等问题展开系统分析，揭示四川县城发展现状，以及到2035年四川与全国基本同步实现现代化、实现城乡全体人民共同富裕的目标。

（二）以县城为重要载体的四川新型城镇化建设要实现的发展目标

四川省提出要根据各个县城人口流入、流出、净流动等变化情况，切实顺应县城生产活动、生活需要、生态保护的实际情况，分类探索出大城市周边县城、农产品主产区县城、专业功能县城和重点生态功能区县城的特色化发展路径，高质量推进四川县城新型城镇化建设。县城是四川省实施"四化同步、城乡融合、五区共兴"发展战略的重要支撑，县城是落实"四化同步、城乡融合、五区共兴"发展战略的基本单元，对构建"四化同步、城乡融合、五区共兴"发展新格局具有基础性、全局性、战略性作用，以推进县城新型城镇化建设从根本上服务于四川省"四化同步、城乡融合、五区共兴"宏观战略部署的实施。

本书将从三方面介绍县城在四川省新型城镇化中应起到的功能性作用。第一方面，四川县城应具有"四化同步"功能，县城的城镇化、信息化、工业化和农业现代化相互依存、相互促进，共同推动四川经济和社会快速发展。信息化快速发展能够为城镇化提供技术支持和驱动力，促进四川县城经济的发展和产业结构的转型升级。工业化是城镇化的重要基础，四川县城中大量的工业企业吸引农村劳动力向县城转移。农业现代化则是县城对农村的支持，通过提高农业生产效率和农民收入水平，减少农村人口，促进四川县城城镇化进程。第二方面，四川县城应具有"城乡融合"功能，县城一端连接着城市，另一端连接着农村，是推动四川城乡融合发展和实现乡村振兴的重要节点，四川县城政治性、亲农性、稳定性等基本特征决定了其是实现城乡融合的最佳空间单元,县城内城乡融合发展是复杂系统演进过程,是多主体、多部门和多层级的复杂互动和协同发展过程。第三方面,四川县城应具有"五区共兴"功能,四川现代化建设在整体上强调省级的战略统筹、片区的规划和政策协同、市县的高效落实,县城层面承担的具体任务最多,破除行政区划壁垒,打造协同联动、合作共赢的区域发展共同体,县城在推动成都平原、川南、川东北、攀西经济区和川西北生态示范区等地区协同发展的过程中发挥了承上启下、联结左右的重要作用,县城既是如苍溪、阆中、南部合作推动三县协同发展等的协同先行区,也是如成都平原城市群推动成德成资成眉同城化等城市群的联结点。

(三)以县城为重要载体的新型城镇化建设如何助力四川社会主义现代化

本书结合四川实际,从以下方面重点讨论以县城为重要载体的新型城镇化建设。第一,县城在四川省城镇体系的空间布局问题。从自然地理条件的特殊性出发讨论四川省城镇化空间布局,对接国家"两横三纵"[1]城镇化战略格局,统筹新型城镇化和区域协调发展,在"一轴三带"[2]城镇化发展格局中讨论大中小城市和小城镇协调发展。第二,市民化质量与县城的新型城镇化问题。县城新型城镇化本质上是推进乡村农民进县城生活、工作的过程,通过户籍制度改革让农村居民享受、享用与县城居民同等品质的子女教育、医疗、购房、养老等公共服务和市政设施,让全体居民公平共享城市发展成果。第三,县城产业支撑力与产城一体融合发展问题。以城聚产、以产兴城,做大做强县城主导产业,挖掘消费潜力,实现城镇宜业宜居。第四,县城的生态与宜居环境问题。加快打造高品质城市生活空间,打造宜居生活环境。

具体问题包括推进户籍制度改革,推进基本公共服务均衡发展;农业转移人口就业服务和技能培训;培育发展地方特色优势产业;积极配套大中小城市产业,形成适合本地区发展的产业结构,推动园区集聚;释放城市消费活力;加强城市生命线安全工程建设,提高公共卫生防控救治和自然灾害防灾减灾救灾能力,保障城市安全发展;布局建设新一代信息基础设施,搭建智慧城市管理平台,丰富城市智慧化应用场景;建设清洁低碳的绿色城市,优化城市生态空间,提升城市环境质量,推进城市生产生活低碳化;强化发展规划引领和国土空间规划约束功能,推动城镇建设用地集约高效利用;统筹布局生态廊道、景观视廊、通风廊道、滨水空间和城市绿道,增加环城绿带建设有关内容,建立严格的"绿线管制"制

---

[1] "两横三纵"指陆桥通道、沿长江通道为两条横轴,以沿海、京哈京广、包昆通道为三条纵轴。
[2] "一轴三带"指成渝城市发展主轴、成德绵眉乐雅广西攀城市发展带、成遂南达城市发展带、攀宜泸沿江城市发展带。

度，根据人口规模改造提升城镇生活污水和垃圾处理设施，支持社区补齐配套公共服务短板，建设现代社区，打造15min便民生活圈等。

第二节　以县城为重要载体的四川新型城镇化建设的研究重点

一、四川省城镇体系基本情况

2023年，四川省已经形成1个超大城市、4个大城市、10个中等城市、22个小城市和2016个建制镇构成的城镇体系，其中128个县（市、区）的城区常住人口1587.7万，占全省城镇常住人口的33.4%，183个县（市、区）则贡献了占全省91%的GDP。本书以四川省城镇体系中的128个县城的新型城镇化建设为研究对象，重点解决县城城镇化发展过程中的不平衡、不充分问题：第一，解决县城城镇化发展中的不平衡问题，包括区域之间发展的巨大差异问题，各市州之间的县城城镇化发展不均衡问题，城市和县城的市政公用设施水平差异问题，县城的半城镇化现象问题，重点聚焦农业转移人口在就业社保、随迁子女教育、住房保障、医疗保障等方面的公共服务供给问题等；第二，解决县城城镇化发展的不充分问题，包括各县城的城镇化发展水平整体偏低问题，县城在城镇体系中地位偏低问题，县城的产业发展层次偏低、战略性新兴产业总体规模偏小问题，县城居民收入偏低问题，县城的城市功能发挥不足、县城政府治理水平不高问题等。

二、以县城为重要载体的四川新型城镇化建设的重点研究任务

本书主要从以县城为重要载体的四川新型城镇化建设的出发点、切入点、基本点、核心点、落脚点五个方面构建研究的重点任务，如图1-1所示。

（一）研究出发点：四川省进入新型城镇化历史新阶段的特殊背景

从四川省城镇化发展的趋势性特征分析，按照2027年达到64%左右、2035年达到70%左右测算，未来一段时期四川省城镇化率将呈现上升速度趋缓但快于全国速度的态势，预计到2027年四川城镇常住人口达5454万人。从四川空间分布看，人口向大城市和县城"两端"集聚态势明显，县城和县级市城区常住人口将继续普遍增加。从四川城市治理看，城市抵御冲击安全韧性也将面临严峻挑战，城市功能和设施亟待提升，部分薄弱项越来越突出，同时基层治理水平与城市治理能力现代化要求的匹配度还有待提升。从四川资源要素看，户籍人口城镇化率低于常住人口城镇化率，解决城镇化过程中的人口问题正在由主要处理好城乡间

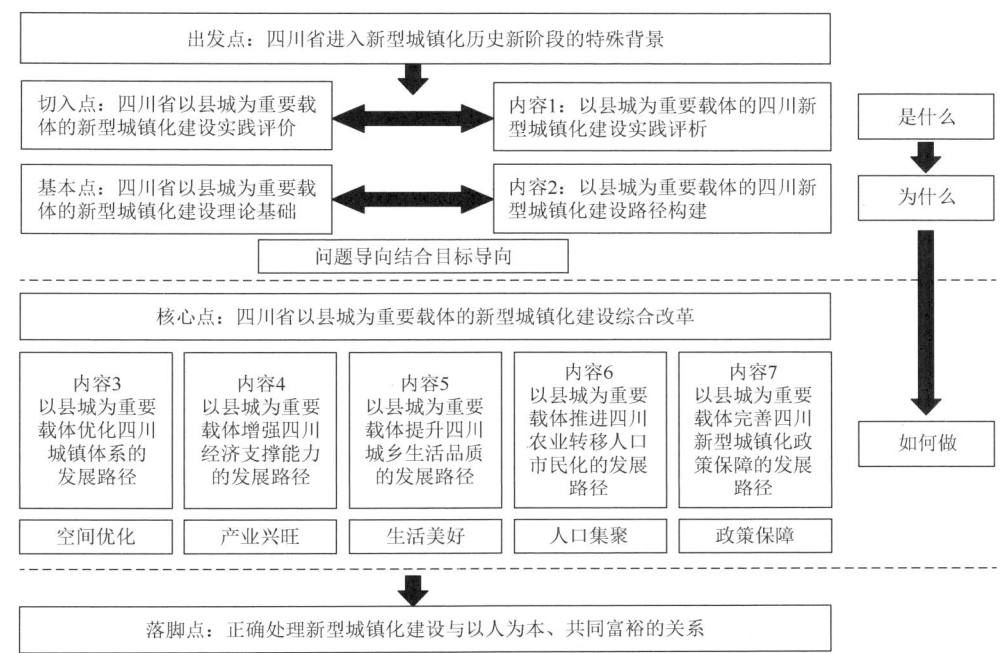

图 1-1 研究重点任务

关系演化为统筹处理好城乡间、区域间关系，需要通过加强公共服务供给，提高常住人口住宅用地供给，完善市政设施等建设。由此可见，四川省新型城镇化已进入新的发展阶段，呈现与过去不同的趋势与特征，即城镇化速度的逐步放缓期、人口流动的多向叠加期、区域格局的明显分化期、发展品质质量的提升期、城镇化动能的转换期和治理体制机制的完善期。推进以县城为重要载体的新型城镇化既是补齐四川省发展短板的现实需要，也是带动经济高质量发展的重要引擎。四川省到 2035 年与全国同步基本实现社会主义现代化，就需要把加快以县城为重要载体的新型城镇化步伐摆在全局工作的突出位置。本书将从四川省新型城镇化在历史新阶段的特定矛盾出发，从推进以人为核心的新型城镇化建设的重大举措、解决农业农村农民问题的重要途径、促进区域协调发展的有力支撑的认识高度对以县城为重要载体的新型城镇化进行研究。

(二) 研究切入点：四川省以县城为重要载体的新型城镇化建设实践评价

借鉴先进国家城镇化率变动的轨迹，四川城镇化率与全国逐步趋近的态势，以及相关省（区、市）特别是人口大省（区、市）城镇化变动规律，未来四川城镇化率有可能保持相对较快增长态势。另外，四川省城镇化的区域差异明显，未来不平衡状态仍将持续，五大经济区域区位、资源条件、发展水平各有不同，城镇化存在梯度落差，随着区域协同发展新格局的逐步形成，发展不平衡状态也在变化。在区域中心城市和节点城市发展壮大的同时，人口集聚能力进一步分化，核心城市增长与部分城市收缩将成为常态。

在这种状况下，研究四川省以县城为重要载体的新型城镇化建设，必须充分认识到不同区域、不同类型的县城城镇化水平发展的共性与特性，充分利用调研数据和数据库资料，对四川省县城新型城镇化建设情况进行全面调研、比较分析、水平评估、经验总结和问题查摆，为提出以县城为重要载体的新型城镇化建设方案提供实践基础和现实依据。本书将深入四川省五大经济区域板块中的代表性县城，利用参与式评估法等工具对各地新型城镇化建设情况进行全面调研和评估，并基于实证调研和政策法规视角，从实践中归纳和整理各地新型城镇化建设中存在的问题及原因。只有以四川省新型城镇化建设实践调研与评价为切入点，全面摸清家底、精准了解一线实际，才能有的放矢地开展相关研究，确保本书的相关理论研究演进和政策咨询建议具有科学性、针对性和现实可操作性。

（三）研究基本点：四川省以县城为重要载体的新型城镇化建设理论基础

追溯城镇化的相关基础理论，马克思城乡发展理论指出人口不断集聚产生社会需求并促进社会分工深化，推动小城镇逐步进化为小城市和中、大型城市。新古典经济理论认为劳动力资源由边际产品低的农业部门向边际产品高的工业部门转移从而提高整个经济的资源配置效率。刘易斯二元经济理论分析了以制造业为主的现代化部门对于农业劳动力的吸收。托达罗提出的"三部门两阶段"的分析框架、"齐普夫定律"等理论都分析了有关人口与城市规模的关系问题。除此之外，皮埃尔对"城市治理"四种模式进行了制度性分析，"大都市政府理论"讨论了城市治理低效问题，公共选择理论主张政府依靠市场机制提供并协调基本的公共服务，地域重划与区域化理论主张地方服务权限下放以提升城市区域的竞争力，新管理主义城市治理模式、超多元模式、规制型政府模式等城市理论都对现代城市发展的相关问题进行了理论探索。

虽然不同理论的方法论基础、逻辑线路和具体主张不尽相同，但都反映出类似的以下基本观点：就业和收入对城市发展具有关键影响，城镇化必须强化产业支撑；现代城镇化必须加强公共服务保障；超大城市和都市圈是城镇体系的核心增长极，但是需要积极培育与科学调控；社会参与是实现城市治理现代化的重要组成部分等。本书将对有关城镇化的当代理论进行系统梳理与合理借鉴，从理论上阐明以县城为重要载体推进新型城镇化建设的作用机制，分别从市场、政府以及社会角度全面剖析作用途径，虽然位于不同区域、不同类型、不同发展阶段的县城条件存在差异，如有的县城产业强,有的县城生态优,有的县城地理位置佳,有的县城农业现代化程度高,但是通过基本的理论作用路径分析,可以在理论上明确县城新型城镇化推进的主要方向,确保为四川县城新型城镇化建设提供有力的科学支撑。

(四) 研究核心点:四川省以县城为重要载体的新型城镇化建设综合改革

县城的新型城镇化不是一县一域的城镇化,而是区域协调发展的城镇化,要跳出县城看县城,放眼市域、省域乃至全国及全球,进行统筹谋划。四川省新型城镇化进入中心城市和都市圈带动、城市群和各区协同联动发展的阶段,"四化同步、城乡融合、五区共兴"发展战略是县城走新型城镇化发展道路的根本保障,县城相对独立,但在较大区域中又相互关联,这种逻辑关系决定了在谋划推进县城新型城镇化建设过程中,应当立足区域协同发展,在更大范围的经济区范围内进行资源配置。

本书将在研究中重点关注以下四个方面的统筹协调。第一,强化县城与大中城市统筹。大中城市是各个县、区的组合,县城发展离不开大中城市的大力支持,从城市的角度需要研究制定发展规划,对县一级来说就是充分借助省市提供的各类平台。第二,强化县城的新型城镇化与乡村振兴统筹。加快农业农村优先发展是推动乡村振兴与新型城镇化同步发展的现实基础,根据四川省县城自身的发展实际,加快探索"小县优城"的发展模式,把县城作为集聚县城人口、产业、要素和推进新型城镇化的主战场,加快完善城乡融合发展体制机制,为乡村振兴腾挪出更大的发展空间。第三,坚持防控风险的底线思维,走可持续发展之路。四川省个别县城"吃补助"财政特征明显,特别是近年来受宏观调控政策和税收改革等影响,县财政负担普遍较重,同时县级政府所承担的责任越来越大。一方面,要坚守人民利益底线的要求;另一方面,各县城要处理好加快发展与防范风险的关系,通过稳定发展为防风险打造良好的宏观环境。第四,坚持分类指导整体推进,走差异化协同发展之路,依托已有的发展基础和资源禀赋,突出比较优势,寻找自身最适合的发展道路,实现特色化差异化发展,避免争夺资源恶性竞争。具体到机制建设上,要着力优化合作机制,围绕跨县城重点基础设施项目、资源要素开发以及环境保护等领域开展项目合作,共建产业园区,培育壮大特色优势产业集群,并在财税分成、生态补偿、利益共享等方面探索适合四川省县城合作的新模式,坚决打破对传统发展模式下各县城单从自身考量出发的路径依赖。

(五) 研究落脚点:正确处理新型城镇化建设与以人为本、共同富裕的关系

从宏观层面看,本书从县城连接城乡、实现城乡融合的视角出发,探究县城

新型城镇化建设在实现富裕与共享中的重要作用。富裕与共享要求县城新型城镇化需要注重经济发展和民生保障的平衡，兼顾人民的物质和精神需求，实现县城的可持续发展和社会共享。富裕要求县域经济发展水平提高，要推动产业升级和创新，发展高附加值产业，提高人民收入水平，同时要加强农村经济发展，促进农民增收，实现农村富裕。富裕还要求改善县城的基础设施和公共服务，提高居民生活质量。共享要求县城发展要以人民福祉为中心，注重社会公平和民生保障，加强社会保障体系建设，提供基本的社会救助和保障，确保弱势群体的权益得到保障。另外，共享还要求县城空间布局合理，注重公共空间和绿地建设，提供更多的公共文化设施和休闲娱乐场所，让居民共享城市的文化和生活乐趣。因此，县城新型城镇化建设在以人为本、共同富裕关系中发挥了重要作用。

成渝地区双城经济圈建设、成都都市圈建设及多个省域副中心的确定让县城承担了更多的大城市人口、产业外溢的功能，这将进一步推进农民向县城转移。县城在城镇体系中具有更重要的作用，如缩小城乡差距，促进城乡共同富裕。本书重点讨论内容包括：第一，聚焦新型城镇化，打造县城核心增长极，对上有效承接区域中心城市辐射带动，对下有效引领辐射整个县城发展，突出县城和中心镇这两个重点，依靠大城市拉动、产业转型升级驱动、城乡统筹发展推动，加快县城和中心镇建设，形成县城经济高质量发展的"牵引力"。第二，内外联动建设县城，找准在区域发展格局中的地位和作用，根据不同功能定位，确定不同的发展路径，毗邻大城市的县要实现与大城市"捆绑式"发展，距离大城市较远的县积极打造市域"次中心"；产业升级驱动县城，工业基础较好的县城要走新型工业化道路，农业县要大力推进农业产业化，生态功能县要深度挖掘特色优势和资源；融合发展打造中心镇，努力培育县城副中心，充分发挥镇域作为"城尾村头"的地理位置优势及在统筹城乡发展过程中的节点作用，推动县城优势公共服务资源向乡镇延伸，适时启动"扩权强镇"改革等。本书研究的目标是最终实现四川省以县城为重要载体的新型城镇化建设发展与共同富裕目标的内在统一。

第三节　县城城镇化发展的理论逻辑与现实逻辑及本书内容框架

一、县城城镇化发展的理论逻辑与现实逻辑

本书以促进人的城镇化为核心，以推动县城的城镇化高质量发展为主题，以转变县城发展方式为主线，以四川"四化同步、城乡融合、五区共兴"重大战略

部署为"总抓手""总牵引""总思路",在研究中遵循"理论分析→实践评价→机制完善→路径优化→配套保障"的演进规律和"理论→实践→更高水平的理论拓展→更高水平的实践应用"的内在逻辑,坚持"研究内容与一线需求精准对接,规范研究与实证分析深度融合,理论研究与实践应用一体衔接"的研究范式,系统分析以县城为重要载体的四川新型城镇化建设的实现方案,选择四川省不同类型具有代表性的典型县城和 128 个县(市)城镇化建设数据进行深度调研、比较分析、经验总结和问题分析,运用相关学科基础理论和分析方法,准确把握四川省内县城城镇化发展的基础条件、趋势性特征,科学谋划推进以县城为重要载体的新型城镇化的总体思路、实施路径、政策举措,提出在高度上具有战略性、在视野上具有系统性、在操作上具有可行性的四川省新型城镇化建设方案的优化建议,为提高新型城镇化发展路径的科学性与适应性提供理论指导和决策参考。具体而言,本研究思路中交织贯穿了两条逻辑主线,分别是县城城镇化发展的理论逻辑与实践逻辑,具体如图 1-2 所示。

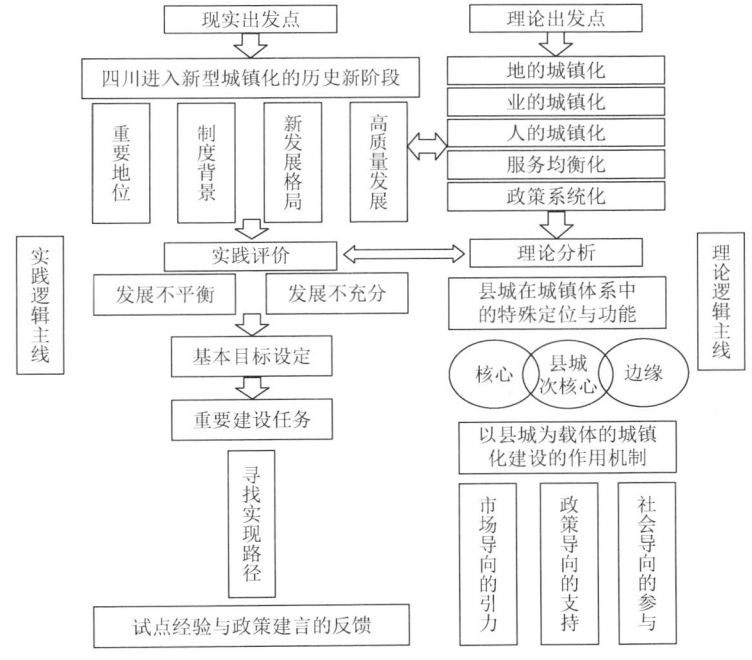

图 1-2 研究思路

(一) 理论逻辑主线

理论上,县城城镇化发展的内在逻辑主要涉及两个时间段。第一阶段,产业发展需要相关要素形成集聚，从而提升大中城市在城镇体系中的重要性，大中城市在空间上具有规模经济特征，进一步帮助城市汇聚最优生产要素，要素上的先发优势导致各地区发展存在明显差异化特点，同时也造成居民财富的不均衡分布，县城发展逐渐边缘化。第二阶段，集聚阶段核心生产要素向大城市集聚的同时也创造了竞争性市场，部分要素倾向于流向县城竞争性较小的地区，构成产业扩散的力量，县城在要素资源不均衡分布的城镇体系中逐渐成为第二核心增长极，县城通过承接大中城市过剩人口和产业外溢，发展为大中城市和乡镇之间的核心纽带；同时，通信信息技术、交通技术变革等变革性发展也重塑了县城规模效应和集聚效应驱动的城镇化模式。基于上述县城城镇化发展内在逻辑，县城在新型城镇化中的作用日益凸显，对其功能定位进行顶层设计将具有重要的政策意义。本书将县城置于四川省城镇体系之间，从空间、平台、机制三重维度定位县城在新型城镇化进程中的载体功能，具体包括：县城作为空间载体，是城市的核心区域，提供了居住、工作、商业、文化等各种空间需求，承载着城镇化的基础设施和功能；县城作为平台，集聚了政府、企业、社会组织等各方资源，是政府与市民互动、企业与消费者交流的重要场所，促进了产业发展和经济活动；县城在新型城镇化中扮演着机制引领的角色，通过建立健全的规划、管理和服务机制，有效引导和推动城镇化发展。

（二）实践逻辑主线

投资的区域极化效应曾经是造成城乡居民之间及进城务工人员和城镇人口之间收入差距的主要原因之一，党中央从十六届五中全会开始提出"省直管县""以工促农、以城带乡"等一系列旨在缩小城乡发展差距的战略，但县城发展的相对滞后态势没有得到有效改变；直到党的十八大报告作出"四化同步""城乡发展一体化"等战略部署，城乡发展差距开始缩小。此后，党中央进一步提出"城乡融合发展""重塑新型城乡关系""工农互促、城乡互补、协调发展、共同繁荣的新型工农城乡关系""以县域为基本单元推进城乡融合发展""城乡共同繁荣"等战略，城乡平衡发展的高质量城镇化真正得到全社会话语体系的重视，县城对于缩小城乡差距的重要性也被重新提起。

党的十八大首次提出新型城镇化概念，四川也开始从城镇化向新型城镇化变革。2011～2021年四川省常住人口城镇化率从41.8%提高到57.8%，户籍人口城镇化率从27.19%提高到38.4%，城镇户籍人口从2357.5万人增长到3496.1万人，城镇常住人口增加1629.9万人，居全国第四；大中小城市和小城镇协调发展，城市规模结构进一步优化；农村人口向城市人口转变速度加快，城镇常住人口基本公共服务供给质量明显提升；城镇产业体系发展壮大，2021年183个县（市、区）

GDP 全部实现增长，其中有 92 个增速高于全省，8 个持平，9 个保持两位数增长，全省 91%以上的 GDP 都分布在这些县。同时，四川的城镇化发展质量有待进一步提升，不平衡、不充分问题较为突出。例如，2021 年成都市武侯区生产总值是甘孜藏族自治州（简称甘孜州）得荣县的 305 倍，武侯区人均 GDP 是凉山彝族自治州（简称凉山州）美姑县的 10.8 倍；183 个县（市、区）平均 GDP 不足 300 亿元，GDP 千亿县（市、区）占县城数量的 6%，有 128 个县（市）GDP 不到 300 亿元，其中 58 个 GDP 不足百亿元；2021 年四川重点开发县中有 10 个县（市、区）第二、三产业增加值占比不到 80%。因此，本书将从四川省县城城镇化的发展阶段特征与主要矛盾出发，注重目标导向和问题导向相结合、整体规划和突出重点相结合、战略性和操作性相结合，立足四川省县城城镇化发展的基础条件，准确把握县城城镇化发展的趋势特征，统筹考虑县城城镇化发展的需要和可能，分阶段研究提出发展目标，重点提出四川县城城镇化在优化城镇布局、产业兴旺发展、生活品质美好、人口加速集聚、政策兜底保障方面的建设举措。

二、以县城为重要载体的四川新型城镇化建设的研究内容框架

本书的核心总纲是推进以县城为重要载体的四川新型城镇化建设，首要内容 1 是归纳整理已有文献资料，并对以县城为重要载体的新型城镇化建设的理论基础与文献综述展开分析，内容 2 在典型案例分析和指标模型估量的基础上评价以县城为重要载体的四川新型城镇化的建设实践评析，内容 3 搭建以县城为重要载体的四川新型城镇化的建设理论机制并确定实现路径上的重点任务，内容 4 科学把握四川各个县城功能定位、资源禀赋、比较优势，系统探索推进以县城为重要载体的四川新型城镇化建设在城镇空间布局、特色和支柱产业发展、公共服务均衡供给、农村人口有序转移和加速集聚、多元政策保障机制等方面的路径优化问题。

（一）内容 1：以县城为重要载体的新型城镇化建设的理论基础与文献综述

本部分在人的全面发展论、城乡一体论、多元可持续论等理论的基础上全面分析新型城镇化建设内涵与特征的相关文献，分为四阶段论、两时期多阶段论两类分段方式讨论新型城镇化建设的演进历程文献，梳理以县城为重要载体的新型城镇化建设的政策内涵文献，结合新型城镇化的实践模式探索、实践经验总结、实践主要做法三方面总结新型城镇化建设的实践探索文献，并进一步分析以县城为重要载体的新型城镇化建设的现实困境文献，归纳出关于以县城为重要载体的

新型城镇化建设的实现路径和配套协同，聚焦四川县城新型城镇化文献，评述四川县城新型城镇化过程中产业支撑、服务供给、人口流动、要素融通等发展路径方面的经典举措，从研究内容、研究视角、应用针对性等方面提出关于以县城为重要载体的新型城镇化建设现有研究问题，搭建本书理论基础。

（二）内容2：以县城为重要载体的四川新型城镇化的建设实践评析

本部分对四川县城城镇化建设的历史演进分五大经济区进行纵向回顾与横向对比，与四川省、西南地区、全国的县城城镇化建设平均水平实施横向比较，总结归纳四川县城城镇化的显著特征；系统梳理国家层面和四川地方层面县城新型城镇化建设政策，划分归类为规划类、试点类、实施类、保障激励类四类分析政策的实施背景、内容安排和具体举措，并挖掘其多元政策价值；采用调查研究方式对四川县城新型城镇化建设中的金堂县、大英县、乐至县、石棉县等典型新型城镇化建设县城按照大城市周边县城、专业功能县城、农产品主产区县城、重点生态功能区县城的分类进行案例分析，总结先进县城建设的优秀经验和做法；采用熵权法对以县城为重要载体的四川新型城镇化建设整体进程展开整体和分区域评价，发现四川县城新型城镇化建设在分类引导、优势产业培育、市政设施和公共服务供给、人居环境质量、辐射带动乡村中的关键问题，为理论机制分析提供问题导向。

（三）内容3：以县城为重要载体的四川新型城镇化建设路径构建

本部分在对以县城为重要载体的四川新型城镇化建设中关键概念分析的基础上，总结不同类型、功能特点县城的多维表征，从现代化建设、经济高质量发展、新发展格局、乡村振兴、城乡融合、共同富裕等视角分析县城新型城镇化建设的时代价值；分别从县城的空间布局、产业发展、服务均衡、人口迁移、制度变迁五个维度系统分析对四川新型城镇化建设的影响因素和具体影响机制；指出四川县城新型城镇化建设在城镇体系结构优化、特色优势产业培育、公共服务均衡供给、农业转移人口市民化、其他保障等方面的重点问题；搭建以县城为重要载体的四川新型城镇化建设的目标原则和总体思路，系统提出四川县城新型城镇化建设中的五大重点任务，为具体发展路径形成提供思路引导。

（四）内容4：以县城为重要载体的四川新型城镇化建设的具体发展路径

本部分围绕四川县城地的城镇化、业的城镇化、服务均衡化、人的城镇化、政策系统化五方面，针对四川新型城镇化建设过程中县城出现的城镇体系结构优化问题、特色优势产业培育问题、公共服务均衡供给问题、农业转移人口市民化问题、城镇化政策保障问题等突出问题，结合四川县城的城镇水平与空间结构、县域经济发展的历史经验与区域特征、县城市政设施体系建设与城乡公共服务供给、县城农民转移人口市民化趋势与特征等多维分类大数据，从以县城为重要载体的视角，科学搭建优化城镇体系发展路径、增强经济支撑能力发展路径、提升城乡生活品质发展路径、推进农业转移人口市民化发展路径、完善新型城镇化政策保障发展路径五条重要路径提高四川县城新型城镇化建设水平。

（五）内容1~4的内在逻辑关系

从逻辑关系上看，各部分内容间呈现相对独立、各成体系，但又相互联系、彼此支撑的特征。①内容1、内容2是内容3的分析先导，内容1奠定以县城为重要载体的新型城镇化建设的理论基础和理论支撑，内容2提出四川在县城城镇化的建设现状、经典做法和重点问题，内容1和内容2为内容3搭建以县城为重要载体的四川新型城镇化建设发展路径，为形成县城新型城镇化建设的总体目标、整体思路和重点任务提供基本方向。②内容3是内容4的实施总纲，内容3以内容1的理论分析为基础开展研究，同时又在内容2的基础上通过更加具体与精准的现实分析，经过由理论到实践再到理论的步骤，进行更高水平的以县城为重要载体的新型城镇化建设理论拓展，搭建城镇体系优化、优势产业支撑、品质生活形成、政策制度保障的具体发展路径的整体框架。③内容4以内容3的框架结构为总纲，回答解决内容2提出的四川在以县城为重要载体的新型城镇化建设中城镇体系结构待优化、特色优势产业待培育、公共服务均衡供给待加强、农业转移人口市民化待完善、城镇化政策保障待突破等现实问题，从土地、产业、生活、人口、政策五类县城高质量发展的重要因素出发，解决以县城为重要载体的四川新型城镇化建设的现实难点和堵点。其中，内容1对应第二章，内容2对应第三章，内容3对应第四章，内容4对应第五~第九章。

三、以县城为重要载体的四川新型城镇化建设的核心观点

本书以理论研究指导改革实践、以智库研究服务政府决策，主要提出如下主要观点，为四川县城新型城镇化建设把准方向、优化路径、坚守底线提供决策参

考，以"四化同步、城乡融合、五区共兴"为总抓手，助力推进四川社会主义现代化建设。

（1）主要观点一：提出了以县城为重要载体的新型城镇化驱动因素矩阵，构建了四川县城新型城镇化建设重点任务框架体系。一是系统分析了县城空间布局、县城产业发展、县城服务均衡、县城人口迁移、县城制度变迁五项内容之间相互关联、相互促进、共同影响的以县城为重要载体的新型城镇化建设的内在驱动机制，指出了当前四川县城建设面临城镇体系结构待优化、特色优势产业待培育、公共服务供给待均衡、农业转移人口市民化待健全、土地和资金等制度保障待完善等影响新型城镇化建设的重要问题。二是形成了坚持分类建设、坚持城乡融合、坚持扩权赋能、坚持核心增长、坚持品质生活、坚持现代治理的县城新型城镇化建设总体思路，构建了完善四川县城城镇体系、强化四川县城产业支撑、提升四川县城供给效率、稳步推进四川县城人口转移、增强四川县城制度保障等五方面协同发展的重点任务框架体系。

（2）主要观点二：提出了支持四川县城新型城镇化分类施策的"金堂经验""大英经验""乐至经验""石棉经验"，构建了以县城为重要载体的四川新型城镇化建设指标评价体系。一是根据四川新型城镇化建设中面临的"四大四低"现实困境（县城城镇化率差异大、水平低，人口资源分化大、密度低，经济实力差距大、层次低，公共供给区别大、效率低），按照《四川省县城新型城镇化建设试点工作方案》中坚持分类开展特色鲜明的新型城镇化发展模式探索的要求，归纳并提出了以"金堂经验"为模板的大城市周边县城模式、以"大英经验"为模板的专业功能县城模式、以"乐至经验"为模板的农产品主产区县城模式、以"石棉经验"为模板的重点生态功能区县城模式。二是设计了兼顾"综合性+可比性+导向性+客观性+可操作性"等多维要求、"生活品质+人口集聚+经济繁荣"等多元目标的以县城为重要载体的四川新型城镇化建设全新指标评价体系。

（3）主要观点三：提出了四川县城新型城镇化建设的关键空间节点布局，构建了分类推进以县城为重要载体的四川新型城镇化的建设策略体系。一是分析了四川县城城镇体系优化的功能协调、区划设置、交通网络、公共设施、治理能力"五大要素"。二是研判了四川现代化建设、成渝地区双城经济圈建设、新型城镇化建设赋予四川县城城镇体系的"新要求""新阶段""新任务""新使命"。三是重点聚焦"一轴三带"串联起四川县城城镇化网络的特征，提出了侧重建设成渝城市发展主轴线县城、成德绵眉乐雅广西攀城市发展带县城、成遂南达城市发展带县城、攀宜泸沿江城市发展带县城的关键空间节点布局。四是根据四川县城地理条件、经济水平、基础设施、服务供给、外部环境和社会文化发展差异，提出了分类施策构建大城市周边县城、专业功能县城、农产品主产区县城、重点生态功能区县城的特色化、差异化的新型城镇化策略体系。

（4）主要观点四：提出了四川县城经济高质量发展的新思路，构建了以县城为重要载体提升四川经济驱动力和激发四川消费市场活力的实施路径。一是总结了四川县城根据阶段特征及时优化发展战略、因地制宜分多类型发展县域经济、坚持以改革作为县域经济发展动力、不断加快打造内陆对外开放高地、统筹城乡发展、夯实农业经济基础的经济发展特色。二是系统分析县域经济发展对四川"四化同步、城乡融合、五区共兴"、经济强省建设的重要支撑作用。三是指出四川县域经济发展应强化四川县城经济协同联动发展，坚持四川县城经济分类协同发展，打破四川县城经济传统路径依赖，加强四川县城经济各类风险防控的新思路。四是搭建了从构建四川县城现代化产业体系、打造四川县城经济核心增长极、创新四川县城产业发展模式、完善四川县城特色平台建设到提升四川县城经济驱动力的实施路径。五是形成了从优化四川县城商业网点布局、增强四川县城供给适应消费需求能力、形成四川县城更广阔的需求增长极到激发四川县城消费市场活力的实施路径。

（5）主要观点五：提出了四川县城公共服务一体化供给和政府治理一体化服务的发展路径，构建了以县城为重要载体促进四川人口要素流动的促进机制。一是建立了县城市政基础设施一体化机制；二是优化了县城市政基础设施空间布局；三是增强了县城基础设施运行效能和抗风险能力；四是强化了县城公共服务供给；五是推进了县城公共服务优质均衡发展；六是构筑了县城完善的基本公共服务体系；七是提升了县城新型城镇化规划建设水平；八是优化了县城城市空间结构和管理格局；九是强化和创新了县城城镇社会治理；十是搭建了推进县城高质量转型发展、健全县城常住地基本公共服务、以城市群与都市圈为依托促进县城城乡融合发展的促进人口要素流动的保障机制。

（6）主要观点六：提出了四川县城农业转移人口市民化的发展路径，构建了以县城为重要载体的四川新型城镇化建设的多元政策保障体系。一是系统分析了四川县城农业转移人口市民化对县城人口结构、经济结构、社区结构、环境结构的影响机制和作用现状，提出从户籍制度改革、进城农民权益维护、四川进城农民技能提高、农业转移人口市民化激励机制四维度综合推进四川县城农业转移人口市民化的发展路径。二是提出了实施严格的土地使用控制、促进土地资源的集约利用、提升土地使用的透明度和公平性的优化县城建设用地利用政策的建议。三是提出了创新融资渠道、引导和吸引社会资本、建立风险防控机制的县城多元可持续投融资机制建议。四是提出了加强城乡规划的整合、提升城乡公共服务的均衡化、促进城乡经济的融合发展的县城创新城乡融合发展体制机制建议。五是提出了完善县城规划和管理、强化政策的协调性和连续性、加强政策执行的监督和评估的健全县城城镇化建设政策体系建议。

第四节　以县城为重要载体的四川新型城镇化建设的分析方法和步骤

一、融合使用多学科的分析方法

四川县城新型城镇化研究立足新发展阶段，强调区域发展、经济地理、公共管理、经济发展、经济福利、生态经济等领域的综合研究，本书根据理论分析与实证分析需要，将融合使用多学科相关研究方法展开研究。

（1）文献归纳与演绎分析。本书将通过文献检索，对现有成果充分研究、提炼和进行扬弃式吸收，对标城镇化建设进入立足新发展阶段、贯彻新发展理念、构建新发展格局的核心要义，与时俱进地进行科研创新，分析以县城为重要载体的新型城镇化建设的理论依据和政策逻辑，形成本书的理论分析框架和体系。

（2）结构方程与复杂分析。本书将系统设置县城城镇化发展水平评估指标体系，在涉及主要的二级指标与所属的大量三级指标之间的关系时，适当采用结构方程构建子系统的动力均衡关系；在筛选和分类大量的三级指标及考察彼此之间的状态关系时，采用适当的非线性方法来界定，如混沌关系、逻辑关系等；在三级指标的赋值方面，则主要采用计量经济分析、专家打分法、实际数据取值法或估值法、标准折算法等。

（3）多元统计与规范分析。本书将运用包括系统聚类分析、动态聚类分析、主成分分析、因子分析在内的多元统计分析方法，对各地调研数据进行科学整理与分析；依据理论分析部分所构建的理论体系和政策逻辑，规范指标口径和进行定性判断，进行深入系统的县城城镇化发展水平评估和政策效应研究。

（4）参与式评估法。本书组建了调查组进入四川省五大经济片区的代表性县城进行深度调查，包括金堂县、乐至县、大英县、江安县和绵竹市 5 座县城新型城镇化建设示范县在内的四川省县城新型城镇化建设试点县城。同时，走访相关政府主管部门、县（市、区）干部，利用参与式评估法的五类工具[①]进行调研，对各县推进新型城镇化建设的改革情况进行发展水平评价、经验总结和问题分析。

（5）比较分析。本书对川内五大经济区域代表性县城的城镇化水平情况进行评估时，为有效比较不同地域的政策效果，将构建模型进行计量分析，深入探究影响县城城镇化水平的因素；并对不同区域内、不同模式中的资源配置使用效率进行比较，分析影响城镇化水平的共性因素与特性因素。

---

① 五类工具是指空间结构、时间变化、交流过程、相互关系、分类与排序等。

二、科学搭建多层次的分析步骤

本书的分析步骤是通过长期研究实践总结形成的成熟路线，首先以理论研究和文献梳理作为本书起点，寻找理论研究突破口；然后通过深度实地调研、抽样调查、典型案例分析和四川县城城镇化系统评估，探寻理论与实践结合点，搭建以县城为重要载体的四川新型城镇化建设的基础理论体系、制度框架体系、实施路径体系和配套保障体系，并结合本书的研究思路、研究视角、研究方法和研究手段，构建如图 1-3 所示的研究分析步骤。

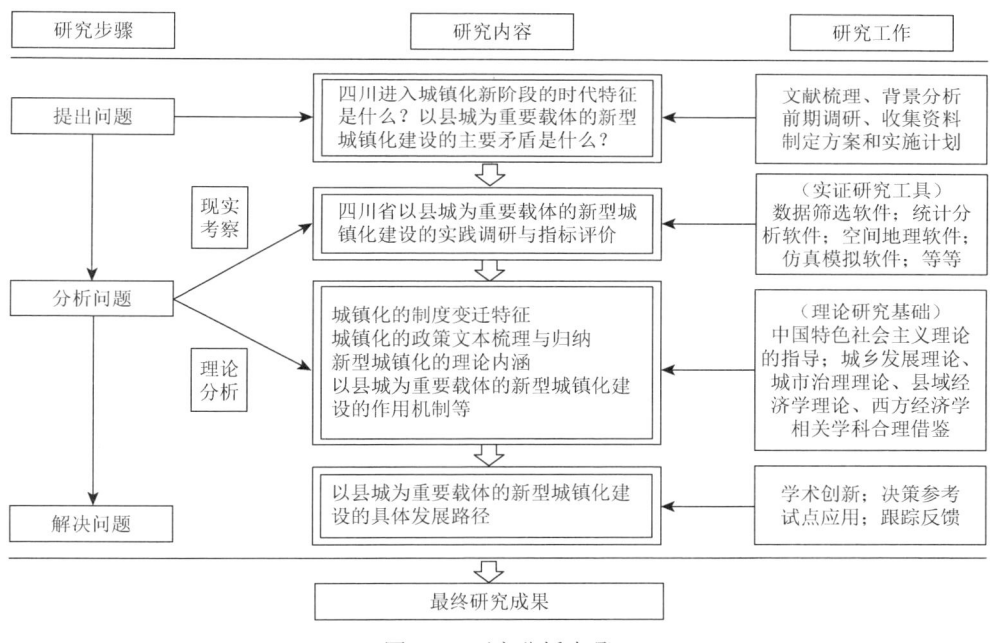

图 1-3 研究分析步骤

第五节 以县城为重要载体的四川新型城镇化建设的研究价值和创新

一、以县城为重要载体的四川新型城镇化建设研究的主要价值

（一）学术价值

（1）学术价值一：系统开展以县城为重要载体的四川新型城镇化建设研究，

有利于弥补现有理论研究的不足，丰富和发展具有中国特色的区域协同发展理论体系。本书紧紧围绕深入实施乡村振兴战略和全面建设社会主义现代化国家的重大决策部署，坚持问题导向和系统观念，从协同论、整体观出发，依据历史演进的研究视角、目标导向的研究视角、问题解决的研究视角，对以县城为重要载体的四川新型城镇化建设问题开展系统研究，对城镇化建设的基础理论进行拓展和创新，丰富我国区域协调发展的理论研究成果。本书可以丰富和发展具有中国特色的区域协同发展理论体系，拓展城镇化建设理论、农民权益保障理论、农村土地管理理论和城乡统筹发展理论等，为同行学者拓展相关研究提供可以交流借鉴的共识性概念、完善的理论模型、多角度解读的素材资料，为政府科学决策、一线改革实践提供理论支撑和理论借鉴。

（2）学术价值二：系统开展以县城为重要载体的四川新型城镇化建设研究，有利于推进多学科交叉融合，丰富和发展区域经济学研究范式与范畴。本书从发展经济学、制度经济学、公共管理学、公共经济学等多学科角度，综合评价城镇化发展各阶段政策安排的基本特征和实施成效，分析城镇化政策制度变迁的内生影响因素，并借助当代经济学统计与计量等分析工具，从定量角度精准刻画四川省新型城镇化的阶段性特征与主要矛盾表现，从定性与定量结合角度回答"问题是什么"的问题。以中国特色社会主义理论为基础，借助西方经济学相关理论，遵循城镇化一般规律的同时，深度剖析四川省情下城镇化发展的特殊性，以"共同富裕"这一社会主义的本质要求为参照系，以县城作为构建新型城乡关系、缩小城乡差距、解决城乡发展不平衡不充分问题的突破口，解决以县城为重要载体的新型城镇化建设"目标为什么"的问题。本书运用多学科相关理论，着重分析县城在四川省城镇体系的空间布局与城镇体系优化问题、县城产业支撑力与产城一体融合发展问题、市民化质量与县城新型城镇化问题以及城镇化政策制度保障问题等内容，以"一县一策"分类推进县城建设，提升县城产业对人口的吸纳能力，增强县城综合承载力，提升县城人居环境质量，促进县乡村功能衔接互补等角度建立健全以县城为重要载体的城镇化建设政策体系，解决以县城为重要载体推动四川省新型城镇化建设究竟"措施如何做"的问题。

（3）学术价值三：系统开展以县城为重要载体的四川新型城镇化建设研究，有利于推进大跨度交叉领域多元化研究方法的运用，发展人文社会科学研究的新思路、新方法。新型城镇化问题研究注重研究的系统性和综合性，强调对生产、生活和生态之间多重关系的关注。在此背景下，探索以县城为重要载体的新型城镇化建设方案，必须综合运用政治经济学、发展经济学、计量经济学、福利经济学、经济地理学、公共管理学、产业经济学、社会学、地理学与生态学等多学科的相关研究方法进行分析。例如，通过文献检索，分析以县城为重要载体的新型城镇化建设的理论依据和政策逻辑；系统设置城镇化发展水平评估指标体系，适当采用结构方程构建子系统的动力均衡关系；采用计量经济分析、专家打分法、实际数据取值法或估值法、标准折算法等借鉴指标赋值问题；利用参与式评估法的五类工具进行调研，对各县推进新型城镇化建设的改革情况进行发展水平评价；运用包括系统聚类分析、动态聚类分析、主成分分析、因子分析在内的多元统计分析方法，对各地调研数据进行科学整理与分析；依据理论分析部分所构建的理论体系和政策逻辑，规范指标口径和进行定性判断，进行深入系统的县城城镇化发展水平评估和政策效应研究；比较不同地域的政策效果，构建模型深入探究影响县城城镇化水平的影响变化因素；坚持"边研究、边试点、边追踪、边提升"，及时试点、加强追踪反馈、不断修正完善，及时形成建议报告，推进成果实践应用等。这些研究方法既可以确保本书的系统性、数据分析的科学性、研究结论的准确性和所提建议的可操作性，又能够推进人文社会科学研究方法的多元化、定量化探索与实践。

（二）实践价值

（1）实践价值一：加快推进以县城为重要载体的四川新型城镇化建设，是推进以人为本的新型城镇化建设的重大举措。解决好人的问题是推进四川县城新型城镇化建设的关键，其最基本的趋势是农村富余劳动力和农村人口向城镇转移。党的十八大后，新型城镇化建设红利惠及亿万城乡居民，2012～2021年，全国常住人口城镇化率从53.10%提高到64.72%，增长了11.62个百分点，1.3亿农村人口转移到城镇，农村常住人口从6.37亿人减少到4.98亿人，城镇常住人口从7.22亿人增长到9.14亿人，城乡居民人均可支配收入从18311元增长到35128元，增长91.84%。同期，四川省常住人口城镇化率从43.35%提高到57.82%，增长14.47个百分点，1110万农村人口转移到城镇，农村常住人口从4580.15万减少到3531.31万，城镇常住人口从3504.85万增长到4840.69万，城乡居民人均可支配收入从14231元增长到29080元，增长104.34%。县城新型城镇化建设紧紧围绕人的城镇化这个核心，把市民作为城市建设、城市发展的主体，可以不断满足全省人民在就业、教育、医疗、住房、养老、文化等方面的现实需求。

（2）实践价值二：加快推进以县城为重要载体的四川新型城镇化建设，是解决农业农村农民问题的重要途径。要强化以工补农、以城带乡，形成工农互促、城乡互补、协调发展、共同繁荣的新型工农城乡关系。我国城镇化必须同农业现代化同步发展，城市工作必须同"三农"工作一起推动，形成城乡发展一体化的新格局。目前，四川省"三农"问题仍然相对比较突出，主要表现为：农民弱势，2021年农村居民人均可支配收入17575元，远低于城镇居民的41444元，仅为城镇居民收入的 42.41%；农村薄弱，农村交通、能源、通信等基础设施短板弱项突出，教育、医疗等公共服务水平明显落后于城镇。统筹推进新型城镇化和乡村振兴，促进农业转移人口向城镇集聚，在土地集约经营的前提下减少农村人口，有利于提高农业生产效率；以工补农、以城带乡，持续提高农民工资性、经营性、财产性收入，特别是劳务收入，有利于缩小城乡收入差距；城乡一体、城乡融合，推动城镇基础设施向农村延伸、公共服务向农村覆盖，有利于提升农村人居环境品质。

（3）实践价值三：加快推进以县城为重要载体的四川新型城镇化建设，是促进区域协调发展的有力支撑。我国经济发展的空间结构正在发生深刻变化，中心城市和城市群正在成为承载发展要素的主要空间形式。当前，经济和人口向大城市及城市群集聚的趋势比较明显，京津冀、长三角、珠三角、成渝、长江中游五大城市群 GDP 占全国比重达 56%，其中成渝城市群占全国的 6.5%、西部地区的 30.8%。与全国大多数省（区、市）一样，四川省产业和人口加速向城镇化优势区域聚集，中心城市集聚和辐射效应日益凸显。2021 年成都市生产总值占全省的 36.99%，绵阳、德阳、乐山、宜宾、泸州、南充、达州 7 个区域中心城市 GDP 占全省的 34.76%，其余市（州）GDP 占全省的 28.25%，基本呈现"三个 1/3"的区域经济分布，经济布局更加合理、区域发展更加协调。统筹新型城镇化和区域协调发展，顺应人口流动和产业转移趋势，构建"一轴三带"城镇化发展格局，提升成都极核发展能级，充分发挥中心城市要素资源集聚辐射作用，增强中小城市发展活力，有利于促进大中小城市和小城镇协调发展，加快成渝地区双城经济圈建设，打造带动全国高质量发展的重要增长极和新的动力源。

（4）实践价值四：加快推进以县城为重要载体的四川新型城镇化建设，是扩大内需畅通循环的关键抓手。城市是我国各类要素资源和经济社会活动最集中的地方，要以新型城镇化带动投资和消费需求，促进生产、生活、生态要素以市场化的形式自由流动，并向县城等城镇体系纽带集聚，促进县城资源配置效率的提升。新型城镇化是扩大内需的最大抓手、最大潜力。2012～2021 年全国社会消费品零售总额从 21.03 万亿元增至 44.08 万亿元，全社会固定资产投资从 37.47 万亿元增至 55.29 万亿元，常住人口城镇化率提高 11.62 个百分点，城镇化率每提高 1 个百分点，带动社会消费品零售总额、全社会固定资产投资分别增长约 1.99 万亿元、1.54 万亿元。截至本书成稿时，四川省常住人口城镇化率仍低于全国，远低于发达国家 80%以上的平均水平，同时四川省常住人口城镇化率将正处于中高速发展期，将带动超过 1.2 万亿元投资和消费，城镇化发展空间和扩大内需潜力巨大。推进四川县城新型城镇化建设，促进人口、产业等要素资源集聚，补齐基础设施和公共服务短板，推动产城融合、城乡融合，有利于带动相关领域投资增长，拓展投资和消费新空间，助力国内国际双循环。

（三）社会价值

（1）社会价值一：系统开展以县城为重要载体的四川新型城镇化建设研究，有助于借鉴"全生命周期管理"理念，研究提升四川县城治理现代化水平，提升人民幸福感和满意度。县城的新型城镇化建设借鉴"全生命周期管理"理念，主要包括县城的规划、建设、治理等主要环节。首先，强化四川县城规划的系统性可确保城市发展方向的持续性，通过科学规划，统筹考虑经济、社会、环境等各方面因素，可有效避免县城建设中的漏洞和问题，并为县城建设提供明确的发展目标和路径。其次，注重四川县城建设的持续性对于长期发展具有重要意义，县城建设需要从长远角度考虑，提高建设项目的可持续性，包括在选址上注重生态环境的保护，在建设上注重资源的合理利用，以及在运营管理上注重城市服务的持续改善。然后，提升四川县城治理现代化水平能够提高城市运行效率和服务水平，借鉴现代化管理理念，通过信息化、数字化等科技手段，提升县城治理的精细化和智能化水平，这不仅可以提高政府决策的科学性，还可提供更便捷、高效的公共服务。最后，突出四川县城生活的宜居性对于吸引人才和促进经济发展至关重要，在县城建设中应注重改善居民的生活条件，提供优质的公共服务和基础设施建设，还应保护和传承地方文化，处理好风貌与功能、传统与现代的关系，打造具有特色和魅力的县城形象，提升县城的知名度和吸引力。

（2）社会价值二：系统开展以县城为重要载体的四川新型城镇化建设研究，有助于探索统筹推进成都都市圈内外县城新型城镇化建设。第一，成都在推进以县城为重要载体的城镇化过程中优势突出，在成都的一般性制造业溢出过程中，毗邻成都的县城生产和生活成本相对较低，是承接成都过剩人口溢出和产业转移的重要空间，成都都市圈内县城应向成都看齐，高标准严要求地补短板强弱项，对标成都加快补上县城硬件设施与营商环境短板。同时，要重视城市间交通的无缝链接与教育医疗资源的嫁接，以政府引导方式破除成都与"卫星县城"间各类资源要素流动的障碍，提升"卫星县城"的公共服务功能。第二，靠近成都都市圈的县城与区域中心城市协同一体化发展，争做次区域中心城市。地级市辐射县城、合作共赢，与县城同步发展、同时壮大，培育更多以县或县级市为主体的次区域中心城市。县城可以发挥自身区位优势，吸引外部资源和资本，引进高端产业和人才，建设产业园区和新城区，提升城市发展水平。县城与区域中心城市通过加强基础设施建设，建设交通网络和公共服务设施，促进跨区域联动发展。政府要加强协调和规划，推动区域间合作，提升整体经济实力和市场竞争力，实现县城与区域中心城市一体化同步发展。

（3）社会价值三：系统开展以县城为重要载体的四川新型城镇化建设研究，

有助于构建中国特色话语体系。第一，提升县城发展质量，更好地满足农民到县城就业安家需求和县城居民生产生活需要，这体现了新时代我国社会主要矛盾是人民日益增长的美好生活需要和不平衡不充分的发展之间的矛盾，必须坚持以人民为中心的发展思想；充分发挥市场在资源配置中的决定性作用，引导支持各类市场主体参与县城建设，更好地发挥政府作用并切实履行其制定规划政策、提供公共服务、营造制度环境等方面职责，说明了必须坚持和完善社会主义基本经济制度，使市场在资源配置中起决定性作用，更好地发挥政府作用。第二，"十四个坚持"是新时代坚持和发展中国特色社会主义的基本方略，同样在以县城为重要载体的新型城镇化建设中得到了体现，如坚持以人为核心推进新型城镇化，体现了坚持以人民为中心；深化体制机制创新，为县城建设提供政策保障，体现了坚持全面深化改革；因地制宜补齐县城短板弱项，促进县城产业配套设施提质增效、市政公用设施提档升级、公共服务设施提标扩面、环境基础设施提级扩能，增强县城综合承载能力，体现了在发展中保障和改善民生；打造蓝绿生态空间、推进生产生活低碳化、完善垃圾收集处理体系，体现了坚持人与自然和谐共生等。本书在研究内容选取与研究思路确立上，一方面强调立足于基本事实与社会环境之间的客观联系，解释"是什么""为什么"；另一方面也力求通过多学科融合进行突破和创新，立足四川实践，发现新的理论问题、提出新的理论思想，因地制宜分类探索各具四川县城特色的新型城镇化问题。

二、以县城为重要载体的四川新型城镇化建设研究的主要创新

（1）本书在问题选择方面的突破与创新。本书在问题选择上严格秉持理论创新与政策改革协调推进、方法创新与经验基础彼此兼顾、学术价值与应用价值相辅相成的基本原则，所选择问题是四川省以县城为重要载体的新型城镇化建设中的基础性理论问题和关键性现实问题，更加注重研究的现实针对性和实践应用性，凸显学术价值和应用价值的兼顾。本书根据所选择问题而设计的主要研究内容，在系统研究的基础上，提出在高度上具有战略性、在视野上具有系统性、在操作上具有可行性的以县城为重要载体的新型城镇化建设建议，为四川省委、省政府科学谋划推进新型城镇化的总体思路、实施路径、政策举措提供理论指导和决策参考。

（2）本书在学术观点方面的突破与创新。本书提出"借鉴'全生命周期管理'理念，研究提升县城治理现代化水平，提升人民幸福感和满意度""以成都为例探索推进大型都市圈内外县城的城镇化建设思路与路径""创新优化县城、乡镇和村庄三元体系空间布局并以此为载体统筹推进县城生态功能的具体路径""探索一条西部大省推动县城经济转型发展的实现路径""探索相对欠发达县城摆脱

路径依赖切实转向新型城镇化的转型道路""加快推进以县城为重要载体的四川新型城镇化建设，是践行以人民为中心的发展思想的重大举措，是解决农业农村农民问题的重要途径，是促进区域协调发展的有力支撑，是扩大内需畅通循环的关键抓手"等一系列创新性学术观点，在对以县城为重要载体的四川新型城镇化建设的学术观点方面具有一定的创新性和先进性。

（3）本书在研究方法与分析工具方面的突破与创新。目前学术界关于以县城为重要载体的新型城镇化的研究方法过于传统和单一，更多侧重于政策性阐释和描述性研究，多学科分析方法的交叉融合运用不多，不少研究成果的现实针对性不足、科学性不够，能具体化为操作路径、运作方式、实施方案等层面的建议不多。已有研究中，一是运用数据库或者统计公开数据较多，而以深度访谈来获取数据较少；二是不少研究停留在特定区域调查和定性分析层面，缺少充分考虑区域与区位的空间特性，且集经济学、地理学、社会学、生态学等多学科方法的系统研究。本书通过广泛进行实地调研和定量分析，综合选用多种科学方法，坚持理论研究与实证分析相结合、静态分析与动态分析相结合、宏观分析与微观分析相结合，采用文献检索法、结构方程构建子系统的动力均衡关系、计量经济分析、专家打分法、实际数据取值法或估值法、标准折算法、参与式评估法五类工具、系统聚类分析、动态聚类分析、主成分分析、因子分析等展开研究，丰富与发展了新型城镇化研究的新思路新方法。

第二章　以县城为重要载体的新型城镇化建设的理论基础与文献综述

第一节　关于新型城镇化建设相关研究总体情况

城镇化是中国式现代化的必由之路，是解决"三农"问题的重要途径，也是推动县城经济高质量发展的强大支撑。国外对城镇化的研究较早，"城镇化"概念首次提出在 Serda[1] 所著的《城市基本原理》。国外学者主要研究成果集中在城镇化的内涵[2][3]、发展质量测度[4][5]、功能划分[6][7]、协同发展[8][9][10]等方面，这些理论研究成果对以县城为重要载体的新型城镇化建设具有一定的参考价值。国内学者很早就开始研究城镇化建设，以"新型城镇化建设""以县城为重要载体的新型城镇化建设"为关键词在超星数字图书馆、中国知网（CNKI）数据库、万方数据库、中国博士学位论文全文数据库、中国学术会议文献数据库（万方）中检索文献，得出表 2-1～表 2-3 的结果。从发文数量来看，从 2013 年开始关注新型城镇化建设的论文数量逐渐增加，从 2021 年开始研究以县城为重要载体的新型城镇化建设的论文数量大量增加；从学科分布来看，以管理学和经济学研究为主，以社会学和政治学为辅；从被引用量看，经济类论文引用量较高，主要学者包括蓝庆新、曾江、苏斯彬、李小建、宋宜农、秦德智、胡元瑞、姜安印、孔祥智等；管理类论文引用量较高的主要是陈亚军、辛宝英、文先明、韩云等。

---

[1] Serda A，1867. The Basic Theory of Urbanization，Spanish：Grupo Planeta[M]. London：Macmillan.

[2] Moomaw R L，Shatter A M，1996. Urbanization and economic development：A bias toward large cities[J]. Journal of Urban Economics，40（1）：21-32.

[3] Antrop M，2004. Landscape change and the urbanization process in Europe[J]. Landscape and Urban Planning，67（1/2/3/4）：9-26.

[4] Inkeles A，1993. Industrialization，modernization and the quality of life[J]. International Journal of Comparative Sociology，34（1/2）：1-23.

[5] Marans R W，Gao J，Stimson R J，2011. Investigating Quality of Urban Life[M]. London：Springer.

[6] Le Corbusier，1929. The City of Tomorrow and Its Planning[M]. Cambridge：Mass MIT Press.

[7] Jacobs J，2000. The Death and Life of Great American Cities[M]. London：Pimlico.

[8] McGee T G，1991. The Emergence of Desakota Regions in Asia：Expanding a Hypothesis[M]. Honolulu：University of Hawaii Press.

[9] Mumford L，1961. The City in History：Its Tranformations，and Its Prospects[M]. New York：Harcourt Brace.

[10] Howard E，Osborn F J，Mumford L，2013. Garden Cities of Tomorrow[M]. London：Taylor and Francis.

表 2-1　以县城为重要载体的新型城镇化建设及相关研究统计（学术专著）

资料库名称	研究主题	时间段	专著
超星数字图书馆	新型城镇化建设内涵特征	2018~2023 年	1 部
超星数字图书馆	新型城镇化建设演进历程	2018~2023 年	—
超星数字图书馆	以县城为重要载体的新型城镇化建设政策内涵	2018~2023 年	—
超星数字图书馆	以县城为重要载体的新型城镇化建设实践探索	2018~2023 年	—
超星数字图书馆	以县城为重要载体的新型城镇化建设现实困境	2018~2023 年	1 部
超星数字图书馆	以县城为重要载体的新型城镇化建设实现路径	2018~2023 年	1 部
超星数字图书馆	以县城为重要载体的新型城镇化建设配套协同	2018~2023 年	—
超星数字图书馆	四川新型城镇化建设探索与实践	2018~2023 年	—
超星数字图书馆	以县城为重要载体的四川新型城镇化建设探索与实践	2018~2023 年	—

表 2-2　以县城为重要载体的新型城镇化建设及相关研究统计（学术论文）

资料库名称	研究主题	时间段	论文	备注
CNKI 数据库	新型城镇化建设内涵特征	2018~2023 年	43 篇	核心
CNKI 数据库	新型城镇化建设演进历程	2018~2023 年	12 篇	核心
CNKI 数据库	以县城为重要载体的新型城镇化建设政策内涵	2018~2023 年	10 篇	核心
CNKI 数据库	以县城为重要载体的新型城镇化建设实践探索	2018~2023 年	22 篇	核心
CNKI 数据库	以县城为重要载体的新型城镇化建设现实困境	2018~2023 年	35 篇	核心
CNKI 数据库	以县城为重要载体的新型城镇化建设实现路径	2018~2023 年	25 篇	核心
CNKI 数据库	以县城为重要载体的新型城镇化建设配套协同	2018~2023 年	12 篇	核心
CNKI 数据库	四川新型城镇化建设探索与实践	2018~2023 年	1 篇	核心
CNKI 数据库	以县城为重要载体的四川新型城镇化建设探索与实践	2018~2023 年	1 篇	核心

表 2-3　以县城为重要载体的新型城镇化建设及相关研究统计（博士学位论文和会议论文）

资料库名称	研究主题	时间段	论文	备注
中国博士学位论文全文数据库	新型城镇化建设内涵特征	2018~2023 年	19 篇	博士学位论文
中国学术会议文献数据库（万方）	新型城镇化建设内涵特征	2018~2023 年	—	会议论文
中国博士学位论文全文数据库	以县城为重要载体的新型城镇化建设政策内涵	2018~2023 年	5 篇	博士学位论文
中国学术会议文献数据库（万方）	以县城为重要载体的新型城镇化建设政策内涵	2018~2023 年	—	会议论文
中国博士学位论文全文数据库	以县城为重要载体的新型城镇化建设实践探索	2018~2023 年	3 篇	博士学位论文

续表

资料库名称	研究主题	时间段	论文	备注
中国学术会议文献数据库（万方）	以县城为重要载体的新型城镇化建设实践探索	2018～2023年	—	会议论文
中国博士学位论文全文数据库	以县城为重要载体的新型城镇化建设现实困境	2018～2023年	2篇	博士学位论文
中国学术会议文献数据库（万方）	以县城为重要载体的新型城镇化建设现实困境	2018～2023年	—	会议论文
中国博士学位论文全文数据库	以县城为重要载体的新型城镇化建设实现路径	2018～2023年	3篇	博士学位论文
中国学术会议文献数据库（万方）	以县城为重要载体的新型城镇化建设实现路径	2018～2023年	—	会议论文
中国博士学位论文全文数据库	以县城为重要载体的新型城镇化建设配套协同	2018～2023年	1篇	博士学位论文
中国学术会议文献数据库（万方）	以县城为重要载体的新型城镇化建设配套协同	2018～2023年	—	会议论文
中国博士学位论文全文数据库	四川新型城镇化建设探索与实践	2018～2023年	—	博士学位论文
中国学术会议文献数据库（万方）	四川新型城镇化建设探索与实践	2018～2023年	—	会议论文
中国博士学位论文全文数据库	以县城为重要载体的四川新型城镇化建设探索与实践	2018～2023年	—	博士学位论文
中国学术会议文献数据库（万方）	以县城为重要载体的四川新型城镇化建设探索与实践	2018～2023年	—	会议论文

根据研究需要，本书对学术界相关研究从新型城镇化建设内涵特征、新型城镇化建设演进历程、以县城为重要载体的新型城镇化建设政策内涵、以县城为重要载体的新型城镇化建设实践探索、以县城为重要载体的新型城镇化建设现实困境、以县城为重要载体的新型城镇化建设实现路径、以县城为重要载体的新型城镇化建设配套协同、四川新型城镇化建设探索与实践、以县城为重要载体的四川新型城镇化建设探索与实践9个方面进行文献梳理与分析评价，发现现有研究存在研究内容不系统深入、研究覆盖面较为狭窄、研究应用性不强等问题。

第二节 关于新型城镇化建设内涵特征的研究

一、关于新型城镇化建设重要内涵

（1）人的全面发展论。任远[①]提出新型城镇化建设内涵应是实现人的城镇化，

---

① 任远，2014. 人的城镇化：新型城镇化的本质研究[J]. 复旦学报（社会科学版），56（4）：134-139.

重视迁移流动人口的市民化和社会融合，将社会群体需求的满足、人民福利的提升作为城镇化的目标，更应重视提升人的发展能力，重视更为平等、积极的经济参与和社会投入。谢天成和施祖麟[1]认为新型城镇化建设内涵在于与传统城镇化相比，在发展理念上更加注重城镇化质量并强调以人为本，在发展模式上更加强调耕地资源保护、集约发展，在空间形态上，更加注重土地资源使用效率，促进特大、大、中、小城市及小城镇协调发展，在城镇建设上更加注重文化保护、彰显地方特色，在可持续发展上更加注重生态文明建设，在政策保障上更加注重改革与制度创新。林闽钢和周庆刚[2]提出新型城镇化建设是以人为核心的城镇化，新型城镇化不是简单的城市人口比例增加和规模扩张，而是强调在产业支撑、人居环境、社会保障、生活方式等方面实现由"乡"到"城"的转变，实现城乡统筹和可持续发展，特别是人的现代化贯穿始终。车艳秋[3]提出以人民为中心的新型城镇化内涵，主要体现在人的发展和人的现代化、城乡统筹发展、可持续发展、"五位一体"协调发展、技术驱动等。陈燕妮[4]认为新型城镇化思想内涵丰富，包括遵循城镇化发展规律的首要前提，"创新、协调、绿色、开放、共享"的新发展理念，"以人为核心"的基本内涵，城乡融合发展的根本目标，高质量发展的基本原则五个方面。陈心颖[5]重点关注了新型城镇化中"人"的现代化内涵，认为"人"的现代化是在现代化进程中，"人"在现代性的"塑造"与"被塑造"中实现自我发展以适应并推动现代化的过程。

（2）城乡一体论。宋连胜和金月华[6]认为新型城镇化建设内涵集中体现在六个方面：一是生活方式城镇化；二是就业方式城镇化；三是公共服务城镇化；四是居住区域城镇化；五是社会治理城镇化；六是人居环境优美化。李源和郭祥林[7]认为新时代人的城镇化是升级的人口城镇化、城乡融合发展的城镇化、城乡公共服务均衡化和农村农民市民化的城镇化。①升级的人口城镇化，应注重提升城市的吸引力和发展能力，吸引更多农村人口进城就业和安家落户，同时注重解决城市中人口过度集中的问题；②城乡融合发展的城镇化，应加强城乡互动和互补，推动农村地区发展现代农业、乡村旅游等产业，使城乡经济社会发展实现良性循环；③城乡公共服务均衡发展，应加大投入，提高农村地区基础设施建设水平，完善农村教育、医疗、文化等公共服务体系，保障农村居民享有与城市居民基本相等

---

[1] 谢天成，施祖麟，2015. 中国特色新型城镇化概念、目标与速度研究[J]. 经济问题探索（6）：112-117.
[2] 林闽钢，周庆刚，2015. 新型城镇化进程中人的现代化：以江苏为例[J]. 新视野（1）：74-78.
[3] 车艳秋，2017. 以人民为中心的新型城镇化的内涵和路径研究[J]. 经济研究参考（58）：66-69.
[4] 陈燕妮，2019. 新时代中国特色新型城镇化思想探析[J]. 学习论坛（12）：42-49.
[5] 陈心颖，2020. 新型城镇化中"人"的现代化解读[J]. 福建论坛（人文社会科学版）（2）：36-44.
[6] 宋连胜，金月华，2016. 论新型城镇化的本质内涵[J]. 山东社会科学（4）：47-51.
[7] 李源，郭祥林，2021. 人的城镇化：内涵、问题与对策[J]. 人民论坛·学术前沿（6）：104-107.

的公共服务；④农村农民市民化，应通过提升农民的就业能力、收入水平和社会保障水平，提高农民的城市参与度和市民感，使农民更好地融入城市社会，享受城市的文化、教育、医疗等资源。

（3）多元可持续论。陆小成和万千[1]认为新型城镇化内涵包括经济、政治、社会、文化、生态文明五个领域的低碳创新驱动。创新驱动是新型城镇化的内在动力，低碳发展是新型城镇化的重要特征，低碳创新驱动是新型城镇化的本质内涵。陈明星等[2]提出新型城镇化建设的理论内涵至少包括四个方面内容：一是人本性，将人民的需求和利益放在城镇化建设的核心位置，新型城镇化应以人民为中心，关注人民群众的生活质量和福祉，满足居民对居住环境、教育、医疗、文化等方面的需求。二是协同性，表现在城市与农村、政府与市民、不同部门之间的协作和合作，新型城镇化强调城乡一体化发展和政府与市民的互动，促使各方资源共享、优势互补，形成协同效应。三是包容性，城镇化建设应关注弱势群体的利益，保障社会公平正义。新型城镇化应注重解决低收入人口、流动人口等群体的住房、就业、教育、医疗等问题，推动社会包容和和谐发展。四是可持续发展，城镇化建设要考虑环境、经济和社会的可持续性。新型城镇化应以生态文明和绿色发展为导向，注重节约资源、保护环境，促进经济发展和社会进步。上述方面共同构成了建设富有人文关怀、合作共赢、公平正义和可持续发展的城市化发展模式。

二、关于新型城镇化建设主要特征

张琦英[3]认为新型城镇化一般具有以下特征：一是以人为本是新型城镇化的核心理念，新型城镇化注重满足人们对于居住、工作、教育、医疗等需求，关注居民的生活质量和幸福感，推动人居环境的改善和社会公平的实现。二是市场是新型城镇化的主要推动力，新型城镇化强调市场机制的作用，鼓励社会力量参与城镇化建设，推动城市经济的发展和资源的优化配置。三是城乡统筹是新型城镇化的根本要求，新型城镇化强调城乡一体化发展，推动农村地区的现代化建设，实现城乡经济社会的协调发展和人口的有序流动。四是多元、多样、特色发展是新型城镇化的未来趋势，新型城镇化不再采取单一模式，而是倡导各地因地制宜、因城施策，发展多元产业、多元功能和多样文化，打造具有地方特色和竞争优势

---

[1] 陆小成，万千，2016. 新型城镇化的空间生产与网络治理：基于五大发展理念的视角[J]. 西南民族大学学报（人文社科版），37（9）：119-126.

[2] 陈明星，叶超，陆大道，等，2019. 中国特色新型城镇化理论内涵的认知与建构[J]. 地理学报，74（4）：633-647.

[3] 张琦英，2016. 新型城镇化背景下创新型乡镇建设：以江苏苏州为例[J]. 商业经济研究（5）：125-126.

的城市。这些特征共同构成了一个人性化、市场化、协调发展、富有活力和可持续的城镇化发展新模式。董晓峰等[1]提出新型城镇化的主要特点在于城镇化率稳步提升,更注重质量化和内涵式发展,以生态文明为主导将生态环境保护与人居环境质量提高放在首位,强调人的城镇化、人的生活发展条件与宜居条件、配套基础设施与社会公用设施的改善,重视发展生态经济、科技文化领域、创新创业产业发展,强调城乡一体化发展,注重绿色、低碳、智慧、平衡、共享与协调发展。高强等[2]认为以县城为载体推进新型城镇化的主要特征包括四个方面:一是赋予县城更多发展自主权;二是加快补齐县城发展短板;三是确保县城差异化发展;四是循序渐进攻克重点任务。石建勋等[3]认为以县城为重要载体推动新型城镇现代化建设的主要特点是人民性、全局性和战略性、系统性、可持续性、客观性和必然性。

总体而言,国内学术界关于新型城镇化建设内涵特征研究主要集中在新型城镇化建设重要内涵和主要特征。其一,新型城镇化建设重要内涵主要聚焦在人的全面发展论、城乡一体论和多元可持续论,从人的全面发展论来说,注重强调以人民为中心的发展思想,以人为核心的城镇化涵盖了生活方式、就业方式、公共服务、融合发展等方面;从城乡一体论来说,注重强调新型城镇化就是城乡一体化发展,促进城乡融合发展;从多元可持续论来说,注重从经济、政治、社会、文化、生态文明等方面来带动新型城镇化,促进可持续发展。其二,新型城镇化主要特征有人民性、全局性、科学性、客观性、系统性、可持续性,更加注重高质量和内涵式发展。

第三节 关于新型城镇化建设演进历程的研究

一、四阶段论

杨佩卿和姚慧琴[4]分析了西部城镇化的演进历程,认为现代西部城镇化的发展分为四个时期:一是中华人民共和国成立至改革开放前阶段(1949～1978年),其中包括正常发展时期(1949～1957年)、大起大落时期(1958～1965年)和曲

---

[1] 董晓峰,杨春志,刘星光,2017. 中国新型城镇化理论探讨[J]. 城市发展研究,24(1):26-34.
[2] 高强,程长明,曾恒源,2022. 以县城为载体推进新型城镇化建设:逻辑理路与发展进路[J]. 新疆师范大学学报(哲学社会科学版),43(6):61-71,2.
[3] 石建勋,邓嘉纬,辛沛远,2022. 以县城为重要载体推动新型城镇现代化建设的内涵、特点、价值意蕴及实施路径[J]. 新疆师范大学学报(哲学社会科学版),43(5):47-56,2.
[4] 杨佩卿,姚慧琴,2016. 西部城镇化的历史演变、特征及未来路径[J]. 西北大学学报(哲学社会科学版),46(2):107-113.

折发展时期（1966～1978 年）；二是改革开放至实施西部大开发战略前阶段（1979～1998 年），全国城镇化速度空前提升；三是实施西部大开发战略至推进新型城镇化前阶段（1999～2012 年），国家不断加大对西部的投入，为西部城镇化提供了坚实保障；四是推进新型城镇化至今（2012 年至今）。王婷和缪小林[①]提出 1949 年以来，我国城镇化大致可以分为四个阶段：一是 1949～1958 年，我国人口城镇化率与城市个数保持同步上升；二是 1959～1977 年，部分城市规划和城市工作发现有"四过"（规模过大、占地过多、求新过急和标准过高）行为；三是 1978～1995 年，城市数量和城镇化率均快速上升，但城市数量增幅远大于城市人口增幅；四是 1996 年至今，城市数量在减少，但城市人口在不断增加，城市人口密度在不断提高。

左雯敏等[②]基于城乡关系视角将中国城镇化演进归纳为四个阶段：一是 1949～1978 年，为城乡二元结构时期，以统购统销制和生产生活资料配给制为主的制度安排，形成了城乡二元结构；二是 1979～1994 年，为工业城镇化时期，以发展工业为动力，特别是发展乡镇企业和小城镇建设，较快推动了城镇化的进程；三是 1995～2013 年，为土地城镇化时期，以经营土地和经营城市为动力，形成了"土地、财政、金融"三位一体的城镇化模式，城镇化进程日益加速；四是 2014 年以来，为"以人为本"和"城乡统筹"的新型城镇化时期。刘士林[③]认为 1949～1978 年为以城镇化和逆城镇化此消彼长为主要特点的城市缓慢曲折发展时期，1978～2000 年为以城市经济改革开放为突出特征的城市加速和快速发展时期，以新旧世纪之交的 2000 年（这一年我国城镇化率达到 36.09%，人均国内生产总值超过 800 美元，意味着我国城市化驶入快车道）为重要标志，中国开始步入以"大都市"与"城市群"为代表的都市化进程新阶段。韩云等[④]认为改革开放开启了城镇化快速发展进程，改革开放到 20 世纪 80 年代中期属于城镇化恢复发展阶段，20 世纪 80 年代中期到 90 年代中后期属于城镇化稳步推进阶段，90 年代中后期到 2012 年属于城镇化高速发展阶段，党的十八大之后开启了城镇化新征程。

二、两时期多阶段论

赵永平[⑤]认为中国城镇化的演进轨迹应分为两个时期：一是中华人民共和国成立

---

① 王婷，缪小林，2016. 中国城镇化：演进逻辑与政策启示[J]. 西北人口，37（5）：57-63.
② 左雯敏，樊仁敬，迟孟昕，2017. 新中国城镇化演进的四个阶段及其特征：基于城乡关系视角的考察[J]. 湖南农业大学学报（社会科学版），18（3）：44-49.
③ 刘士林，2018. 改革开放以来中国城市群的发展历程与未来愿景[J]. 甘肃社会科学（5）：1-9.
④ 韩云，陈迪宇，王政，等，2019. 改革开放 40 年城镇化的历程、经验与展望[J]. 宏观经济管理（2）：29-34.
⑤ 赵永平，2016. 中国城镇化演进轨迹、现实困境与转型方向[J]. 经济问题探索（5）：130-137.

至改革开放之前：徘徊中波动式的缓慢发展阶段。二是改革开放以来：变革中的推进式快速发展阶段，第一阶段为快速发展阶段（1978~1987年），第二阶段为稳步发展阶段（1988~1995年），第三阶段为高速发展阶段（1996~2006年），第四阶段为较快发展阶段（2007~2012年），第五阶段为"提质增效"的新型城镇化发展阶段。朱鹏华[1]认为中华人民共和国成立70年以来的城镇化历程分成两个时期、四个阶段。从城镇化水平看，1949~1995年城镇化率从10.64%增至29.04%，中国用47年的时间走完了城镇化的初期；1996~2018年城镇化率从30.48%增至59.58%，当前中国正处于城镇化的中期，即快速城镇化时期。从城镇化道路来看，中国城镇化经历了改革开放之前的城镇化（1949~1978年）、改革开放之初的城镇化（1979~1995年）、社会主义市场经济初期的城镇化（1996~2012年）和新型城镇化（2013年至今）四个阶段。

从现有研究成果来看，现阶段学术界关于新型城镇化建设演进历程研究成果较少，很多文献都是将新型城镇化建设演进历程作为文献内容的一部分展开研究，其内容未充分体现系统性和全面性。从研究内容看，国内学术界关于新型城镇化建设演进历程主要研究有两类观点：一是四阶段论，将1949年以来的城镇化分为四个阶段，主要是起步发展阶段（1949~1958年）、低落发展阶段（1959~1977年）、稳定发展阶段（1978~2012年）、快速发展阶段（2012年至今）；二是两时期多阶段论，学者们认为第一阶段是1949年到改革开放的城镇化发展，这一时期主要是从提出城镇化到城镇化稳定阶段，第二阶段是改革开放以来的城镇化发展，这一时期主要是快速发展阶段，是由城镇化到新型城镇化的过渡耦合。

第四节 关于以县城为重要载体的新型城镇化建设政策内涵的研究

李涛[2]分析了新型城镇化建设过程中特色小镇的内涵，特色小镇主要是指将地域性传统特色资源产业与现代化高端禀赋要素深度融合而打造的产业集聚、旅游开发、人文居住三合一的新型城镇化模式。赵振宇和丁晓斐[3]提出"以人为核心"新型城镇化不是一个量的概念而是一个质的概念，是人口由城市聚集的"外延扩张式"城镇化向城镇化质量提升的"内涵发展式"城镇化转型的过程。徐灿[4]认为新型城镇化政策内涵应是城镇居民与农村居民双向变化的过程，新型城镇化的发

---

[1] 朱鹏华，2020. 新中国70年城镇化的历程、成就与启示[J]. 山东社会科学（4）：107-114.
[2] 李涛，2017. 经济新常态下特色小镇建设的内涵与融资渠道分析[J]. 世界农业（9）：75-81.
[3] 赵振宇，丁晓斐，2017. "以人为核心"新型城镇化：内涵、约束及政策保障[J]. 宁波大学学报（人文科学版），30（3）：117-121.
[4] 徐灿，2018. 新型城镇化的本源意义探讨[J]. 怀化学院学报，37（7）：50-53.

展应考虑从农村、农民、农业等主体出发，摒弃置农业、农村、农民于被动的局面，从而促进新型城镇化持续稳定发展。陈燕妮[①]提出新型城镇化的政策内涵应始终把"人"作为城镇化发展的出发点和落脚点，真正把高质量发展作为城镇化发展的基本原则，不断追求全面性、务实性发展，是促进社会全面进步的内在要求，是全面建成小康社会、实现中华民族伟大复兴的中国梦的理性选择。黄锟[②]认为加速新型城镇化是推进城乡融合发展的基本前提，以人为本是新型城镇化的核心和重要内涵，贯彻落实共享发展是实现以人为本、促进新型城镇化持续健康发展的基本要求。刘莉[③]认为新型城镇化的政策内涵可以理解为"城镇化＋人"，其政策内涵就是强调以人为本，不仅要聚焦到满足人民群众物质生活的需要上，更要满足人民对精神文明方面的需要。新型城镇化的任务是农业转移人口市民化，实现人的城镇化不仅要实现城乡人口结构的转换，更要保证农村人口转移到城镇后的生活质量，以及享有相同医疗、就业等基本公共服务。

左停和赵泽宇[④]提出，从理论层面看，县城城镇化水平提升能够缩小城乡差异；从现实层面看，县城城镇化是中国促进城乡融合发展的重要政策导向。任昊和赵蕊[⑤]提出新型城镇化建设的内涵主要分为四个部分：一是新型城镇化萌芽期（2002～2006年）内涵，大中小城市和小城镇协调发展，合理发展小城镇，引导农村劳动力合理有序流动；二是新型城镇化起步期（2007～2011年）内涵，统筹城乡，以大城市为依托，形成辐射作用大的城市群；三是新型城镇化形成期（2012～2016年）内涵，增强中小城市和小城镇集聚功能，加快改革户籍制度，有序推进农业转移人口市民化；四是新型城镇化发展期（2017年至今）内涵，以城市群为主体形态，加快农业转移人口市民化，实现县城绿色发展。

高强等[⑥]认为以县城为载体推进新型城镇化的政策内涵主要体现在三个方面：一是县城应以完善城镇化空间布局为战略方向，通过科学规划和合理布局，推动县城建设有机融入周边乡村，形成城乡紧密结合、互利共享的发展格局，注重发展特色产业和功能，提高县城的吸引力和竞争力；二是县城应以畅通城乡经济循环为动力支撑，积极引导农民进城就业，促进农村转移人口和城镇居民之间的经济交流和资源配置，实现城乡互利共赢，建立健全城乡一体化的市场体系，促进

---

① 陈燕妮，2019. 新时代中国特色新型城镇化思想探析[J]. 学习论坛（12）：42-49.
② 黄锟，2020. 新型城镇化建设的新使命、新内涵、新要求[J]. 人民论坛（34）：56-59.
③ 刘莉，2022. 云南省新型城镇化高质量发展研究[D]. 昆明：云南财经大学.
④ 左停，赵泽宇，2022. 共同富裕视域下县城新型城镇化：叙事逻辑、主要挑战与推进进路[J]. 新疆师范大学学报（哲学社会科学版），43（6）：84-97.
⑤ 任昊，赵蕊，2022. 中国新型城镇化内涵演进机理、制约因素及政策建议[J]. 区域经济评论（3）：57-65.
⑥ 高强，程长明，曾恒源，2022. 以县城为载体推进新型城镇化建设：逻辑理路与发展进路[J]. 新疆师范大学学报（哲学社会科学版），43（6）：61-71，2.

农产品流通和农村经济发展；三是县城应以打造新型工农城乡关系为目标归宿，建立城乡融合发展的机制和制度，推动城市和农村之间的互动和协作，促进农民参与城市治理和社会管理，加强基层组织建设，提升农村居民的社会保障和公共服务水平。

从现有研究成果来看，现阶段学术界关于以县城为重要载体的新型城镇化建设政策内涵研究成果很少，很多文献都是基于新型城镇化建设政策内涵展开研究。从研究内容看，国内学术界认为新型城镇化建设政策内涵应是聚焦城镇化质量提升的"内涵发展式"城镇化转型，以完善城镇化空间布局为战略方向，以畅通城乡经济循环为动力支撑，以打造新型工农城乡关系为目标归宿，推动城乡融合高质量发展。

第五节　关于以县城为重要载体的新型城镇化建设实践探索的研究

一、新型城镇化建设实践探索

（一）新型城镇化实践模式探索

刘晓玉[①]梳理了部分地区新型城镇化建设实践模式，认为沿海发达地区和中西部地区的新型城镇化建设实践模式存在差异：一是沿海发达地区注重经济驱动和提升城市竞争力，注重发展现代产业、加强对外开放、吸引人才和创新资源，在提升城市竞争力的同时注重提升城市品质和居民生活水平，提供高品质的公共服务和城市环境；二是中西部地区更注重区域均衡和农村转型，通过扶持和引导农民进城就业，加强农村改革和农业现代化，推进城乡一体化发展，注重培育特色产业，发展乡村旅游和文化创意产业，提升地方经济发展动力和活力。

苏斯彬和张旭亮[②]探索了新型城镇化背景下特色小镇的实践模式，总结了浙江特色小镇建设的主要情况。一是在发展定位上特色小镇强调产城融合，通过发展信息经济、环保、健康、旅游、时尚、金融、高端装备制造等支撑浙江未来发展的七大产业，兼顾茶叶、丝绸、黄酒、中药、青瓷、木雕、根雕、石雕、文房等具有浓厚浙江特色的历史经典产业，将产业发展与城市规划相结合，打造具有产

---

① 刘晓玉, 2015. 借鉴与探索：河南新型城镇化发展再思考[J]. 学习论坛, 31（4）：43-45.
② 苏斯彬, 张旭亮, 2016. 浙江特色小镇在新型城镇化中的实践模式探析[J]. 宏观经济管理（10）：73-75, 80.

业特色和功能的城镇，实现产业与城市的良性互动，这种定位有助于吸引产业投资和人才流动，推动城镇的可持续发展。二是特色小镇注重有机导入城市功能。特色小镇不仅是独立的产业聚集区，还要将城市功能有机导入其中，通过提供高品质的公共服务、文化娱乐、商业等配套设施，满足居民的各种需求，创造良好的居住和工作环境，让城市功能融入特色小镇的发展。三是特色小镇的运作方式强调市场为主，鼓励企业和社会力量参与，通过市场机制推动特色小镇的发展，将特色小镇建设交由市场选择和竞争，激发人们的创造力和活力，增加投资和创业的机会，实现经济效益和社会效益的双重提升。

张新生[1]探究了旅游推动城镇化建设的典型模式：一是资源驱动模式，基于资源开发和利用的旅游城镇化，即依托旅游资源发展旅游经济和推动城镇化进程；二是创意驱动模式，以概念和主题创新为核心的旅游城镇化；三是市场驱动模式，以大中型城市休闲需求推动的旅游城镇化；四是消费驱动模式，以购物消费为载体推动的旅游城镇化；五是资本驱动模式，以地产运作为主要形式的旅游城镇化。张学军和李丽娜[2]总结了新型城镇化建设中特色小镇实践的典型模式，中国现有特色小镇呈现出的"特色"形态，可以将其归纳为产业融合模式、文化再造模式、生态宜居模式、社区治理模式四种典型的特色发展模式：一是产业融合模式，坚持以产业融合为导向，构建现代产业体系；二是文化再造模式，通过文化再造形成强大的文化凝聚力；三是生态宜居模式，着力推进特色小镇的产业结构绿色升级、金融体系绿色循环、生活方式绿色低碳、环境设施绿色智能；四是社区治理模式，主要是创建城乡社区和打造城乡社区。

（二）新型城镇化实践经验总结

杨仪青[3]归纳总结了国外城镇化实践经验：一是以西欧国家为代表的城镇化建设，市场主导、政府调控、规划引领、可持续发展；二是以美国为代表的城镇化建设，市场主导、产城融合、全域发展，但缺少政府调控；三是以拉美国家、非洲等一些国家为代表的城镇化建设，过度城镇化，社会问题严重。李博和左停[4]分析了A镇包容性城镇化的实践经验：一是"农民综合素质提升工程"的带动；二是农业资源的有效开放和利用；三是发展过程的公平性与发展成果的共享性。甄

---

[1] 张新生, 2016. 旅游推动城镇化建设的典型模式与问题研究[J]. 四川师范大学学报（社会科学版），43（1）：72-80.
[2] 张学军，李丽娜, 2018. 特色小镇：当代中国乡村振兴战略的典型实践[J]. 河北学刊，38（6）：207-211.
[3] 杨仪青, 2015. 区域协调发展视角下我国新型城镇化建设路径探析[J]. 现代经济探讨（5）：35-39.
[4] 李博，左停, 2016. 从"去农"向"融农"：包容性城镇化的实践探析与路径选择：以京津冀区域A镇的城镇化为例[J]. 现代经济探讨（8）：63-67.

小英[①]总结了海南省琼海市党建促进新型城镇化建设的实践启示：一是理性认识到当地推进城镇化、城乡一体化的客观限制；二是认真总结了一些地方城镇化中出现的问题，明确了什么路"不能走"；三是从琼海区域功能定位出发，以先进发展理念为指导，充分发挥自身优势禀赋，探索琼海城镇化新路。方圆[②]总结了乡村旅游促进新型城镇化发展的实践作用：一是乡村旅游有助于推动乡村产业发展，发展旅游业可以带动农村地区的农业、扶贫产业等其他产业的发展，提升农民收入，改善农村经济状况；二是乡村旅游有助于实现生态效益，通过保护和修复乡村的自然环境、文化遗产等资源，提高生态环境的质量，这不仅为游客提供了休闲和观光的机会，创造就业机会，提供餐饮、住宿、导游等工作岗位，吸引农村劳动力就近就业，缓解农村人口向城市流动的压力，还为当地居民提供了更好的生活环境。王广兴[③]基于河南省焦作市总结新型城镇化高质量实践情况，得出七项实践启示：一是抓住规划改革，优化城镇形态布局；二是以做实深度融合为抓手，打造发展新增长极；三是增强产业支撑能力，凸显城镇发展优势；四是完善城镇功能，构建现代城镇体系；五是实施乡村振兴战略，推动城乡融合发展；六是着力提升治理水平，注重涵养文明素质；七是改革创新，破解新型城镇化建设的瓶颈。

（三）新型城镇化实践主要做法

马黎明[④]以乡镇为研究对象，探索乡镇城镇化的实践情况：一是立足实际、有序推进，把新型农村社区建设做成民心工程；二是用足政策、充分动员，扎实有序推进新型农村社区建设。张秋仪等[⑤]梳理了福州城乡融合发展的前期实践情况：一是人口有序迁移与农村集体经营性建设用地入市，出台政策，全面放开落户限制，盘活农村闲置土地资源；二是整合城乡基础设施建设与公共服务设施分布，优化资源配置，提高城乡居民生活品质，减少城乡差距，促进城乡经济发展，推动农村产业发展，增加农民收入。章胜峰[⑥]以试点镇为研究对象梳理新型城镇化综合试点实践情况：一方面，新型城镇化综合试点实践在

[①] 甄小英，2016．把党建优势转化为经济社会发展新优势：海南省琼海市以党建促进新型城镇化建设的实践与思考[J]．中国党政干部论坛（10）：89-92．
[②] 方圆，2019．乡村旅游在促进新型城镇化发展中的作用分析[J]．农业经济（12）：29-30．
[③] 王广兴，2020．沿黄地区推进新型城镇化高质量发展的实践探索：以河南省焦作市为例[J]．改革与开放（16）：1-5．
[④] 马黎明，2015．传统农业乡镇城镇化的实践逻辑：以山东省平阴县孝直镇为例[J]．晋阳学刊（4）：95-100．
[⑤] 张秋仪，张杨，杨培峰，等，2021．我国城乡融合发展演化过程及福州实践[J]．规划师，37（5）：25-31．
[⑥] 章胜峰，2021．国家新型城镇化综合试点的金华汤溪实践研究[J]．金华职业技术学院学报，21（2）：15-19．

充分发挥本地自然与人文资源优势方面，通过保护和开发本地特色资源，提升城镇发展的吸引力和竞争力，如将生态资源与旅游业相结合，推动生态旅游发展，促进经济增长；另一方面，积极利用试点镇的投融资、用地指标等扶持政策，可以吸引更多的资金和资源投入试点镇的建设中。试点镇可以享受更多的财政支持和优惠政策，引进外来投资和项目，在推动城镇化进程中发挥示范和带动作用。刘高和刘久莹[①]以镇为案例总结新型城镇化建设情况：一是完善基础设施建设；二是提升管理服务水平；三是改善人居环境；四是强化产业支撑。

二、以县城为重要载体的新型城镇化建设实践探索

董婕妍和郭凯峰[②]以曲靖市陆良县"中三马"一体化发展为例，论述了"中三马"一体化发展的紧迫性和必要性，"中三马"发展中重视一体化区域的人口集聚、吸引和转化能力，推动第一、二、三产业转型升级，优化空间的交通连接、人口流向、产业黏性、居民点分布格局等。邓生菊和陈炜[③]总结了中国新型城镇化与农业现代化互促共进的成功案例：一是四川省成都市郫都区战旗村基于第一、二、三产业融合发展；二是江苏省南京市高淳区桠溪国际慢城基于慢生活、慢节奏、人性化、原生态；三是杭州市临平区南苑街道基于从城郊乡村到新城中心；四是河南信阳郝堂村模式基于以田园综合体构建城乡融合发展空间。杨佩卿[④]探究了新型城镇化与乡村振兴协同推进的陕西实践，陕西探索以县城为重要载体的新型城镇化建设主要实践有：一是宏观统筹，促进城乡融合发展；二是打通二者耦合点，实现城镇化带动乡村振兴；三是壮大二者联结点，推动乡村发展促进新型城镇化；四是坚持城乡统筹，协同推进二者融合发展。

从现有研究成果来看，学术界主要集中在研究新型城镇化建设实践探索，以县城为重要载体的新型城镇化建设实践探索研究成果很少。从研究内容看，国内学术界新型城镇化建设实践探索主要从三个维度出发：一是新型城镇化实践模式探索；二是新型城镇化实践经验总结；三是新型城镇化实践主要做法。对于以县城为重要载体的新型城镇化建设实践探索，研究聚焦个别区域的实践探索，对全国层面、实践成效明显的地区研究较少。

---

① 刘高，刘久莹，2022. 新型城镇化建设的"双沟实践"[J]. 学习月刊（3）：39-40.
② 董婕妍，郭凯峰，2021. 推进以县城为重要载体的新型城镇化建设的思考：以曲靖市陆良县"中三马"一体化发展为例[J]. 太原城市职业技术学院学报（6）：16-18.
③ 邓生菊，陈炜，2021. 中国新型城镇化与农业现代化互促共进的成功案例：实践探索与经验启示[J]. 社科纵横，36（4）：44-51.
④ 杨佩卿，2022. 新型城镇化和乡村振兴协同推进路径探析：基于陕西实践探索的案例[J]. 西北农林科技大学学报（社会科学版），22（1）：34-45.

第六节　关于以县城为重要载体的新型城镇化建设现实困境的研究

王耀等[①]认为县城城镇化高质量发展起点低、迈步难，主要面临的困境有四个方面：一是产业升级难，产业基础薄弱，技术支撑差，资金支持弱；二是创新创业活力低，产业技术创新较弱，成果转化不足，创业活力不足；三是高端人才少，高端创新人才严重不足，高端创业人才严重不足，高技能人才严重不足；四是体制机制僵化，市管县体制僵化，财税分配体制不公，城乡二元体制固化。杨传开和朱建江[②]围绕城镇化相关理论，基于改革实践情况，认为当前的人口流动特征、农民城镇化意愿和国家政策是推进县城就地城镇化的现实基础；而农民城镇化积极性不高、中小城市吸引力薄弱、农民集中居住问题突出等则是地方在推进县城就地城镇化过程中面临的关键问题。刘秉镰等[③]提出高质量城镇化建设是现代化经济体系的重要环节，当前中国的城镇化发展依然面临着人口城镇化与工业化、土地城镇化失衡，人口过度集聚于超大城市、大城市病与中小城市功能性萎缩、资源环境承载力不足，三大差距制约、城市发展特色缺乏等诸多问题。胡祖才[④]客观分析了县城存在的短板，主要体现在四个方面：一是不少县城的公共服务供给总量不足、质量不高；二是不少县城的环境卫生设施缺口较大；三是不少县城的市政公用设施承载能力有限；四是不少县城的产业配套设施十分薄弱。陆铭[⑤]认为农村城镇化的合理有序推进仍然存在很多制度上的障碍，首先是中国的城乡规划是按照行政区划来制定的，对地方政府的地区生产总值和税收影响重大；其次是建设用地指标的配置制度；最后是财政制度的障碍。丁俊华和蔡继明[⑥]认为我国现行土地制度因存在农村集体土地产权主体模糊、收益权残缺，土地流转限制条件多、流转费用高、征地范围宽、征地补偿标准偏低，城市住宅用地占比过低、建设用地供应与人口流向错配等问题，抑制了城市化进程。张蔚文等[⑦]提出县城发展的一

---

① 王耀，何泽军，安琪，2018. 县域城镇化高质量发展的制约与突破[J]. 中州学刊（8）：31-36.
② 杨传开，朱建江，2018. 乡村振兴战略下的中小城市和小城镇发展困境与路径研究[J]. 城市发展研究，25（11）：1-7.
③ 刘秉镰，汪旭，边杨，2021. 新发展格局下我国城市高质量发展的理论解析与路径选择[J]. 改革（4）：15-23.
④ 胡祖才，2021. 完善新型城镇化战略 提升城镇化发展质量[J]. 宏观经济管理（11）：1-3，14.
⑤ 陆铭，2022. 中国城市化存在的问题及当前的改革[J]. 广西财经学院学报，35（3）：1-11.
⑥ 丁俊华，蔡继明，2022. 现行土地制度对我国城市化进程的制约及因应之策[J]. 河南大学学报（社会科学版），62（1）：14-20，152.
⑦ 张蔚文，麻玉琦，李学文，等，2021. 现代化视野下的中国新型城镇化[J]. 城市发展研究，28（7）：8-13，26.

般性问题是城镇体系内要素流动及对县城发展的影响：一是人口要素，县城落户吸引力不足；二是土地要素，城镇建设用地指标紧张与农村建设用地大量闲置并存；三是资本要素，资金匮乏成为县城新型城镇化建设的突出瓶颈。

总体而言，国内学术界关于以县城为重要载体的新型城镇化建设现实困境主要聚焦在四大问题：一是产业发展动力不足，产业基础薄弱；二是高端人才匮乏，创新力度不够；三是公共服务供给不足，配套不完善；四是新型城镇化建设体制机制还有待健全。

第七节 关于以县城为重要载体的新型城镇化建设实现路径的研究

一、新型城镇化建设实现路径

刘国斌和朱先声[①]认为，在特色小镇建设与新型城镇化的发展思路上，应培育特色小镇的特色产业，通过培育和发展具有地方特色的产业，打造特色小镇的经济竞争力和发展优势；塑造特色小镇的文化内涵，通过挖掘和传承本地文化，营造独特的文化氛围，提升特色小镇的文化吸引力和影响力；注重特色小镇的旅游与社区功能，将旅游业和社区服务结合起来，打造以旅游为主导的特色小镇，提供丰富多样的旅游体验和便利的社区服务，推动特色小镇的可持续发展。卓玛草[②]认为新时代乡村振兴与新型城镇化融合发展的实现路径是"统筹融合式、共生可持续、包容一体化、高效高质量"，首先，建立城乡融合发展的政策体系，制定城乡统筹发展的政策，统筹城乡基础设施建设、公共服务供给、人才流动等方面，消除城乡二元结构。其次，加强产业融合发展，发展乡村特色产业，吸引城市资本和技术进入农村，促进农民就业创业，提高农村人民收入水平。然后，完善农村基础设施建设，加大农村基础设施投入，提高农村交通、通信、能源、水利等方面的设施水平，提升农村生产生活条件。再次，强化教育和医疗服务，加强农村教育和医疗资源的配置，提升农村教育和医疗水平，保障农村居民的教育和医疗需求。最后，推动城乡人才流动，加强人才培养、引进和流动，促进城乡人才的互补和相互交流，为乡村振兴和城镇化提供人才支撑。

罗必良和洪炜杰[③]认为在推进以县城为重要载体的城镇化进程中，做大做优县城，打造小城镇产业集群，发展县域经济，全面推进乡村振兴，促进推进城

---

① 刘国斌，朱先声，2018. 特色小镇建设与新型城镇化道路研究[J]. 税务与经济（3）：42-49.
② 卓玛草，2019. 新时代乡村振兴与新型城镇化融合发展的理论依据与实现路径[J]. 经济学家（1）：104-112.
③ 罗必良，洪炜杰，2021. 城镇化路径选择：福利维度的考察[J]. 农业经济问题，42（9）：5-17.

乡融合发展，形成县城、乡镇与村庄的联动与协调，不断提升农民的获得感、幸福感、安全感。苏红键[①]提出未来推进县城城镇化，要以新发展理念为引领，坚持高质量发展、多元化发展、协调发展、共享发展，积极提升县城吸引力、吸纳力、承载力、辐射带动力，以此全面提高县城发展质量，构建县城新型工农城乡关系。刘炳辉和熊万胜[②]提出城镇化发展模式转型升级的关键空间布局，县城城镇化模式至少需要包含功能协调、区划设置、交通网络、公共设施、权利保障和治理能力六大支柱。河南省社会科学院课题组和王建国[③]提出新型城镇化建设要遵循城镇化发展规律，凝聚各方力量，创新方式方法，着力优化城镇化空间布局，推动中心城市增强区域增长极和动力源功能，促进县域经济发展，加快形成以中原城市群为主体、大中小城市和小城镇协调发展的现代城镇体系。

二、以县城为重要载体的新型城镇化建设实现路径

李兰冰等[④]提出"十四五"时期中国新型城镇化的推进思路应为产业结构调整与城镇化新动能培育，空间格局优化与城镇化分类推进，城乡融合发展与城镇化提质增效，有效政府治理与要素市场化配置，双循环新发展格局与城镇化红利释放，面向经济全球化的开放型城镇化发展。董婕妍和郭凯峰[⑤]以曲靖市陆良县"中三马"一体化发展为例，提出"中三马"一体化发展的建设路径：一是精准定位、巩固载体，提升区域一体化人口集聚与发展动能；二是产城联动、城乡协同，赋能区域一体化产业经济与发展水平；三是优化空间、塑造风貌，彰显新时代坝区城市能级与品质魅力；四是强化统筹、创新举措，全面构筑一体化发展的机制驱动保障。王雅红等[⑥]基于新民市的改革实践情况，提出新民市新型城镇化建设的实施路径：一是推动产业结构升级，推进农业现代化、工业集群化、服务业优质化、产业数字化；二是健全保障措施，丰富农民转居安置模式，建立城乡社会保障制度，加强人才引进及培养，完善社会公共服务设施体系；三是优化空间布局，建设全新总体发展格局，推动农业产业基地体系建设，完善补齐城乡基础设施短板，

---

① 苏红键，2021. 中国县域城镇化的基础、趋势与推进思路[J]. 经济学家（5）：110-119.
② 刘炳辉，熊万胜，2021. 县城：新时代中国城镇化转型升级的关键空间布局[J]. 中州学刊（1）：1-6.
③ 河南省社会科学院课题组，王建国，2021. 河南实施新型城镇化战略的时代意义和实践路径[J]. 中州学刊（12）：26-31.
④ 李兰冰，高雪莲，黄玖立，2020. "十四五"时期中国新型城镇化发展重大问题展望[J]. 管理世界，36（11）：7-22.
⑤ 董婕妍，郭凯峰，2021. 推进以县城为重要载体的新型城镇化建设的思考：以曲靖市陆良县"中三马"一体化发展为例[J]. 太原城市职业技术学院学报（6）：16-18.
⑥ 王雅红，朱连超，宋雪，2021. 推进以县城为重要载体的新型城镇化建设路径研究：以新民市为例[J]. 辽宁经济（3）：45-54.

强化生态治理；四是优化体制机制，优化转移人口补偿机制，创建投融资新运行机制，实施新型合署管理体制，完善生态补偿管控机制。

吴宇哲和任宇航[①]认为在中西部地区推进县城城镇化的发展过程中，首要任务是提供就业机会和基本公共服务保障，以吸引流动人口返乡和农村人口进城；其次是通过交通网建设缩小与上一级城市的空间距离，以充分承接辐射带动效应；最后应注重贯彻生态文明发展理念，处理好县城集聚发展过程中开发与保护的平衡关系。彭青和田学斌[②]提出推动县城城镇化建设的四点对策：一是将"全生命周期管理理念"贯穿城镇化建设全过程，推动"人的城镇化"提质增效；二是调整县级行政区划，实行分类发展；三是发展现代产业体系，增强县城就业吸纳能力；四是深化体制机制改革，健全落户保障机制，多渠道筹措建设资金，提升辐射带动能力，实施综合评价机制，为县城城镇化建设提供政策支持。雷刚[③]提出在推进以县城为重要载体的城镇化时，应坚持"流量"与"留量"并举，优先做大县城人口"流量"；补短板与锻长板并举，着力做优县城服务"长板"；"承上"与"启下"并重，加快提升县城发展"能见度"。

总体而言，国内学术界关于以县城为重要载体的新型城镇化建设实现路径主要集中在：一是新型城镇化建设实现路径，主要包括基础设施完善、空间布局优化、特色产业培育、均衡公共服务提供、资金缺口补充等；二是以县城为重要载体的新型城镇化建设实现路径，主要包括从更大空间尺度谋划产业发展格局，建立跨区域产业协同，构建有序高效的城市规模体系和城镇空间网络，建立促进城乡共建共享和城乡之间要素自由流动的机制体制，着力优化制度供给与政策体系，着重提升智慧化管理和精细化管理。现有研究成果的改革建议基于先验理性，或只是对既定政策的阐述，现实针对性不足，能具体化为操作路径、运作方式、实施方案等层面的建议不多。

第八节　关于以县城为重要载体的新型城镇化建设配套协同的研究

一、新型城镇化建设配套协同

周敏等[④]认为全方位推进新型城镇化需要以机制体制创新为保障，完善户籍制

---

① 吴宇哲，任宇航，2021. 以县城为重要载体的新型城镇化建设探讨：基于集聚指数的分析框架[J]. 郑州大学学报（哲学社会科学版），54（6）：65-71.
② 彭青，田学斌，2022. 积极推进县城城镇化建设[J]. 理论探索（4）：101-107.
③ 雷刚，2022. 县城的纽带功能、驿站特性与接续式城镇化[J]. 东岳论丛，43（3）：138-145.
④ 周敏，林凯旋，王勇，等，2021. 新型城镇化建设：战略转向与实施路径[J]. 规划师，37（1）：21-28.

度，深化改革城市存量空间再利用的相关机制体制，进一步完善集体建设用地入市制度改革，建立城乡公共资源统筹配置的联动机制等。吴越涛和刘春雨[1]提出推动新型城镇化建设应建立县城补短板强弱项的保障机制，坚持规划引领，强化要素保障，开展试点示范。河南省社会科学院课题组和王建国[2]认为实施新型城镇化战略应建立健全机制体制，建立健全体现城镇化水平、基本公共服务、基础设施和资源环境等方面的统计监测指标体系和统计综合评价指标体系；建立城镇化工作跨年度滚动实施机制，组织开展重点任务实施情况年度评估。杨佩卿[3]认为推进新型城镇化建设要深化制度改革，大规模高质量引导农村居民城镇化，全方位多层次促进要素资源聚集乡村振兴。

二、以县城为重要载体的新型城镇化建设制度联动

辛宝英[4]提出推进城乡融合发展的新型城镇化建设应建立健全城乡融合发展体制机制，推动城乡一体化规划和管理，促进资源要素的有序流动；深化户籍制度和土地制度、财税制度改革，消除农村户籍和土地制度的限制，促进人口和土地要素在城乡间的自由流动，提高资源配置效率；建立绿色增长机制，推动城乡生态环境的协调发展，加强农村环境治理和生态保护，实现绿色低碳发展；提高城镇化发展质量，注重发展特色小城镇，提升农村人民的生活品质和幸福感，提高农村基础设施建设水平，完善农村公共服务体系；深化行政管理体制改革，全面提高城市治理能力和社会管理水平。冯雪彬和张建英[5]提出要建立农业现代化与新型城镇化耦合协调保障机制，优化农村户籍制度，完善农村社会保障制度，构建城乡良性互动的合作机制。

孔祥智和何欣玮[6]认为，以县城为重要载体的新型城镇化建设应健全财政投入保障机制，县城作为城乡融合发展的纽带和引领者，承载了大量的基础设施和公共服务需求，需要充足的财政投入来支持其发展，县城在推动区域经济发展和农村转型升级中具有重要作用，财政投入可以提供必要的资源，促进县城经济的发展。此外，健全财政投入保障机制可以加强县城的发展规划和管理，提高城镇化

---

[1] 吴越涛，刘春雨，2021. 加快推进县城补短板强弱项研究[J]. 宏观经济管理（11）：9-11.
[2] 河南省社会科学院课题组，王建国，2021. 河南实施新型城镇化战略的时代意义及实践路径[J]. 中州学刊（12）：26-31.
[3] 杨佩卿，2022. 新型城镇化和乡村振兴协同推进路径探析：基于陕西实践探索的案例[J]. 西北农林科技大学学报（社会科学版），22（1）：34-45.
[4] 辛宝英，2020. 城乡融合的新型城镇化战略：实现路径与推进策略[J]. 山东社会科学（5）：117-122.
[5] 冯雪彬，张建英，2020. 农业现代化与新型城镇化耦合协调路径研究[J]. 农业经济（10）：23-25.
[6] 孔祥智，何欣玮，2022. 乡村振兴背景下县域新型城镇化的战略指向与路径选择[J]. 新疆师范大学学报（哲学社会科学版），43（6）：72-83.

建设的整体效益，缓解县城发展中的资金短缺问题，推动城镇化建设向纵深发展，实现城市与农村的共同发展。陈健生和魏静[1]提出新型城镇化建设要建立健全机制：一是建立产业财政转移支付制度，通过将财政资金从发达地区向县城转移，确保县城能够获得充足的财力支持，促进县域经济发展；二是建立跨地区组织协调机制，加强县城与周边地区的合作与协调，共同推进区域城镇化发展。这包括建立联席会议、共享信息平台等机制，提高信息沟通和协作效率，推动县城在基础设施建设、公共服务等方面与周边地区实现互利共赢。

总体而言，国内学术界关于以县城为重要载体的新型城镇化建设配套协同研究成果主要聚焦要建立健全城乡统一建设用地市场，实施户籍制度、社会保障制度、财政制度等联动，共同推进城乡融合发展。从现有研究成果看，学术界对以县城为重要载体的新型城镇化建设配套协同研究成果较少，未能有效分析新型城镇化建设与其他制度联动改革的契合点，未能形成实施协同联动改革的理论支撑。

第九节　关于以县城为重要载体的四川新型城镇化建设的研究

谭荣华和杜坤伦[2]总结了四川省"产业+金融"发展模式助力特色小镇建设，基于对四川省小城镇产业发展水平及金融支持现状的深入分析，认为以"产业+金融"为特色的小镇发展模式有利于加快推动以特色产业为引擎和核心、以金融支持为动力和后劲、依靠产业与创新"两轮驱动"的特色小镇建设，并从坚持原则、厘清思路、落实举措等方面提出了对策建议。邓生菊和陈炜[3]认为中国发展不平衡不充分的矛盾仍比较突出，新型城镇化与农业现代化发展水平总体较低，大部分地方还未形成二者良性互动的发展态势，但同时也涌现出浙江安吉、四川战旗、江苏桠溪、浙江南苑、河南郝堂等两化（新型城镇化与农业现代化）良性互动的成功案例，它们因地制宜建立起两化互动的有效机制，形成了城乡共荣发展的格局，积累了可资借鉴的宝贵经验，如因地制宜分类施策多元化发展，坚强的基层组织和乡村能人带动，尊重农民意愿、维护农民利益，坚持绿色生态可持续发展，立足资源禀赋和特色优势发展等。

总体而言，国内学术界关于四川新型城镇化建设探索与实践的研究成果非常

---

[1] 陈健生，魏静，2016. 县域新型城镇化与新农村建设融合发展评价研究：以四川省为例[J]. 经济体制改革（1）：91-96.
[2] 谭荣华，杜坤伦，2018. 特色小镇"产业+金融"发展模式研究[J]. 西南金融（3）：3-9.
[3] 邓生菊，陈炜，2021. 中国新型城镇化与农业现代化互促共进的成功案例：实践探索与经验启示[J]. 社科纵横，36（4）：44-51.

少，对四川新型城镇化建设探索实践内容研究较少，还存在诸多研究空白，研究空间比较大。

第十节 国内相关研究存在的不足

由于以县城为重要载体的新型城镇化建设研究热度还不够，各方面认识不统一，许多基本理论和实践问题急需深入研究。从现有研究成果来看，还存在研究内容不系统深入、研究覆盖面较为狭窄、研究应用性不强等问题。其一，研究内容缺乏系统性。一是对新型城镇化建设内涵特征研究较多，对新型城镇化建设理论逻辑研究较少；二是对新型城镇化演进历程研究较多，对新型城镇化建设运行机制研究较少；三是对基于某个区域新型城镇化建设实践研究较多，对全国层面新型城镇化建设实践研究较少，并对四川新型城镇化建设探索和实践较少；四是对新型城镇化建设实现路径政策建议较多，对以县城为重要载体的新型城镇化建设实现路径的研究较少，未形成系统性政策选择路径；五是对新型城镇化建设的配套协同的基本描述研究较多，对以县城为重要载体的新型城镇化建设配套协同研究较少，未建立全面性协同改革制度体系。其二，研究视角相对狭窄。一是基于乡村振兴视角、城乡融合视角等研究新型城镇化建设实现路径较多，而基于政策协同视角研究较少；二是从经济学层面研究新型城镇化建设实现路径较多，从地理学层面研究较少，并且从人口学、社会学、政治学等多学科融合视角出发的研究更少；三是从理论视角研究新型城镇化建设实现路径较多，而结合实证视角研究分析较少。其三，研究应用性不足。现有研究成果的部分政策建议基于先验理性，缺乏现实基础，或只是对既定政策的阐述，现实针对性不足、科学性不够，能具体化为操作路径、运作方式、实施方案等层面的建议不多，无法有效应用于改革实践。

第三章　以县城为重要载体的四川新型城镇化建设实践评析

第一节　以县城为重要载体的四川新型城镇化建设的历史演进

中华人民共和国成立 70 多年来，在中国共产党的领导下，成功走出了一条中国特色的城镇化道路，取得了举世瞩目的伟大成就，中国的城镇化率大幅提高，从 1949 年的 10.6%增长到 2021 年的 64.72%，这标志着中国已经完成了从农业社会向城市化社会的转型。从城镇化道路看，中国城镇化经历了改革开放之前的城镇化（1949~1978 年）、改革开放之初的城镇化（1979~1995 年）、社会主义市场经济初期的城镇化（1996~2012 年）和新型城镇化（2013 年至今）四个阶段。

进入新型城镇化阶段，以"人的城镇化"为发展理念，强调"人"是城镇赖以存在和发展的基础，是实施城镇现代化建设的主体，表明新型城镇现代化建设的核心是"人的城镇化"。在该阶段，我国城镇化建设成果显著，2021 年常住人口城镇化率为 64.72%，较 2013 年提高 10.99 个百分点。四川省于 2013 年 12 月确立了新型城镇化的发展方向，围绕提升城镇化质量，以人的城镇化为核心，走符合四川实际的"形态适宜、产城融合、城乡一体、集约高效"的新型城镇化道路。同时，县城是我国城镇体系的重要组成部分，是城乡融合发展的关键支撑，对促进新型城镇化建设、构建新型工农城乡关系具有重要意义。四川省在推进以县城为载体的新型城镇化建设中，深入实施"四化同步、城乡融合、五区共兴"发展战略，把加快城镇化摆在突出位置，推进以人为核心的新型城镇化，尊重县城发展规律，统筹县城生产、生活、生态、安全需要，因地制宜、分类施策补齐县城城镇化短板弱项，实施特色优势产业培育、市政基础设施建设、公共服务供给优化、人居环境质量提升、县城辐射带动乡村行动，增强县城的综合承载能力，更好地满足农民到县城就业安家需求和县城居民生产生活需要，为实施扩大内需战略、协同推进新型城镇化和乡村振兴提供有力支撑。

一、以县城为重要载体的四川新型城镇化建设的纵向回顾

（一）四川省县城新型城镇化建设的纵向对比分析

四川省位于中国西南地区，地理位置重要，是连接内地与西部地区的重要门户，拥有丰富的自然资源和良好的生态环境，具备广阔的发展空间和潜力。四川省高度重视 128 个县城的新型城镇化发展，并取得了一系列显著的成果。

四川新型城镇化建设在 2013～2021 年呈显著上升态势，如图 3-1 所示，这主要受到外部环境的经济、政策、资源等多种因素的影响。一是 2013～2019 年，县城常住城镇人口由 1692.11 万人增加到 2168.03 万人，且整体处于持续上升的状态，县城常住人口城镇化率由 34.38%上升到 43.15%，增加了 8.77 个百分点。二是相较于 2019 年，2020 年县城常住城镇人口下降了 193.53 万人，城镇化率下降了 0.23 个百分点。三是 2020 年后，城镇人口出现了小幅增加，由 2020 年的 1974.5 万人增加到 2021 年的 2018.9 万人，增加了 44.4 万人，城镇化率相较于 2020 年增加了 1.14 个百分点。

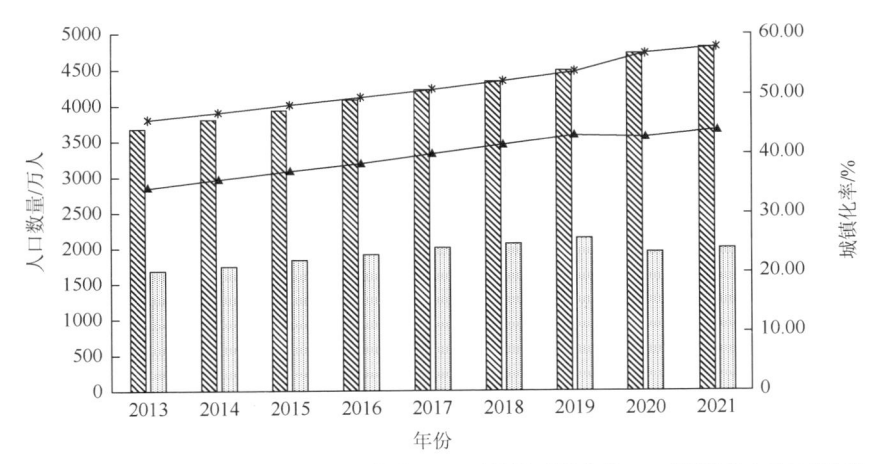

图 3-1 四川省县城新型城镇化的发展

根据历年中国县域统计年鉴和中国经济金融研究数据库（CSMAR）数据综合整理而成

四川省县城城镇化水平在 2013～2021 年有显著提升，城镇化人口增加了 326.79 万人，城镇化率提升了 9.67 个百分点，截至 2021 年，县城常住人口城镇化率为 44.05%。但相较于四川省整体的城镇化水平，仍存在较大差距。四川省城

镇化水平在 2013~2021 年处于持续上升状态，城镇人口增加 1156.02 万人，城镇化率增加了 12.37 个百分点，2021 年城镇化率为 57.82%，县城与四川省的城镇化水平差距为 13.77 个百分点。四川省的城镇化发展受益于其快速的经济增长和城市化进程，作为中国西南地区的经济中心，四川省吸引了大量的投资和人口，特别是省会成都的城镇化进程迅速。与此相比，四川省县城的城镇化进程相对较慢，受到经济发展和资源分配的限制。

从总体看，四川省县城的城镇化水平及增长幅度低于四川省整体水平，但从各年的建设速度看，除个别年份，县城的建设速度皆高于四川省的建设速度，具体如表 3-1 所示。在城镇人口增长率维度，除 2020 年，2014~2021 年的其他各年县城城镇人口的增长速度都高于四川省整体的增长速度。在城镇化率提升幅度维度，除 2014 年和 2020 年，2014~2021 年的其他各年县城的城镇化率的增长幅度都大于四川省。四川省县城城镇化率的增长速度说明四川省以县城为载体积极进行新型城镇化建设，因地制宜、分类引导的政策取得显著成效。

表 3-1 四川省县城新型城镇化建设速度

年份	城镇人口增长率/%		城镇化率提升百分点	
	四川省	县城	四川省	县城
2014	3.62	4.16	1.45	1.38
2015	3.40	4.59	1.22	1.38
2016	3.37	3.90	1.27	1.32
2017	3.33	5.25	1.40	1.58
2018	3.44	3.66	1.50	1.56
2019	3.29	3.76	1.50	1.54
2020	5.37	−8.93	2.94	−0.23
2021	1.98	2.25	1.09	1.14

注：根据历年中国县域统计年鉴和 CSMAR 数据综合整理而成。

（二）四川省五大经济区县城新型城镇化建设的纵向对比分析

四川省地域广阔，不同地区具有不同的经济特色和优势产业，区域发展不平衡的问题相对严重。为了更好地发挥各地的经济潜力、对经济进行细分、侧重推动各地区的经济发展均衡、针对性地解决城乡发展差距问题，本书将省内地区进行经济区划。四川省"五大经济区"建设构想有利于针对各地的特色产业进行专门化的发展和政策支持；有利于优化交通网络，加强区域协作和促进经济合作；

有利于政府更有针对性地进行区域发展规划和政策支持，以促进区域间的协调发展；有利于不同经济区划内的地区可以相互借力、协同发展，形成产业链和价值链的整合效应。五大经济区在新型城镇化建设中取得了显著的成绩，它们各自发挥了自身的优势，推动了区域经济的发展和城镇化进程。

（1）川东北经济区新型城镇化发展。川东北经济区由南充市、达州市、广安市、广元市、巴中市5个城市组成，在新型城镇化建设中涉及22个县。2014年7月，四川省人民政府办公厅发布的《川东北经济区发展规划（2014—2020年）》明确了将川东北经济区打造成"川渝陕甘结合部的区域经济中心，建设国家重要的清洁能源化工基地、特色农产品生产基地、生态文化旅游区和川陕苏区振兴发展示范区"。川东北经济区通过发展清洁能源开发、特色农产品等，推动了城乡融合发展，城镇化水平迅速提升，工业和城市建设发展迅速，为经济增长和居民生活提供了良好的基础设施和就业机会。从图3-2可以看出，川东北经济区的城镇化率从2013年的32.72%提升到2021年的42.63%，增长了9.91个百分点。从各年城镇化水平的整体情况看，川东北经济区2013~2021年各年的城镇化水平都低于四川省县城，在五大经济区中排名第三位，其城镇化水平高于攀西经济区和川西北生态示范区，低于成都平原经济区和川南经济区。

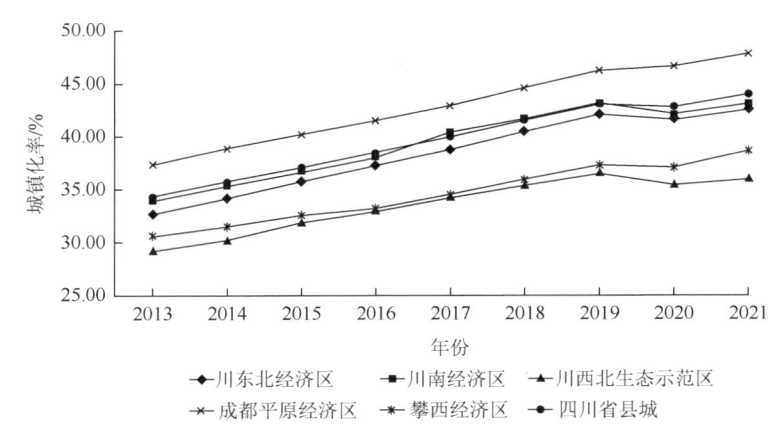

图3-2 四川省五大经济区县城新型城镇化发展

根据历年中国县域统计年鉴和CSMAR数据综合整理而成

（2）川南经济区新型城镇化发展。川南经济区由宜宾市、泸州市、内江市、自贡市4个城市组成，包括16个县城。川南经济区定位为川渝滇黔接合部区域经济中心、现代产业创新发展示范区、四川南向开放重要门户、长江上游绿色发展示范区。川南经济区在城镇化建设中注重农村和特色农业的发展，通过发展农村旅游和特色农业，促进了农民的转移就业和农村经济的发展，利于农村地区实现良好的城乡融合发展，提升了农民的生活水平。从图3-2可以看出，川南经济区的城镇化率从2013年的33.96%提升到2021年的43.17%，增长了9.21个百分点。从2013~2021年的城镇化发展情况看，川南经济区的城镇化水平与四川省县城的水平整体持平，在2020年和2021年略低于县城整体水平，在五大经济区中排名第二位，其城镇化水平显著高于攀西经济区和川西北生态示范区，略高于川东北经济区，但与成都平原经济区还存在较大差距。

（3）川西北生态示范区新型城镇化发展。川西北生态示范区由阿坝藏族羌族自治州（简称阿坝州）、甘孜藏族自治州（简称甘孜州）两个州组成，包括31个县城。川西北生态示范区定位为全国民族团结进步示范区、国家生态文明建设示范区、国际生态文化旅游目的地、现代高原特色农牧业基地和国家重要清洁能源基地。川西北生态示范区拥有丰富的生态资源和特色民族文化，致力于建设生态文明和发展生态产业。通过注重生态保护和环境可持续发展，该区为当地居民提供了良好的生活环境和就业机会。从图3-2可以看出，川西北生态示范区的城镇化率从2013年的29.20%提升到2021年的35.99%，增长了6.79个百分点，说明川西北相较于其他区域的城镇化建设起点最低，建设速度相对较慢，地理位置和基础设施等因素限制了城镇化进程。川西北在五大经济区中，城镇化水平最低。

（4）成都平原经济区新型城镇化发展。成都平原经济区由成都市、绵阳市、德阳市、乐山市、眉山市、遂宁市、雅安市、资阳市8个城市组成，在县城新型城镇化建设中涉及40个县。成都平原经济区规划为成渝地区双城经济圈的核心增长极、四川省高质量发展先行区，在城镇化建设方面取得了卓越的成果，该区的成熟产业体系和发达的交通网络为城镇发展和人口流动提供了良好的支持。从图3-2可以看出，成都平原经济区的城镇化率从2013年的37.35%提升到2021年的47.86%，增长了10.51个百分点，该地区是五大经济区中城镇化建设起点最高、水平最高的地区，也高于四川省县城的城镇化水平。成都平原经济区城镇化水平整体处于持续上升的状态，但也表现出阶段性，在2019年以前整体上升较快，2020年增长速度趋缓，2021年速度略有回升。

（5）攀西经济区新型城镇化发展。攀西经济区由攀枝花市、凉山州两个市（州）组成，包括19个县城。攀西经济区定位为：将建成国家战略资源创新开发试验区、全国重要的清洁能源基地、全国优质特色农产品基地、阳光康养旅游目的地。攀西经济区的凉山州地处山区，拥有丰富的森林、水资源和生态景观；攀枝花市位于四川省的西南部，拥有丰富的自然资源，特别是煤炭资源和水力资源。该区自然资源较为丰富，在城镇化建设中注重发展特色旅游和生态农业，通过保护生态环境和可持续发展，该区在旅游业和农业方面取得了显著成就，提升了农民的收入水平。从图3-2可以看出，攀西经济区的城镇化率从

2013年的30.65%提升到2021年的38.73%，增长了8.08个百分点，相较于其他地区，该区的城镇化建设起点较低，且其增长速度不高，受制于地理环境等因素的影响。

从整体发展水平看，四川省五大经济区之间的城镇化水平存在较大差异，与四川省县城整体也存在一定的差异，成都平原经济区位列第一，川南经济区位列第二，川东北经济区位列第三，攀西经济区位列第四，川西北生态示范区位列第五，四川省县城城镇化水平显著高于攀西经济区和川西北生态示范区，但从五大经济区县城城镇化建设速度看，又呈现不同的状态。

除2020年，2014~2021年五大经济区的县城城镇化建设整体处于增长态势，如表3-2所示，不同区域的城镇化建设速度存在显著差异。从城镇人口增长率看，川东北经济区、川西北生态示范区和攀西经济区有1/2及以上的年份高于县城，说明这三个地区虽然城镇化整体水平低于四川省县城，但其城镇人口的增长速度较快。从城镇化率提升幅度看，成都平原经济区和川东北经济区的大部分年份都高于县城。

表3-2 四川省五大经济区县城新型城镇化发展速度

年份	城镇人口增长率/%						城镇化率提升百分点					
	川东北	川南	川西北	成都平原	攀西	县城	川东北	川南	川西北	成都平原	攀西	县城
2014	4.65	3.89	4.64	4.03	3.52	4.16	1.50	1.33	1.08	1.48	0.90	1.38
2015	5.25	4.29	9.93	3.83	4.56	4.59	1.56	1.35	1.64	1.37	1.06	1.38
2016	4.29	3.38	4.53	3.58	4.92	3.90	1.53	1.39	1.13	1.36	0.66	1.32
2017	4.25	13.58	4.18	2.88	4.07	5.25	1.51	2.37	1.20	1.43	1.27	1.58
2018	3.84	2.16	3.93	3.76	5.57	3.66	1.68	1.36	1.12	1.66	1.42	1.56
2019	4.16	3.3	3.57	3.60	4.27	3.76	1.67	1.42	1.18	1.58	1.40	1.54
2020	−14.87	−11.08	−12.63	−4.99	−2.45	−8.93	−0.52	−1.02	−1.06	0.40	−0.25	−0.23
2021	1.53	1.58	0.73	2.52	4.71	2.25	0.99	0.99	0.50	1.23	1.63	1.14

注：根据历年中国县域统计年鉴和CSMAR数据综合整理而成。

在新型城镇化建设中，五大经济区的县城人均GDP差距也存在明显的差异，如图3-3所示。人均GDP差距表示2013~2021年包括四川省128县的五大经济区，各经济区每年的人均GDP最大值与最小值的比值。由图3-3可知，川东北经济区的人均GDP的差距最小，随着时间的推移，人均GDP差距从2013年的5.41%下降到2021年的4.05%，显著低于四川省县城。在2017年之前，攀西经济区的人均GDP差距最大，之后出现明显的下降，而成都平原经济区在 2017 年之前仅次于攀西经济区，2018 年成为当年人均 GDP 差距最大的区域。川西北生态示范区在 2019 年之前，人均 GDP 差距基本处于下降状态，之后出现了明显的增加，到 2021 年人均 GDP 差距达到 6.22%，成为当年人均 GDP 差距最大的区域。川南经济区的人均 GDP 差距相对较小，且在 2019 年出现显著的下降。整体来看，四川省县城的人均 GDP 差距较大，川西北生态示范区和成都平原经济区的差距尤为明显。

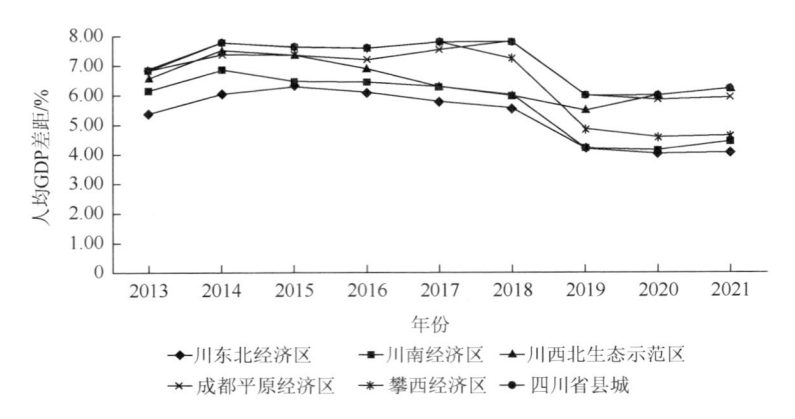

图 3-3　四川省五大经济区的县城人均 GDP 差距变化情况

根据历年中国县域统计年鉴和 CSMAR 数据综合整理而成

二、以县城为重要载体的四川新型城镇化建设的横向对比

（一）四川省县城新型城镇化发展水平同全国比较

从城镇化发展水平看，四川省城镇化水平始终低于全国整体水平，具体如图 3-4 所示。2013 年四川省城镇化率为 45.45%[①]，显著低于全国城镇化率 54.49%，说明四川省的城镇化建设起点低于全国，城镇化建设压力较大；相较于 2013 年，2021 年四川省城镇化率为 57.82%，增加了 12.37 个百分点，2021 年全国城镇化率为 64.72%，增加了 10.23 个百分点，说明四川省的城镇化水平虽然整体上低于全国，但在增长幅度上高于全国。四川省县城的城镇化水平低于四川省，也低于全国，其 2013 年的城镇化率为 34.38%，2021 年的城镇化率为 44.05%，增长了 9.67 个百分点，其增长幅度小于四川省，接近于全国，说明四川省县城的城镇化进程起点低、难度大，但近几年的城镇化建设取得显著成效。

---

① 2014 年 3 月 4 日，四川省人民政府发布《2013 年四川省国民经济和社会发展统计公报》

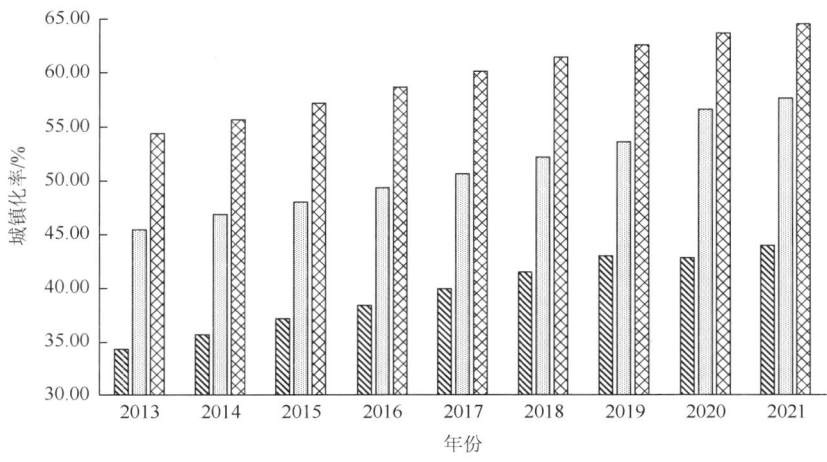

图 3-4 四川省县城、四川省与全国的新型城镇化发展

根据历年中国县域统计年鉴和 CSMAR 数据综合整理而成

从城镇化发展差距看，如图 3-5 所示，四川省县城城镇化水平与四川省、全国都存在较大差距。县城与四川省城镇化发展差距在 2013～2014 年处于 11%左右，2015～2019 年差距有所下降，2019 年之后差距进一步扩大到 13%左右。四川省与全国城镇化发展差距在 2013～2019 年处于 9%左右，2019 年以后显著下降到 7%左右。四川省县城与全国城镇化发展差距变动较小，始终处于 20%左右。四川省县城与四川省的城镇化发展差距变大，四川省与全国城镇化发展的差距变小，说明 2013 年以来四川省城镇化进程有长足的发展，但县城的城镇化发展相对较慢，有较大的提升空间和发展潜力。

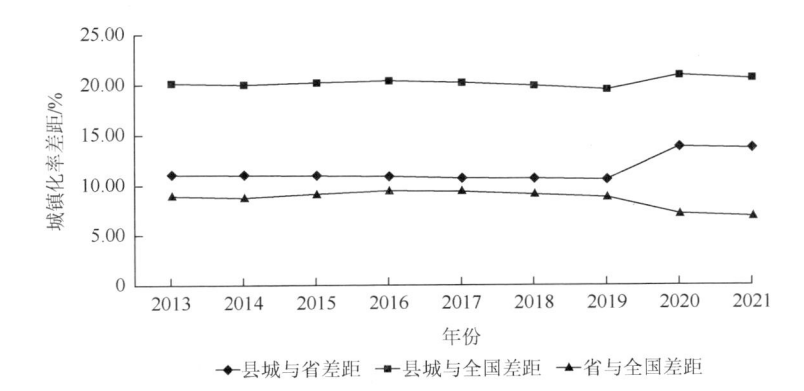

图 3-5 四川省县城与四川省、全国新型城镇化发展差距

根据历年中国县域统计年鉴和 CSMAR 数据综合整理而成

（二）四川省县城镇化发展水平同西南区其他省（区、市）比较

从西南地区五省（区、市）的城镇化发展看，如图 3-6 所示，重庆市的城镇化水平最高，从 2013 年的 58.29%增长到 2021 年的 70.32%，增长了 12.03 个百分点；其次是四川省，从 2013 年的 45.45%增长到 2021 年的 57.82%，增长了 12.37 个百分点；贵州省从 2013 年的 37.89%增长到 2021 年的 54.33%，增长了 16.44 个百分点，是西南地区增长幅度最大的省份；云南省增长了 11.06 个百分点，增长幅度相对较低；西藏自治区是西南地区城镇化水平最低的地区，但其近几年的增长幅度较大，增长了 12.68 个百分点。相较于西南地区其他省（区、市），四川县城的城镇化水平较低，且增长率为 9.67%，低于西南地区的平均水平 13.01%，说明四川县城在城镇化水平上相较于其他西南地区的省（区、市）存在一些差距，且增长速度较慢。

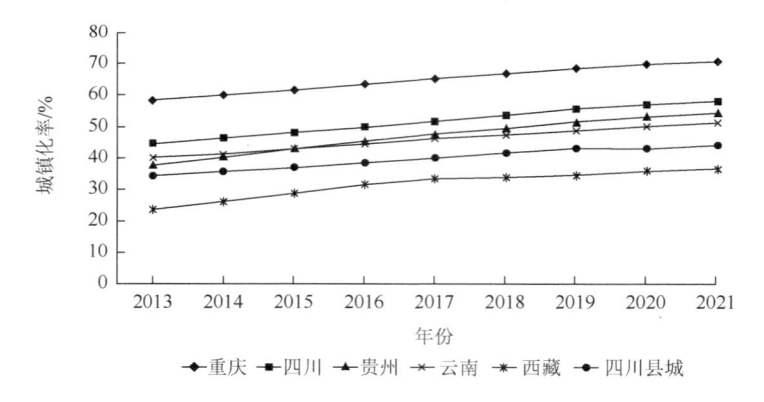

图 3-6　四川省县城、西南地区其他省（区、市）新型城镇化发展

根据历年中国县域统计年鉴和 CSMAR 数据综合整理而成

从城镇化发展速度看，如图 3-7 所示，西南地区五省（区、市）中贵州省的增长速度最快，尤其是在 2018 年以前，每年增幅在 2 个百分点以上；其次是四川省和西藏自治区，四川省每年的增长幅度相对比较稳定，维持在 1.5 个百分点左右，而西藏自治区的增幅波动较大，2014~2017 年的增幅在 2 个百分点左右，之后几年的增幅显著下降，尤其是 2018~2019 年，增幅降到 0.5 个百分点左右；再者是重庆市和云南省，两省（市）的增长率相对平稳，在 2021 年有显著的下降。四川省县城的增长速度相对平稳，但低于西南地区其他省（区、市），尤其是在 2020 年，出现了负增长的情况。

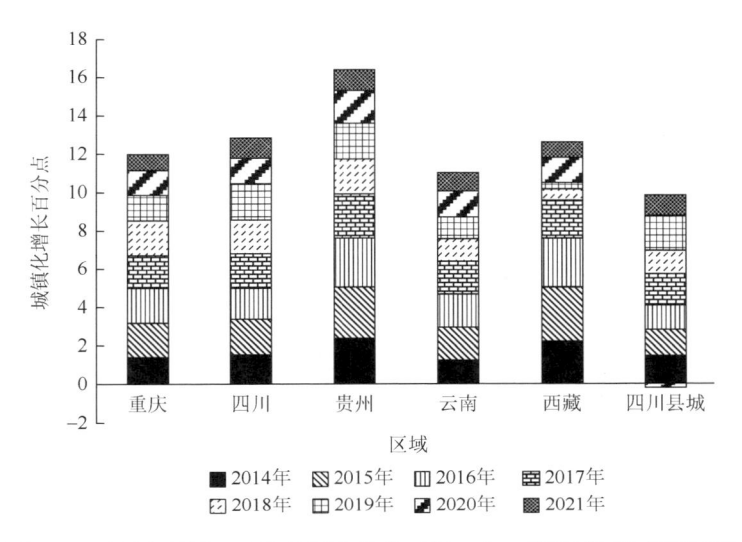

图 3-7 四川省县城、西南地区其他省（区、市）新型城镇化发展速度

根据历年中国县域统计年鉴和 CSMAR 数据综合整理而成

（三）四川省县城城镇化发展水平同全国其他省（区、市）比较

从全国各省级行政区域城镇化发展看，地区之间发展不均衡现象明显，且近几年的城镇化发展速度存在较大差异，如图 3-8 所示。2013 年城镇化水平排名前五的省（市）分别为上海市、北京市、天津市、广东省和辽宁省，2013 年有 12 个省（区、市）城镇化率超过全国平均水平（54.49%），有 3 个市城镇化率超过 80%，四川省城镇化水平位于全国第 25 位；2019 年城镇化水平排名前五的省（市）分别是上海市、北京市、天津市、广东省和江苏省，有 11 个省（区、市）的城镇化水平超过全国平均水平（62.71%），有 3 个市城镇化率超过 80%，7 个省（市）城镇化率超过 70%，四川省城镇化水平位于全国第 25 位；2021 年城镇化水平排名前五的省（市）分别是上海市、北京市、天津市、广东省和江苏省，有 12 个省（区、市）的城镇化水平超过全国平均水平（64.72%），有 3 个市城镇化率超过 80%，8 个省（市）城镇化率超过 70%，四川省城镇化水平位于全国第 24 位。四川省城镇化水平低于全国平均水平，尚处于发展阶段，需要根据四川省城镇化建设实施方案，积极推进。

从全国各省级行政区域城镇化增长幅度看，如图 3-9 所示，四川省位于全国第 4 位，有 18 个省（区、市）的城镇化增长幅度高于全国平均水平（10.23 个百分点），四川县城城镇化率增长 9.67 个百分点，接近于全国平均水平，说明从 2013 年四川省推进新型城镇化建设以来，农业转移人口市民化稳步推进，成效显著。

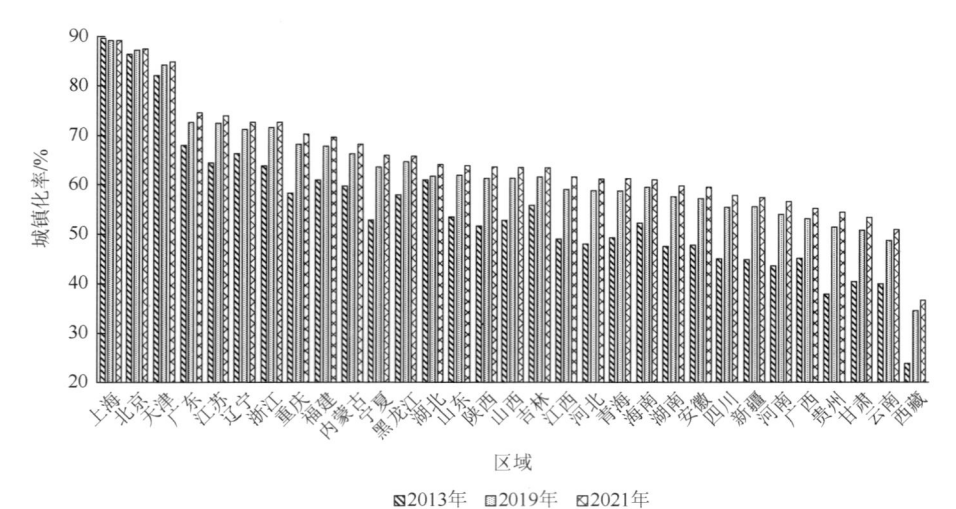

图 3-8　全国各省（区、市）城镇化发展

根据历年中国县域统计年鉴和 CSMAR 数据综合整理而成；港澳台数据暂缺，下同

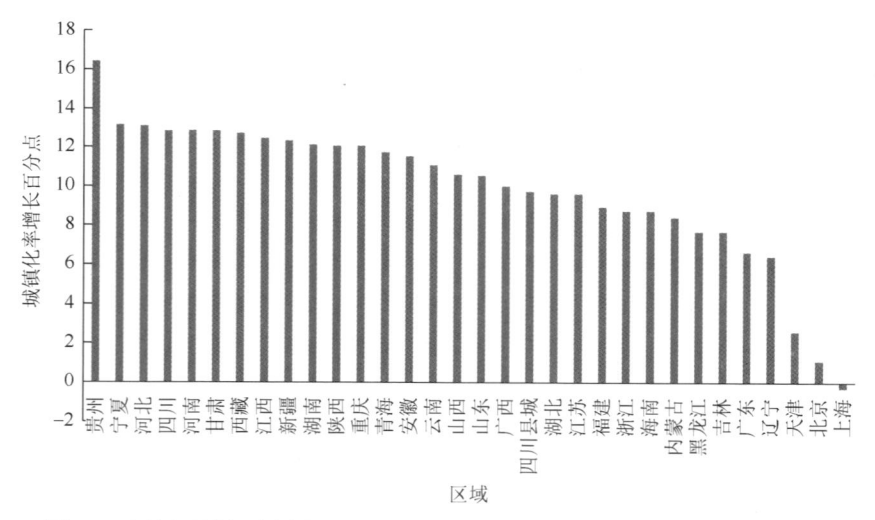

图 3-9　四川县城与全国各省（区、市）城镇化增长幅度（2013~2021 年）

根据历年中国县域统计年鉴和 CSMAR 数据综合整理而成

三、以县城为重要载体的四川新型城镇化建设的特征归纳

（一）城镇化起点低、规模大、速度快

四川省县城相对于大城市来说发展时间较短，资源相对有限，经济规模相

对较小，基础设施和公共服务薄弱，县城城市功能有待提升。基础设施方面，县城的道路、桥梁、给排水系统、电力供应等设施相对滞后，无法满足城市发展和居民生活的需要；公共服务水平偏低，如教育、医疗、文化、体育等领域的公共服务设施和资源有限，无法满足居民的需求。此外，县城的城市功能有待提升，城市功能包括商业、产业、文化、旅游等方面，部分县城缺乏多样化的产业结构和发展机会，商业和文化设施相对匮乏，旅游资源未得到充分开发。因此，四川省县城需要加大投入，提升基础设施建设水平，改善城市环境和居民生活条件；加强公共服务设施的建设，提升服务水平，是县城城镇化建设中的重要任务；通过发展产业、促进商业和文化发展，挖掘和利用本地的旅游资源，提升县城的城市功能。

四川省县城规模大意味着四川省有着庞大的人口基数和广阔的土地资源，可以容纳大量的城镇化发展；但同时说明城镇化建设面临比较大的挑战，需要进行大规模的城市化改造和建设，需要加大财力投入，引导社会资本参与，以满足城镇化发展的需求，包括加大基础设施投资、给予企业更多政策支持、提高公共服务硬件和软件水平、提升生态环境保护等方面的投入。此外，四川省县城还需要加强城镇化规划和管理，确保城市化进程有序进行；需要科学规划城市布局，合理利用土地资源，提高城市规划和建设的质量；同时，加强城市管理，提升城市的治理能力，确保城镇化建设取得可持续发展的成果。

四川省县城城镇化速度快表现在城镇化率从2013年的34.38%增加到2021年的44.05%，增长了9.67个百分点，说明四川省政府对城镇化的高度重视和积极推动，以及相应的政策和措施的支持，具体表现为政府在城镇化建设方面加大投资力度，大量的资金投入到基础建设、公共服务设施、产业发展等领域，加速了县城城镇化建设的进程；政府推出了一系列的扶持政策，鼓励企业和居民参与城镇化建设，包括提供优惠税收政策、土地使用权等支持措施，以吸引更多的投资和人才流入县城，促进城市化进程的加快；政府还加强了城镇化规划和管理，科学规划和管理能够提高建设效率，确保工程顺利推进。政府加强了对项目进度的监督和管理，加快了城镇化建设的进程。此外，四川省的地理位置和区位优势也促进了县城的快速城镇化。四川省地处西南地区，拥有丰富的资源和较好的区位条件，在产业发展和经济增长方面具有较大的潜力和竞争力。

总体而言，四川省县城城镇化建设具有起点低、规模大、速度快的特点，四川省全面提升城镇化水平，有利于让居民分享城镇化带来的发展成果。

(二) 城镇化水平呈现明显的地区差异

由于资源环境、基础设施和经济发展阶段的不同，四川省各经济区的城镇化存在较大差异。总体上看，成都平原、川东北和川南经济区的城镇化水平较高，而川西北和攀西经济区的城镇化水平较低；中部成都平原经济区起步早、加速快，东部地区的川东北经济区和川南经济区起步稍晚，发展快，而西部地区的川西北生态示范区和攀西经济区，起步晚，发展慢，城镇化进程难度较大。在城镇化发展中，地区之间的差距趋于扩大，由图 3-10 可知，成都平原经济区县城的城镇化水平始终高于四川省县城的整体水平，川东北经济区县城与四川省县城的城镇化差距逐年减小，川南经济区县城与四川省县城的城镇化差距较小，在部分年份甚至超过四川省县城的平均水平。但攀西经济区和川西北生态示范区的县城与四川省县城的差距呈增长趋势，尤其是川西北生态示范区，是后续城镇化建设的重点区域。

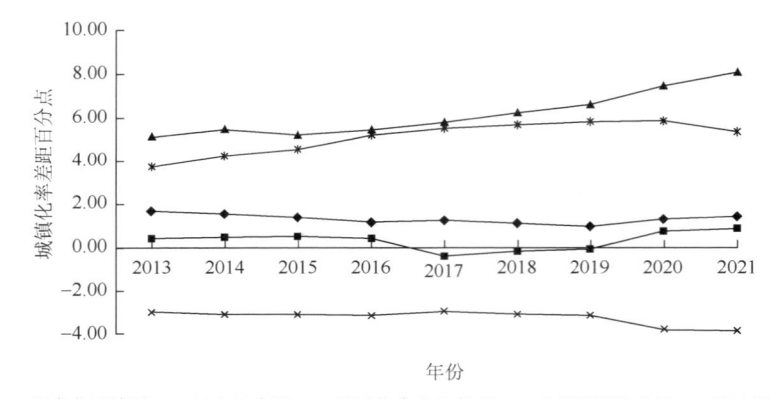

图 3-10 五大经济区县城与四川县城的城镇化差距

根据历年中国县域统计年鉴和 CSMAR 数据综合整理而成

五大经济区内部城镇化的差距也呈扩大趋势，成都平原经济区是五大经济区中城镇化水平最高的地区，以此为比较对象，由图 3-11 可知，川东北和川南与成都平原的差距较小，2019 年以前差距总体呈下降趋势，2020～2021 年有所上升；川西北和攀西与成都平原的差距在逐年扩大，川西北的差距由 2013 年的 8.14 个百分点增加到 2021 年的 11.86 个百分点，攀西的差距由 2013 年的 6.7 个百分点增加到 2021 年的 9.13 个百分点，说明四川省不同地区之间城镇化发展差异较大。

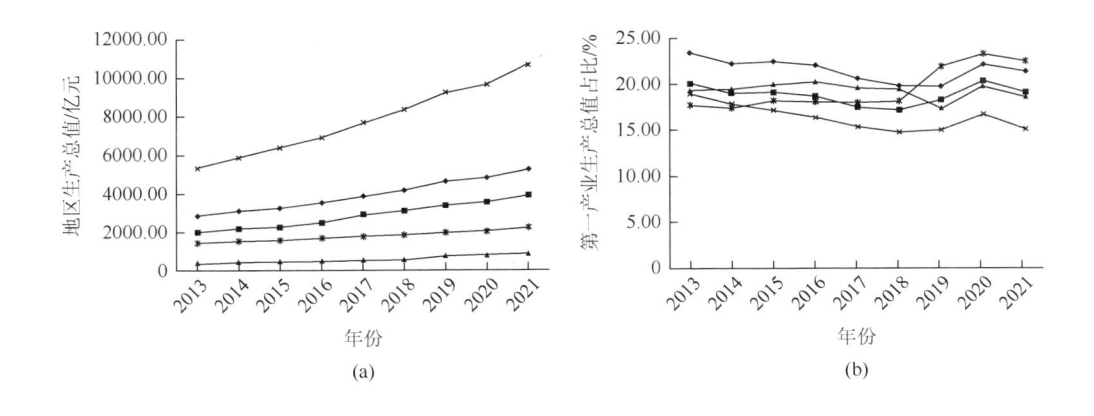

第三章 以县城为重要载体的四川新型城镇化建设实践评析

图 3-11 其他经济区与成都平原经济区县城的城镇化差距
根据历年中国县域统计年鉴和 CSMAR 数据综合整理而成

（三）五大经济区城镇化发展各有侧重

成都平原经济区和川南经济区作为四川省的重点经济发展区域，都强调了"一体化发展"的战略。"十三五"期间，这两个经济区的发展取得了显著成就。成都平原经济区是四川省最具活力和辐射力的经济区域之一，"十三五"期间占据了全省经济总量超过 60% 的比重，增速居于五大经济区的首位。川南经济区也在"十三五"期间取得了良好的发展势头，经济总量占据了全省经济总量的 16.2%，区域经济年均增长 7.5%。预计到 2025 年，川南经济区的经济总量将成为四川省第二经济增长极，具体如图 3-12 所示。

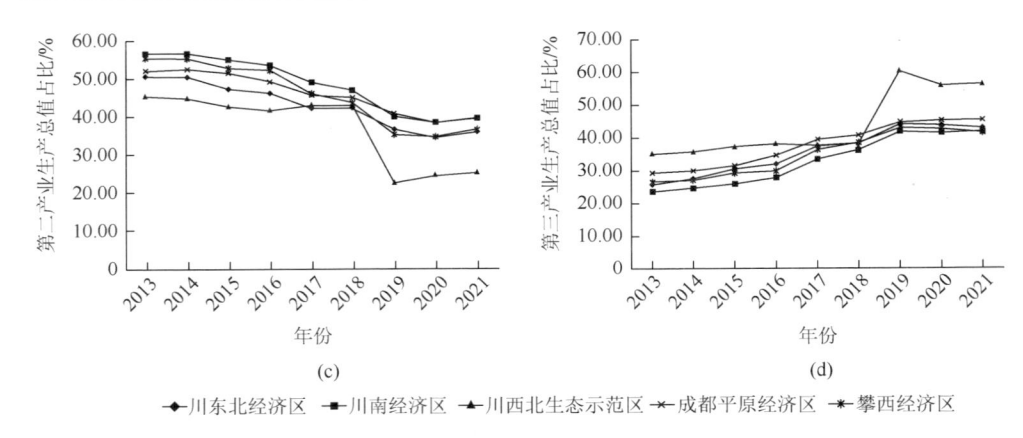

图 3-12　五大经济区县城的三大产业发展趋势

根据历年中国县域统计年鉴和 CSMAR 数据综合整理而成

川东北经济区的规划强调了"振兴发展"的战略，发展定位注重对革命老区的振兴发展，并制定了相应的发展目标和措施；强调打造"川陕革命老区振兴发展示范区"，旨在加强对革命老区的支持和帮助，促进这些地区经济社会的发展和脱贫攻坚成果的巩固。为此，其规划中提出了健全新时代支持革命老区振兴发展的扶持机制和支持机制，通过提供持续稳定的扶持，加快革命老区经济发展步伐。

攀西经济区的规划强调了"转型升级"的战略，旨在促进经济区内产业的转型升级，并培育壮大特色优势产业集群。其规划明确了 2025 年的发展目标，并提出了"一区三地"的发展定位，以实现经济区的高质量发展。该经济区需加快推动传统产业向高端、智能化和绿色化方向发展，培育新兴产业和战略性新兴产业，提升整个经济区的产业竞争力。该经济区也是国家重要的战略资源、清洁能源等储备基地，通过充分发挥经济区的资源和特色优势，推动相关产业发展和壮大。

川西北生态示范区的规划没有提出具体的经济总量目标，而是将发展目标设定在生态文明建设、生态产业发展、基本公共服务和社会治理方面。根据其规划，到 2025 年，该经济区将努力提升生态文明建设水平，发展生态产业，提供更好的基本公共服务，并加强社会治理，努力将该区打造成为全国重点生态功能区生态保护和高质量发展的典范，为低碳发展做出积极贡献。同时，该经济区充分发挥该区域丰富的生态资源，推动生态文明建设、生态旅游、农牧业和清洁能源的发展，并成为示范区域。

（四）城镇化成为经济发展的重要引擎

城镇化对于经济社会发展的影响非常重要，它不仅是经济增长的结果，也是促进经济增长和结构变迁的重要驱动力。中国的经济快速增长与城镇化的快速推进密不可分。快速的城镇化过程带来了大量的投资和消费需求，进一步促进了内需的扩大和经济的增长。从投资需求的角度来看，城镇化不仅推动了基础设施和公共服务设施的建设，也刺激了房地产市场的发展，带动了房地产市场的需求和投资。一般来说，每增加一个城镇人口，大约需要投资10万元。四川省县城在2013~2021年城镇人口平均每年增加36.31万人，这带来了超过363亿元的投资规模，为经济增长提供了重要动力。从消费需求的角度来看，农村劳动力向城镇转移也扩大了消费需求，每提高1个百分点的城镇化率，将有1000多万农民进入城镇，而城镇居民的消费水平通常高于农村居民，这将明显拉动最终消费的增长。此外，城镇化还加速了人力资本的积累，促进了技术创新和生产率的提高，推动了产业结构的优化和升级，大量农村劳动力从第一产业向第二、第三产业转移。研究表明，劳动力部门转移对中国GDP增长的贡献为16%~20%。城镇化过程中，投资增加了基础设施建设，同时也改善了教育、医疗等公共服务的供给，进一步提高了城乡居民的生活质量和社会福利。

（五）县城经济结构转型的承载能力有所提升

经济结构转型是一个关键的发展目标，其中重点是提高县城的服务业承载能力，并同时推进农业的现代化。经济结构转型的一个重要特征是，经济发展带来第一产业（农业）的就业人口或产值的比重逐渐降低，第二产业（工业）在一段时间内上升然后逐渐下降，而第三产业（服务业）的比重会逐步增加，四川五大经济区县城三大产业的结构变化具体如图3-13所示。

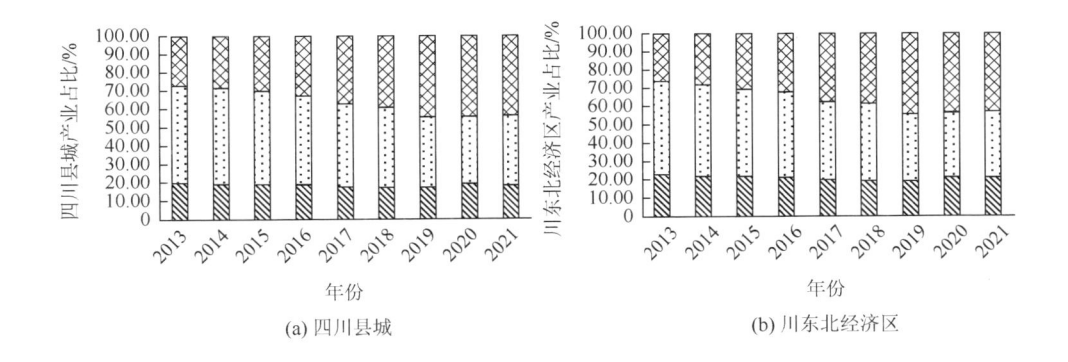

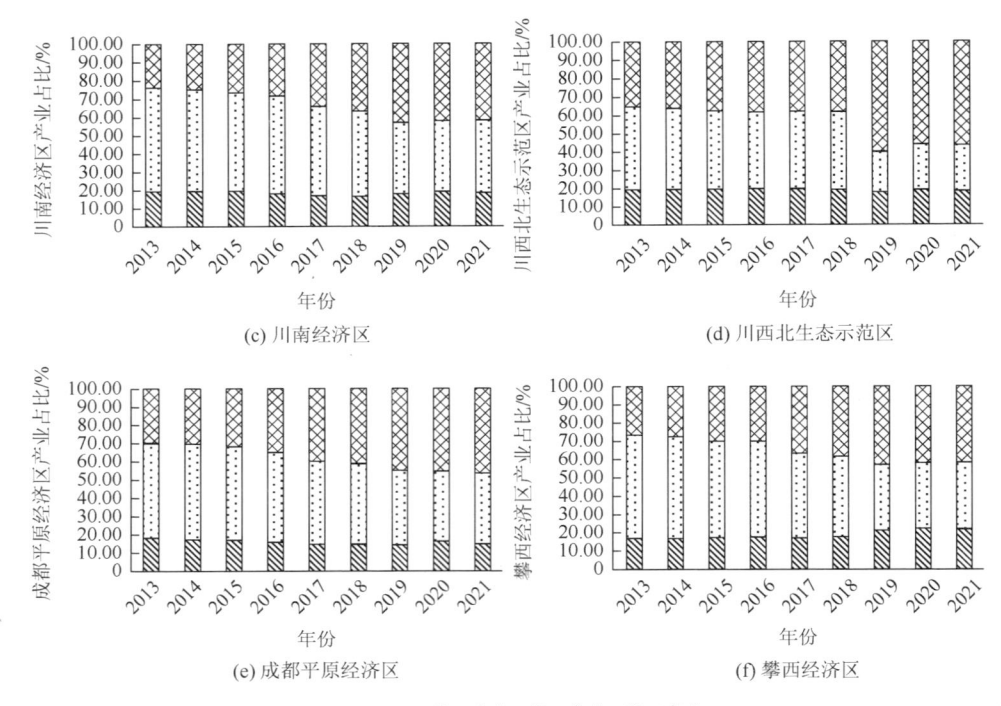

(c) 川南经济区　　　　　　　　(d) 川西北生态示范区

(e) 成都平原经济区　　　　　　(f) 攀西经济区

第一产业　第二产业　第三产业

图 3-13　五大经济区县城三大产业的结构变化

根据历年中国县域统计年鉴和 CSMAR 数据综合整理而成

2020 年我国县级的第一、二、三产业增加值比重分别为 15.04%、40.16%、44.8%，而全国的该数据分别为 7.65%、37.82%、54.53%。可以看出，在县级经济结构中，第三产业的比重已经超过了其他两个产业的比重，符合经济结构转型的趋势。四川省县城 2020 年三次产业占比分别为 19.31%、36.56%、44.13%，说明四川省县城的农业现代化水平相较于全国及其他地区县城，仍存在较大差距，第二产业占比与全国水平差异不大，第三产业占比与其他地区县城水平类似，但与全国总体水平差距较大，仍需进一步提升服务业的发展水平。四川省县城 2020 年三次产业占比相较于 2013 年三次产业占比 20.06%、52.68%、27.26%，第一产业占比下降 0.75 个百分点，第二产业占比下降 16.12 个百分点，第三产业占比上升 16.87 个百分点，说明四川省第一产业占比相较于以前，整体趋于下降但变化较小，第二产业占比显著下降，第三产业占比显著上升，说明经济结构转型程度较大，应提高县城的服务业承载能力及农业现代化水平。本书认为将县城作为承载经济结构转型的载体，吸引更多的企业和机构进驻，形成规模效应和产业集群效应，利于提高服务业的竞争力和吸引力，为县城提供更多的就业机会和消费选择；通过引进科技创新、改善农业基础设施、加强农业技能培训等措施，提高农业的效率和产出，释放农业剩余劳动力，为城镇化提供人力资源，并促进农民收入的增加。

（六）城市群已经成为城镇化的主要形态

随着经济全球化、区域一体化和交通网络化的推进，城市群成为人口、资源、产业和服务的集聚地。成都平原城市群、川南城市群、川东北城市群等各具特色，都在不同程度上发展壮大，形成了各自的优势产业和经济特色。这些城市群之间的发展竞争和合作，推动了整个四川省的经济增长和城镇化进程。城市群的形成和发展促进了城市间的经济互动与合作，通过经济带动和创新驱动，推动了整个地区的经济增长和产业升级；吸引了大量的人才流动和集聚，提升了创新能力和竞争力；包括交通、通信、能源等方面的互联互通，为经济发展提供了更加便利和高效的条件。城市群已经成为推进城镇化的主体形态和吸纳新增城镇人口的主要载体。

第二节 以县城为重要载体的四川新型城镇化建设的政策研究

一、以县城为重要载体的四川新型城镇化建设的政策梳理

城镇化是实现现代化的必要途径，也是推动区域协调发展、促进产业升级和扩大内需的重要手段，城镇化的水平和质量关系我国现代化建设的进程。以县城为重要载体推进城镇化建设的提出是我国城镇化发展到中后期阶段的历史必然。国家2020年提出以县城为重要载体推进城镇化建设，是在对我国城镇化历史深入认识的基础上做出的战略决策。我国城镇化历史上呈现了城镇化载体由点到线、由线到面的扩散过程，这是城镇化促进区域均衡发展、提高城镇承载能力的必然过程。县域作为相对稳定的行政区划，县城作为县域的发展集聚核心，具有重要意义，并将成为城镇化扩展的主要着力点。以县城为重要载体推进城镇化建设符合我国流动人口向县城集聚、城乡互动、乡村居民需求升级的实际需求。在百年大变局的背景下，国家和各省（区、市）纷纷制定相关政策，支持并推动城镇化建设，这利于我国有效应对面临的挑战，对于全面建成社会主义现代化强国，实现城乡融合、共同富裕的目标都具有重大意义。

随着城镇化建设不断发展，四川省根据当前的发展阶段和问题，及时调整政策措施，以推动城镇化进程。政府根据不同阶段的需求和挑战，因地制宜、因时制宜地制定政策，促进城镇化发展。通过灵活的政策制定，四川省努力提升城镇化水平，推动县城的城镇化建设不断取得新的成效，具体包括规划类新型城镇

建设政策、试点类新型城镇化建设政策、实施类新型城镇化建设政策和保障激励类新型城镇化建设政策。

（一）规划类新型城镇化建设政策

根据国家和四川省新型城镇化建设的政策制定，该类政策主要包括 2014 年 3 月中共中央、国务院印发的《国家新型城镇化规划（2014—2020 年）》，2015 年 4 月四川省委省政府印发的《四川省新型城镇化规划（2014—2020 年）》，2022 年 11 月四川省委省政府印发的《四川省新型城镇化中长期规划》。

（1）规划类新型城镇化建设政策的制定背景。为了贯彻落实中央城镇化建设精神，四川省依据《国家新型城镇化规划（2014—2020 年）》于 2015 年 4 月制定《四川省新型城镇化规划（2014—2020 年）》（下文简称《规划》），该规划是引领四川省城镇化健康快速发展的宏观性、战略性、基础性规划。

我国正处于经济转型升级、加快推进社会主义现代化的重要时期，也处于城镇化深入发展的关键时期，必须深刻认识城镇化对经济社会发展的重大意义，牢牢把握城镇化蕴含的巨大机遇，准确研判城镇化发展的新趋势新特点，妥善应对城镇化面临的风险挑战。四川省城镇人口规模继续扩大，城镇化水平和质量稳步提高。伴随着工业化进程加速，我国城镇化经历了起点低、速度快的发展过程。1978～2013 年，我国城镇常住人口从 1.7 亿人增加到 7.3 亿人，城镇化率从 17.9%提升到 53.7%，年均提高 1.02 个百分点；城市数量从 193 个增加到 658 个，建制镇数量从 2173 个增加到 20113 个。2013 年末四川常住人口 8107 万人，其中，城镇人口达 3640 万人。城镇化的快速推进，吸纳了大量农村劳动力转移就业，提高了城乡生产要素配置效率，推动了经济持续快速发展，带来了社会结构深刻变革，促进了城乡居民生活水平全面提升。

在城镇化快速发展过程中，也存在一些必须高度重视并着力解决的突出矛盾和问题，包括大量农业转移人口难以融入城市社会，市民化进程滞后；出现了"土地城镇化"快于人口城镇化的现象，建设用地利用率低，导致土地资源的浪费和不可持续利用；城镇空间的分布和规模结构存在不合理的情况，有些地区城市过于集中，而其他地区仍然相对落后，与资源环境承载能力不相匹配；对自然、历史和文化遗产的保护不力，城乡建设缺乏特色，导致城市的同质化和缺乏个性化；体制机制不健全，阻碍了城镇化的健康发展。四川省因为"非农"人口增长减缓、人口流动速度减缓和"村"改"居"人口减少，城镇化增幅下降，且地区间城镇化水平差距较大。

（2）规划类新型城镇化建设政策的内容安排。《规划》包括发展基础、总体要求等十章内容：第一章发展基础，主要介绍了四川省新型城镇化发展的背景、现状和面临的问题，以及规划编制的依据等；第二章总体要求，包括指导思想、基本原则和到 2020 年四川省新型城镇化建设的主要发展目标；第三章到第十章主要涉及如何走出一条符合四川实际的"形态适宜、产城融合、城乡一体、集约高效"的新型城镇化道路，全面放开成都之外城镇落户限制，有序推进农业转移人口市民化，大力发展服务业，增强城镇就业吸纳能力，推进危旧房和棚户区改造，改善城乡居民居住条件，让人力、土地、资金等要素在城乡自由流动，推动城乡一体化等。《规划》总体内容如图 3-14 所示。

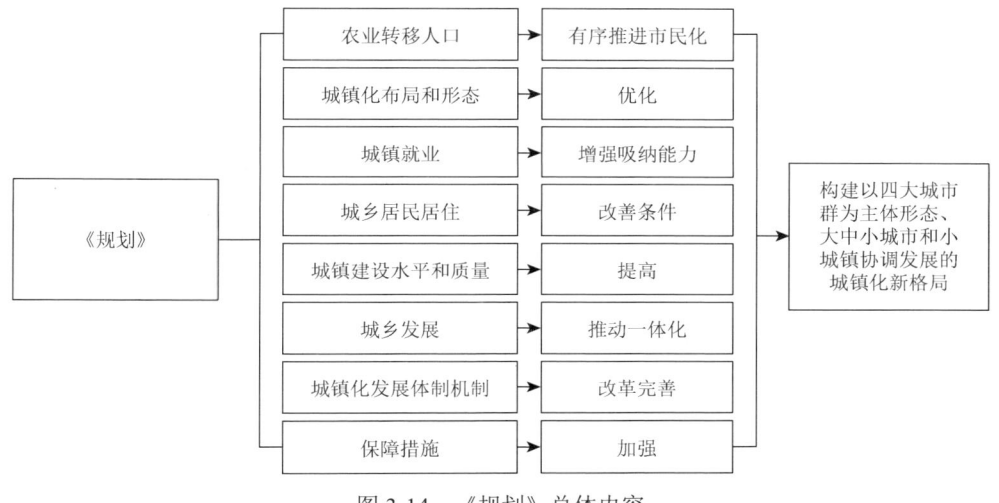

《规划》	目标	结果
农业转移人口	有序推进市民化	构建以四大城市群为主体形态、大中小城市和小城镇协调发展的城镇化新格局
城镇化布局和形态	优化	
城镇就业	增强吸纳能力	
城乡居民居住	改善条件	
城镇建设水平和质量	提高	
城乡发展	推动一体化	
城镇化发展体制机制	改革完善	
保障措施	加强	

图 3-14 《规划》总体内容

（3）规划类新型城镇化建设政策的具体举措。《规划》通过有序推进农业转移人口市民化和改善城乡居民居住条件达到城镇化质量和水平明显提升的目标，具体如图 3-15 所示。在推进农业转移人口市民化方面，《规划》通过全面放开成都之外城镇落户限制，保障医疗、卫生、教育等措施实现；在改善城乡居民居住条件方面，通过改造老旧小区、加强住房保障等措施实现，以上措施的实施可以促进城镇人口规模和结构的优化，提高城镇的经济发展水平和社会文明程度，增强他们对城镇生活的融入感和认同感，进一步推动城乡一体化发展和城镇化进程的顺利进行。

《规划》通过优化城镇化布局和形态、增强城镇就业吸纳能力达到城镇化布局和形态更加优化的目标，具体如图 3-16 所示。《规划》通过发展四大城市群、促进大中小城市和小城镇协调发展等措施达到优化城镇化布局和形态的目的；通过优化城镇产业结构、增强城市创新能力等措施达到增强城镇就业吸纳能力的目的。《规划》提出，合理的布局和形态可以提高资源利用效率、降低环境压力，建设宜居、文化氛围浓厚的城市；同时，增强城镇就业吸纳能力可以促进经济发展、提高居民的生活质量，促进实现城镇化布局和形态更加优化。

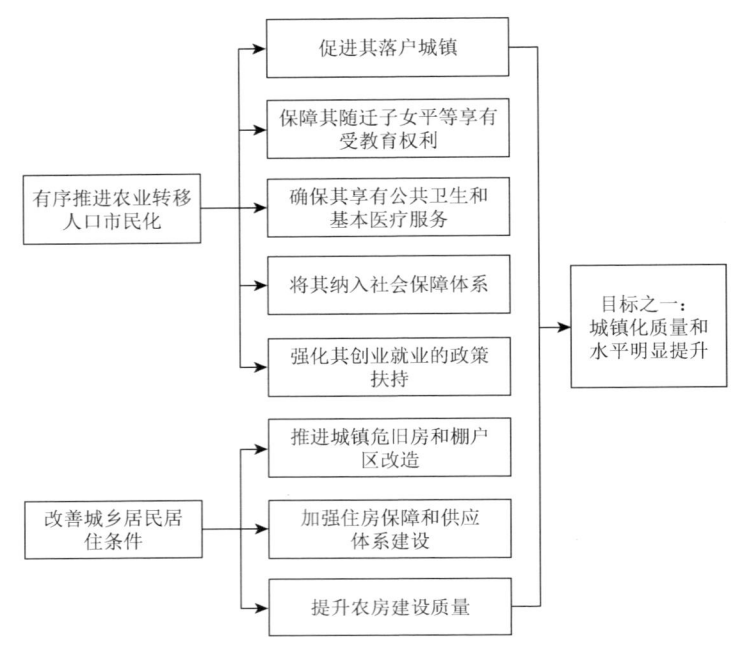

图 3-15 实现城镇化质量和水平明显提升的具体措施

有序推进农业转移人口市民化:
- 促进其落户城镇
- 保障其随迁子女平等享有受教育权利
- 确保其享有公共卫生和基本医疗服务
- 将其纳入社会保障体系
- 强化其创业就业的政策扶持

改善城乡居民居住条件:
- 推进城镇危旧房和棚户区改造
- 加强住房保障和供应体系建设
- 提升农房建设质量

目标之一：城镇化质量和水平明显提升

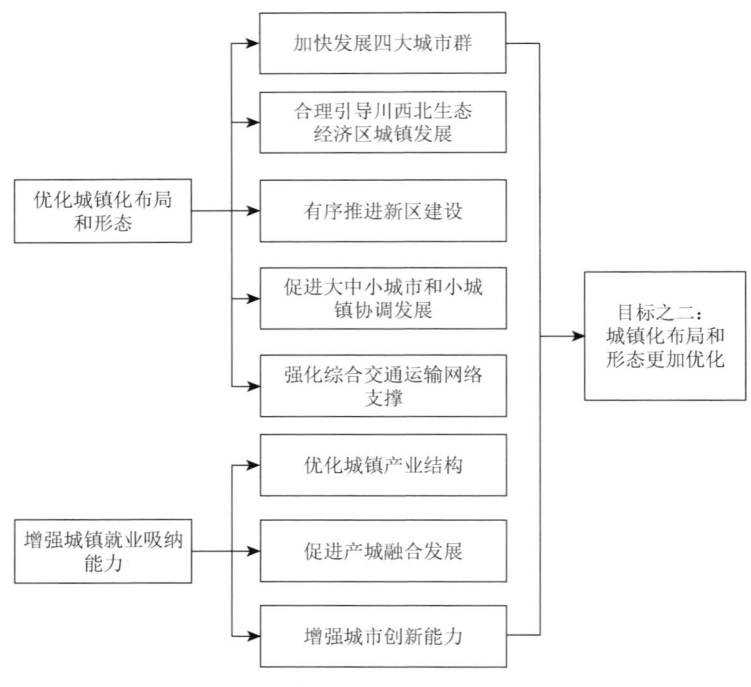

图 3-16 实现城镇化布局和形态更加优化的具体措施

优化城镇化布局和形态:
- 加快发展四大城市群
- 合理引导川西北生态经济区城镇发展
- 有序推进新区建设
- 促进大中小城市和小城镇协调发展
- 强化综合交通运输网络支撑

增强城镇就业吸纳能力:
- 优化城镇产业结构
- 促进产城融合发展
- 增强城市创新能力

目标之二：城镇化布局和形态更加优化

《规划》通过提高城镇建设水平和质量达到明显增强城镇可持续发展能力的目标，具体如图 3-17 所示。《规划》提出，通过推动城乡规划转型升级、提升城镇基础设施和公共服务设施水平、推动新型城市建设、创新城镇管理模式等措施实现其目标；高水平的城镇建设可以有效利用资源、减少环境压力，实现经济、社会和环境的协调发展；同时，可持续建设还能提升城市的吸引力和竞争力，促进城市经济的长期稳定增长，提高居民的生活质量和幸福指数。

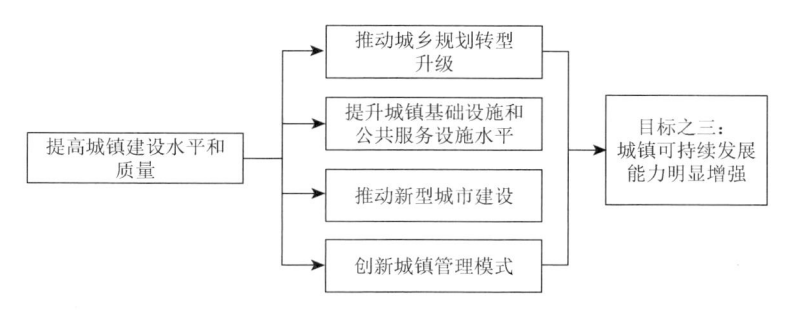

图 3-17　实现城镇可持续发展能力明显增强的具体措施

《规划》通过推动城乡发展一体化实现城镇化和新农村建设更加协调的目标，具体如图 3-18 所示。《规划》提出，通过实施县（市）域的"多规合一"规划、推动城乡统一要素市场建设、推进城乡基础设施和公共服务一体化、加快农业现代化进程、加快推进幸福美丽新村建设等实现其目标；城乡发展一体化可以促进农村产业升级和农民收入增加，提高农村居民的生活水平；将城镇的先进技术、服务和管理经验引入农村，推动农村经济社会的现代化和提升，利于实现城乡社会经济的共同进步，缩小城乡差距，建设富有活力和可持续发展的新型农村和现代化城市。

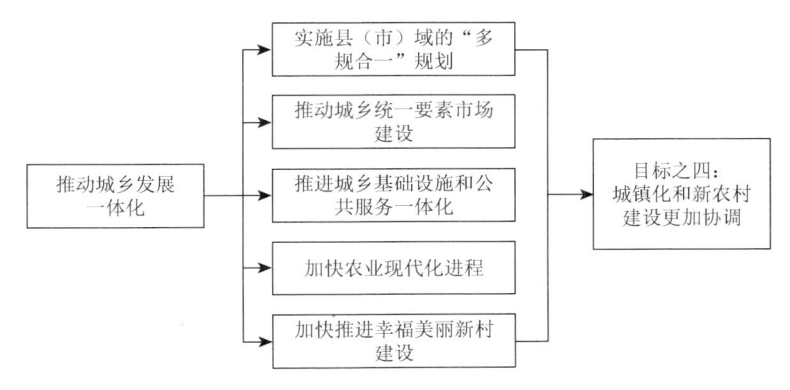

图 3-18　实现城镇化和新农村建设更加协调的具体措施

《规划》通过改革完善城镇化发展体制机制实现城镇化体制机制更加完善的目标，具体如图 3-19 所示。《规划》提出，通过推进人口管理制度改革、深化土地管理制度改革、创新城镇化资金保障机制、推进行政区划和管理创新、加快建立城市群发展协调机制等措施实现其目标；建立健全的体制机制有利于提高政府决策的科学性和效率，促进资源的合理配置和经济的高效运行；完善城镇化体制机制能够促进市场发展和社会参与，形成多元主体的发展格局，推动城镇化进程更加有序和稳定。

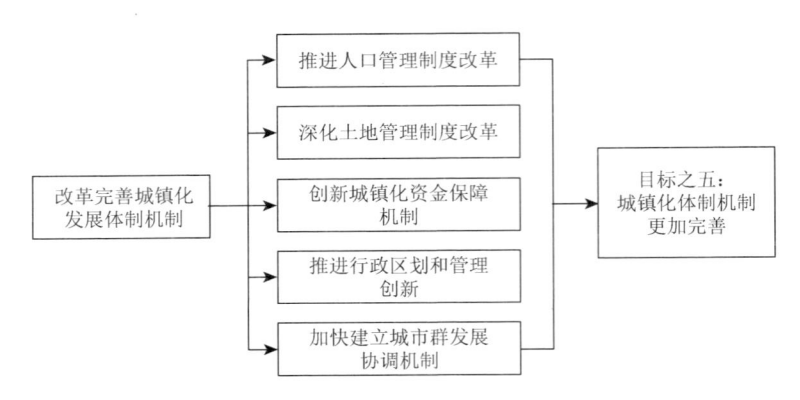

图 3-19　实现城镇化体制机制更加完善的具体措施

（二）试点类新型城镇化建设政策

试点类新型城镇化建设政策根据国家和四川省新型城镇化建设政策制定，主要有 2014 年 12 月国家发展改革委等部门《关于印发国家新型城镇化综合试点方案的通知》、2023 年 4 月四川省新型城镇化工作暨城乡融合发展工作领导小组办公室印发的《四川省县城新型城镇化建设试点工作方案》[①]等政策。

（1）试点类新型城镇化建设政策的制定背景。2022 年 5 月中共中央办公厅、国务院办公厅印发的《关于推进以县城为重要载体的城镇化建设的意见》，指出县城是我国城镇体系的重要组成部分，是城乡融合发展的关键支撑，对促进新型城镇化建设、构建新型工农城乡关系具有重要意义。为推进以县城为重要载体的城镇化建设，应坚持科学把握功能定位，分类引导县城发展方向。2020 年 5 月国家发展改革委印发的《关于加快开展县城城镇化补短板强弱项工作的通知》，将四川省的金堂县、乐至县、大英县、江安县、绵竹市确定为国家县城新型城镇化建设示范县（市）。

---

① 后文简称《试点工作方案》。

为了贯彻落实国家新型城镇化建设的相关精神,四川省于2023年4月印发《试点工作方案》,在5个国家县城新型城镇化建设示范县(市)的基础上,优先选取意愿强、基础条件好的地区,以分类开展试点,探索符合实际、各具特色的发展模式。该方案是基于国家层面的相关政策和在国家县城新型城镇化建设示范的基础上,结合四川省县城的资源优势、基础设施建设现状等制定的,符合四川省特色的新型城镇化建设试点工作方案。

(2)试点类新型城镇化建设政策的内容安排。《试点工作方案》包括总体要求、分类试点、试点任务和保障措施四部分内容,并列示了37个省级试点单位,基于四川区域特质分为四类试点:大城市周边县城、专业功能县城、农产品主产区县城和重点生态功能区县城。四类试点县城新型城镇化建设各有侧重,因地制宜、分类引导,充分考虑县城所在地理位置、资源优势、经济支撑、基础设施和公共服务建设等因素,具体如表3-3所示。

表3-3 四川省县城新型城镇化建设试点

地区	县城个数/个	新型城镇化建设试点/个	新型城镇化建设类型
川东北经济区	22	8	大城市周边县城2个、专业功能县城2个、农产品主产区县城3个、重点生态功能区县城1个
川南经济区	16	7	大城市周边县城1个、专业功能县城3个、农产品主产区县城3个
川西北生态示范区	31	2	重点生态功能区县城2个
成都平原经济区	40	17	大城市周边县城5个、专业功能县城7个、农产品主产区县城3个、重点生态功能区县城2个
攀西经济区	19	3	专业功能县城1个、农产品主产区县城1个、重点生态功能区县城1个
合计	128	37	

注:根据《四川省县城新型城镇化建设试点工作方案》整理得到。

四川省37个省级县城城镇化建设试点在五大经济区中的分布情况:川东北经济区有8个试点,涉及四种类型;川南经济区有7个试点,涉及三种类型,以专业功能县城建设为主;川西北生态示范区有2个试点,定位重点生态功能区;成都平原经济区有17个试点,涉及四种类型,以大城市周边县城、专业功能县城建设为主;攀西经济区有3个,涉及三种类型。

(3)试点类新型城镇化建设的具体举措。四川省的四类分类试点县城根据自身的建设定位和建设重点,通过特色产业培育、市政基础设施和公共服务的建设优化、人居环境的改善和辐射带动乡村的提升探索有效路径、有效模式。建设措施需要综合考虑当地的实际情况和资源条件,因地制宜地制定并落实相应的政策和方案,具体如图3-20所示。

```
大城市周边县城                                          专业功能县城
突出探索融入                                          突出培育发展特色
中心城市一体       实施县城特色优势产业培育行动，探索推进产业配套设施提质增效    经济和支柱产业
发展的有效路径     实施县城市政基础设施建设行动，探索推进市政公用设施提档升级
                  实施县城公共服务供给优化行动，探索推进公共服务设施提标扩面
农产品主产区       实施县城人居环境质量提升行动，探索推进环境卫生设施提级扩能
县城               实施县城辐射带动乡村促进行动，探索推进城乡资源要素合理配置    重点生态功能区
                                                                                  县城
突出探索"种养
殖在乡村、加工配送                                     突出生态产品
在县城"的有效模式                                      供给能力提升
```

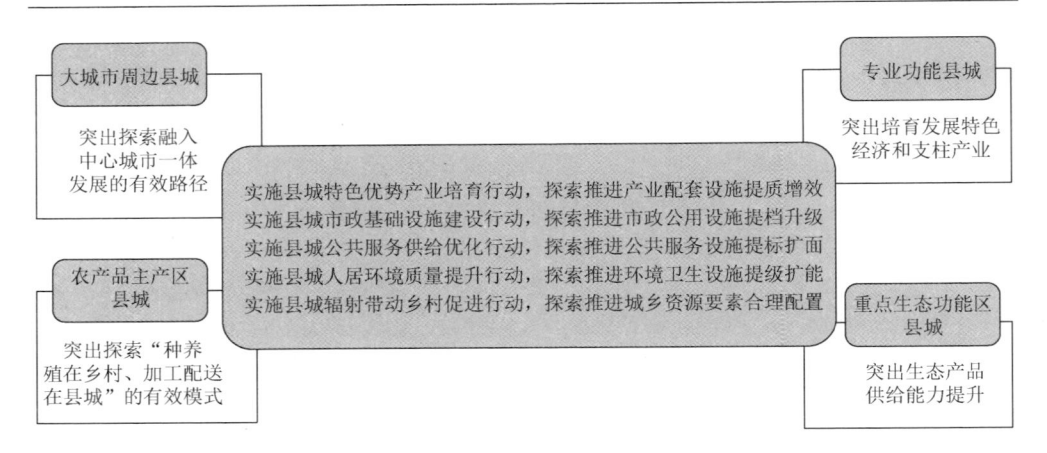

图 3-20　四川省县城新型城镇化建设试点的具体举措

（三）实施类新型城镇化建设政策

根据国家和四川省新型城镇化建设的政策制定，该政策国家层面主要包括 2016 年 2 月《国务院关于深入推进新型城镇化建设的若干意见》、2022 年 6 月国家发展改革委发布的《"十四五"新型城镇化实施方案》、2023 年 1 月国家发展改革委等 18 个部门印发《关于推动大型易地扶贫搬迁安置区融入新型城镇化实现高质量发展的指导意见》；四川省层面主要包括 2016 年 12 月四川省人民政府发布的《关于深入推进新型城镇化建设的实施意见》，2022 年 11 月四川省发展和改革委员会印发的《四川省"十四五"新型城镇化实施方案》，2023 年 5 月四川省发展改革委等部门发布的《关于推动大型易地扶贫搬迁安置区融入新型城镇化实现高质量发展的实施意见》，2023 年 8 月省委办公厅、省政府办公厅印发的《关于推进以县城为重要载体的城镇化建设的实施意见》[①]。

（1）实施类新型城镇化建设政策的制定背景。"十三五"以来，四川省城镇化水平大幅提升，城镇化率从 2016 年的 49.21%增加到 2020 年的 56.73%，平均每年增加 1.5 个百分点，与全国平均水平的差距逐渐缩小，城乡融合发展不断深化，基础设施和基本公共服务体系初步建立，三大产业加速融合，城乡居民收入差距持续缩小。"十四五"时期，四川省城镇化发展面临新的重大机遇，进入增速保持稳定、人口加速流动、结构体系优化、质量全面提升的新阶段。尽管四川省的城镇化取得了一定的进展，但总体水平仍然相对较低，还存在着一些问题和挑战，包括部分中小城市和小城镇缺乏吸引力和竞争力，人口规模逐渐萎缩；农业转移人口尚未完全享受到与城镇居民同等的待遇，进城落户的意愿

---

① 后文简称《意见》。

不够强烈，制约了城镇化的进程；城市的产业吸纳就业能力相对较弱，缺乏多样化的就业机会，增加了就业压力和经济发展的不稳定性；城市功能方面，仍然有待进一步完善和优化，城市的发展韧性和抗风险能力相对不强，面临自然灾害、经济波动等风险时的应对能力有待提升。在此背景下，2022年11月四川省发展和改革委员会印发《四川省"十四五"新型城镇化实施方案》，以更好地推动四川省新型城镇化建设。

在城镇化建设中，县城作为城乡融合发展的重要组成部分和关键支撑，发挥着重要作用。为了推进基于县城的城镇化建设，四川省根据中共中央办公厅、国务院办公厅印发的《关于推进以县城为重要载体的城镇化建设的意见》精神，结合本省实际情况，由省委办公厅、省政府办公厅共同印发了相关的《意见》。

（2）实施类新型城镇化建设政策的内容安排。《四川省"十四五"新型城镇化实施方案》包括发展基础、总体要求、优化城镇化空间布局和形态、加快农业转移人口市民化、促进产城融合发展、加快新型城市建设、提升城市治理水平、推动城乡融合发展和保障措施共九章。其中，发展基础部分介绍"十三五"以来四川省新型城镇化建设取得的成绩，"十四五"时期城镇化建设面临的机遇及目前城镇化建设中存在的尚需解决的问题。总体要求部分明确其指导思想、主要目标，从城镇化率、基础设施、公共服务、空间布局、生态环境等角度提出具体目标。第三章到第八章是具体的构建举措，第九章从坚持和加强党的领导、加强组织协调和实施监测评估明确保障措施。

《意见》包括总体要求、分类引导县城发展方向、实施县城特色优势产业培育行动、实施县城基础设施建设行动、实施县城公共服务供给优化行动、实施县城人居环境质量提升行动、实施县城辐射带动乡村促进行动、强化县城建设政策保障和组织实施共九部分内容，其中第二部分到第八部分属于具体的实施措施。

（3）实施类新型城镇化建设政策的具体举措。《四川省"十四五"新型城镇化实施方案》从优化城镇化空间布局和形态、加快农业转移人口市民化、促进产城融合发展、加快新型城市建设、提升城市治理水平和推动城乡融合发展等角度推进新型城镇化建设，具体如表3-4所示。

表3-4 四川省"十四五"新型城镇化实施方案的举措

建设方向	建设维度
优化城镇化空间布局和形态	构建轴带支撑的城镇化战略格局、建强现代化成都都市圈、提升国家中心城市发展能级、做优大中城市功能品质、增强小城市发展活力、推进以县城为重要载体的城镇化建设、因地制宜发展小城镇、强化综合交通运输网络支撑
加快农业转移人口市民化	深化户籍制度改革、健全城镇基本公共服务供给机制、强化随迁子女基本公共教育保障、促进农业转移人口参加城镇社会保险、提高农业转移人口劳动技能素质、健全农业转移人口市民化配套政策

续表

建设方向	建设维度
促进产城融合发展	提高城市产业支撑作用、发展壮大城市新区、释放城市消费活力
加快新型城市建设	促进公共服务普惠便捷、完善市政公用设施、健全城市住房体系、有序推进城市更新改造、增强城市防灾减灾救灾能力、提高公共卫生防控救治能力、加大内涝治理力度、提升城市创新创业水平、推进城市智慧化改造、推动城市绿色发展、提升城市人文内涵
提升城市治理水平	优化城市空间格局、加强城市社会治理、强化城市发展资金保障
推动城乡融合发展	稳步推进农村土地制度改革、完善乡村振兴投融资机制、促进人才入乡就业创业、推进城乡规划设计一体化、推进城镇公共服务向乡村覆盖、推进城镇基础设施向乡村延伸、大力发展多元化乡村经济

《意见》明确了几类县城城镇化建设的重点及发展目标，具体如表 3-5 所示，从培育壮大主导产业、优化提升产业发展平台、完善商贸和消费基础设施等方面实现县城特色优势产业培育，从构筑道路交通网络和健全市政管网和防洪排涝设施、完善防灾减灾设施、推进县城有机更新，优化教育体育文化服务、加大医疗卫生供给、发展养老托育服务等方面增强市政基础设施和公共服务的一体化、均衡化；从传承延续历史文脉、打造蓝绿生态空间、推进生产生活低碳化等提升人居环境质量，从公共服务和基础设施等城乡一体化设计与延伸覆盖等增强辐射带动乡村的效果，从政策、体制机制的完善强化县城建设政策保障。

表 3-5　四川省以县城为重要载体的城镇化建设的措施

建设方向	具体内容
分类引导县城发展方向	加快发展大城市周边县城、积极培育专业功能县城、合理发展农产品主产区县城、有序发展重点生态功能区县城
实施县城特色优势产业培育行动	培育壮大主导产业、优化提升产业发展平台、完善商贸和消费基础设施
实施县城基础设施建设行动	构筑道路交通网络、健全市政管网和防洪排涝设施、完善防灾减灾设施、推进县城有机更新
实施县城公共服务供给优化行动	优化教育体育文化服务、加大医疗卫生供给、发展养老托育服务
实施县城人居环境质量提升行动	传承延续历史文脉、打造蓝绿生态空间、推进生产生活低碳化
实施县城辐射带动乡村促进行动	推进县城基础设施向乡村延伸、推进县城公共服务向乡村覆盖、推进巩固拓展脱贫攻坚成果同乡村振兴有效衔接
强化县城建设政策保障	完善农业转移人口市民化机制、健全多元可持续的投融资政策、优化建设用地集约高效利用政策

（四）保障激励类新型城镇化建设政策

根据国家和四川省新型城镇化建设的政策制定，保障激励类政策主要有

2023 年 7 月四川省发展和改革委员会印发的《四川省县城新型城镇化建设试点省级预算内基本建设投资奖励补助管理办法》①。国家和四川省新型城镇化建设相关政策文件汇总如表 3-6 所示。

表 3-6　国家和四川省新型城镇化建设相关政策文件

时间	国家层面城镇化政策文件	时间	四川省层面城镇化政策文件
2012 年 11 月	"新型城镇化"是党的十八大提出的重要战略方针	2013 年 5 月	《四川省人民政府关于 2013 年加快推进新型城镇化的意见》
2014 年 3 月	《国家新型城镇化规划（2014—2020 年）》	2015 年 4 月	《四川省新型城镇化规划（2014—2020 年）》
2016 年 2 月	《国务院关于深入推进新型城镇化建设的若干意见》	2016 年 12 月	《关于深入推进新型城镇化建设的实施意见》
2020 年 5 月	《关于加快开展县城城镇化补短板强弱项工作的通知》	2023 年 4 月	《四川省县城新型城镇化建设试点工作方案》
2020 年 11 月	《中共中央关于制定国民经济和社会发展第十四个五年规划和二〇三五年远景目标的建议》	2021 年 3 月	《四川省国民经济和社会发展第十四个五年规划和二〇三五年远景目标纲要》
2022 年 3 月	《2022 年新型城镇化和城乡融合发展重点任务》	2022 年 4 月	《四川省新型城镇化和城乡融合发展 2022 年重点任务》
2022 年 6 月	《"十四五"新型城镇化实施方案》	2022 年 11 月	《四川省新型城镇化中长期规划》
2022 年 5 月	《关于推进以县城为重要载体的城镇化建设的意见》	2022 年 11 月	《四川省"十四五"新型城镇化实施方案》
2023 年 1 月	《关于推动大型易地扶贫搬迁安置区融入新型城镇化实现高质量发展的指导意见》	2023 年 4 月	《2023 年四川省新型城镇化和城乡融合发展重点任务》
2014 年 12 月	《关于印发国家新型城镇化综合试点方案的通知》	2023 年 8 月	《关于推进以县城为重要载体的城镇化建设的实施意见》
		2023 年 5 月	《关于推动大型易地扶贫搬迁安置区融入新型城镇化实现高质量发展的实施意见》
		2023 年 7 月	《四川省县城新型城镇化建设试点省级预算内基本建设投资奖励补助管理办法》

（1）保障激励类新型城镇化建设政策的制度背景。为贯彻落实四川省委、省政府决策部署，充分发挥省级预算内基本建设投资对城镇化建设的撬动作用和县城新型城镇化建设试点的激励作用，由项目支持向区域支持转变、事前支持向事后支持转变、直接支持向间接支持转变，加快建成一批特色鲜明、富有活力、宜

---

① 后文简称《管理办法》。

居宜业的现代化县城，四川省制定《管理办法》。结合四川省确定的 37 个省级县城新型城镇化建设试点，该办法规定的省级预算内基本建设投资奖励补助是对省级县城新型城镇化建设试点县（市）给予的建设资金奖励。

（2）保障激励类新型城镇化建设政策的内容安排。《管理办法》包括总则、投资补助范围与标准、投资计划申请和下达及附则共 4 章。总则部分明确了本管理办法的制定基础、奖励补助的发放方式、发放对象及四种投资补助资金的使用方式。投资补助范围与标准部分规定如何进行奖励补助的评价、奖励等级及金额、补助资金的主要用途。投资计划申请和下达部分规定投资补助获取的基本流程，包括申请—选择—考评等步骤。

二、以县城为重要载体的四川新型城镇化建设的政策价值

（1）促进经济发展。新型城镇化建设政策可以促进四川县城经济转型升级，推动城市化进程和产业发展相互促进；通过培育特色产业、加强基础设施建设和公共服务，可以提高产业竞争力，吸引投资和人才流入，促进四川县城经济增长和就业机会的增加。

（2）改善人居环境和生活质量。新型城镇化建设政策注重改善四川县城人居环境，提升居民的生活品质和幸福感；通过加强环境保护、提高住房条件、优化公共服务设施等措施，提供更好的教育、医疗、文化等公共服务，改善城市的人居环境，提升居民的生活质量。

（3）推动农村发展和农民收入增加。新型城镇化建设政策致力于推动四川乡村振兴战略，通过建设特色县级城镇和辐射带动乡村的方式，促进农村经济的转型升级和农民收入的增加；通过培育四川县城特色产业、发展农村旅游、完善基础设施和公共服务，提升农村经济发展水平，增加农民收入来源。

（4）促进区域协调发展。新型城镇化建设政策注重四川城乡一体化发展和区域协调发展；通过建设具有特色的县级城镇，优化城市基础设施和提高公共服务水平，并辐射带动四川县城周边乡村的发展，可以缩小城乡差距，促进区域经济的均衡发展。

（5）加强生态环境保护。新型城镇化建设政策注重四川县城生态环境保护和可持续发展；通过改善人居环境、加强环境保护措施，推广清洁能源和低碳技术，促进资源的可持续利用，实现经济发展与生态环境的平衡和协调。

四川省制定的关于县城新型城镇化规划、实施和保障激励政策的实施，将为四川省提供机遇和动力，推动经济社会的发展和进步；同时，也能够促进人民群众的福祉提升，推动社会公平和民生改善。此外，四川省在新型城镇化建设方面的经验还能够为其他地区提供参考和借鉴。

三、以县城为重要载体的四川新型城镇化建设的政策适配

(一) 四川县城新型城镇化建设政策坚持实事求是

实事求是是中国共产党党风和治国理政的重要原则之一,意味着在决策和政策制定过程中要以客观实际为依据,反对主观臆断和盲目行动。在四川县城新型城镇化建设的政策制定中,实事求是的原则至关重要,政策制定者应详细了解四川县城的实际情况,包括地理、经济、社会和环境等方面的状况。在制定政策时,要基于科学研究和实地调查,收集准确的数据和信息,对问题进行深入分析和评估。实事求是的原则还体现在对政策目标和措施的制定上。政策目标应该以解决实际问题和满足人民需求为导向,而不是空洞的口号和形式主义。措施的制定应该基于充分的调查研究和实证数据,遵循科学规律和经济规律,确保政策的可行性和有效性。此外,实事求是的原则还体现在政策的执行和监督上。政府部门需要落实政策措施,确保其按照既定的目标和要求予以实施;同时,要建立健全的监督机制,及时跟踪政策执行效果,评估政策的实际效果,根据实际情况进行调整和优化。总之,四川县城新型城镇化建设的政策应坚持实事求是的原则,以充分了解实际情况为基础,科学制定目标和措施,并贯彻落实和监督执行,确保政策的科学性、可行性和有效性。这样的政策制定和执行过程将有助于推动四川县城新型城镇化建设迈上更高水平。

(二) 四川县城新型城镇化建设政策坚持调查研究

在制定四川县城新型城镇化建设的政策时,需要进行广泛的调查研究,包括了解四川县城的经济发展水平、产业结构、就业状况、城乡收入差距等,掌握四川城乡经济发展的现状和不平衡问题;调查县城城市化进程中涉及的人口流动情况、城市扩张速度、城市基础设施建设水平、住房和户籍制度问题等,为制定县城规划和政策提供基础数据;了解农村地区的基础设施状况、农业生产水平、乡村产业发展、农民收入情况、农民期待和需求等,制定农村产业升级和乡村振兴的政策;进行环境状况的调查,包括大气、水、土壤污染情况,生态系统的状况等,为制定环境保护和可持续发展的政策提供依据;了解教育、医疗、社保、文化娱乐以及社会治理等方面的情况,分析社会问题和民生需求,为提升居民生活质量和城乡公共服务均衡发展提供参考。

通过调查研究的结果,政策制定者可以全面了解四川县城的实际情况,把握发展中存在的问题和矛盾,为制定具体、有效的政策提供科学依据。此外,调查研究还可以发掘各地的特色和潜力,为定向发展和精准政策制定提供支持。因此,

四川县城新型城镇化建设的政策制定过程中应坚持调查研究的原则,将科学数据和实地调查的结果作为制定政策的基础,确保政策的科学性、针对性和可行性,推动四川县城新型城镇化建设向更高水平迈进。

(三)四川县城新型城镇化建设政策符合可行性原则

在制定四川县城新型城镇化建设的政策时,从以下方面充分考虑可行性。第一,资源可行性,政策应充分考虑四川县城的资源禀赋和资源利用状况,确保能够合理利用现有资源,避免过度开发和浪费。第二,经济可行性,政策应综合考虑四川县城的经济状况和发展潜力,确保能够促进经济增长、提高产业竞争力,同时保证资源的合理配置和经济效益的最大化。第三,技术可行性,政策应全面考虑四川县城的技术水平和创新能力,确保能够借助先进技术手段,推动城镇化建设的智能化、绿色化和可持续发展。第四,社会可行性,政策应考虑四川县城的社会情况和民众意愿,充分听取各方意见和建议,确保能够得到社会认可和支持,并考虑社会影响和社会稳定因素。第五,政策实施可行性,政策应基于政府的管理能力和执行力,确保实施过程中能够得到有效监测和评估,并及时进行调整和优化。基于以上考虑制定县城新型城镇化政策,确保政策的可行性和有效性,提高政策的实施效果,推动四川县城新型城镇化建设取得更好的成果。同时,在政策的落地过程中,还应对可行性进行动态评估和监测,保证政策的可持续性。

(四)四川县城新型城镇化建设政策坚持从人民群众的根本利益出发

人民群众是城镇化建设的主体和最终受益者,政策制定应充分考虑人民群众的需求、利益和参与,以促进人民群众的获得感、幸福感和安全感。四川县城新型城镇化建设政策应重视改善民生,关注改善人民群众的生活条件和品质,包括基础设施改善、教育医疗资源的均衡、社会保障体系的健全等,使县城人民群众真正享受到城镇化发展带来的好处;重视保障社会公众参与决策,政策制定应积极倾听人民群众的意见和建议,建立各级政府与群众的有效沟通机制,使人民群众能够参与到城镇化建设的决策过程中,实现民主决策和民主管理;重视保护权益,政策制定应重视保护人民群众的合法权益,确保人民群众合理地享受城镇化建设带来的积极影响,保障农民工和低收入群体的劳动权益,维护人民群众的合法利益;重视促进共享发展,政策制定应注重消除城乡区域发展不平衡问题,促进城乡居民和不同地区的共享发展,实现发展的普惠性和可持续性;重视环境保护和生态建设,防止开发过度和环境污染,着力保护生态文明,确保人民群众的生存环境和生态福祉。坚持从人民群众的根本利益出发,四川县城新型城镇化建设的政策应更好地满足人民群众的需求和期待，提高人民群众的获得感和幸福指数，推动城镇化建设走向人民更加满意和可持续的方向。

第三节　以县城为重要载体的四川新型城镇化建设的典型案例分析

基于《关于推进以县城为重要载体的城镇化建设的意见》《"十四五"新型城镇化实施方案》《关于加快开展县城城镇化补短板强弱项工作的通知》，四川省统筹配置城镇化补短板强弱项工作的公共资源，因地制宜、突出特色，分类推进县城新型城镇化建设。四川省围绕公共服务设施提标扩面、环境卫生设施提级扩能、市政公用设施提档升级、产业培育设施提质增效，2020年6月开展了国家县城新型城镇化建设示范工作，2023年4月正式印发《四川省县城新型城镇化建设试点工作方案》，开展省级县城新型城镇化建设试点工作，坚持分类开展，重点明确，积极探索符合实际、具有特色的新型城镇化发展模式。

国家县城新型城镇化建设示范工作涉及金堂县、绵竹市、大英县、江安县和乐至县；除以上5个县（市），四川省县城新型城镇化建设示范点还包括崇州市、泸县等32个县（市）。四川省37个县（市）新型城镇化建设示范点，从大城市周边县城、专业功能县城、农产品主产区县城和重点生态功能区县城四类，因地制宜地分类开展新型城镇化建设，增强县城的综合承载能力，具体如表3-7所示。

表3-7　四川省县城新型城镇化建设类型及试点名单

序号	县城类型	国家县城新型城镇化建设示范点
1	大城市周边县城	金堂县
2	专业功能县城	绵竹市
3		大英县
4	农产品主产区县城	江安县
5		乐至县

序号	县城类型	省县城新型城镇化建设示范点
1		崇州市
2		泸县
3		广汉市
4	大城市周边县城	江油市
5		南部县
6		武胜县
7		仁寿县

续表

序号	县城类型	省县城新型城镇化建设示范点
8		彭州市
9		邛崃市
10		富顺县
11		古蔺县
12		射洪市
13	专业功能县城	威远县
14		峨眉山市
15		阆中市
16		开江县
17		青神县
18		西昌市
19		米易县
20		中江县
21		三台县
22	农产品主产区县城	资中县
23		兴文县
24		岳池县
25		渠县
26		平昌县
27		青川县
28		沐川县
29	重点生态功能区县城	石棉县
30		汶川县
31		甘孜县
32		冕宁县

注：根据《四川省县城新型城镇化建设试点工作方案》整理得到。

一、基于大城市周边县城新型城镇化建设的典型案例分析

（一）金堂县新型城镇化建设的背景

四川省县城新型城镇化建设试点中涉及 8 个大城市周边县城试点，其中金堂县于 2020 年 5 月入选国家县城新型城镇化建设示范。大城市周边县城类的新型城

镇化建设重点考虑从位于城市化发展区范围内，纳入成都都市圈和重庆都市圈以及邻近绵阳、南充、宜宾、泸州等大城市中心城区的县（市）中择优选取，侧重推进与中心城市交通设施互联互通、主导产业链式配套、公共服务便利共享，形成产业生态圈、优质生活圈、交通通勤圈，更好承接优势产业转移和人口迁移。

金堂县地处大城市周边，距离主城市较近，便捷的交通网和交通枢纽条件，为其吸引人才、资本和资源提供了便利。同时，由于与大城市相邻，金堂县可以享受到大城市的辐射效应，得到经济、产业和就业的溢出效应。随着大城市的发展和经济转型升级，一些传统产业和制造业可能需要进行产业转移，作为大城市周边县城，金堂县可以吸引这些产业的转移，促进产业升级和经济发展。金堂县既有城市化的需求，也有乡村振兴的机遇。金堂县可以充分发挥城乡接合面广的优势，推动乡村旅游、农业现代化等相关产业的发展，实现农业和乡村经济的转型升级。金堂县作为大城市周边县城，在新型城镇化建设中具有地理位置优势、产业转移机遇、城乡接合面广等优势，为金堂县的经济发展、产业升级和城市建设提供了良好的契机。

（二）金堂县新型城镇化建设的具体措施

金堂县深入贯彻落实四川省委、省政府决策部署，坚持以规划为引领、以项目为重点、以改革为突破、以要素为支撑，加快推进以县城为重要载体的新型城镇化建设，努力探索符合实际、独具特色的城镇化发展模式，县域经济发展取得积极成效。在新型城镇化建设中，以片区综合开发运营、强化人才支撑、优化政务服务等举措为抓手，示范工作不断取得新进展。

一是，实行片区综合开发运营模式，具体如图 3-21 所示，金堂县初步探索出"政府不负债、产城不分离、开发不断档"的可持续发展路径，采取"政策性贷款＋商业贷款＋地方政府专项债券"融资模式。这是一种政府主导、市场主体、商业化逻辑，构建投融资规建管一体化的综合开发模式。金堂县采用的片区综合开发运营模式，本质上是将县城内的建设区域打造成一个整体上具有平衡性的综合性项目，并以企业主体进行市场化运作，同时兼顾政企合作，这有利于强化规划指标统筹管控，有利于兼顾公共利益和商业逻辑，有利于推动地方国企转型，有利于提升城市开发建设的整体性。

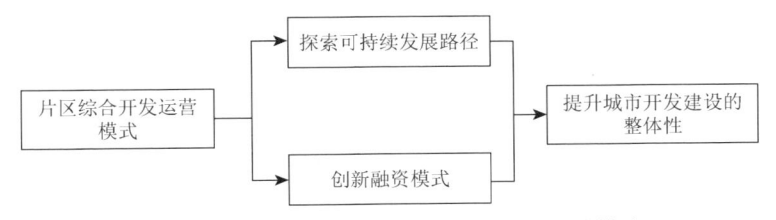

图 3-21 金堂县推进新型城镇化建设的运营模式

金堂县地处成都东北部，是承接成都东进战略的重要平台，也是推进成渝地区双城经济圈建设的重要区域，未来将全面建成成都东北部区域中心城市。金堂县借助地方平台公司市场化转型的契机，选择由地方国企主导实施，通过"自有出资＋政策性贷款＋商业贷款＋地方政府专项债券"的方式获取资金，并且与地方政府密切配合，为地方国企参与县域经济和推动产城融合发展提供了一个样本。淮州新城作为试点推进片区积极开展综合开发，聚焦创新提能、典型示范，走出一条"政府不负债、产城不分离、开发不断档"的城市营造新路径，实现从政府造城到市场营城的根本性转变，具体表现在与市环投（成都环境投资集团有限公司）、市产投（成都产业投资集团有限公司）、市交投（成都交通投资集团有限公司）深入合作，推进三大片区综合开发；率先搭建"管委会＋专业化城市运营商"机制；率先建立"增量分成，双向共享"投融资模式，解决先期开发资金；强化要素保障，片区供应土地 3013.6 亩（1 亩≈666.67m^2）；率先推动先期启动区集中成势，实施招商中心、会展中心、商务中心等项目 31 个，总投资 375.97 亿元。

二是，强化人才支撑，金堂县注重人才引进和培养，积极吸引高层次的人才到金堂创新创业。产是才之基，才是产之魂，依托产业聚人才，依靠人才促发展，走产才城融合发展之路，是近年来金堂县的坚定选择。2022 年 7 月，金堂县发布《金堂县实施人才引领发展战略，高质量建设"成东中心、公园水城"行动计划》（"人才新政 2.0 版"），这是继 2017 年之后，金堂县出台的又一重大人才政策。"人才新政 2.0 版"突出聚焦金堂县委中心大局、充分激发创新活力、多领域人才全覆盖三大特点，提出了大力支持绿色低碳产业人才、创新平台载体建设、市场主体引才聚才等多项创新举措，彰显了金堂县委、县政府深入实施新时代人才强县战略的决心和对人才求贤若渴的诚心。通过设立人才引进政策、提供优厚的人才待遇、搭建创新创业平台等措施，为人才提供良好的发展环境和机会，推动县城产业升级和创新驱动发展。

三是，优化政务服务，金堂县致力于提供更加高效便捷的政务服务。为落实好全省两项改革"后半篇"文章的部署要求，全面优化政务服务体系，持续提升服务供给水平，金堂县行政审批局"三个突出"全力推进镇（街道）便民服务中心"三化"建设；全面下沉服务职能，推进服务拓面增效，完善管理机制，创新服务模式，努力实现企业群众办事"最多只跑一次"，为优化营商环境持续发力，提高政府服务的透明度和便捷性，提升企业和居民的满意度。

（三）金堂县新型城镇化建设的具体成效

金堂县在新型城镇化建设中，在实行片区综合开发运营模式、强化人才支撑、优化政务服务等方面取得显著成效，具体如表 3-8 所示。

表 3-8 金堂县新型城镇化建设及具体成效

建设类型	建设内容	具体成效
公共服务设施	医疗设施	县城医疗床位由 2019 年的 3175 张提升至 2022 年的 3369 张，增长 6.1%
	教育设施	县城教育学位由 2019 年的 28890 个提升至 2022 年的 31410 个，增长 8.7%
环境卫生设施	污水处理设施	改造县城老城区污水管线共计 67.3km
		污水日处理能力增加了 5 万 t，污泥日处置能力增加了 100t
市政公用设施	市政管网设施	持续推进防涝排洪工程建设，累计投资超 10 亿元
	县城智慧化改造	整合分散独立的政务信息系统为互联互通、信息共享的"大系统"
	老旧院落改造	2021 年实施改造中兴寺小区、龙洞小区、先锋小区、泰吉街 49 号、蜀源小区、现代生态小区 6 个老旧小区，共涉及 51 栋 1052 户；2022 年启动实施了一批老旧院落改造项目，涉及居民 556 户、18 栋楼，建筑面积达 7 万多平方米
产业培育设施	提升产业平台能级	加快构筑"133"现代产业体系，获批建设省内唯一的国家新型工业化产业五星示范基地，集聚规模以上工业企业 193 户，带动周边就业约 5 万人

一是，突出短板得到补齐，对金堂县防洪排涝能力的提升具有重要意义，通过拓宽河道、加强堤防建设以及构建综合防洪系统，可以增加河道的涵洪能力，降低洪水位面，降低洪水侵袭的风险；实施沱江团结水利枢纽综合工程、毗河分洪工程等防洪排涝能力提升十大工程，如毗河 3 号橡胶坝将河道从 90m 拓宽至 210m，可降低局部最高水位 1.2m，有效缓解了县城防洪排涝压力，为县域的可持续发展提供了良好的环境基础和保障。

二是，民生福祉得到改善，金堂县围绕建设"幸福公园水润城市"发展定位，聚焦群众重点关注问题，把老旧小区改造与"我为群众办实事"紧密结合，持续推动老旧小区"旧貌变新颜"，不断提升居民住有所居、居有所享的幸福感和获得感。金堂县县城义务教育学位增加了 2000 个，为学龄儿童提供了更多的上学机会和优质教育资源，有助于解决教育资源不足、学位供给有限等问题，提高孩子们获得良好教育的机会和质量。金堂县医疗床位增加了 200 张，有效缓解了金堂县医疗资源紧缺的问题，提高了居民就医的便利性和医疗服务的质量。

三是，环境治理得到强化，金堂县污水日处理能力增加了 5 万 t，减少了污水对水环境的直接排放，保护了水资源的可持续利用和生态环境的健康；污泥日处置能力增加了 100t，有效处理污水处理过程中产生的污泥，减少了对环境的二次污染；改造了污水管网 70km，提高了管网的运行效率和覆盖范围，防止污水泄漏和漫溢，提高了污水收集和处理的能力。

四是，公共资源共用共享水平得到提升，金堂县一些学校的图书馆和体育馆等设施向社会开放共享。该县开放学校的图书馆让市民得到更便捷的阅读资源和学习环境，拓宽了知识获取的途径，促进了学习和文化交流；开放学校的体育馆等体育设施，鼓励社区居民积极参与体育运动，提升身心健康水平，提高公共资源的利用效率。公共资源共用共享的模式，更好地发挥了公共资源的效益，实现了资源的优化配置和最大化利用。同时，该县也促进了社会各界的互动和融合，增强了社区凝聚力和社会共享意识。

（四）金堂县新型城镇化建设的经验总结

金堂县在新型城镇化建设中制定了长期规划和发展目标，明确了发展方向和重点任务，确保了城市建设的科学性和可持续性；通过打造产业链和产业集群，吸引了一批优质企业和项目，促进了产业的发展和转型升级，提高了金堂县的经济效益和竞争力；推动了城市基础设施建设：金堂县注重城市基础设施建设，提升了城市的功能和品质，改善了居民的生活环境；重视人才引进和培养，通过制定优惠政策、搭建创新创业平台等措施，吸引了高层次人才到金堂发展，推动了产业升级和创新驱动发展；提供更加高效便捷的政务服务，提供线上办事、一站式综合服务等，提升政府服务的便捷性和效率，提高了企业和居民的满意度。这些经验表明，金堂县在新型城镇化建设中注重总体规划、产业引领、基础设施建设、人才支撑、政务服务等方面的工作，以科学规划为指导，全面推进城市发展，取得了显著的成效。这些经验可以为其他地区的城镇化建设提供借鉴和参考，促进经济社会的可持续发展。

二、基于专业功能县城新型城镇化建设的典型案例分析

（一）大英县推进新型城镇化建设的背景

四川省县城新型城镇化建设试点中涉及13个专业功能县城类的试点，其中大英县和绵竹市属于国家县城新型城镇化建设示范点。专业功能县城类的新型城镇化建设侧重推动产业专业化、集群式发展，加强产业平台建设、完善配套设施，力争在细分行业打造全省乃至全国范围内具有较强竞争力和知名度的县域品牌。

遂宁市大英县位于成渝地区双城经济圈的"黄金分割点"，坚持"东优、北拓、西延、南控"的城市发展战略，引导建设资源向重点功能区域配置，兼有天然气资源优势和石化产业基础，是四川发展绿色油气化工新材料的理想之地。大英县利用自身天然气资源优势，通过自身培育、项目招引的方式建设绿色油气化工新材料示范基地，打造千亿级世界水平绿色化工产业集群，其中重点招引的天然气化工、石油精深加工、化学新材料等产业，对全县的工业体系建设有支撑引领作

用。该县坚持以能源化工、装备制造两大主导产业为支撑,增强人口吸纳能力和综合承载能力,在县城新型城镇化建设中成效显著。

(二) 大英县推进新型城镇化建设的具体措施

遂宁市大英县被确定为国家县城新型城镇化建设示范县(市),这是对该县经济社会发展的高度肯定和重要指导。国家县城新型城镇化建设示范旨在推动县域经济发展、促进城乡一体化发展、提升居民生活质量和城市环境。大英县在新型城镇化建设方面,积极探索新型城镇化发展模式,着力培育发展优势产业、完善市政设施体系、着力强化县城公共服务、着力历史文化生态环境保护、坚持资源合理利用和着力县城辐射带动乡村等方面的创新,以"五着力五提升"[①]推动国家县城新型城镇化建设示范。

在着力培育发展优势产业方面,大英县通过提升县城产业平台承载能力、创建省级化工园区和加快发展产业项目,提升吸纳县城就业能力,助推新型城镇化建设。如图 3-22 所示,大英县具体措施包括以下方面。第一,精细化工产业园,通过建设现代化的产业园区,提供高质量的场地、基础设施和公共服务,吸引优质企业入驻,园区针对特定的优势产业进行定位,提供有力的政策优惠和配套支持。第二,聚力招强引优,加强产业集群建设,通过促进相关产业的集聚,形成产业链、供应链和价值链的完整生态系统,提高县城对产业要素的集中度和规模效应。大英县经开区充分利用本地丰富的天然气资源优势和能源化工产业基础优势,走"油气融合+减油增化"的特色化、差异化发展之路,加快打造千亿级绿色化工产业集群,努力实现西部绿色油气融合发展样板区建设目标。第三,注重基础创新平台建设,加快发展产业项目,大英县实施政产学研用搭建、创新人才培育、科技成果转化和科技服务指导四项行动措施,加强科技创新和研发能力,推进国家级科技企业孵化器建设培育壮大新动能,推动优势产业的技术升级和转型发展。

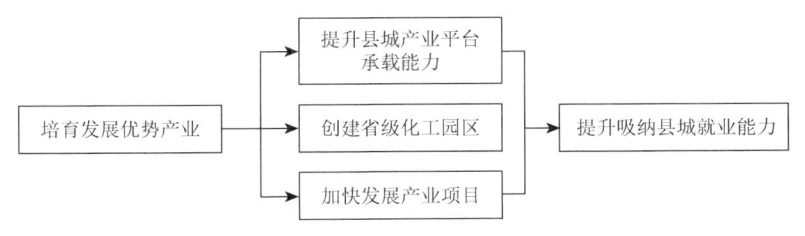

图 3-22 大英县推进新型城镇化建设的产业发展

[①] 一是着力培育发展优势产业,提升吸纳就业能力;二是着力完善市政设施体系,提升县城运行基础;三是着力强化县城公共服务,提升民生幸福指数;四是着力历史文化生态保护,提升宜居宜业环境;五是着力县城辐射带动乡村,提升城乡融合进程

在着力完善市政设施体系方面，大英县通过改造老旧小区、健全排涝设施、完善市政交通设施和畅通对外连接通道，着力完善市政设施体系，提升县城运行基础，旨在提升县城的运行基础和居民生活质量，如图3-23所示。

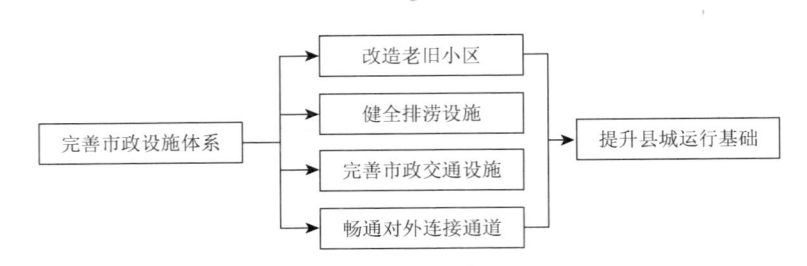

图3-23　大英县推进新型城镇化建设的市政设施完善

大英县完善市政设施体系具体措施包括：第一，对老旧小区进行改造和提升，包括老旧房屋维修和改善、公共设施更新与提升、社区配套设施建设等，提供更好的居住条件，提升居民的生活质量和居住舒适度；第二，加强雨水排涝系统的建设和改善，包括修复地下排水系统、完成城区雨污管网分流改造、更换市政井盖，加挂"防坠网"等，确保城区的排水系统畅通，有效防止城市内涝，提高市民的生活品质；第三，加强对城市道路、公共停车场等市政交通设施的规划和建设，包括打通部分城市次干道断头路，完成部分道路的机动车道、非机动车道、人行道改建等，提升道路的通行能力和交通效率，改善交通拥堵，提高交通安全性；第四，加大县城对外连接通道的改善力度，包括高速公路的建设和扩容、国省干线的改造等，提高物流运输的效率和便捷性，促进县城与外部的联系和交流。

在着力强化县城公共服务方面，大英县通过扩大教育资源供给、健全医疗卫生设施、发展养老敬老服务，提升民生幸福指数。如图3-24所示，大英县具体措施包括以下方面。第一，增加学校数量，扩充学校规模，提高教育资源的供给能力，建设新的学校，扩大教育设施建设投资，确保学生有充足的学位和良好的学习条件；同时，注重推进教育信息化基础环境建设，加快实现教育现代化，改善教学设施和生活设施。第二，改善医疗卫生设施，提升医疗服务水平，通过建设

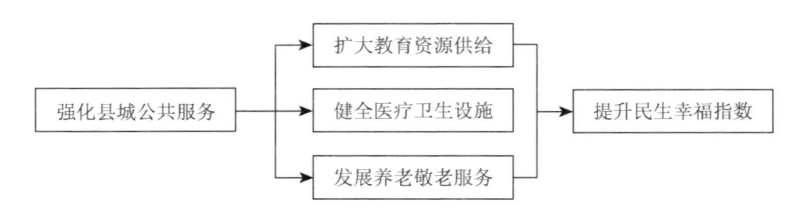

图3-24　大英县推进新型城镇化建设的公共服务强化

新的医院、救援中心，增加县级公立医院的业务用房面积等，全面提升县级医疗卫生机构服务能力。第三，扩大养老服务供给，通过组建家庭医生服务团队，建设嵌入式老年大学，为老年人提供医疗护理、康复保健、社交娱乐等全方位的养老服务，为老年人提供温馨、安全的养老环境。

在着力历史文化生态环境保护方面，大英县通过营造江城一色的城市景观，改善城市环境卫生和健全污水集中处理设施等，提升宜居宜业的环境。如图 3-25 所示，大英县具体措施包括以下方面。第一，打造具有独特魅力的城市景观，形成江城一色的美丽风貌。大英县通过湿地公园的扩建、城乡一体化项目建设、拓展绿化景观和县城街头公园建设项目等，充分利用自然资源和城市边角地，提升城市绿化水平和景观质量，增加公园和休闲场所的供给，丰富市民的生活方式。第二，加大垃圾分类和处理力度，通过新建垃圾分类处理房、垃圾填埋场、垃圾处理站和餐厨垃圾油水渣处理站等，提升城市环境卫生水平。第三，加大污水处理设施建设和运营管理的力度，确保城市污水得到有效处理和排放，提升污水处理工艺和设备，减少污水对环境的污染，保护水资源和生态环境的安全性。

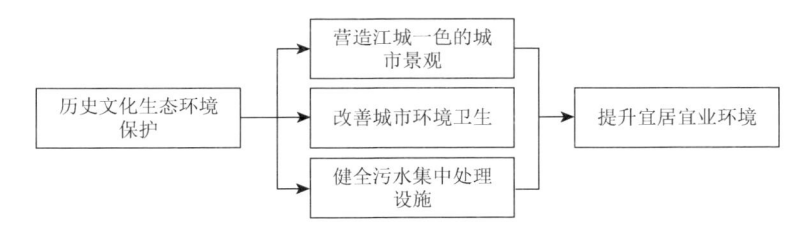

图 3-25　大英县推进新型城镇化建设的生态环境保护

在着力县城辐射带动乡村方面，大英县通过城乡交通联网成片、提档升级农业园区、更多"大英产"农产品走进市民生活和融合农文旅助推乡村振兴等方式提升城乡融合进程。如图 3-26 所示，大英县具体措施包括以下方面。第一，加强城乡交通设施建设，实现县城与各乡村逐渐联网成片，打通限制城乡互动的交通堵点断点，提高交通通行能力和便捷程度，促进城乡经济往来，加快农产品流通，促进城乡要素的有机流动。第二，在乡村地区建设农业园区，引进现代农业技术和理念，改造提升园区基础设施和农业生产水平，提高农业生产的现代化程度，推动农业的专业化、规模化和集约化发展，提升农产品质量和市场竞争力。第三，鼓励农民发掘农产品种植和养殖方面的特色和优势，加大农产品品牌创建和推广力度，集中力量打造一批品质高、辨识度高、群众口碑好的"金字招牌"农产品，提升农产品的知名度和市场份额。同时，加强市场营销渠道的建设，让更多"大英产"农产品走进市民生活，满足市民对绿色、健康食品的需求。第四，大英县融合农业、文化和旅游等产业，推动乡村文化和旅游业的发展，通过开展乡村旅游、农业观光和农产品加工等活动，推动精品示范村建设，融入"盐""井""桃"文化，将产业、文旅、生态等有机结合提升乡村的吸引力，吸引更多游客和市民到乡村参观游览，促进农村经济的发展。

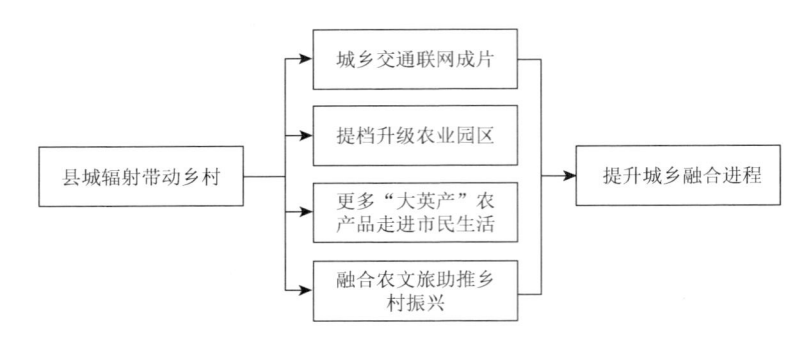

图 3-26　大英县推进新型城镇化建设的辐射带动

大英县以"五着力五提升"的策略，致力于推动县城新型城镇化建设示范。打造具有优势和特色的产业集群，提高城镇经济的竞争力和可持续发展能力；优化城市规划和市政设施布局，提高市民的生活质量和城市环境的品质；提升公共服务设施的水平和质量，满足市民的教育、医疗和文化需求；促进循环经济和绿色发展，实现资源的高效利用，促进城镇化建设的可持续发展；加强城乡之间的联系与融合，促进乡村振兴和农业产业的发展。

（三）大英县新型城镇化建设的具体成效

大英县在新型城镇化建设中，在健全公共服务设施、完善环境卫生设施、优化市政公用设施和提升产业培育设施等方面取得显著成效，具体如表 3-9 所示。

表 3-9　大英县新型城镇化建设及具体成效

建设类型	建设内容	具体成效
公共服务设施	医疗设施	投资 8.72 亿元建设县医疗救治救援中心等
		新增县级公立医院业务用房 17.98 万 m²
		获评全省健康促进县、全国无障碍环境达标县
	教育投入	投资 1.52 亿元建成启用太吉小学和盐华小学、新增学位 4000 个
	养老敬老服务	组建 127 个家庭医生服务团队，为约 7 万名 65 岁以上老人提供免费健康体检服务
		社区老年大学，为老年人搭建"一站式"休闲娱乐平台

续表

建设类型	建设内容	具体成效
环境卫生设施	垃圾处理设施	新建餐厨垃圾处理站 1 座 生活垃圾分类处理站 11 个 垃圾分类处理厂房 11 个
	污水处理厂	县城区生活污水收集处理率达到 95% 工业污水收集处理率达 100%
	城市公厕	26 座城市公厕达到 A 级旅游厕所标准
市政公用设施	交通网络	打通太吉中路、中国死海滨江路等城市次干道"断头路",完成重点道路人车分离改造
	整治县城内涝	整治凉湾片区内涝,修复殷家沟地下排水 完成城区雨污管网分流改造 10km、污水管网 30km 新改建城市消防取水码头两座
	城镇老旧小区	2022 年改造提升 61 个城镇老旧小区,建筑面积达 101.24 万 m^2,惠及家庭 9529 户
产业培育设施	配套设施建设	精细化工产业园一标段道路已完成建设,目前正推动精细化工产业园二标段道路 四川绿色油气化工产业园基础设施一期项目、工业污水处理厂二期及配套管网项目加快建设
	省级化工园区	2022 年成功创建四川省首批化工园区和四川省第三批院士(专家)产业园,省级化工园区认定风险等级复核排名全省第一
	产业项目	2022 年以来,星聚耀 4000t/a 电子专用材料、乾元 3 万 t/a 磷酸铁等 15 个产业项目已建成投产 2023 年正推动旌峰丙烯酸衍生物、信晖光电电子产品等 8 个产业项目加快建设
县城辐射带动乡村	城乡交通设施	投资 1.3 亿元建设乡村旅游路 22.7km 投资 0.19 亿元实施民生工程道路 36.9km 投资 0.8 亿元推进撤并建制村及通组路 77.9km,打通了很多过去限制城乡互动的交通堵点断点
	农业园区	大英县中药材现代农业园区成功创建四川省三星级现代农业园区 枳壳刺梨生猪种养循环现代农业园区成功纳入省级培育园区 柑橘种养循环现代农业园区成功晋级为市四星级园区 甜桃现代农业园区成功创建为市三星级园区
	农产品品牌创建和推广	持续推进农产品"三品一标"认证企业 50 家 116 个产品 主动融入"遂宁鲜"区域公用品牌,集中力量打造一批品质高、辨识度高、群众口碑好的"金字招牌"农产品
	融合农文旅	打造桃花源、桃花仙、桃花岛等"桃"主题品牌,唱响"中国宋井桃源乡游第一村"美誉

一是，公共服务设施不断健全。大英县注重加强公共服务设施的建设和改善，包括教育、医疗、养老敬老等领域。在教育领域，投资1.52亿元建设太吉小学和盐华小学，新增学位4000个；投资1.37亿元启动"互联网+智慧教育"建设项目，推进教育信息化基础环境建设，加快实现教育现代化等；在医疗领域，投资8.72亿元，建设大英县传染病医院、医疗救治救援中心；新增县级公立医院业务用房17.98万m^2等；在养老敬老领域，组建127个家庭医生服务团队，为约7万名65岁以上老人提供免费健康体检服务；在蓬莱镇朝阳社区幸福朝阳居嵌入老年大学，为老年人搭建"一站式"休闲娱乐平台等。学校、医院、社区老年大学、休闲娱乐平台等公共设施得到了提升和完善，提高了市民的生活质量和公共服务水平。

二是，环境卫生设施不断改善。大英县致力于改善城市的环境卫生状况，加强垃圾处理和清洁工作。改扩建垃圾填埋场，新建餐厨垃圾处理站1座、生活垃圾分类处理站11个，垃圾分类处理厂房11个；改造污水管网共计30km，县城区生活污水收集处理率达到95%，工业污水收集处理率达100%。此外，该县实施城市公厕提质行动，合理增加无障碍设施和第三卫生间，完善公共厕所标识指引系统，26座城市公厕达到A级旅游厕所标准。大英县建设垃圾处理中心、推行分类垃圾收集，改造污水管网，提升污水收集处理率，大大提升城市环境的整洁度和美观度。

三是，市政公用设施不断完善。大英县加大了市政公用设施的建设力度，在完善市政交通设施层面，打通太吉中路、湿地公园A区滨江路、中国死海滨江路等城市次干道"断头路"，完成蓬中路、文化街、渠县街、朝阳街等道路的机动车道、非机动车道、人行道改建，新建大英县城市公共停车场，县城交通更加畅通；在排涝设施层面，整治凉湾片区内涝，完成城区雨污管网分流改造10km，更换市政井盖300余套，加挂"防坠网"200余套等；在改造老旧小区层面，2022年，对城镇61个老旧小区实施改造，涉及楼栋数262栋，建筑面积101.24万m^2，居民户数9529户等。通过改善道路交通和居民居住环境，提升了城市的基础设施水平和便捷性。

四是，产业培育设施不断优化。大英县注重提升产业培育设施，包括省级化工园区、产业集聚区、创业孵化基地等。通过建设配套设施，提供科技支持和创业环境，促进产业的发展壮大，提高经济的竞争力和可持续发展能力。例如，2022年成功创建四川省首批化工园区和四川省第三批院士（专家）产业园，建成投产星聚耀4000t/a电子专用材料、乾元3万t/a磷酸铁等15个产业项目。

五是，县城辐射带动乡村不断提升。大英县完善城乡交通设施，增强城乡经济互动，形成良性发展；建设完善农业园区、农产品品牌创建和推广，带动乡村经济振兴。同时注重产业融合，创新经济发展模式。例如，投资0.8亿元推进撤并建制村及通组路77.9km，打通了很多过去限制城乡互动的交通堵点断点；大英县中药材现代农业园区成功创建四川省三星级现代农业园区等。

（四）大英县新型城镇化建设的经验总结

大英县在新型城镇化建设中，注重以整体规划为基础，统筹城乡发展，制定城镇化规划，明确发展目标，协调城乡建设，确保城镇化发展的协调和可持续性；注重发展和培育优势产业，促进产业升级和转型，通过引进外来投资、培育本地企业及农业发展等手段，推动产业结构优化，提高经济发展质量和效益；注重公共服务设施的建设和提升，提高市民的生活质量。大英县加强教育、医疗、养老等公共服务设施的建设，满足市民的各项基本需求并提供优质的公共服务；注重环境保护和改善，提升城市环境质量，加大环境整治力度，加强垃圾处理、绿化和环境卫生管理，改善居民的生活环境；注重城乡融合发展，通过城市和乡村的联动，实现资源共享和互补优势，推动农村产业升级，加强乡村旅游和农业观光等活动的发展，推动农业与城镇经济的互动和融合。总结来说，大英县在新型城镇化建设中注重整体规划、产业导向、公共服务设施建设、环境改善和城乡融合发展等方面的工作。这些经验对于其他地区的城镇化建设具有借鉴意义，有助于实现城镇化发展的协调、可持续和人文化发展。

三、基于农产品主产区县城新型城镇化建设的典型案例分析

（一）乐至县新型城镇化建设的背景

四川省县城新型城镇化建设试点中农产品主产区县城试点县有10个，其中乐至县和江安县是国家县城新型城镇化建设示范，该类型的新型城镇化建设侧重在县城集聚发展农村特色农产品产地初加工和精深加工，把产业链主体留在县城，建设现代农业产业集群、国家省市级现代农业园区。

乐至县位于四川省中部，地理位置优越，毗邻成都市，交通便利，处在成渝地区双城经济圈、成都平原经济区、成都都市圈"三区叠加"之地，是"成都东出第一站、成渝黄金分割点"，这为乐至县与周边城市的互动和合作提供了便利条件，有利于乐至县吸引外部资源和发展经济。"打造成渝相向发展联动区、成都东进发展协同区、乐简交界发展示范区，建设绿色生态之城、宜居宜业之城、开放包容之城"——"三区三城"成为推进乐至县高质量发展的关键词。该县拥有丰富的农业资源，土地肥沃，适宜农作物生长，通过发展现代农业和农业产业化，可以充分利用农产品优势，加强农村经济发展，并推动农村和城市的融合发展。

此外，乐至县正面临着产业转型升级的机遇，可以通过引进高新技术产业、推动工业化发展和创新创业等方式，提升产业结构，增加就业机会，加快经济发展，并提高城乡居民的生活水平。乐至县利用这些优势，积极发展新型城镇化，提升城镇化水平和质量，促进乡村振兴和农业转型，创造更好的生活条件和经济发展机会。

（二）乐至县新型城镇化建设的具体措施

2020 年，乐至县被确定为国家县城新型城镇化建设示范县之一。试点以来，乐至县坚持以城聚人、以人促产、以产兴城，持续优化发展布局、补齐短板弱项、增强承载能力，新型城镇化建设步伐不断加快，在城市发展、空间优化、城乡融合方面取得新突破。通过产业融合、城市建设和城乡融合，走出具有乐至特色的新型城镇化建设步伐。市民可以享受到更好的公共服务、更良好的环境卫生、更便捷的市政设施和更具竞争力的产业发展。这有助于提升乐至县的城镇化水平和居民的生活品质，推动乐至县的经济社会发展，打造高品质新型城市。

在产业融合谋发展方面，乐至县聚焦园区建设和特色产业，坚持抓转型、促融合，大幅提升产业质效，如图 3-27 所示。通过加速产业集聚、延长产业链条和提升产业质效等，乐至县走出"新路子"。具体措施包括：第一，依托四川乐至经济开发区加速产业集聚。乐至县通过建设园区、深化园区市场化改革、特色化发展，形成食品健康、装备制造、纺织服装和数字经济主导产业，形成产业集群效应，促进产业链的完善和协同发展。第二，依托陈毅故里景区延伸产业链条。乐至县依托陈毅故里景区延伸产业链条，以红色文化旅游及乡村旅游为主线，围绕"吃、住、行、游、购、娱"旅游全要素，推出"红色+乡村+民俗+旅游"复合型旅游产品，打造全域旅游格局，推动产业链的延伸，促进产业的转型升级和高质量发展。第三，依托农业示范园区提升产业质效，乐至县围绕打造"中国桑都"，夯实生猪、黑山羊、粮油、果蔬、花卉苗木五大优势产业，培育农旅融合、畜禽种业两大先导产业的农业"1+5+2"现代产业体系，通过推行标准化生产、提高生产工艺和技术水平，提高产品质量和市场竞争力，实现产业的高效益发展。

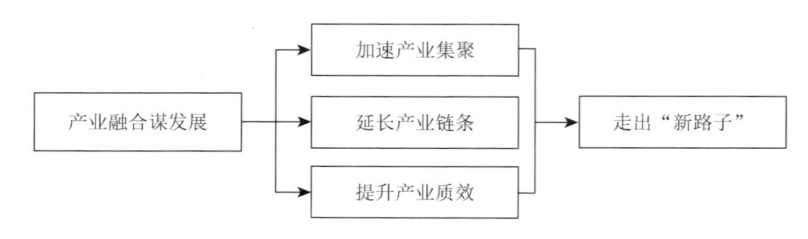

图 3-27　乐至县新型城镇化建设的产业融合

在城市建设抓品质方面，乐至县聚焦打造"精致城市·大美乐至"，坚持抓建设、强基础，不断优化城镇品质，如图3-28所示。通过提标扩面公共服务设施、提档升级市政公用设施和科学制定城市空间规划等措施，乐至县换上"新衣裳"。具体措施包括：第一，提标扩面公共服务设施。乐至县致力于提高公共服务设施的标准和覆盖范围，积极打造"15min便民生活圈"、实施乐至中学、幼儿园等教育建设项目，坚持"公园城市"理念，重点推进城市绿化景观打造，通过改善教育设施、医疗设施、文化设施等，提供更好的教育、医疗和文化服务，满足居民的日常需求。第二，提档升级市政公用设施。乐至县着重提升市政公用设施的质量和水平，构建"三纵三横"城市道路框架，完善市政管网设施，完成城河清淤疏浚、城区污水处理，逐年有序实施老旧小区改造工程，对道路交通、通信网络等进行升级和改造，提高城市配套设施的现代化程度，增加市民的便利性和舒适感。第三，科学制定城市空间规划，乐至县注重科学规划城市的空间布局，并根据城市发展需求进行合理的城市规划，依据"成都东进，乐至西迎"的理念，确立中心城区整体"西向优先，适度向南，限制东北"的发展方向和"一心一园，一廊三轴四区"的空间布局结构，构建县域"一岭一轴、一心四片、多点支撑"的国土空间总体格局。

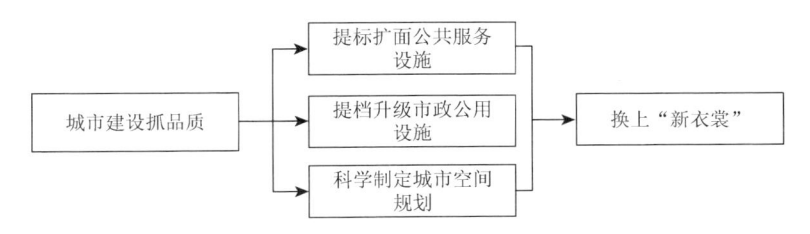

图3-28 乐至县新型城镇化建设的城市建设

在城乡融合找切口方面，乐至县聚焦城乡统筹和城乡一体，坚持抓保障、防风险，提升农业转移人口市民化质量，如图3-29所示。通过推进农业人口转移、农村土地改革和城乡基层治理等措施，使乐至县迈出"新步子"。具体措施包括：第一，深化户籍制度改革，全面取消落户限制，致力于推动农业人口向城镇转移，鼓励农村居民、外来人员在县城落户。第二，乐至县进行农村土地改革，稳慎推进农村宅基地改革，形成"三权分置清晰、监督管理到位、盘活利用高效"的宅基地管理制度体系，通过建立健全的土地流转市场、完善土地制度，实现土地资源的合理配置，提高农民的土地收益和农村经济的发展潜力。第三，乐至县加强城乡基层治理，综合提升街道社区治理服务水平，实施社区综合服务设施"补短板"工程，完成村（社区）党群服务中心新建、改扩建及亲民化改造，提高基层治理水平，促进城乡社会管理的协调与稳定。

```
┌─────────────┐     ┌──────────────────┐
│             │────▶│ 推进农业人口转移 │
│             │     └──────────────────┘
│ 城乡融合找切口 │     ┌──────────────────┐     ┌──────────────┐
│             │────▶│ 推进农村土地改革 │────▶│ 迈出"新步子" │
│             │     └──────────────────┘     └──────────────┘
│             │     ┌──────────────────┐
│             │────▶│ 推进城乡基层治理 │
└─────────────┘     └──────────────────┘
```

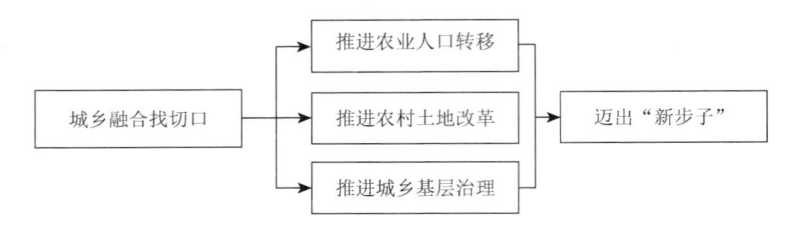

图 3-29 乐至县新型城镇化建设的城乡融合

乐至县以人为核心深耕细作，新型城镇化换挡提质。通过产业融合，实现了不同产业之间的协同发展和优势互补，产业结构得到优化升级，提高了产业的竞争力和创新能力，促进了乐至县经济的增长；注重城市建设的品质提升，通过改善市容市貌和优化城市功能，创造宜居的城市环境，提升了城市的舒适度和居民生活质量；积极推进城乡融合，通过找准城乡融合发展的切入点，实现了资源的共享和互利共赢，促进了城乡经济的互动和融合发展。通过这些措施和努力，乐至县在新型城镇化建设中取得了显著的成效，为乐至县的可持续发展奠定了坚实基础，并为其他地区提供了可借鉴的经验和模式。

（三）乐至县新型城镇化建设的具体成效

乐至县坚持以城聚人、以人促产、以产兴城，持续优化发展布局，补齐短板弱项，增强承载能力，新型城镇化建设步伐不断加快，在公共服务设施、环境卫生设施、市政公用设施和产业培育设施等方面取得显著成效，如表 3-10 所示。

表 3-10 乐至县新型城镇化建设及具体成效

建设类型	建设内容	具体成效
公共服务设施	医疗设施	县第三人民医院等 5 个项目建设
	中小学	持续推进乐至中学玉龙校区、吴仲良中学等 8 个项目，解决 1720 名进城务工子女入学问题
	文旅体育设施	聚力打造社区"15min 健身圈"，全县 2 个街道、19 个乡镇实现全民健身路径全覆盖
	社区综合服务设施	完成村（社区）党群服务中心新建、改扩建及亲民化改造 33 个
环境卫生设施	污水集中处理设施	建设生活污水处理厂三期等项目，城区污水处理率达到 90%以上
市政公用设施	市政交通设施	打造道路绿化景观，全县道路绿化率达 93%
	排污管网改造	完成河道清淤疏浚 4.9km，获评省级海绵城市建设示范县
	县城治理科技赋能	新增 5G 基站 330 处，新建智慧停车位 3802 个

续表

建设类型	建设内容	具体成效
产业培育设施	构建产业生态圈	园区入驻规上企业 57 户，国家级专精特新"小巨人"企业 1 户、高新技术企业 12 户、省级企业技术中心 4 家、市级重点实验室 1 户、博士后流动站 1 个、市级院士工作站 3 个、产学研示范基地 7 个；成功创建国家现代林业科技示范园区、国家农村产业融合发展示范园，获评"中国桑都"称号
	发展物流经济	全速推进韵达电商产业园等物流设施项目建设

一是，公共服务设施的共享水平不断提升。乐至县致力于提高公共服务设施的标准和覆盖范围。积极打造"15min 便民生活圈"，加快推进教育建设和医疗建设，打造城市绿化景观。例如，推进县第三人民医院、县精神卫生保健院第二住院大楼、医疗综合服务体等医疗建设项目 5 个；绿化文峰大道、成资渝高速公路、陈毅故居旅游大道及重要河道沿岸，全县道路绿化率达 93%等。

二是，环境卫生设施不断改善。乐至县注重提升城市环境的卫生和美观水平，健全污水集中处理设施，加快建设生活污水处理厂三期等项目，城区污水处理率达到 90%以上。

三是，市政公用设施布局不断优化。乐至县在市政公用设施方面进行了提档升级工作，通过优化市政交通设施、改造排污管网、强化县城治理科技赋能等，提高了城市配套设施的现代化水平，提升了市民出行和生活的便利性。例如，打造道路绿化景观，全县道路绿化率达 93%，完成河道清淤疏浚 4.9km，获评省级海绵城市建设示范县等。

四是，产业培育设施不断转型升级。乐至县注重产业培育和发展，为产业提供良好的发展环境。乐至县培育农旅融合、畜禽种业两大先导产业的农业"1+5+2"现代产业体系，推进农业示范园区建设，如石湍现代粮油园区、白僵蚕产业园、现代畜禽种业园区、现代蚕桑全要素集成新园区等特色产业园。此外，乐至县大力发展物流经济，全速推进韵达电商产业园等物流设施项目建设，促进了乡村经济的发展和产业的壮大。

（四）乐至县新型城镇化建设的经验总结

乐至县在新型城镇化建设中，注重产业的转型升级，通过产业融合实现不同产业间的协同发展，形成了产业链条和产业集群，推动了乡村经济的发展和城乡一体化；注重城市建设的品质提升，通过改善市容市貌、提升城市设施和绿化景观，打造宜居的城市环境，推动了城市的可持续发展；发挥城乡资源的优势互补，促进了城乡经济的互动和融合发展。乐至县在新型城镇化建设中的经验总结，为其他地区提供了有益的借鉴。

四、基于重点生态功能区县城新型城镇化建设的典型案例分析

（一）石棉县新型城镇化建设的背景

四川省县城新型城镇化建设试点中重点生态功能区县城试点县有 6 个，包括石棉县、青川县、沐川县、汶川县、甘孜县和冕宁县。重点生态功能区县城类的新型城镇化建设重点考虑从位于重点生态功能区的县（市）中择优选取，侧重开发太阳能、风能、地热等清洁能源，发展特色生态农牧业和文化旅游业，创新生态系统综合治理机制，增强县城公共服务能力和环境承载力，有序承接高海拔、环境恶劣地区人口和生态地区超载人口。

石棉县地处四川省雅安市，拥有丰富的自然资源和旅游资源。①石棉县是中国天然石棉的主产区之一，拥有丰富的石棉矿资源。②石棉县有得天独厚的自然风景和文化遗产，具备发展旅游业的良好基础。③石棉县具备发展多元化产业的潜力，除了传统的石棉矿山产业，其还拥有农业、林业、畜牧业等资源丰富的农业产业。④石棉县注重发展现代产业，如新材料、生态旅游等新兴产业，为县域经济的快速发展提供了动力。⑤石棉县拥有独特的自然环境和生态优势，注重生态保护和可持续发展，努力实现经济发展和生态环境的良性循环，保障居民的环境质量和生活品质。因此，石棉县凭借丰富的石棉矿资源、地理位置优势、多元化产业和生态环境等优势，具备了良好的条件和潜力进行新型城镇化建设。这将为促进经济发展、改善居民生活和推动可持续发展提供支撑。

（二）石棉县新型城镇化建设的具体措施

石棉县积极践行党的二十大报告提出的"推进以人为核心的新型城镇化"要求，立足重点生态功能区县城定位，以"生态化引领"为总思路，以"推动绿美城市建设、赋能旅游产业发展、主导产业转型升级"为总抓手，将城市建设、产业发展、生态保护等领域统筹推进，形成合力，助推新型城镇化发展。石棉县加快县城扩容提质和有机更新，纵深推进乡村振兴战略，加快建设生态经济强县，以"生态化"引领省级重点生态功能区建设，努力将石棉县城建设成为最美高速线上的最美县城，稳步推进新型城镇化建设。

一是，以生态化推动绿美城市建设。通过建设园林县城、建设海绵县城和改造老旧小区，改善城市环境，提升居民生活质量，增加城市的生态功能和可

持续发展能力，具体如图 3-30 所示。在建设园林县城方面，石棉县致力于提升城市的绿化环境和生态景观，以创建"四川省生态园林县城"为抓手，结合城市更新行动，制定《石棉县城市绿地系统规划（2018—2030 年）》《石棉县绿线管理办法（暂行）》，通过植树造林、绿化美化城市道路和公共空间，打造宜居宜业宜游的园林型县城。在建设海绵县城方面，石棉县注重城市的生态保护和污水处理能力，制定《石棉县城市双修专项规划》，建立石棉县生态修复库，对山体、河流、湿地、绿地、林地进行统筹修复保护；实施城市污水处理厂中水回用提升泵安装工程，将城市生活污水、工业废水等进行集中处理。在改造老旧小区方面，石棉县以老旧小区改造试点示范为契机，坚持"小区街区"整体谋划，"文态形态"协调推进，结合城市记忆走廊、芳菲丽苑、新建二巷特色街区改造等项目，创新"破院连片、以片带点、以点示范"一体化片区更新机制，变"零星"为"整体"，采用项目集成、一体改造、整体呈现模式。改造老旧房屋、更新基础设施和公共服务设施，提供更好的居住环境和社区配套设施，为居民创造绿色、健康的生活空间。

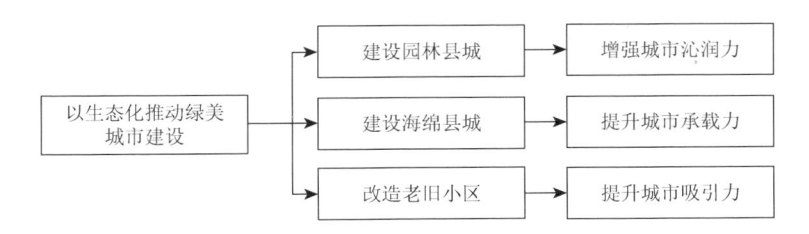

图 3-30 石棉县新型城镇化建设的绿美城市建设

二是，以生态化赋能旅游产业发展。石棉县按照 2023 年大熊猫国家公园雅安片区建设推进会议关于"加快推动绿色发展、转型发展、高质量发展"的要求，协同推进生态优先和绿色发展新路径，持续推动熊猫生态资源优势转化为地方经济社会发展优势，带动公园周边群众增收致富。如图 3-31 所示，通过打造野生动物栖息地"伊甸园"、构建熊猫资源文旅"产业链"、打造人与自然和谐"共生圈"等方式推动绿色发展。

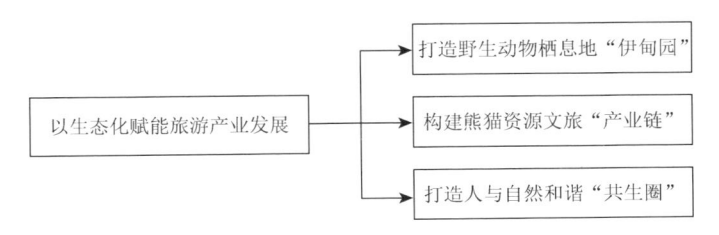

图 3-31 石棉县新型城镇化建设的旅游产业发展

在打造野生动物栖息地"伊甸园"方面，石棉县依托自身丰富的自然资源和生态条件，基于野生动物生活习惯，建立野生动物类型自然保护区，打造保护野生动物的栖息地。在构建熊猫资源文旅"产业链"方面，石棉县依托"中国大熊猫放归之乡"品牌优势，高标准规划孟获城景区，以整合特色资源、建设游乐项目、植入系列文化符号、举办特色节会等方式，促进生态文化旅游融合发展，推动旅游产业的绿色、可持续发展。在打造人与自然和谐"共生圈"方面，石棉县将推动旅游业的发展与生态保护相结合，构建物种保护、科普游憩、文化旅游"三大功能"于一体的新型生态社区。通过合理开发利用旅游资源，保护自然景观和环境的完整性，确保旅游产业的健康发展，同时保护生态环境。

三是，以生态化主导产业转型升级。石棉县通过农业产业生态化、低碳工业普及化、绿色物流共享化，促进经济的可持续发展，助力新型城镇化建设，具体如图3-32所示。在农业产业生态化方面，石棉县坚持特色引领，探索种植业和养殖业紧密衔接的生态循环农业模式。整县推进畜禽粪污资源化利用和农业废弃物资源化利用、无害化处理，在现代农业园区内配套建设适度规模化生猪和畜禽养殖小区，实现农业产前、产中、产后全产业链优化闭合和内外部循环对接耦合，提高农业产业的可持续发展能力和市场竞争力。在低碳工业普及化方面，石棉县坚持资源整合，以能源消费结构转型为突破，探索"风光水和抽水蓄能多功能互补一体化"发展模式，通过整合资源、精准发力，提升产业的绿色发展水平，推动工业产业的转型升级。在绿色物流共享化方面，聚焦打造石棉县物流中心（雅甘凉物流园），实施"物流园区＋多式联运"，构建起以石棉为重要节点的边远山区现代多式联运综合运输体系，推动物流服务的共享和互联互通，提高物流效率和资源利用率。

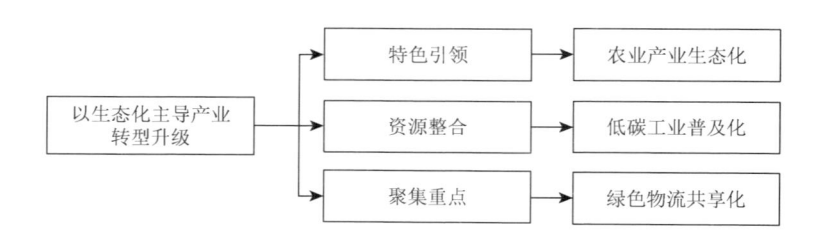

图3-32 石棉县新型城镇化建设的产业转型升级

石棉县推动绿美城市建设以生态化为导向，把绿色、可持续发展的理念贯穿于城市建设全过程，努力打造具有生态优势、宜居宜业宜游的县城；实现了旅游业的生态化发展，不仅为游客提供了绿色、环保的旅游体验，还促进了当地经济的繁荣和居民的就业增长,形成了人与自然的和谐共生模式;生态化主导产业转型升级能够增加就业机会,提高产业附加值,促进经济的可持续发展,既符合生态文明建设的要求,也符合新型城镇化建设的发展方向。

(三)石棉县新型城镇化建设的具体成效

石棉县立足重点生态功能区县城定位,以"生态化引领"为总思路,以"推动绿美城市建设、赋能旅游产业发展、主导产业转型升级"为总抓手,将城市建设、产业发展、生态保护等领域统筹推进,形成合力,助推新型城镇化发展,且取得显著成效,具体如表3-11所示。

表3-11 石棉县新型城镇化建设及具体成效

建设类型	建设内容	具体成效
城市建设	园林县城	投入资金5000余万元,以景区建设标准建设公园城市
		实施城区绿化景观提升工程15个,改造和新增公共绿化面积15万m^2
		城区绿地率达35.05%,道路绿化普及率99.0%,人均公园绿地面积达14.04m^2
	海绵县城	城镇污水处理率98.8%,污泥无害化处置率94.4%。生活垃圾无害化处理率100%
		2022年,石棉县全年空气质量优良天数365天,地表水Ⅳ类及以上水体比率100%,城市规划区内无黑臭水体
	改造老旧小区	增设城市微景观50处,释放停车位200余个,新增绿化游园面积约2000m^2
旅游产业发展	野生动物栖息地"伊甸园"	划定总面积达479.40km^2的野生动物类型自然保护区
		恢复大熊猫栖息地面积42km^2
		改造建设产仔育幼洞穴、饮水池45个,种植可食竹12亩
	熊猫资源文旅"产业链"	与四川省能源投资集团有限责任公司共同实施景区项目开发,完成投资2.96亿元,建成豪生森林酒店、婚纱摄影基地、帐篷营地等重点项目5个
		促进生态文化旅游融合发展,带动产值达1.2亿元
	人与自然和谐"共生圈"	组建共建共管委员会9个,压实集体资源管理、人为活动监测等"八大工作任务"
		当地群众到景区就业或经营生态旅游服务100余人,人均增收10000余元,村集体经济收入突破40万元

续表

建设类型	建设内容	具体成效
产业转型升级	农业产业	2023年2月石棉县枇杷生猪种养循环现代农业园区被命名为"四川省三星级现代农业园区"
	工业体系	打造雅安市首个光伏电站——石棉竹马100MW林光互补复合光伏电站项目
		围绕稀贵金属产业，加快锌锗湿法厂绿色升级改造，通过"三废收集—综合利用—无害化处置"生产流程，促进高含锗物料综合回收利用
		2023年1月28日，四川省经济和信息化厅公布了2022年省级绿色制造名单，四川石棉工业园区成功创建为省级绿色园区
	绿色物流	有效地推动边远山区工矿企业产品及农副特产走向全省走向全国，不断给当地企业降本增效、给农民带来就业机会和拓展农副产品的销售渠道

一是，绿美城市逐渐形成。石棉县以创建"四川省生态园林县城"为抓手建立园林县城，形成"一街一景、四季有花"的城市园艺景观，城区绿地率达35.05%，道路绿化普及率99.0%，人均公园绿地面积达14.04m^2；石棉县通过石棉县生态修复库，维护生态环境，集中处理城市生活污水、工业废水，城镇污水处理率98.8%，污泥无害化处置率94.4%，生活垃圾无害化处理率100%；采用项目集成、一体改造、整体呈现模式，基本实现改造"一次性"到位，居民"一致性"满意，增设城市微景观50处，释放停车位200余个。植树造林、生态修复、绿化美化城市景观和公共空间，打造宜居宜业宜游的园林型县城。

二是，旅游产业发展动能不断释放。石棉县致力于充分发挥旅游资源的优势，建设涵盖基础通信网络、野生动物实时物联网监控、数据展示中心、本地数据库和综合信息服务系统的"天-地-人"一体化生态监测体系，统筹资金在划定保护区实施企业清退、天然林保护等项目，恢复大熊猫栖息地面积42km^2，改造建设产仔育幼洞穴、饮水池45个，种植可食竹12亩，建设适宜大熊猫栖息环境。石棉县依托"中国大熊猫放归之乡"品牌优势，建成豪生森林酒店、婚纱摄影基地、帐篷营地等重点项目5个，推出特色游乐项目，整合优势资源，丰富游客旅游体验，促进生态文化旅游融合发展，带动产值达1.2亿元。2022年石棉县孟获村实施大熊猫文创产品销售、民族服装体验等集体经济项目，带动当地群众到景区就业或经营生态旅游服务100余人，人均增收10000余元，村集体经济收入突破40万元。

三是，主导产业转型升级。石棉县在现代农业园区内配套建设适度规模化生猪和畜禽养殖小区，实现农业产前、产中、产后全产业链优化闭合和内外部循环对接耦合，2023年2月石棉县枇杷生猪种养循环现代农业园区被命名为"四川省三星级现代农业园区"。石棉县以能源消费结构转型为突破，打造雅安市首个光伏电站——石棉竹马100MW林光互补复合光伏电站项目，2023年四川石棉工业园区成功创建为省级绿色园区。石棉县实施"物流园区＋多式联运"，改变石棉及周边雅甘凉地区交通落后的面貌，有效地推动边远山区工矿企业产品及农副特产走向全省走向全国。

石棉县将城市建设、产业发展和生态保护等领域进行统筹推进，以"生态化引领"为总思路，以"推动绿美城市建设、赋能旅游产业发展、主导产业转型升级"为总抓手，助推新型城镇化发展，提升当地经济的竞争力和可持续发展能力，改善居民的生活品质和环境质量。同时，石棉县以生态化为导向，注重生态环境的保护和可持续发展，实现经济、社会和生态的协同发展。

（四）石棉县新型城镇化建设的经验总结

石棉县将生态化作为城镇化建设的引领思路，注重保护和修复生态环境，以生态优先、绿色发展为原则，打造宜居宜业宜游的城市环境；在城市建设、产业发展和生态保护等领域实行综合统筹的推进模式，形成多个领域的合力，相互促进、协同发展；注重主导产业的转型升级，加大科技创新投入，引导企业实施技术改造和产品升级，推动传统产业向高端、绿色、智能化方向发展，提高产业的附加值和竞争力；充分挖掘本地的旅游资源和文化遗产，通过打造特色旅游产品、提升旅游服务质量、优化旅游环境等措施，推动旅游业的发展和提升，吸引更多游客前来游览和体验；注重可持续发展，把经济、社会和环境效益相结合，注重生态环境的保护和修复，追求经济发展与环境保护的协调。这些经验的总结，可以为其他地区在新型城镇化建设中提供借鉴和参考。

第四节　以县城为重要载体的四川新型城镇化建设的定量评价

一、构建以县城为重要载体的四川新型城镇化建设评价指标体系

（1）构建四川新型城镇化建设评价指标体系的必要性。县城是城镇体系的重要组成部分，是城乡融合发展的关键支撑。新型城镇化建设可以更好满足农民到县城就业安家需求和县城居民生产生活需要，为实施扩大内需战略、协同推进新型城镇化和乡村振兴提供有力支撑。构建以县城为重要载体的四川新型城镇化建设评价指标体系，可以通过量化方式较为科学客观地评估不同历史阶段和不同县

城的城镇化建设水平，便于进行比较分析，有助于政府决策者和相关部门了解各县城的发展情况，找出存在的问题和不足之处。基于因地制宜、分类施策，对于大城市周边县城类型的新型城镇化建设，通过定量与定性兼顾的评价方式，了解该类县城是否重点推进交通设施互联互通、主导产业链式配套、公共服务便利共享，产业转移和人口迁移等城镇化建设的效果是否显著；对于培育专业功能县城，通过定量评价，了解该类县城是否重点推动产业专业化、集群式发展，加强产业平台建设、完善配套设施，建设专业县城等。通过评估各县城在培育主导产业、提升产业发展平台、完善基础设施等方面的状况，为政府制定相关政策和发展规划提供科学依据，推动县域经济的快速发展和优化。

（2）构建四川新型城镇化建设评价指标体系的基本思路。构建四川省新型城镇化建设评价指标是推动城镇化建设科学发展、实现高质量城镇化的关键一环，它有助于科学决策、优化资源配置、比较和经验借鉴，为实现经济社会的可持续发展提供科学依据和有效支持。构建四川新型城镇化评价指标体系的主要原则包括：第一，综合性原则。评价指标应该能够综合反映城镇化的多个方面，涵盖经济、社会、人口等因素，全面评估城镇化的发展状况和成效。第二，可量化和可比性原则。评价指标应该具备量化的可测性，即能够通过数据指标进行测量和比较，进行科学的分析和评估。第三，目标导向原则。评价指标应该与城镇化发展的目标相一致。例如，如果某地的城镇化发展目标是提高居民生活品质，需要将居民收入、教育水平、医疗保障等纳入指标体系。第四，客观性和反映性原则。评价指标应该具备客观性，即不受主观偏见和人为调整的影响。同时，评价指标要能够真实地反映城镇化的发展状况，避免信息失真或不准确。第五，可操作性和实用性原则。评价指标应该具备可操作性，即各地能够采集和测算指标所需的数据，并能够有效地应用于政策决策和实践中。评价指标也应该具备实用性，即对于城镇化的发展有重要的指导作用。综合遵循以上原则，选择科学合理、全面准确的评价指标，用于评估城镇化的发展情况和效果，为相关政策的制定和实施提供科学依据。

（3）构建四川新型城镇化建设评价指标的整体框架。根据2022年中共中央办公厅、国务院办公厅印发的《关于推进以县城为重要载体的城镇化建设的意见》和2023年四川省委办公厅、省政府办公厅印发的《关于推进以县城为重要载体的城镇化建设的实施意见》，要求建设以人为核心的新型城镇化，基于各县城的区域特色，尊重各县城的发展规律，统筹县城生产、生活、生态、安全需要，因地制宜、分类施策补齐县城城镇化短板弱项，更好满足农民到县城就业安家需求和县城居民生产生活需要，为实施扩大内需战略、协同推进新型城镇化和乡村振兴提供有力支撑。四川省拥有丰富的自然资源和美丽的自然环境，这为城市的发展提供了得天独厚的条件，吸引了众多人才和资本的关注，而所属的各县城拥有独特的自然资源、文化遗产和旅游资源，通过新型城镇化建设，可以更好地保护和传承文化遗产，开发利用旅游资源，利于分类引导县城发展方向，实现新城新型城镇的差异化建设。因此，四川新型城镇化建设评价指标整体框架中的一级指标包括经济、社会、人口和环境，其中，经济领域划分为经济发展和基础建设，因为良好的基础设施可以提供便捷高效的交通、通信、能源等支撑，为企业和产业的发展提供有力保障，有助于优化县城的产业结构，推动产业升级和转型。社会领域细分为居民生活和社会保障。其中，居民生活体现居民一般性的生活，包括储蓄存款、教育、通信、医疗等；社会保障包括社会福利收养性单位的相关数据。本指标体系的组织结构如图 3-33 所示。

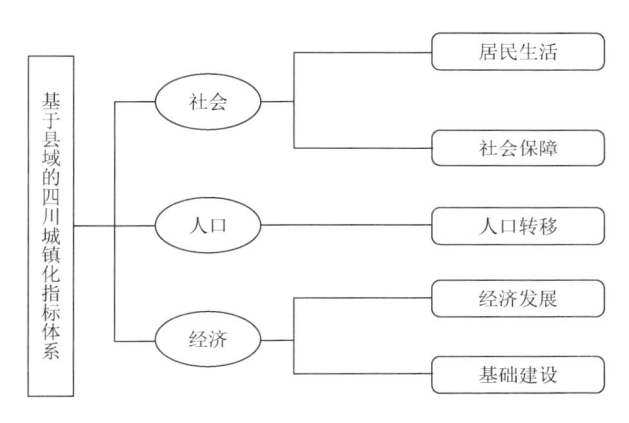

图 3-33 四川省新型城镇化建设的组织结构

（4）构建四川新型城镇化建设评价指标体系。基于建设新型城镇化的总体思路及目标，以县城为重要载体的四川新型城镇化建设评价指标体系如表 3-12 所示。

表 3-12 基于县城的四川省新型城镇化评价指标体系

一级指标	二级指标	三级指标	衡量目标
社会	居民生活	住户储蓄存款余额	储蓄
		移动电话用户数	通信
		固定电话用户数	
		小学师生比	教育情况
		中学师生比	
		每万人中的在校学生人数	
		中小学学校数量	
		每万人拥有医院卫生院床位数	改善居民医疗条件
	社会保障	各种社会福利收养性单位床位数	为城市居民提供更好的社会保障

续表

一级指标	二级指标	三级指标	衡量目标
人口	人口转移	城镇化率	提高城镇化水平
经济	经济发展	人均GDP	地区经济发展水平
		全社会从业人员占总人口比重	提高城市的经济吸纳能力
		一般公共预算支出	财政支出
		工业生产总值	
	基础建设	公里里程数	推动交通基础设施建设
		固定资产投资总额	促进城镇基础设施建设

二、基于熵权法评估四川县城新型城镇化建设

用熵权法确定评价指标的权重，能够准确地揭示评价指标中各变量信息的真实有效性，从而提升评价指标结果的可信度。选取熵值法计算各指标权重，具体计算步骤如下。

（1）指标选取。设有 t 个年份，m 个县城，n 个指标，构建原始指标数据矩阵：

$$A = (X_{\theta ij})_{t \times m \times n}$$

式中，$t=8$；$m=85$；$n=16$；$X_{\theta ij}$ 为第 θ 年县城 i 的第 j 项指标值。

（2）指标标准化处理。为了避免原始指标不同单位的影响，对原始数据进行标准化处理，计算公式如下：

$$X'_{\theta ij} = \frac{X_{\theta ij} - X_{\min}}{X_{\max} - X_{\min}}$$

式中，$X_{\min}$ 为85个县8年对应的表3-12中16个三级指标的最小值；$X_{\max}$ 为85个县8年对应的表3-12中16个三级指标的最大值。

（3）确定指标权重：

$$Y_{\theta ij} = \frac{X'_{\theta ij}}{\sum_{\theta}\sum_{i} X'_{\theta ij}}$$

式中，$X'_{\theta ij}$ 为标准化处理后的结果；$Y_{\theta ij}$ 为计算得到的指标权重。

（4）计算第 j 项指标的熵值：

$$e_j = -k \sum_{e}\sum_{i} Y_{\theta ij} \ln(Y_{\theta ij}), k = 1/\ln(tm)$$

（5）计算冗余度：

$$d_j = 1 - e_j$$

式中，d_j 与 e_j 为表 3-12 中每个三级指标的冗余度。

（6）计算各指标的权重：

$$W_j = \frac{d_j}{\sum_j d_j}$$

受限于数据的完整性，选取了四川省的 85 个县城作为研究对象，资料来源于县域统计年鉴和国泰安数据库。对于个别年份缺少数据的指标，具有线性特点的数据，采用线性插值法处理；不具备线性特点的数据，则采用均值法处理。

利用熵值法，结合 2013～2020 年 85 个县（市）的具体数据，得到四川省新型城镇化水平评价指标体系及权重，如表 3-13 所示。

表 3-13　四川省新型城镇化水平评价指标体系及权重

一级指标	二级指标	三级指标	三级指标权重/%
社会（62.49%）	居民生活（53.42%）	住户储蓄存款余额	8.94
		移动电话用户数	6.51
		固定电话用户数	8.29
		小学师生比	4.25
		中学师生比	2.93
		每万人中的在校学生人数	9.15
		中小学学校数量	9.93
		每万人拥有医院卫生院床位数	3.42
	社会保障（9.07%）	各种社会福利收养性单位床位数	9.07
人口（1.98%）	人口转移（1.98%）	城镇化率	1.98
经济（35.53%）	经济发展（22.37%）	人均 GDP	5.92
		全社会从业人员占总人口比重	2.13
		一般公共预算支出	6.18
		工业生产总值	8.14
	基础建设（13.16%）	公里里程数	6.82
		固定资产投资总额	6.34

结合表 3-13 各指标的权重结果，计算出 2013～2020 年四川省县城新型城镇化水平的综合得分（表 3-14）。

表 3-14 四川省县城新型城镇化水平综合得分

县（市）	2013 年	2014 年	2015 年	2016 年	2017 年	2018 年	2019 年	2020 年
安岳县	41.45	43.29	46.88	47.89	48.11	50.97	49.73	52.56
北川羌族自治县	11.90	12.14	12.00	12.44	14.05	14.05	15.42	17.08
苍溪县	25.22	25.90	26.46	27.16	28.61	29.50	30.76	32.76
崇州市	24.56	26.61	29.00	29.26	33.55	37.05	38.30	41.21
大邑县	22.02	23.25	25.18	26.71	28.66	30.31	32.14	33.33
大英县	15.20	16.03	16.91	18.06	19.14	19.94	20.67	22.28
大竹县	32.67	33.88	35.24	37.26	39.55	41.19	43.54	46.07
丹棱县	8.35	8.75	9.24	10.61	10.64	10.97	11.75	12.48
德昌县	9.25	9.05	9.82	10.14	10.92	11.33	11.92	11.49
都江堰市	28.28	29.55	31.74	34.72	37.01	38.10	41.50	43.17
峨边彝族自治县	7.03	8.01	7.94	8.64	9.27	9.80	10.40	12.21
峨眉山市	22.16	24.54	24.41	25.03	26.07	27.33	29.16	31.41
富顺县	28.26	28.67	30.16	33.43	35.34	37.30	38.96	40.90
甘洛县	5.24	5.25	6.56	6.62	6.92	7.66	8.72	8.15
高县	14.94	15.88	16.79	17.92	19.36	20.28	20.73	22.05
珙县	17.67	17.88	18.90	19.80	21.27	21.69	22.71	24.67
古蔺县	23.01	24.46	25.23	26.76	27.06	30.17	31.46	32.85
广汉市	27.79	29.09	30.78	33.02	33.51	36.62	38.38	39.38
汉源县	11.33	11.63	12.24	12.61	13.50	13.93	15.55	16.88
合江县	25.43	27.13	28.63	30.39	32.06	35.44	39.06	40.72
洪雅县	14.57	15.62	15.86	14.81	16.72	16.78	18.36	19.22
华蓥市	15.95	17.31	19.72	20.43	21.73	23.52	24.00	25.39
会东县	14.10	15.08	16.23	16.91	17.67	19.14	19.03	20.60
会理市	19.46	20.15	20.85	21.78	21.43	23.56	20.94	21.86
夹江县	15.77	17.52	18.61	19.22	19.91	21.39	23.76	24.99
犍为县	17.56	18.55	19.73	20.53	22.41	23.13	25.15	26.77
剑阁县	19.40	20.65	21.14	22.07	22.19	24.24	24.72	26.72
江安县	17.64	18.57	20.08	21.85	23.22	23.80	25.04	25.69
江油市	32.29	33.84	36.12	38.13	38.74	41.73	43.98	45.45
金堂县	27.48	29.91	32.44	37.22	45.64	46.62	48.25	49.87
井研县	14.17	13.65	14.81	15.31	15.18	16.16	17.66	19.43

续表

县（市）	2013年	2014年	2015年	2016年	2017年	2018年	2019年	2020年
开江县	17.27	18.81	17.13	18.35	20.80	20.61	21.93	23.28
阆中市	30.38	32.24	33.98	36.23	36.89	36.62	39.82	42.28
乐至县	21.84	24.32	24.03	28.45	28.63	28.16	28.41	29.94
邻水县	27.48	29.39	31.31	32.59	35.52	38.68	38.39	39.93
泸定县	5.30	6.73	8.04	8.05	7.56	8.35	9.64	9.93
泸县	33.25	35.34	36.76	40.33	43.12	47.10	49.93	52.05
马边彝族自治县	5.79	6.19	6.70	7.29	8.14	8.65	10.16	10.09
茂县	8.99	9.49	10.32	10.50	11.36	11.27	11.86	13.13
米易县	14.08	14.88	15.11	16.09	17.46	17.92	17.44	19.23
绵竹市	22.00	23.56	24.54	25.83	27.67	29.69	32.79	33.60
冕宁县	14.66	13.11	14.77	15.17	15.04	16.84	16.25	16.57
沐川县	10.18	11.50	11.61	12.22	12.81	14.25	15.11	17.06
南部县	38.48	41.75	41.88	45.10	45.62	46.90	52.02	53.98
南江县	24.43	26.15	27.30	29.62	29.50	32.31	33.23	35.73
宁南县	8.34	8.88	9.68	9.66	10.72	12.02	12.18	13.35
彭州市	29.56	32.13	33.87	36.21	39.83	42.63	47.33	50.09
蓬安县	18.93	22.17	22.07	23.65	24.90	25.69	29.47	29.19
蓬溪县	19.36	19.56	20.33	21.92	23.46	23.70	26.31	27.97
平昌县	24.62	29.08	31.91	33.12	39.08	41.40	43.14	44.79
平武县	9.51	9.96	9.43	10.26	10.78	11.57	11.96	13.60
屏山县	9.10	10.71	10.90	11.77	12.46	13.85	14.98	15.95
蒲江县	15.63	16.89	17.64	18.95	20.48	22.55	22.90	22.55
青川县	11.53	13.03	11.81	12.45	14.18	14.52	15.35	17.34
青神县	11.77	11.25	12.16	13.63	14.57	13.94	15.70	15.59
邛崃市	24.15	24.96	26.00	28.23	32.28	34.65	36.89	38.72
渠县	38.09	37.51	39.56	40.67	42.59	45.64	46.75	48.68
仁寿县	52.90	50.04	51.43	53.95	55.06	56.39	59.99	64.05
荣县	21.20	21.98	21.89	23.21	23.88	26.24	25.53	27.56
三台县	33.34	33.49	34.42	38.42	40.10	41.27	45.57	46.70
什邡市	22.85	23.73	25.17	26.28	27.38	29.37	31.97	32.35
石棉县	11.04	13.25	13.90	13.75	14.17	15.22	15.75	18.76

续表

县（市）	2013年	2014年	2015年	2016年	2017年	2018年	2019年	2020年
天全县	10.90	11.80	13.14	11.75	12.48	13.24	13.98	15.10
通江县	20.04	24.60	25.29	26.14	28.66	31.65	32.95	35.91
万源市	21.14	23.69	21.41	22.28	24.28	25.49	26.13	27.06
旺苍县	16.61	17.56	18.18	19.18	20.46	20.70	22.16	24.51
威远县	29.27	32.79	31.58	33.01	34.01	34.76	35.26	37.18
汶川县	12.53	13.18	13.59	13.01	12.87	13.38	14.86	17.55
武胜县	23.22	24.56	26.85	28.38	30.66	33.91	34.44	36.46
西昌市	39.52	42.11	50.50	44.56	45.30	48.56	51.69	50.47
西充县	20.15	21.94	21.49	22.58	26.41	25.24	28.00	27.53
荥经县	9.24	10.32	11.71	11.13	11.76	12.82	13.11	15.45
兴文县	15.43	15.81	16.65	18.26	20.09	20.68	22.44	23.10
叙永县	19.58	21.04	23.02	24.24	24.24	25.84	27.63	29.03
宣汉县	37.51	38.75	39.69	42.14	44.05	46.06	48.22	51.83
盐亭县	17.11	17.94	17.97	19.25	20.11	20.88	23.38	24.39
盐源县	11.89	12.90	13.88	14.45	14.90	16.51	17.97	18.89
仪陇县	27.78	30.16	29.18	31.98	33.48	33.95	37.31	40.24
营山县	25.92	28.36	29.16	31.16	33.84	33.65	36.09	36.83
岳池县	28.60	30.66	32.88	33.80	37.42	41.19	42.66	44.38
筠连县	15.98	16.31	17.47	18.64	19.53	20.77	20.39	21.03
长宁县	16.87	17.61	18.10	19.21	21.24	21.06	23.56	25.08
中江县	34.72	35.05	36.27	38.53	38.43	39.92	43.49	45.57
资中县	31.80	33.23	34.74	35.63	35.95	36.52	38.61	42.20
梓潼县	12.89	13.10	13.92	14.64	15.57	15.91	17.65	19.02
均值	20.53	21.73	22.73	23.91	25.31	26.64	28.15	29.65

由表 3-14 可知，四川省各县（市）在 2013~2020 年新型城镇化水平呈现增长态势。2020 年四川省各县（市）综合得分均值达到 29.65，相比 2013 年的 20.53 增加了 9.12，年均增长率为 5.39%，增长态势较为良好。研究期间，四川省 85 个县（市）的新型城镇化水平都有不同程度的增长，虽然部分城市的个别年份略有下降，但整体呈波动式增长。各县（市）的综合得分差异显著，仁寿县的年均综合得分为 55.48，位列第一，甘洛县的年均综合得分为 6.89，处于末位。

图 3-34 为四川省县城新型城镇化水平的时间序列演变趋势图，从图中可以看出，四川省新型城镇化水平增长率呈波动状，但基本维持在 5% 左右。

图 3-34　四川省县城新型城镇化水平及变化情况

表 3-15 是 2013～2020 年四川省各经济区县城新型城镇化水平得分。可以看出，川东北经济区显著领先于其他四大经济区。川南经济区与成都平原经济区的新型城镇化水平尚可；川西北生态示范区与攀西经济区的新型城镇化水平处于四川省内下游水平。

表 3-15　五大经济区新型城镇化水平得分

经济区	2013 年	2014 年	2015 年	2016 年	2017 年	2018 年	2019 年	2020 年
成都平原经济区	19.91	20.86	21.89	23.19	24.61	25.82	27.57	29.12
川东北经济区	24.79	26.73	27.44	28.93	30.93	32.39	34.14	35.95
川南经济区	21.29	22.49	23.39	24.96	26.19	27.70	29.09	30.67
川西北生态示范区	8.94	9.80	10.65	10.52	10.59	11.00	12.12	13.54
攀西经济区	14.63	15.16	17.07	16.70	17.37	18.75	19.40	19.84

三、以县城为重要载体的四川新型城镇化建设的问题总结

四川省各县（市、区）以习近平新时代中国特色社会主义思想为指导，全面贯彻党的二十大精神，牢牢把握高质量发展这个首要任务，认真落实省第十二次党代会和

省委十二届二次、三次全会部署,深入实施"四化同步、城乡融合、五区共兴"发展战略,积极推进城镇化建设,从发展经济、改善生活、保护生态、维护安全等角度,因地制宜、分类施策补齐县城城镇化短板弱项,更好满足农民到县城就业安家需求和县城居民生产生活需要,为实施扩大内需战略、协同推进新型城镇化和乡村振兴提供有力支撑。但在发展过程中四川省各县(市、区)的新型城镇化建设仍存在部分问题。

(一)分类引导县城发展方向的问题

分类引导县城发展方向时存在的主要问题是特色挖掘不充分,地区发展不平衡。在分类引导县城发展方向中,大城市周边县城类的城镇化建设充分发挥毗邻大城市的优势,通过交通互联互通、产业链式配套、公共服务共享等,让毗邻县城最先享受大城市瘦身健体溢出的红利,发挥其辐射毗邻县城,带动发展"卫星县城"的优势。四川省县城城镇化进程中,该类县城的城镇化进程较为迅速。例如金堂县,2021年7月获批发行全国首支无担保县城新型城镇化专项债券8.4亿元,2018~2020年通过信贷支持县城补短板强弱项累计带动投资150亿元,极大改善了县城功能品质,2011~2020年县城常住人口净增了8万多人。

与之相对应的,农产品主产区县城类的城镇化建设,在县城集聚发展农村特色农产品产地初加工和精深加工,把产业链主体留在县城,建设现代农业产业集群、国省市级现代农业园区。但在实际中,该类县城的城镇化发展相对缓慢,主要原因为:第一,基础设施不完善,农产品主产区往往基础设施,包括交通、水利、电力等方面相对滞后,这会限制农产品初加工和精深加工的发展,缺乏基础设施支持可能导致市场流通和生产链条中断。第二,人才短缺,农产品初加工和精深加工需要专业技术人才支持,缺乏相关人才和技能的供给可能制约产业的发展。第三,资金投入不足,农产品初加工和精深加工需要一定的资金投入,包括建设生产设施、购买设备和原材料等,资金投入不足可能限制产业的规模和效益提升。因此,该类县城的农业生产方式还是多以传统农业为主,农业规模小且分散导致农业生产效益低下,未形成产业链;农业产业化和现代化的步伐相对较慢,农产品科技含量不高,影响城镇化建设。该类县城增加城镇人口的方式仍然以本县农业人口进城务工为主,受资源环境、产业发展等因素制约,外流到大城市人口较多。例如江安县,城镇化率同比增幅偏低,农村社区转化为城市社区的步伐较慢,部分场镇规模小,对周边人口就业吸引力小;受就业因素制约,户籍人口外流情况突出。

(二)实施县城特色优势产业培育行动的问题

第一,缺乏科学的产业规划。县城城镇化建设中,特色优势产业的培育需要依托一定的条件，包括资源优势、突出特色、协调规划和布局以及先进的技术和生产经验。然而，四川省部分县城在新型城镇化建设中，缺乏科学的产业规划，具体表现在：产业规划多偏重现代工业培育引进，对涉农行业少有问津；产业规划变更频度较高，落实情况堪忧，很少能够"一套蓝图绘到底"；产业发展导向"千县一面"情况普遍，行业类别、重点方向高度重合；县城产业规划缺少充分的前置性科学论证，特别是根据当地禀赋优势进行匹配评估的不多。因此，县城在培育特色产业时，容易出现对本地资源、市场需求和竞争优势的定位不准确或模糊的情况，导致产业发展方向不明确，缺乏明确的特色和差异化，进而较难形成旗帜鲜明、印象深刻的品牌形象，导致品牌认知度不高、品牌形象模糊等问题。

第二，同质化问题严重。工业、服务业等成熟业态在县城落地的门槛和难度相对较低，而乡村振兴带动功能较强的涉农工业，特别是涉农产业链的中游加工业落地困难较大。此外，高新技术产业在县城落地的可能性和可行性更低：一方面，国家、省的支持政策一般较难到县，被省会和地级市完全吸收。另一方面，即使有类似机会，县城由于创新能力不足、缺乏人才，也很难承接。因此，四川省县城在城镇化进程中，产业多元化布局和产业创新升级受限，导致产业同质化现象严重。产业同质化问题导致市场竞争更加激烈，企业难以在价格和产品特性上获得明显优势，导致价格战和利润下降，增加了企业或行业的风险，甚至会对地区经济带来冲击和不良影响。此外，产业同质化还会导致其他潜在的有特色和差异化的产业受到忽视和冷落，导致产业结构失衡，限制了经济的多元化和可持续发展。

第三，产业基础设施薄弱。产业基础设施影响特色优势产业的培育。完善的产业基础设施有助于形成产业集群，吸引相关企业和资源集聚；为创新创业提供良好的基础条件，有助于吸引和培养相关领域的人才，促进新技术和新产品的研发，利于培育特色优势产业。完善的产业基础设施有助于供应链的顺畅运转，降低物流成本，提高产品的流通效率，为特色优势产业提供供应链的配套支持。然而，四川省县城的产业基础设施薄弱，影响了人才引进、技术创新、资源集聚和供应链发展及特色产业的培育。

（三）实施县城基础设施建设和公共服务供给优化行动的问题

（1）资金短缺。由于财政实力不足、融资渠道偏窄，单纯依靠县级财政实现全域覆盖难度较大。县城基础设施和公共服务建设的资金来源主要包括政府财政投入、金融机构贷款、农村集体投资和其他社会资本等。其中，政府财政投入为主要渠道。除国家级、省级重大区域性基础设施建设外，县城大量非营利性设施的建设都需要自筹资金。与区级财政相比，县级财政收入有限，2019年全国近1/3

县城的一般公共预算收入不足 3 亿元，约有一半的县（市、区）未达到 5 亿元。而基础设施建设普遍投资巨大，大部分县级财政难以满足县域公共事务支出的资金需求。因资金短缺难以满足全面的基础设施建设和公共服务供给的需求，导致基础设施建设进展缓慢，公共服务水平下降或无法全面覆盖。

（2）缺乏前瞻性。县城公共基础设施建设明显滞后，规划缺乏科学性和前瞻性，没有将基础设施建设和公共服务供给作为长期发展规划的重要组成部分。导致这种情况的原因有两个：一是城市建设项目开工建设滞后于公共设施开发建设；二是公共服务设施项目的设计观念保守，落后于现代的"以人为本"的理念。具体而言：第一，缺乏整体规划，包括公共设施布点不合理、社区建设发展滞后、在城市建设过程中没有及时作社区调整规划，公共服务设施选址没有系统规划布点，致使不能及时对城市建设用地做出调整，为社区公共服务设施建设腾出用地。第二，配套辅助设施不完善，城市公共配套辅助设施严重短缺，对居民人性化关怀不够，生活便利性差，社区活力低，这与凸显城市良好形象特征不符。第三，城市公共设施管理体制不完善，公共设施管理主要是指游览景区管理、城市绿化管理、市政公共设施管理、景区管理、公园管理等。由于市民素质参差不齐，城市公共设施管理较难。

（3）供需不平衡、配置错位。县城公共服务供给存在供需不平衡、配置错位的问题。人民群众对公共服务供给有了更高的要求，原有公共服务供给难以满足返乡创业者和新市民的保障需求，教育设施、养老托育设施、文旅体育设施、社会福利设施和社区综合服务设施有待提标扩面。究其原因：第一，城市基础设施建设滞后，县城基础设施建设滞后于人口增长和需求的增加，教育设施、养老托育设施、文化体育设施、社会福利设施和社区综合服务设施的供给水平不足以满足县城人民对质量和数量的要求，导致供需不平衡。第二，县级财政对公共服务的投入可能有限，制约了设施建设和服务水平的提升，有限的财政资源可能导致原有公共服务供给的瓶颈，难以扩大设施的规模和提升服务的质量。第三，规划和管理不完善，县城规划和管理方面存在的不完善导致公共服务供给的滞后和错位，规划没有充分考虑人口变动和需求变化，也没能及时调整设施的布局和配置，导致现有供给难以满足要求。

（四）实施县城人居环境质量提升行动的问题

第一，历史传承和文化空间保护乏力。通过传承延续历史文脉、打造蓝绿生态空间和推进生产生活低碳化实现县城人居环境质量的提升。在城镇化建设中，县城存在历史传承和文化空间保护乏力的问题。国家"十四五"规划提出"推进以人为核心的新型城镇化"，其中强调要"强化历史文化保护、塑造城市风貌"。

县域拥有众多历史文脉和文化资源，保护责任重大。根据住房和城乡建设部及各省（区、市）统计数据，全国约有一半的世界文化遗产和大遗址以及近八成的历史文化名镇名村和传统村落分布于县域。但目前县域城镇化进程与历史风貌和文化空间保护存在一定矛盾。在工业化推动下的城镇化进程中，城镇建设和服务功能培育具有"去乡村化"的特征，而历史风貌和县域文化空间的保护则是在强化地域性和地方认同感。一些县城为了快速推进"城乡一体化"发展，不惜牺牲县域传统历史风貌，已很难重新找回原来的文化符号。同时，城乡之间粗放的建设用地指标"增减挂钩"一定程度上鼓励了某些县城的"大拆大建"和盲目扩张。立足长远，县域迫切需要厘清保护与开发的对立统一关系，这将是后续阶段新型城镇化建设中尤其需要关注的问题。

第二，县城在城镇化进程中面临实现低碳发展逻辑重构的问题。生态环境的可持续性是县域发展的基础和前提条件。在实现社会经济与自然生态和谐发展的过程中，尊重自然规律并遵循生态环境的生态阈值和极限是必然要求。低碳发展要求县城在城镇化的过程中必须保障生态环境的容量。过去的发展方式多以低要素成本价格和牺牲环境为代价，这样的发展方式已经不可持续。因此，生态优先和绿色发展理念正在重塑县域经济发展的逻辑。相对于城市而言，县城更加靠近生态空间，承载着世界自然遗产、国家地质公园和风景名胜区、国家森林公园等重要自然景观，在探索生产、生活、生态协调发展和生态价值转化等领域具有后发优势。根据国家和各省（区、市）公布的相关数据，全国近80%的世界自然遗产、国家风景名胜区、国家地质和湿地公园以及近70%的省级风景名胜区和国家森林公园均分布在县域。

（五）实施县城辐射带动乡村促进行动的问题

第一，城乡差距较大。县城对我国促进新型城镇化建设和构建新型工农城乡关系具有重要意义。自党的十八大以来，我国城乡融合发展取得了一定的质量和效益提升，但仍然存在城乡发展不平衡和农村发展缓慢的问题，包括城乡收入差距大、基础设施配置失衡、生态环境差距大、城乡要素流动机制缺乏等突出问题。具体表现为：一是城乡居民收入仍存在较大差距。城市集中大量优势资源，产生一定的溢出效应，创造出一定的社会财富。在乡村发展过程中，由于核心人才的快速流失，乡村居民的收入增长缓慢。二是基础设施配置失衡。基础公共设施配置失衡，如乡村的交通体系、公共卫生医疗系统、饮用水安全工程、垃圾分类处理工程等配置不完善直接制约着乡村经济的发展。由于城市的公共基础设施配置完善率显著优于农村，成为城乡协调发展的阻碍因素。三是城乡要素流动机制缺乏。地区经济发展过程中，必须具备有力的"造血"功能，保证人才的不断涌现，保证经济可持续发展。四是生态环境差距大。乡村振兴战略背景下，乡村经济发展进入高速发展阶段，如农业现代化发展过程中，由于基层村民生态环境保护不足，没有突出生态环境的保护，盲目进行乡村资源的开发利用，使得乡村的生态环境受到较大破坏，不利于城乡协调有序发展。

第二，城乡融合缓慢。在城乡协调发展过程中，城乡要素流动机制的缺乏，导致社会优秀人才单方面地流向城市，使得农村人才资源被抽空，导致乡村经济发展止步不前。

第四章　以县城为重要载体的四川新型城镇化建设路径构建

第一节　以县城为重要载体的新型城镇化建设的理论内涵探析

一、以县城为重要载体的新型城镇化建设的概念内涵

国家"十四五"规划和2022年中央一号文件[①]都对开展以县城为重要载体的新型城镇化建设提出了明确要求，特别是2022年中共中央和国务院系统具体提出推进以县城为重要载体的城镇化建设的总体要求、关键任务和具体举措等[②]，对完善我国城镇体系现代化建设提出了新要求，需要对县城、新型城镇化以及二者的内在联系和内涵进行系统梳理。

（一）县城的概念

县城既是我国城市体系中基本行政单元的核心地带，也是我国现阶段深入推进城乡融合发展、新型城镇化建设和乡村振兴战略实施的重要载体，发挥着区域协同发展的次核心作用。从地理范围看，县城是联系各区域中心城市和农村乡镇的中间地带，具有典型的资源禀赋属性和农村地域特征。县城位于中心位置，建制镇是联系广大腹地农村的纽带，县城在我国新型城镇化建设中具有显著的城乡融合特色。在研究和实践过程中，县级行政单元、县城、县域等概念容易混淆，因此需要先对以上概念进行辨析。

县级行政单元是一个行政概念，是指行政区划中为"县"级别的地域范畴单元，包括有县级市、县、自治县、旗、自治旗、特区、林区等。县城是指县级行政单元政府所在的城区，与县级行政单元相比更趋于一个地理概念，县城处于县

[①] 2021年3月11日十三届全国人大四次会议表决通过了《关于国民经济和社会发展第十四个五年规划和2035年远景目标纲要》的决议；2022年1月4日中央一号文件《中共中央　国务院关于做好2022年全面推进乡村振兴重点工作的意见》发布。

[②] 2022年5月中共中央办公厅、国务院办公厅印发《关于推进以县城为重要载体的城镇化建设的意见》。

级行政单元中的中心位置,是整个县域内最具有典型城市特征的核心地区,在新型城镇化中县城是农业转移人口市民化的具体场所。县域是指县级行政单元管辖范围内县城、建制镇、农村三级行政组织的统称,具有完整的社会结构和要素资源。综上,县城是县域政治、经济、文化、教育、生态等要素协同发展的核心平台,既关系城市核心区域社会经济发展,又关系乡村振兴,是统筹我国城乡关系和谐发展的关键节点,因此这里的县城主要是指县域范围内起到引领、辐射县镇村协同发展的功能空间。

中国县城和县级市城区 GDP 在 2011~2020 年增长 0.6 倍,从 24.1 万亿元增长至 39.2 万亿元,占比全国国内生产总值超过 1/3,2021 年县城和县级市城区人口为 2.5 亿人,占全国城镇人口比例接近 30%。2021 年全国百强县以占比全国 7% 的人口数量、2% 的土地规模,创造了 11.32 万亿元的 GDP,占全国 GDP 的 9.94%,全国百强县平均 GDP 超过 1100 亿元。综上,县在 GDP、城镇人口规模等方面是我国经济高质量发展的重要支撑,是新型城镇化的重要载体,是实施城乡融合一体化发展的关键抓手,是我国整个社会结构变迁的缩影,以县城为重要载体的新型城镇化建设既是同步推动我国现代化建设的短板又是关键。

(二)新型城镇化的概念

城镇化是随同工业化进程,人口从农村向城镇流动、非农产业向城镇聚集的动态自然过程,主要表现为非农产业比重不断提高,城镇人口比重不断提升,城镇空间不断扩张,城镇观念不断转化,呈现出阶段性特征。例如,在第一阶段城镇化发展过程中乡镇企业吸纳了大量农村剩余劳动力,但也出现了生态环境遭到破坏、资源遭到超前消耗、文化传统遭到忽视等问题;在第二阶段城镇化发展过程中农村人口由就近城镇化向异地城镇化转变,大量农村剩余劳动力涌入大中型城市从事第二产业或第三产业;在第三阶段城镇化发展过程中新型城镇化概念被提出,强调以人为核心的新型城镇化,结合四个现代化道路、乡村振兴、脱贫攻坚等统筹协调推进,取得显著成效。那么,什么是新型城镇化?《国家新型城镇化规划(2014—2020 年)》和《"十四五"新型城镇化实施方案》[①]均指出我国的新型城镇化是走以人为本、四化同步、优化布局、生态文明、文化传承的中国特色新型城镇化道路。

新型城镇化的"新"体现为遵循以人为本和公平共享原则的城镇化。"人口的城镇化"主要表现在两方面:一方面是合理引导人口流动,有序推进农业转

---

① 2014 年 3 月中共中央、国务院印发《国家新型城镇化规划(2014—2020 年)》;2022 年 6 月 21 日国家发展改革委关于印发《"十四五"新型城镇化实施方案》。

移人口市民化，传统城镇化热衷于造城、造楼有助于 GDP 增长的相关举措，对农业转移人口市民化问题没有充分重视，造成大量空城、空楼现象突出。另一方面是要素流动不平衡导致"城市病"问题逐步显现，城市人口规模急剧增大、城市运行成本高居不下、公共服务供给不均衡问题严重影响了城镇居民生活幸福感和满意度。因此，"人的城镇化"是新型城镇化的本位，要使全体公民共享现代化成果。

新型城镇化的"新"体现为遵循四化同步和统筹城乡原则的城镇化。"产业的城镇化"要坚持推动城镇化与工业化良性互动、城镇化与信息化深度融合、城镇化与农业现代化相互协调，促进"四化"协同发展。产业是城镇化发展的重要支撑，产业支撑城镇化就业吸纳能力，产业支撑城镇化人口聚集能力。通过信息化手段促进要素资源在城乡间有序流动、公共资源在城乡间合理配置，形成以工业化促进农业现代化、以城市带动乡村发展、农业互惠互助、城乡一体融合发展的新型工农业和城乡关系。

新型城镇化的"新"体现为遵循优化布局和集约高效原则的城镇化。"土地的城镇化"要求在城镇化过程中对土地资源进行统筹布局。土地是推进城镇化建设的物质基础、空间载体和基本要素。但是，随着城镇化过程中土地规模的持续扩展，实践中，土地低效率的供给问题与土地刚性需求问题的冲突越来越严重，住宅用地与工业用地占比不平衡、建设用地供给与城镇化人口流动方向不符合等问题突出。因此，需要根据地区资源环境的承载能力，将城镇建设土地、城镇产业发展、城镇人口流动、经济发展等统筹规划。

新型城镇化的"新"体现为遵循生态文明和绿色低碳原则的城镇化。"环境的城镇化"需要根据城乡人口流动特征、产业发展结构、土地使用情况、环境承载能力等，着力提升城镇化过程中的可持续发展能力，将生态文明和绿色低碳融合于新型城镇化的全过程。但是，当前各地区经济发展压力大，地方政府环境治理的积极性不高，大气、水、土壤等环境污染问题突出。部分县城生态脆弱，自然灾害频发，资源环境约束趋紧，节能减排任务艰巨，生态文明体制机制不够完善，人们整体生态、环保、节约意识不够强，迫切需要在城镇化过程中规划提升生态环境质量和综合承载能力的科学发展道路。

新型城镇化的"新"体现为遵循文化传承和彰显特色原则的城镇化。"文化的城镇化"要求在城镇化建设过程中体现历史文脉，彰显地区民族特色，提升和传播城镇文明。需要依托各地区地域风貌，使城镇发展融入自然生态；需要依托各地区历史记忆，注意保留城镇乡村原始风貌，让居民生活舒适、记住乡愁；需要依托地区文化脉络，弘扬和保护优秀传统文化，体现民族文化自信；需要依托各地区民族特色，保护和尊重各民族生活习俗，打造各具特色的城镇化发展模式。

（三）县城与新型城镇化的内在关系

当前，我国城镇化取得显著进展，根据国家统计局数据，我国城镇化率从1978年的17.9%增长至2022年的65.22%，城镇常住人口数量已经达到9.2亿人左右。在我国城镇化发展的初期，受到城乡二元结构影响，农民身份转变滞后于农民职业转变，农业转移人口在城市市民化进程中进展缓慢。不过，在新型城镇化发展和户籍制度改革深化的过程中，农业转移人口快速融入大中城市发展。截至2021年，中国的城镇化率与户籍人口城镇化率之间差距缩小至18%，对应2.55亿人，实现2016年至今的首次缩小。但是，从我国城镇化系统发展情况来看，我国大中型城市新型城镇化发展已经相对成熟，在空间布局、产业发展、服务供给、人口迁移、政策制定方面不断优化，处于城市和农村之间的县城城镇化发展还存在显著短板，主要体现在县城新型城镇化建设滞后和区域差距明显。

2006～2021年我国县城数量受到城市建设和行政调整的影响而减少，从2006年1635个县城减少到2021年的1472个县城，县城常住人口从2006年的1.19亿人增长至2021年的1.6亿人，县城人口占整个县域人口的比重逐年提升，每年平均增长0.5%，但是这样的增长速度却远远不及2006～2021年全国城镇化率从43.9%增长至65.22%的增长速度和增长幅度，县城城镇化与全国城镇化差距水平也由28.3%增加至41.62%，人口由农村向大中型城市聚集的态势显著，处于农业转移人口中间地带的县城城镇化发展滞后问题越来越明显。

经济发展水平也是促进新型城镇化建设的主要动力之一，我国不同地区之间存在明显的城镇化和经济发展水平上的地域性差异。例如，广东、北京、上海等地作为我国经济、科技、文化中心在城镇化进程中具有明显的优势，拥有发达的制造业、现代服务业和高新技术产业，城镇化进程也非常快速，而西部地区基础设施薄弱、农业占比高等导致城镇化进程相对滞后。不过从县城城镇化的发展视角来看，经济发展水平发展好、城镇化程度高的地区县城人口占比相对较低，而经济发展水平发展慢、城镇化程度低的西部地区县城人口占比反而较高，西部县城在新型城镇化中的作用更加明显。因此，县城与新型城镇化的内在关系主要体现在五个方面。

第一方面，县城具备充足的开展新型城镇化建设的空间，可以利用其较低的城镇化程度、丰富的土地资源、优越的自然环境和资源条件、相对较低的生活成本和劳动力成本等优势，加快以县城为重要载体的新型城镇化建设。首先，相比于大城市，县城的人口规模较小，城镇化程度也相对较低，可以通过加大投资和经济支持，加快县城的新型城镇化建设，使县城有更多的发展机会，特别是作为人口大省、农业大省的四川，2022年常住人口城镇化率为58.4%，低于全国平均

65.22%的水平，在工业化、城镇化、教育医疗文化等社会公共服务的发展方面还有较大提升空间。其次，县城拥有大量未利用的土地资源，这为县城的城镇化建设提供了有利条件，这些土地资源可以用于城市基础设施建设、住宅用地开发以及商业用地开发等领域，从而加快县城的新型城镇化建设。然后，县城往往位于大城市周边，自然环境更为优美，空气质量也相对较高。同时，县城周边往往有丰富的森林、矿产等资源，这为县城的新型城镇化建设提供了有利的条件，可以在新型城镇化建设中保护自然环境，发挥自然资源的优势，推动县城发展。最后，相比于大城市，县城的生活成本和劳动力成本相对较低，形成了吸引企业和人才的有利条件，可以通过提高对企业的税收优惠政策和对人才的吸引力，从而吸引更多的人才和企业来到县城，推动县城的新型城镇化建设普及和发展。

第二方面，以县城为重要载体的新型城镇化建设的政策环境越来越好，近年来中央发布的一号文件[①]都涉及关于推动县城为重要载体的新型城镇化建设的相关内容，体现出我国城市化战略和政策的新方向和新意向。当前，随着城镇化进程的快速推进，大城市的住房、交通、教育、环境压力越来越大，我国将发展以县城为重要载体的新型城镇化作为我国城镇结构体系优化的主要方向，这可以吸引人才、企业等资源集中到县城，缓解大城市的人口压力，减轻大城市城市垃圾和排放物排放量高、空气质量差等问题，达到大城市和县城互补互利的协同发展，形成一个更为完整的地域经济、社会和文化网络，提升整个区域整体发展水平。

第三方面，县城在新型城镇化建设过程中对农村转移人口的安置以及促进农业发展上有着重要的作用，县城的低成本优势为促进农村人口转移提供了一个有吸引力的载体。相对于大城市，县城的房价、日常开销等都有较大的优势，县城的低成本环境既有利于吸引农村劳动力就业，又有利于降低生活成本。较为完善的基础设施和公共服务，让农村人口能够享受到与大城市相近的生活水平，促进农村转移人口的稳定安置。县城积极发展休闲农业、农家乐、农业旅游等新型农业，在吸引农村人口转移之外，也增加了农民收入。同时，农民也可以将自家农产品送到县城进行加工、销售，提高了农产品的附加值，实现了优势互补和共同发展。县城发展也需要新型农村人才，可以通过吸引农村转移人口的方式建设一支有素质、有文化、有技能的农业管理队伍，在农村转移人口与县城社会的互动中，更多的人才汇集为县城和农村的发展注入新的活力。

第四方面，县城在新型城镇化建设过程中可以吸收大城市过剩产业转移，促进产业合理分布和资源优化配置，加速县城的经济发展。县城作为新兴城市，通

[①] 2021年2月21日中央一号文件《中共中央 国务院关于全面推进乡村振兴加快农业农村现代化的意见》、2022年1月4日中央一号文件《中共中央 国务院关于做好2022年全面推进乡村振兴重点工作的意见》、2023年2月13日中央一号文件《中共中央 国务院关于做好2023年全面推进乡村振兴重点工作的意见》均包含关于推动县城为重要载体的新型城镇化建设的相关内容。

常拥有相对较少的人口和较少的资金,大城市过剩产业向县城转移不仅可以提高县城的产业水平、填补县城发展中的产业空缺,满足当地劳动力就业需求,也可以降低过剩产业对城市环境的破坏。然而,过剩产业的出现,是因为生产力和市场需求出现不平衡的问题,大城市过剩产业向县城转移可以促进资源的优化配置和协调发展,增强县城发展的可持续性,满足人民对社会经济发展的需要。

第五方面,县城作为乡村经济的重要支撑点,发展新型城镇化可以有效促进乡村振兴,实现城乡融合发展。县城通常具有良好的基础设施和各类公共服务,同时也是商贸和物流的重要中转点,具备较强的服务能力和承载能力。县城发展新型城镇化可以为周边乡村提供更加完善的支持和服务,促进当地农业、旅游业和工业的发展,提高当地生产效率,增加农民收入。县城发展新型城镇化过程中建设数字化农村、拓展农村电商、提升乡村物流体系,能为乡村发展注入新的活力。县城发展新型城镇化也可以促进产业协调性和配合性提升,带动乡村产业升级和转移,将乡村改造成产业基地、旅游胜地等,推进乡村经济的结构调整。

(四)以县城为重要载体的新型城镇化建设内涵

2022年5月中共中央办公厅、国务院办公厅印发的《关于推进以县城为重要载体的城镇化建设的意见》对新阶段我国县城的发展进行了重新定位,县城作为连接城乡各个层次的节点、区域内服务分配的中心,在我国多层次城镇体系中扮演着桥梁和纽带的重要角色,除了承担一部分大城市疏解的功能外,还能引导周边农村有序发展,共同构建城乡融合的发展模式,实现城乡一体化。在上述政策文件中,以县城为重要载体推动新型城镇化建设的内涵可以概括为"一中心""两目标""三保障""四维度""五分类"五方面内容。

"一中心"是指以"人"为中心推进新型城镇化建设。新型城镇化不仅是建设城市的过程,更是人的成长和生活环境的演化过程。首先,"人"是新型城镇化发展的动力,人口的数量和质量是新型城镇化发展和变革的重要因素,新型城镇化发展的根本在于人口的增长和流动。其次,"人"是新型城镇化的受益者,居民不仅享受县城的基础设施、公共服务和就业机会,还能够拥有更高的生活质量和文化生活水平。最后,"人"是新型城镇化的主体,新型城镇化提升居民参与度和主体意识,鼓励居民积极参与县城建设和管理,发挥公众的力量和智慧,推动县城的可持续发展。

"两目标"是指分两步走实现新型城镇化建设目标。第一步是在2025年前实现县城短板弱项进一步补齐,首先是优化县城经济结构,加强县城与周边地区的产业协作和互动,实现县城的经济发展。其次是扩大县城规模和范围,打造具有地方特色的县城，使县城成为城乡互动的桥梁。再次是加强县城与周边乡镇村庄的联系，实现城乡一体化的发展。最后是加强县城的基础设施建设和公共服务设施建设，提升县城的功能和服务能力。第二步是再经过一个时期努力完善城镇化体系，实现城乡融合发展，建成各具特色的现代化县城。

"三保障"是指依靠健全农业转移人口市民化机制、建立多元可持续的投融资机制、建立集约高效的建设用地利用机制三方面保障以县城为重要载体的新型城镇化建设。保障一，健全农业转移人口市民化机制是新型城镇化建设的基础。为了实现城乡融合目标，需要大量农业转移人口加入县城，但是农业转移人口在县城里生活、工作、居住等方面存在经济收入、社会福利保障、养老、医疗、子女教育等难题，因此需要政府通过财政补贴，完善住房公积金、社会保险，加大公共服务投入等手段加强对农民工的保障，提高他们的福利水平。保障二，建立多元可持续的投融资机制是新型城镇化建设的保障。新型城镇化建设需要大量资金支持，除政府资金外还可以通过投放开发性中长期贷款、发行县城新型城镇化建设专项企业债券、社会投资基金等金融方式引导社会资本对县城进行投资，进一步构建可持续、多元的新型城镇化发展融资体系。保障三，建立集约高效的建设用地利用机制是新型城镇化建设的重要保障。新型城镇化建设需要大量的建设用地，但是有限的土地资源与增大的环境压力使得县城建设和生态保护存在竞争关系。因此，需要政府通过加强土地利用规划、制定合理的建设用地指标、建立用地交易市场等方式，提高土地利用的效率和质量。

"四维度"是指应从培育发展特色优势产业、完善市政设施体系、强化公共服务供给、加强历史文化和生态保护四个维度具体实施新型城镇化建设。维度一是通过增强县城产业支撑能力、提升产业平台功能、健全商贸流通网络、完善消费基础设施、强化职业技能培训等举措培育发展县城特色优势产业，稳定增加县城就业岗位。维度二是通过完善市政交通设施建设、畅通对外连接通道、健全防洪排涝设施、增强防灾减灾能力、加强老化管网改造、推动老旧小区改造、推进数字化改造等举措完善市政设施体系，夯实县城运行基础支撑。维度三是通过完善医疗卫生体系、扩大教育资源供给、发展养老托育服务、优化文化体育设施、完善社会福利设施等举措强化公共服务供给，增进县城民生福祉。维度四是通过加强历史文化保护传承、打造蓝绿生态空间、推进生产生活低碳化、完善垃圾收集处理体系、增强污水收集处理能力等举措加强历史文化和生态保护，提升县城人居环境质量。

"五分类"是指按照县城所处的地理位置、经济特色、产业调整、资源环境等多种因素，分类引导县城发展，具体分为五种类型：类型一是大城市周边县城，通常是大城市周边的支撑区域，大城市周边的县城是吸纳城市人口和产业转移的重要载体。类型二是专业功能县城，是针对特定产业链形成的县城，具有很强的产业特色和竞争力，既可以促进区域经济的发展，也为大城市提供更优质的资源和服务。类型三是农产品主产区县城，指的是有大面积的农田、高产量的地区，合理开发农产品主产区县城对于吸纳农业转移人口、有效服务"三农"非常重要。类型四是生态功能区县城，通常位于国家、省级重点生态保护区，需要建立生态保护的标准，加大保护生态投入，发挥循环经济特色，促进县城经济繁荣发展与生态平衡发展。类型五是人口流失县城，则指的是人口外流、财力匮乏等较为困难的县城，为了避免人口流失，需要引导这些县城转型。

二、以县城为重要载体的新型城镇化建设的多维表征

从逻辑演绎的角度看，相对于大城市，县城具有集聚产业和人口的低成本优势，低商务成本的产业集聚和低门槛的农村剩余劳动力转移一般都集中在县城。县城是统筹城乡最好的节点，是吸纳农业转移人口更为合适的城镇地域类型，以县城为重要载体的新型城镇化建设呈现多重特征和多元类型。

（一）多重特征

在推进新型城镇化的过程中，县城作为经济社会发展的重点区域，具有很强的牵引作用。县城能通过经济、文化、社会等方面的发展，带动周边小城镇和农村地区的发展。随着新型城镇化进程的加快，城市和乡村之间的界限逐渐模糊，不同层次的城市之间相互依存、相互支持，以县城为载体推进新型城镇化，还需要注重绿色发展、智能化管理、公共服务等方面的提升，以满足人民对美好生活的追求。以县城为重要载体的新型城镇化建设具有五方面主要特征。

特征一，以县城为载体推进新型城镇化赋予县城更多发展自主权。县城作为县域经济中心，根据本地的资源禀赋和产业基础，县政府在城市规划、产业布局等方面拥有更大的自主权。在资源配置、财政支出等方面，县政府可以根据本地实际情况自主拟定政策，加快县域经济发展进程。县城作为新型城镇化进程的关键载体，县政府可以通过沟通协调和合作互助，向上级政府争取更多发展机遇和政策支持，有更大的话语权维护本地区的利益和发展权益。

特征二，以县城为载体推进新型城镇化是衔接城市和乡村的关键节点。一方面，县城既是城市向周边乡村延伸的重要平台，又是乡村经济转型升级的重要窗口，传统的城乡二元格局使得城市和乡村之间彼此隔离，通过县城的基础设施和服务升级，可以缓解城市各方面压力，为周边乡村提供更好的服务和便利，打破城乡二元格局、实现城乡一体化。另一方面，县新型城镇化建设可以促进城市和乡村之间的有机融合，实现资源的共享和优化，提高产业的互补性，同时加强

城市和乡村间的交流和合作，有助于推动乡村旅游、文化创意产业等新兴产业的发展，带动城乡共同发展。

特征三，以县城为载体推进新型城镇化是一个循序渐进的复杂系统工程。从整体规划角度看，县城推进新型城镇化不仅要建设完善的道路交通系统、供水、供电、通信等基础设施系统，同时要保护好环境、保留历史文化遗迹和自然景观，还要进行教育、医疗、社会保障等社会公共服务供给体系的建设。从建设实践角度看，县城推进新型城镇化建设要充分发挥居民的主体作用，增强居民的参与意识和能力，充分听取居民的声音和意见，切实保障居民利益，提高居民生活品质。从产业发展角度看，县城推进新型城镇化建设要利用县城的区位优势和资源优势，积极引导和培育文化旅游产业、电子商务、信息技术等新兴产业，鼓励和支持企业市场化运作，提高其竞争能力和盈利能力，推动县城产业结构升级。

特征四，以县城为载体推进新型城镇化需要结合县城特点实施差异化建设。大城市周边县城具有产业链衔接度高、居住环境相对优良、服务体系相对完善等特点，对大城市经济发展有着重要的支撑和配套作用，但是在人口聚集、土地利用、交通等方面也面临着因城市发展而扩大的问题。专业功能县城在制造业、高新技术产业上具有优势和特色，可以进行产业升级和转型，形成自己的产业经济体系，但是也存在产业结构单一和经济失衡的问题。农产品主产区县城拥有广阔的耕地资源，农业生产和农产品加工行业有着重要的地位，具有独特的产业发展模式，但是在经济上与其他县城存在较大差距，需要加强产业结构和市场开拓，提高经济效益。生态功能区县城是指具有生态保护和生态修复功能的县城，生态旅游、生态种植、生态养殖等产业发展潜力很大，但是需要重视生态保护和经济发展之间的平衡问题。人口流失县城因为经济条件较为落后、缺乏优势产业和人才优势、经济增长缓慢、劳动力受到挤压等，大量人口外流，但是在农业、文化和旅游等方面具有一定的潜力和发展空间。

特征五，以县城为载体推进新型城镇化能够弥补我国城镇化建设的短板。县域经济发展水平相对较低，城镇化建设的基础设施和服务体系还不够完善，但是县城地理位置重要，有着巨大的发展潜力。推进县城新型城镇化建设能够缓解县城产业结构相对单一的问题，通过引入新的产业以及优化现有产业建立一系列扶持政策，鼓励企业在县城发展，促进县城的科技创新，从而提高县城的经济发展水平，加快县城的城镇化进程。县城推进新型城镇化建设能够弥补基础设施建设短板，提高城市规划水平，建立城市市政工程管理体系，完善城市公共基础设施。县城推进新型城镇化建设能够加强公共服务体系建设，通过优先对学校、医疗机构、文化娱乐设施和社会福利设施等公共服务设施的建设投入，完善社区服务体系。县城推进新型城镇化建设能够提升城市品质和生态环境，推进县城节能低碳、绿色环保、生态文明建设，着力保障城镇化发展福利与居民生活质量，实现县域经济发展和资源环境协调发展，建设宜居宜业的县城环境。

（二）多元类型及示例

截至 2022 年 12 月，中国共有 2843 个县级行政区，按照这些县及县级市等在新型城镇化建设中的功能定位，可以将我国县城分为大城市周边县城、专业功能县城、农产品主产区县城、重点生态功能区县城以及人口流失县城五种类型，需要有针对性地制定对应的发展策略和政策，更好地推动县城的可持续发展。

（1）大城市周边县城类型。大城市周边县城是指位于城市群和都市圈内的县城，这类县城需要与邻近大城市建设发展相融合，自觉地接纳由大城市过渡疏解转移而来的人口、产业、公共服务等资源，特别是要加强一般物流基地、专业市场等功能建设，同时通过强化快速交通连接，努力发展成为与毗邻大城市融合发展的，具有通勤便捷、功能互补、产业配套特征的卫星城。大城市周边县城的新型城镇化建设需要从基础设施建设、产业结构优化以及生态环境改善三个方面提升县城的整体竞争力。同时各省（区、市）差异较大，因地制宜、科学规划，才能实现大城市周边县城在新型城镇化建设中的经济和社会双赢。

基础设施建设是大城市周边县城建设的首要工作。在大城市周边县城的新型城镇化建设中，提高基础设施建设的水平，扩大规模，改善设施质量至关重要。针对不同的县城，需要根据具体情况着重优化城市的水电、交通、通信、供暖等设施，建设数据中心、科技园和工业园等先进设施，提高县城的综合竞争力和发展适应力。以江苏省太仓市为例，太仓市新城采用了绿色生态发展模式，借助著名的苏太农业园区发展战略，太仓新城在加强与世界级城市、高科技企业建立战略合作关系，引进众多外贸产业的同时，还搭建了南北四通八达的交通网络，形成了便捷的物流环境，有力地促进了新城的发展和人才的招引。

大城市周边县城建设要注重产业结构的升级和拓展。大城市周边县城特别需要重点关注为当地创造经济价值，同时也要搭建完善的生态环境和安全保障体系，在高品质生态环境下，吸引更多优质产业资源，升级产业结构，提高当地产业竞争力，进而推动县城的经济发展。以上海市崇明区新城为例，该区域地处长江口，具有丰富的自然资源，以生态旅游和现代农业为核心发展方向。同时，崇明区新城也加速推进高科技产业的发展，引进有丁香医生的技术团队，建设了以人工智能、大数据和智能医疗为特点的科技创新平台，推动全区产业升级。

大城市周边县城的生态环境保护和改善是一个重要议题。大城市周边县城在新型城镇化建设中除加强基础设施建设外，还要注重对城市的绿化、环保和生态系统建设，促进县城的生态发展，增强人居环境的宜居性，提高县城的发展位次。

以位于长江三角洲地区的浙江省嘉兴市海盐县为例，该县城是一个以生态和旅游为主导产业的新型城镇化建设示范区，引进了一系列高科技和环保产业，进行了大规模的绿化和植树造林。同时完善基础设施和治理能力，促进了生态环境的良性发展，吸引了众多的旅游产业、科技产业和生态产业客户。

（2）专业功能县城类型。专业功能县城是指县级行政单位通过整合资源，聚焦特色经济和支柱产业，构建特色公共服务设施，形成产业集群和优势产业链条，提升城市竞争力。专业功能县城需要从行政特色、产业特色、服务特色等角度探索尽可能多的特色建设之路，提升新型城镇化的整体水平，促进经济的繁荣发展。

专业功能县城的第一大特征是具有行政特色。专业功能县城应以高精尖产业产生的聚集效应为主导手段，通过创建区域两级、办事集群等特色，完整、齐全地搭建起产业上、下游环节相对齐全的产业链。以四川省新津区为例，该区以制造业产业链和农业产业链为重点，强化聚集化和以城市为中心带动周边农村等特色，成立有"区域两级、办事集群、产业聚群"三个聚集体，覆盖多个产业类型。吸引了大量的科技型、知识型人才，形成了全球较为一流的新型机器人产业集群。

专业功能县城第二大特征是具有产业特色。专业功能县城应根据自身产业比较优势，由政府引导和支持，全面发展特色经济和支柱产业，并逐步壮大为现代化新县城。以广东省东莞市厚街镇为例，厚街镇一直以来就是东莞市的产业领军之地，也是国际皮革中心。作为东莞市的现代化新城市区和省级文明示范区，被赋予了建设"东莞市皮革产业基地、限制性标准区和现代化新城市区"的任务，因此厚街镇全面发展皮革产业，并逐步壮大为现代化新县城。

专业功能县城的第三大特征是具有服务特色。专业功能县城应将服务产业从市中心地段"引"到产业园区，完善对产业链实行精细化管理的体系，为企业提供综合配套的服务支持。以江苏省海安市为例，该市作为江苏省"五城"战略的重要组成部分，始终围绕特色物流与先进制造业，发展现代服务业和高端制造业，构建具有自己特色的经济发展模式，创建针对高端装备制造、现代服务业和特色农业三大产业的三大园区，并打造产业链综合服务体系，形成龙头企业、招商引资、国际贸易与经济带动等产业蓝图。

（3）农产品主产区县城类型。农产品主产区县城主要通过延长农业产业链条、做优做强农产品加工业和农业生产性服务业，吸纳更多的农村人口到城市中发展，将农民利益和城市居民利益有机结合，推动农村经济和城市经济、农业和工商业的互动和融合，促进县域经济发展和城乡协调发展。

农产品主产区县城能够通过延长农业产业链条，将农产品变成有附加值的产品，从而增加农产品的利润率，提高农民的收入水平。以河南省宝丰县为例，该县城地处豫南丘陵，素有"豫南蔬菜之乡"的美誉，但农户多年来都是以散户的方式生产农产品。近年来，宝丰县乡镇政府开始兴建蔬菜加工厂、果品加工厂和大型农贸市场，通过农民合作社、农业企业、社会投资主体等新型农业经营主体向农民延伸农业产业链条，促进农业现代化和农村经济的发展。

农产品主产区县城能够通过对农产品进行加工、深加工和品牌建设，提高产品的附加值和市场占有率，推动县城经济的发展。以陕西省合阳县为例，该县是陕西省重要的水稻和玉米生产基地。在农民经济建设上，该县改变原来的传统种植方法，发展'育龙'杂交稻、'黄金芽'等品种，增加了本地区的农业产值指数。同时，合阳县的乡村经济也在不断发展，政府不断增加投资，建立了大型谷类生产企业，提高了稻米的加工率，并将产品的销售从一个城市转向整个省域。

除了延长农业产业链条和做优做强农产品加工业外，发展农业生产性服务业是农产品主产区县城的另一个特征，农业生产性服务业则作为新型农业经营主体的配套服务体系，已成为推动县域经济发展和新型城镇化建设的一个重要方面。福建省安溪县以龙眼种植业为支点，发挥农业生产性服务的优势，提高了县城和农村间的交流互动。当地政府在打造平阳社区时，充分发挥农户、企业、合作社等农业经济主体的主导作用，将众创基地、试验田、设施园区、农机共享、产业金融的"金五角"模式引入当地，推动户农业生产性服务业，壮大当地农业经济。与此同时，安溪县支持龙眼品牌建设，依托当地的优势资源，推广"安溪龙眼"，提高了当地农产品的知名度。

（4）重点生态功能区县城类型。重点生态功能区县城主要通过生态保护和可持续发展，精细管理和规范化建设，以及红线划定和保护区域划定等综合措施，实现城市化进程和生态保护的良性互动，使城镇化建设更加科学，可持续和生态友好。在推进重点生态功能区县城建设时，政府发挥了重要作用，社会参与度高，压实责任和义务，促进了资源优化配置和环境保护，致力于打造良好的生态文明的城市。

生态保护与修复是重点生态功能区县城建设的基石。绿色产业的发展是重点生态功能区县城模式的一个重要措施。以广东省县级市化州市为例，化州市是一个以珍珠养殖和水果种植业为主的县级市，镇隆村由于过度伐木和采矿等，当地山林、水源和空气等生态系统面临极大破坏，为了保护这些宝贵的生态资源，化州市采取了生态监测、生态修复、强化环境管理与保护等措施，提高了人们的环境保护意识和监管水平，以保护和恢复该地区生态。

精细管理和规范化建设是提高城镇化水平不可或缺的部分。以安徽省雨山区为例，雨山区是一个以农业为主的县城。为了实现经济发展和生态保护的双重目标，雨山区提出了"生态优先、精细管理、共创美好雨山"的发展理念，积极推出系列政策，建立市场化机制，加强城市规划管理和相关设施建设，采取多元化的管理方式，促进农业、工业、服务业的有序发展。与此同时，在城市运营管理方面，雨山区成立了"市民热线""市民短信"等社会服务平台，为市民提供便利服务。

红线划定和保护区域划定是重点生态功能区县城建设的重要举措。以重庆市铜梁区为例，铜梁区是国家生态环境保护重点区域之一。该区积极贯彻生态文明建设有关战略和要求，加强生态保护和修复工作，划定生态保护红线和生态功能区，建立完善的生态补偿机制，加大对非法违法建设行为的查处力度，精准治理各类污染现象，建立起环境保护长效机制，保护区域的生态环境呈稳定发展之势。同时，铜梁区积极发展绿色产业，发展农业、林业、畜牧业等生态产业，推进绿色农业和生态旅游，建立生态经济商贸区，逐渐形成一个生态优美、产业发达、人民富裕的绿色城市。

（5）人口流失县城类型。人口流失县是指城市化快速发展、资源和资金过度集中、公共设施状况差、经济依赖单一等，导致当地人面临着土地和资源匮乏，公共设施和福利不足等问题，造成人口大量外流的县城，这类县城在新型城镇化建设中存在某些方面重大问题，延缓了当地的经济发展。

人口流失第一类县城因为资源相对匮乏，产业发展滞后，导致当地人才和劳动力流失。以山东省东部的海阳市为例，该县级市作为一个海滨城市具有独特的旅游和渔业资源，但其产业结构仍然以传统工业为主，相对缺乏高新技术产业的发展，落后的产业结构导致当地人在寻求更好的经济机会时选择了离开，造成海阳市人口大量流失。海阳市需要落实公平公正发展理念，坚决推动资源优化配置，从而促进经济结构调整。

人口流失第二类县城因为公共服务设施匮乏，生活质量低下，导致当地人才和劳动力流失。以云南省西北部的峨山彝族自治县为例，该县曾是中国彝族人口最多的自治县之一，但同时也是一个贫困县，较为缺乏现代化公共服务设施，医疗保障、教育资源和居住环境等方面存在明显不足，有待完善的生活条件是导致该县范围内人口外流的一个重要原因。峨山彝族自治县需要通过加大公共服务设施的建设，改善居民生活质量，提高居民获得感。

人口流失第三类县城因为政策支持体系不完善，创新创业渠道有限，导致当地人才和劳动力流失。以安徽省东南部的繁昌区为例，该区是重点生态功能区之一，也是芜湖市新型城镇化建设的重点地区，但是因为缺乏人力资源支撑，产业结构仍以传统制造业和农业为主，高新技术产业发展相对滞后。同时，政策支持体系、创新创业渠道等方面建设不足加重了当地人才流失的问题。繁昌区需要加大创新创业支持力度，吸引人才落户当地，这些措施将有助于缓解人口流失问题，推动经济发展和新型城镇化的建设。

三、以县城为重要载体的新型城镇化建设的时代价值

以县城为重要载体的新型城镇化指向的是"共同富裕"，应深入贯彻党的十九

届历次全会和二十大报告精神，推动以县城为重要载体的新型城镇化建设，这对四川深入实施"四化同步、城乡融合、五区共兴"战略部署具有重大价值。

（1）城镇现代化建设的重要单元。随着乡村振兴战略的全面实施，县城作为城乡融合的重要一环，是新型城镇化建设的重要单元。县城位于农村和城市之间的过渡地带，既是基层治理和公共服务的重要单元，又发挥着促进地区内生增长和促进区域协调发展等作用。县城是乡村振兴的核心区域和实现乡村振兴战略的重要载体。乡村振兴战略的关键目标是实现产业兴旺、生态宜居、乡风文明、治理有效、生活富裕，通过引导农村产业向县城扩散，提升县城的文化旅游和城乡公共服务的能力，可以推动乡村振兴战略的全面实施。县城同时是基层治理和公共服务的重要节点，基层治理和公共服务是实现"治乡之病"的重要手段，以县城为重要单元，开展新型城镇化建设可以扩大政策的覆盖面，提高行政效率，加强公共服务设施建设和提升服务质量，为百姓提供更好的生活服务。县城实施新型城镇化建设起到了推动其内生增长并促进城市群一体化建设的重要作用。县城作为城市化进程和乡村振兴的中心地带，通过加强城乡融合、提升城镇化率、促进城乡经济合作等，可以实现地区自我发展和内生增长。同时，县城在构建城市群一体化发展中发挥着重要作用，能够在城市群中发挥独特的经济和社会作用，为区域协调发展奠定基础。

（2）县域经济发展的推动剂。大力推进县城新型城镇化建设，加快县域经济发展，是推动我国经济高质量发展的关键一环。以县城为重要载体的新型城镇化建设能够增强县城的经济吸引力。县城尤其新兴城区，具有地理位置优势、产业转型升级的机遇和空间，可以通过政策、资金和资源等多方位支持，发展优势产业，增强县城的经济吸引力和核心竞争力，从而不断推进县城的经济增长。以县城为重要载体的新型城镇化建设能够培育县城特色优势产业和发展新兴产业，带动县城和农村的产业协同发展。通过建立产业集群方式推动中小微企业集聚发展，提高县城产业影响力、支柱产业的优势和产业附加值，实现县城经济转型升级。以县城为重要载体的新型城镇化建设能够加强人才引进和培养。县城政府通过创新创业项目资助计划、青年人才协助事业发展、学费资助、住房补贴等政策，积极吸引和培养一批优秀的县城管理和经济人才，增强县城核心竞争力。

（3）构建新发展格局的重要维度。县城新型城镇化建设是构建新发展格局的重要维度之一，通过促进我国城镇体系资源协调配置与城乡共同发展，使县城成为新发展格局的战略支点和创新区域。以县城为重要载体的新型城镇化建设对构建新发展格局具有三方面时代价值：第一方面，县城是新发展格局的重要组成部分，新发展格局是指以国内大循环为主体，国内国际双循环相互促进的发展格局，是构建未来中国发展模式的关键。以县城为重要载体的新型城镇化建设需要关注新发展格局的构建,通过推进县城现代化建设、经济高质量发展、城乡融合发展等重要手段实现新发展格局。第二方面,县城是现代化建设的重要窗口,县城作为经济发展和人口聚集的地方,面临着许多发展机遇和挑战,需要通过推进城市更新改造、绿色发展、智慧化等方式进行县城现代化建设,推动新型城镇化建设。第三方面,县城是城乡融合和公共服务均衡的重要切入点,县城所处的地理位置决定了它是城乡融合的重要环节,侧重公共服务均衡可以提高县城的吸引力,推动区域内城市和乡村的共同发展。

(4)实施乡村振兴战略的重要途径。以县城为重要载体的新型城镇化建设是实施乡村振兴战略的重要途径。以县城为重要载体的新型城镇化建设有望带动乡村振兴。目前中国农村地区发展滞后,与城市地区相比存在较大差距,而推进新型城镇化可以加快城乡融合发展,实现更加平衡的城乡发展,从而提高农民的生活水平。此外,对县城新型城镇化建设的政策要求是实施乡村振兴战略的关键之一,政策支持加强分享城镇基础设施资源,提升县城制度建设,推进"先城后乡"等具体举措,以提高县城的公共服务和基础设施水平。同时,政策也要求实施农村产业振兴计划,推动县城产业升级和发展,从而支持县城新型城镇化建设。综上,以县城为重要载体的新型城镇化建设需要各级政府和社会力量加强沟通协调,深化供给侧结构性改革,优化产业转型升级,完善公共服务体系,实现城乡发展均衡和提高民生水平,同时通过政策支撑县城新型城镇化建设,为实现乡村振兴战略奠定坚实基础。

(5)实现城乡一体化的重要举措。以县城为重要载体的新型城镇化建设通过加强城乡融合发展和优化资源配置,可以保证城乡之间的平衡发展,是实现城乡一体化的重要举措。一方面,以县城为重要载体的新型城镇化建设可以促进城乡一体化进程。当前我国的城乡发展不平衡,城市与农村地区之间的利益差距逐渐加大,县城作为县域经济的重要节点,发展新型城镇化可以带动其周边的农村地区发展,县城也可以向农村地区提供更好的医疗、教育等公共服务,改善当地居民的生活品质,从而逐步缩小城乡之间的差距。另一方面,以县城为重要载体的新型城镇化建设可以作为农村和城市之间的"桥梁",打通城乡资源流动渠道,实现城乡公共设施配套资源共享,缓解城市与农村地区因资源分配不均所导致的两地之间相互矛盾。另外,政府也应进一步完善相关政策,加大投入支持,鼓励社会资本参与,共同推进新型城镇化建设,实现城乡一体化的共同发展目标。

(6)推动共同富裕的基础性工程。新型城镇化建设已成为我国经济社会发展的重要战略,同时也是实现经济共同富裕的基础性工程,以县城为重要载体的新型城镇化建设对推动共同富裕具有重要的时代价值。县城在新型城镇化进程中发挥了中心性城市与辐射性城市的中转站和纽带作用,加强县城的建设和发展,可以实现城市和农村之间的紧密联系，促进城乡经济的有机融合，从而实现共同发展与共同繁荣的目标。新型城镇化建设有助于调整城乡空间结构，促进人口和资源的合理流动。对于经济落后的乡村地区，新型城镇化建设可以吸引城市企业、人才进驻，带动农村经济的发展，提高农民的生活水平；而对于过于拥挤、资源紧张的城市地区，新型城镇化建设可以分散人口和产业，缓解城市副中心的压力，让更多的地区推进新型城镇化建设，落实城镇体系规划和经济发展战略。县城通过优先建设产业、公共服务和基础设施等配套设施，增强城乡区域间的互补性，同时新型城镇化建设还可以提升农村地区的教育、医疗等公共服务水平，实现城乡的资源与服务有机结合，进一步巩固经济共同富裕的基础。

第二节 以县城为重要载体的新型城镇化建设的影响机制分析

一、县城空间布局对新型城镇化建设的影响

县城空间布局是指一个县城的空间格局和布局特征，县城空间布局与其新型城镇化发展紧密相关，它不仅决定县城形象、规模和功能定位，而且影响县城居民的生活品质质量、交通拥堵程度、经济社会繁荣、产业增长速度等以县城为重要载体的新型城镇化发展方面。

（一）县城空间布局对新型城镇化建设的主要影响

县城空间布局对新型城镇化建设的影响主要有五个方面：首先，县城的空间布局不仅影响县城发展和居民生活，也关系县城的形象。合理的县城空间布局能够打造更加独特、美观的城市形象，吸引更多的居民前来居住、投资、消费，带来更多的经济效益。其次，县城的空间布局也会对城市经济发展产生重要的影响。合理的县城空间布局有利于发展县域经济，进一步提高县城的产业结构和综合竞争力，推动县城由传统的工业基地向现代化的产业基地转变。然后，优质的县城空间布局对于人力资源的流动有着至关重要的影响。在新型城镇化建设中，县城需要不断吸引来自乡村的人才和创业者，优秀的县城空间布局可以为这些外来人口提供更多的便利和吸引力，从而促进人力资源在县城之间的流动。再次，县城的空间布局不仅影响县城及周边地区的发展，也关系国家城镇化政策的实施质量。合理的县城空间布局可以为县城发展提供高质量保障，进而为国家和人民带来更多的经济效益和生活价值。最后，县城的空间布局对城市环境的升级改造也有至

关重要的影响。通过合理的县城空间布局,以及不断完善县城公共服务设施、加强绿化、推进县城垃圾处理及污水处理等工作,可以大力推动县城环境的升级和以县城为重要载体的新型城镇化建设的顺利推进。

(二)县城空间布局影响新型城镇化建设的机制分析

县城空间布局的合理性将会直接决定县城的发展前景、居民的生活质量、城市经济竞争力等诸多方面。县城应充分利用自身的资源优势,进行合理的空间规划和布局,为新型城镇化建设提供更强的支撑。县城空间布局影响新型城镇化建设主要有四方面作用路径,具体如图4-1所示。

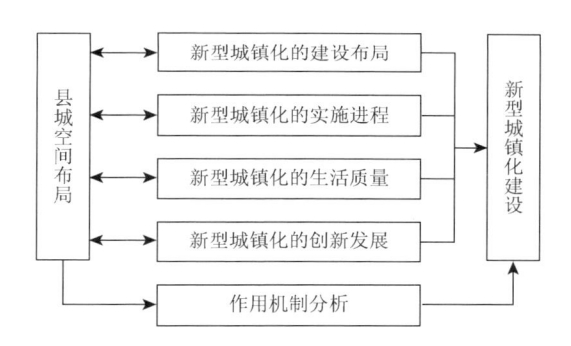

图4-1 县城空间布局影响新型城镇化建设的作用机制

路径一是县城空间布局影响新型城镇化的建设布局。合理的县城空间布局将为新型城镇化建设提供重要的支撑,它将影响县城如何在市场竞争中脱颖而出,如何展现县城的特色和品牌。若充分考虑城市建设的目标和方向,将县城空间布局调整至最优状态,就能更好地为新型城镇化布局提供更强的支撑。例如,县城中商贸、物流等功能比较集中的商业区,可以成为新城市中的商业中心,从而带动周边城镇和乡村的发展;县城中的交通枢纽、教育、医疗等设施也应该在新型城市规划时有所体现,使县城的区位优势能够得到更好的利用。县城空间布局不但能促进县城功能和产业的集聚,而且能促进城市住宅、市政公共设施等配套服务设施的完善,从而使城市服务体系更加完善和繁荣。

路径二是县城空间布局影响新型城镇化的实施进程。新型城镇化建设是一个系统性、综合性的工程,涉及城市经济、环境、社会、文化等多个领域的协调发展,县城的空间布局对新型城镇化进程的推进具有重要的影响。县城空间布局的缺陷可能会阻碍城市化进程,如县城中心城区的规划、功能和形象设计不够科学、精细,将导致城市形象陈旧或混乱,无法吸引人才和投资,缺乏高层次人才和资金的聚集也将制约县城的发展，进而导致新型城镇化建设进程放缓。因此，县城的空间布局应该注重发掘本地资源的潜力，更好地整合和利用当地资源，打造有特色、别具一格的城市空间。

路径三是县城空间布局影响新型城镇化的生活质量。合理的县城空间布局能够提高城镇民生水平，推进乡村和城市之间的平衡发展。通过创造更好的城市环境、加强基础设施建设、提高公共服务水平和增加就业机会等，县城可以为城镇居民提供更加舒适的居住环境，并吸引更多的人才和投资，促进城镇化进程的快速发展。在新型城镇化建设中，县城作为新型城镇化建设的重要载体，应充分挖掘县城自身潜力，进一步提高县城空间品质，完善商业综合体和文化艺术中心的配套设施等，这样才能在市场竞争中保持更强的竞争力，提高居民生活质量，从而推动新型城镇化建设的良性发展。

路径四是县城空间布局影响新型城镇化的创新发展。合理的空间布局可以促进县城产业的集聚和创新，加强其与周边城市地区的产业协同发展，推动产业链条上游产业向县城转移，实现县城经济的转型升级和产业结构调整。科学规划和设计县城空间布局，可以充分利用城市的自然资源和环境，实现城市生态文明建设的目标，提高县城公共绿地和文化设施的建设比例，让人们在县城中享受到更加舒适、健康的生活环境，进一步提升人们的居住体验和生活质量。另外，通过合理的空间布局，可以规划和布置更为先进和科学的公共服务设施和城市交通网络，优化城市管理和公共服务资源的配置，改善县城居民的出行方式、治安等方面的生活环境，提高城市管理和公共服务效率。

二、县城产业发展对新型城镇化建设的影响

县城各层次产业发展对于推动以县城为重要载体的新型城镇化具有重要影响，加快农业生产、发展制造业和服务业，将有助于提高县城的综合实力和城镇化水平。同时，各层次产业的发展也有相互促进关系，有助于提升县城的整体经济发展水平。

（一）县城第一产业发展对新型城镇化建设的影响机制

县城的第一产业发展是新型城镇化建设的基础，农业生产是经济发展的稳定保障，发展县城农业生产，提高农业生产水平，将有利于提高县城的综合实力。县城农业发展不仅能满足城市居民的消费需求，更能促进城市与乡村经济的融合，提高产品质量和品牌价值，实现乡村振兴和县城可持续发展。县城农业发展对新型城镇化建设的影响机制具体如图4-2所示。

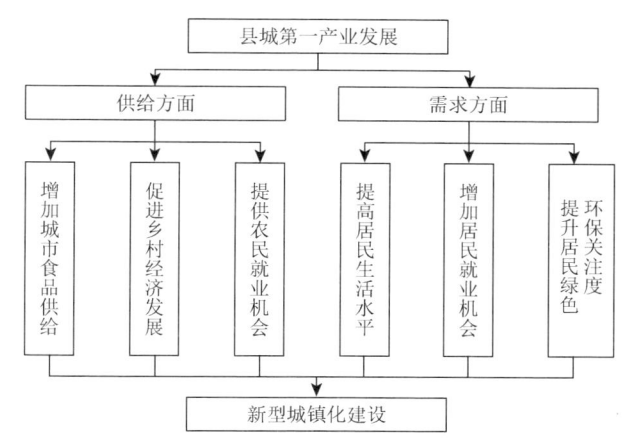

图 4-2 县城第一产业发展对新型城镇化建设的影响机制

一方面，县城第一产业发展将从增加城市食品供给、促进乡村经济发展、提供农民就业机会三条供给路径影响新型城镇化建设。在增加城市食品供给上，随着城市化进程的不断加快，城市食品需求量也在增加，居民的食品安全问题受到更多关注，县城农业发展可为城市提供可靠、安全、优质的农产品，满足城市居民对健康饮食的需求，加强城市食品安全保障。在促进乡村经济发展上，县城以农业为基础的第一产业发展，可以为周边乡村提供市场需求，并带动乡村经济的发展，同时县城的需求也会促进乡村的生产力提升，推动产业提质升级和技术创新。在提供农民就业机会上，县城农业生产需要大量的人力支持，农民不仅可以从农业生产中获得收益，也能通过就业获得收入，提高居民生活水平。

另一方面，县城第一产业发展将从提高居民生活水平、增加居民就业机会、提升居民绿色环保关注度三条需求路径影响新型城镇化建设。在提高居民生活水平上，随着县城居民生活品质的提升，县城居民不仅需要基本的生活保障，还需要健康、安全、满足口味和营养要求的食品，县城农业发展可以提供这些产品，提高城市居民的生活品质和幸福指数。在增加居民就业机会上，当县城居民从事与第一产业发展相关的工作时，可以通过农耕、养殖、加工等行业获得收入，缓解城市就业压力，实现城乡互联和人口流动的均衡发展。在提升居民绿色环保关注度上，县城农业发展可提供各类健康、环保的农产品，这有助于县城居民增强对绿色环保的观念和认同，促进社会道德建设和文化繁荣，为县城新型城镇化护航。

(二) 县城第二产业发展对新型城镇化建设的影响机制

县城的第二产业发展对新型城镇化的发展至关重要，加快县城制造业的培育和发展可以提高新型城镇化水平,加大技术研发力度,提高工业生产能力,优化产品和服务的结构,将有效缩小城乡差距并提高生活品质。从产业结构升级、就业方式转变和工业空间集聚三个方面看,县城制造业发展对新型城镇化建设的影响机制具体如图 4-3 所示。

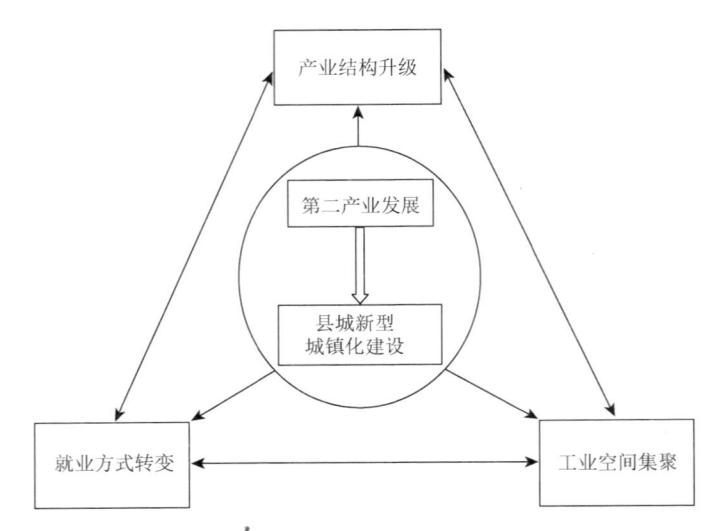

图 4-3 县城第二产业发展对新型城镇化建设的影响机制

从产业结构升级的视角来看,制造业发展有助于推动新型城镇化。随着制造业的发展,越来越多的企业将会落地县城并在当地建立工厂,提高当地的产业基础和产业链的完善度。此外,制造业的发展也能够推动县城高新技术产业的发展,提高县城产业结构的水平,促进县城新型城镇的发展。从就业方式转变的视角来看,制造业发展能够提供大量的就业机会,为县城居民提供更多的工作选择,促进县城居民就近就业和降低人口流动。与此同时,随着制造业的技术水平提高,企业围绕制造业开展的服务型产业也相应增加,从而提高县城的市场竞争力,刺激居民创业和企业拓展服务业态,通过丰富产业格局推动县城发展的多元化和人居环境的改善。从工业空间集聚的视角来看,随着县城制造业的发展,越来越多的企业将会选择在县城一个区域集聚科技和人力资源,这样才能形成产业链上下游互动和相互依存的产业空间格局,促进整个县城经济增长。

(三)县城第三产业发展对新型城镇化建设的影响机制

县城的第三产业发展对新型城镇化也有着重要影响。随着数字经济、文化旅游等领域的涌现,县城第三产业正迅速发展,新的服务业模式涌现出来,以县城为中心的新城镇模式不断壮大，民生服务业、社区服务等新业态将助力县城新型城镇化的推进，县城第三产业发展对新型城镇化建设的影响机制具体如图4-4所示。

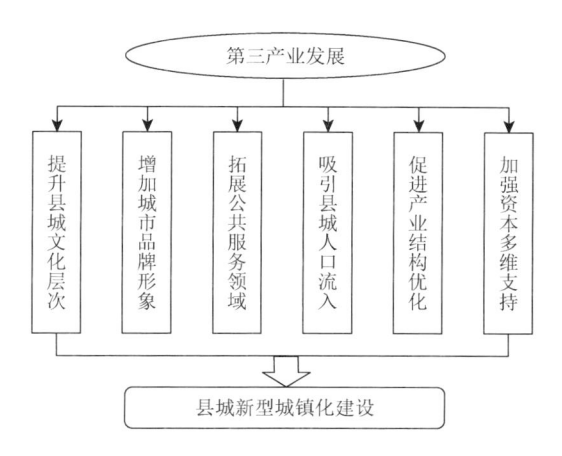

图4-4 县城第三产业发展对新型城镇化建设的影响机制

县城第三产业发展不仅可以提升县城文化层次、增加城市品牌形象、拓展公共服务领域，更重要的是，能够通过吸引县城人口流入、促进产业结构优化和加强资本多维支持，推动以县城为重要载体的新型城镇化。服务业作为县城经济新的增长点，对于吸引人口流动、促进人口城镇化和提升居民生活水平具有显著影响。县城加快发展服务业，拓宽服务业的经营范围，提高服务业的质量和水平，可以吸引更多的人口流入，提高县城的人口规模和城市化水平，从而促进县城的新型城镇化。服务业作为乡村振兴战略的重要领域之一，县城服务业的快速发展，既可以提供就业机会，也能促进相关产业的发展，如便民人员服务业可以带动关联行业的发展，推进城市服务业和相关产业的融合发展，实现县城经济的转型升级和产业结构优化。县城服务业的发展需要大量的资本扶持，政府在土地、财税、人才等方面的支持，会对县城服务业的发展起到重要影响，吸引各类资本进入服务业领域，激发市场活力，实现县城新型城镇化的高质量发展。

三、县城服务均衡对新型城镇化建设的影响

充足且均衡的公共服务能够提高县城生活质量，促进县城经济和文化的高质量发展。此外，公共服务的均衡化对于县城新型城镇化建设还会产生诸多正向影响，具体包括：改善城市基础设施和环境，提高城市的品质和形象，促进城市与周边地区的交流和融合；降低城市的治安风险，让县城生活更加便利和舒适，增加城市吸引力，有助于留住人才；带动县城旅游业和城市经济的增长，产生增量

效应，推动经济转型和创新；提高居民的知识水平和文化素养，促进县城的社会文明进步和社会稳定。整体上，县城公共服务均衡能够通过提高县城公共服务能力、促进县城经济繁荣发展、提升县城品质建设形象、推动人口流动和城市化进程、实现社会公平和公正、提高居民的幸福指数等宏观和微观两方面影响以县城为重要载体的新型城镇化建设，具体如图4-5所示。

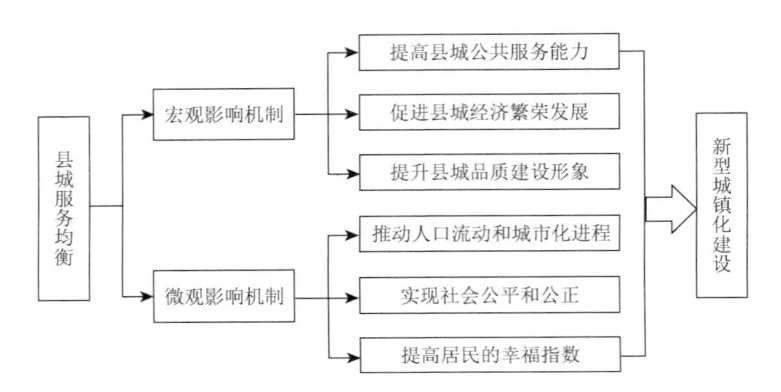

图4-5 县城服务均衡对新型城镇化建设的影响

（1）县城服务均衡影响新型城镇化建设的宏观机制。在宏观影响机制方面，县城公共服务均衡主要通过提高县城公共服务能力、促进县城经济繁荣发展、提升县城品质建设形象方面影响新型城镇化建设。在提高县城公共服务能力方面，县城公共服务均衡是提升县城公共服务能力的重要手段，提升公共服务能力能够解决县公共服务领域的薄弱环节、改善民生，更好地满足居民和企业的需求，公共服务均衡能够随着新型城镇化建设进程的不断加快而逐步实现，成为县城现代化、城乡一体化和县城功能转型的必要条件。在促进县城经济繁荣发展方面，在满足居民基本生活需求的同时，公共服务均衡也能够通过建设县城道路、桥梁以及增加劳动力等外部效应拉升县域经济发展，特别是在农村地区，公共服务能够通过提供低价便捷的服务来激活消费，引导农民向县城购物消费，同时推动县城服务业、制造业等多领域的发展。在提升县城品质建设形象方面，公共服务均衡发展的实现能够提升县城品质建设形象，增强县城吸引力，为县域经济发展起到积极作用。通过公共设施设备的均衡供应，可以提高县城的功能展示力，协助县城建设出现代化、人性化、环保型新县城形象，促进文化旅游的全面发展，提高县城对人才的吸引力、产业投资的吸引力。

（2）县城服务均衡影响新型城镇化建设的微观机制。在微观影响机制方面，县城公共服务均衡主要通过推动人口流动和城市化进程、实现社会公平和公正、提高居民的幸福指数方面影响新型城镇化建设。在推动人口流动和城市化进程方面，县城内公共服务设施的综合覆盖程度越高,居住环境越优美,对于吸引和留住人口有着至关重要的作用,县城居民除住房设施基本需求外,学校、医院、养老设施、娱乐等公共服务设施的服务均衡水平同样是县城居民在选址、落户时的重要考虑因素,公共服务的均衡供给能够推动县城内外人口在工作、生活、娱乐、教育等方面得到便利。在实现社会公平和公正方面,公共服务均衡的实现能够实现社会公平和公正,优质、高效、低价的公共服务,让县城广大居民和农民享有与大城市接近的公共服务水平,缩小了城乡之间的差距,塑造了县城的良好社会形象。同时,公共服务均衡能够提高县城居民的参与度和满意度,促进县城社区发展和自治能力的增强。在提高居民的幸福指数方面,公共服务的均衡供给可以极大地提升农民的生活水平和生产效率,解决水电、交通、医疗、安全等公共事务服务短缺或与需求不匹配的问题。

四、县城人口迁移对新型城镇化建设的影响

随着新型城镇化进程的不断推进,农村人口向县城迁移日益增加,但是在农村人口市民化过程中,面临着农村人口与城市居民在经济、社会、文化等方面诸多不适应问题。通过市民化的途径,提高农村人口的生活水平,是推动以县城为重要载体的新型城镇化进程的重要手段。个人因素、家庭因素和社会因素是影响农村人口向县城迁移的重要方面,提高农村人口的市民化意识,有助于促进城乡融合和社会文明进步,加快农村人口向县城转移的速度,将有助于推动以县城为重要载体的新型城镇化进程。县城人口迁移对新型城镇化建设的影响机制具体如图 4-6 所示。

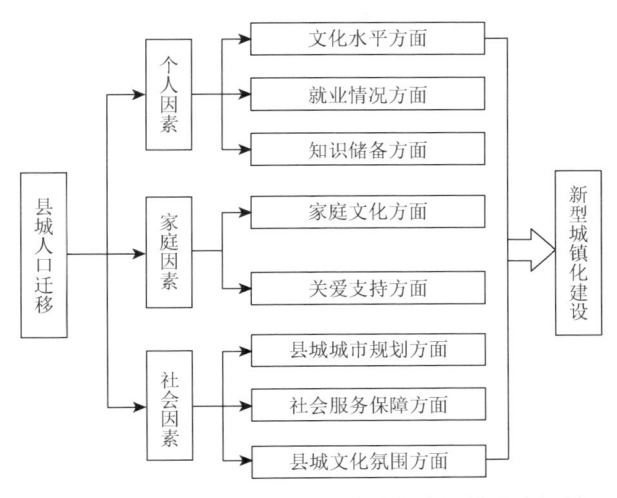

图 4-6 县城人口迁移对新型城镇化建设的影响机制

（1）县城人口迁移的个人因素影响。农村人口市民化过程中的个人因素包括个人文化水平、就业情况、知识储备等方面，提高农村人口市民化意识，对于推动以县城为重要载体的新型城镇化进程有着十分重要的作用。个人文化水平因素上，农村人口的文化水平相对较低，市民化过程中需加强教育培训，提升人们的文化素质，提高人们对城市文明秩序和法律法规的认知，从而促进农村人口更好地适应县城生活和生产环境。就业情况因素上，县城就业机会多，能够向农村人口提供更多的工作机会和较高的收入，但农村人口参与城市就业往往面临着招聘门槛高、薪资福利不尽如人意等问题，需要政府和社会力量提供更多的帮助，建立县城与农村之间信息沟通的平台，通过培训和指导提高农村人口的就业能力和竞争力。知识储备因素上，农村人口在乡村生活中建立了稳定的经济、亲情和社交网络，但进入县城后需要在各方面重新建立人脉和关系，县城可以通过提供多样化的知识培训和学习机会，搭建线上线下教育平台、办理多样化的学习证书等方式，提高农村人口的知识储备，使其更好地融入县城社区。

（2）县城人口迁移的家庭因素影响。农村人口市民化过程中的家庭因素包括家庭背景、家庭成员情况等，家庭的文化氛围和对子女教育的重视程度对于农村人口市民化起着重要作用，关爱与支持也是影响农村人口向县城迁移，从而促进新型城镇化建设的关键因素。家庭文化因素能够为个体提供情感、认知和交往支持，家庭背景和家庭的文化氛围都能够影响农村人口的生活方式和价值观，家庭对于子女的教育投入和重视程度，也对农村人口向县城迁移有着深远的影响，科学的教育理念和有效的教育方式，能够培养农村人口的自信和自主能力，有助于其更好地适应县城新生活。关爱与支持因素，由于农村人口的感知能力和社交圈子被限制，县城可以通过社区志愿者、社工和行动队等方式，为农村人口提供社交、文娱、健康、交通等相关培训和支持，切实保障农村人口的社会权益，提升农村人口的生活满意度，使其全面融入县城社区生活。

（3）县城人口迁移的社会因素影响。农村人口市民化过程中的社会因素是影响农村人口向县城迁移的重要驱动力，包括县城城市规划、社会服务保障、县城文化氛围等方面，对于推动以县城为重要载体的新型城镇化建设有重要影响。在县城城市规划方面，县城城市规划需要充分考虑农村人口融入县城的住房需求、基础设施需求、交通需求等不同需求，在工业化、信息化、城镇化、农业现代化过程中，县城城市规划会随着农村人口的生活方式和价值观的变化而进行社会适应性调整，促进新型城镇化建设进程。在社会服务保障方面，医疗保障、社会救助、养老保险等能够保证农村人口在县城的安全和稳定，社会公共服务的完善对于推动农村人口向县城迁移有着十分积极的促进作用。在县城文化氛围方面，县城对农村人口市民化的宣传力度，以及浓厚的县城文化氛围和高水平的民众文明素质，能够提高农村市民化人口对于县城生活生产的认同感和归属感，增加社会黏合力，更好地促进城乡融合和社会文明进步。

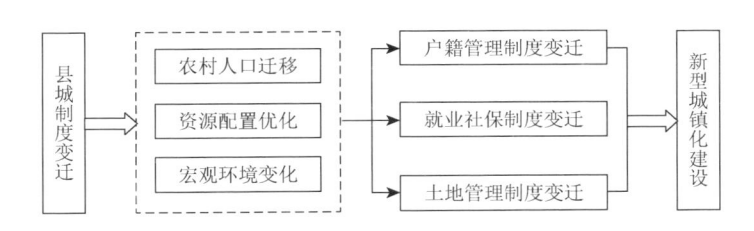

五、县城制度变迁对新型城镇化建设的影响

以县城为重要载体的新型城镇化建设对劳动力和资源的吸引力不断增强，促进农民主体迁移进县城，县城制度变迁后，县城的规模、功能和产业结构等都得到改善和升级，县城新型城镇化建设成为吸引农民进城的主要动力，农民因追求更好的生活和就业机会而迁移到县城，从而促进了县城新型城镇化建设进程。进一步，县城制度变迁对资源配置产生了影响，随着县城规模的不断扩大和新型城镇化建设的推进，县城需要更多的自然资源和人力资源来支持其发展，县城制度变迁有助于农村进行资源调配和城乡产业协作，帮助农民进行产业升级和资源优化。另外，县城制度变迁不仅改变了县城的面貌，还改变了县城的生态环境、城市交通和基础设施等。县城推行"绿色发展"和"智慧城市"等宏观制度，有助于加强县城规划和县城内部的管理，推动县城新型城镇化建设的发展。特别是，户籍管理制度、就业社保制度和土地管理制度三项制度变迁对县城新型城镇化建设具有重要影响，具体如图4-7所示。

图4-7 县城制度变迁对新型城镇化建设的影响

（1）户籍管理制度变迁对新型城镇化建设的影响。户籍制度改革主要使农民工在城市的就业和居住问题得到大幅改善，促进城乡人口流动更加便利。传统的户籍制度在很长时间内限制了农村劳动力进城务工，对农民工的就业问题产生了极大的影响，导致许多农民无法在县城中寻找到更好的就业机会。随着户籍制度的改革和城镇化的发展，农民工在县城的居住和就业问题得到了大幅改善，农民工可以在县城中获得结构更加多样化、薪酬更加稳定的工作。户籍制度改革不仅增加了农民的就业机会和收入，也促进了县城的经济增长。在传统的户籍制度下，因农民工缺少城市户籍，限制了农民工在城市购买资产的能力。户籍制度改革后，农民可以通过购买有限的、廉价的公寓或成为县城住宅的租户来获取县城资产，同时促进县城房屋建设和房屋交易，并向农民提供更多的机会，进一步增强了县城新型城镇化的发展。

（2）就业社保制度变迁对新型城镇化建设的影响。就业和社会保障问题是我国新型城镇化建设和城乡发展的中心问题，就业和社保制度的变化对于县城中的民众就业和生活条件的改善起到了关键作用。县城在推进新型城镇化建设的同时，也启动了一系列的产业扶持政策，促进新的产业和就业机会的发展，由此导致县城对劳动力需求的增长，从而促进了以县城为重要载体的新型城镇化的发展。就业保障和社保政策的发展使得农民工在新型城镇化中的参与度提升，就业社保制度变迁促使针对农民工的保障体系不断完善，有助于县城在新型城镇化的进程中留住更多农民迁移人口，让更多的农村人口前来县城就业和生活。

（3）土地管理制度变迁对新型城镇化建设的影响。以县城为重要载体的新型城镇化建设的显著标志就是建设大量的建筑和基础设施等，这涉及大量的土地开发利用问题，土地管理制度变迁对新型城镇化建设尤其重要。土地管理制度变迁后，土地的使用开发更为市场化，土地价值逐步显现，这样有利于县城和市场以有限的资源获得最大化，特别是在新型城镇化建设中需要跨乡镇之间大规模建设房屋和交通建设项目，土地政策的改革对新型城镇化的发展影响非常重要。土地是县城基础设施建设的主要环节，县城在确保土地市场公正、公平的同时，还需充分发挥市场化的效益。县城居民的生活也需要大量的市政设施建设，这些市政设施建设都离不开土地的开发使用，进一步推进了以县城为重要载体的新型城镇化。

六、以县城为重要载体的新型城镇化驱动因素内在关系

县城空间布局、县城产业发展、县城公共服务均衡供应、县城农村人口市民化、县城重要制度变迁五项内容之间相互关联、相互促进，共同影响以县城为重要载体的新型城镇化建设，具体如图4-8所示。合理的县城空间布局能够为县城产业发展提供支撑和空间，聚集优质资源，使产业更有竞争力，而县城产业发展则需要不断完善和优化县城空间布局，通过产业集聚和空间布局调整实现产业升级和优化。优秀的县城应实现产业协调集聚，结合市场信号和基础设施条件，发现本地优势产业和新兴产业，从而触发相应行业的发展壮大，提供更优厚的工资待遇吸引农村人口向县城迁移。县城通过加强公共服务设施和资源的建设，提高医疗、教育、文化、体育等公共事业的投入，统筹城乡资源和服务，实现公共服务质量和设施配置的公平性，能够为县城居民生活和产业发展营造良好的生活和工作环境，促进农民向城市转移，改变过去稳定的农村社会结构，进一步更好实现县城产业升级和优化的目标。县城户籍管理、就业社保、土地管理等制度变革

可以为县城空间布局、县城产业发展、县城公共服务均衡供应、县城农村人口市民化提供制度保障，促进城乡居民享有同等的权利和福利，实现社会公正和公平，增强县城自身发展能力和吸纳乡村人口的吸引力。

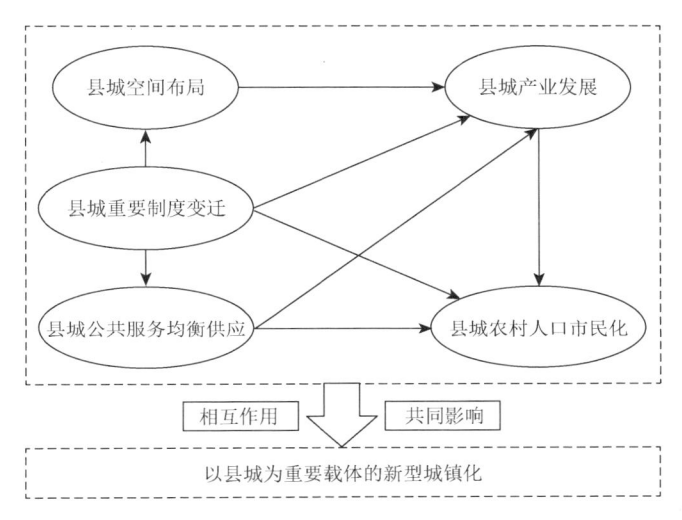

图 4-8　以县城为重要载体的新型城镇化驱动因素内在关系

第三节　以县城为重要载体的四川新型城镇化建设的重点问题剖析

一、四川县城城镇体系结构优化问题剖析

四川省县城城镇体系的定位是在全省新型城镇化建设进程中担负起乡村振兴的重要使命，以大中城市为支撑、以农村为依托，逐步实现县城区域内城乡环境协调，推进城乡一体化发展，促进人口向城镇集聚，推动经济结构转型升级，提高公共服务的质量和覆盖率等。四川省县城新型城镇化发展已形成了相对完整的城镇体系结构，但是县城城镇化发展程度不平衡、县城与城市要素交换不通畅、县乡村三元空间布局不合理等问题仍然制约着四川省县城经济的发展和新型城镇化建设水平的提升。

（1）县城城镇化发展程度不平衡。四川省已建立起较为完整的县、乡、村三级城镇体系，但是在推进以县城为重要载体的新型城镇化发展中出现了诸多不平衡的现象，特别是在经济水平、基础设施、产业结构、环境保护等方面。一是县域经济发展水平不平衡，四川绵阳、德阳等地县城已经发展成为县级市，形成了较为完善的社会基础设施和产业特色，促进了当地县城新型城镇化建设，但是仍有些县城经济总量较小，文化建设水平不高，新型城镇化发展缓慢。二是县城基础设施建设水平不平衡，宜宾、南充等地县城城市基础设施建设已经相对完善，拥有完善的交通、通信、保障等设施，但另一些县城城市基础设施建设薄弱，阻碍了新型城镇化进程的推进。三是县城产业结构特色不平衡，四川的县城地域差异大、城市内涵不一，因此产业结构特色也不同，有的地方有钢铁、水泥、机械等重工业特色，有的地方有天然气、现代化农业等产业特色，有的地方则以旅游业、中药材种植等服务业为主。这样便出现了一些县城产业特色不明显、发展潜力不大的问题。四是县城环境保护重视度不平衡，四川部分县城在新型城镇化过程中，对环境问题没有足够的重视，城市建设、工业和农业生产等多种原因形成的环境污染问题逐渐突出，对于污水、垃圾、噪声等环境问题治理工作还存在不足，对推进以县城为重要载体的新型城镇化带来负面影响。

（2）县城与城市要素交换不通畅。四川县城在城镇体系结构中承担着连接大中城市和乡镇的重要角色，但目前存在县城与大中城市要素交换不通畅的问题。在交通网络方面，传统的交通网络对四川县城交通的发展产生了制约作用。四川县城的发展需要有先进的交通网络，但由于交通设施的建设滞后，四川大中城市和县城之间的联系不充分，大中城市通常是工业和商业等产业的集聚区，而县城的产业多数是以传统的农业和中小型企业为主，与大中城市的市场相对独立，滞后的交通网络成为制约四川大中城市与县城、县城与乡村要素流动的因素。在政策保障方面，虽然在推进以县城为重要载体的新型城镇化进程中，四川省政府已设法出台了许多扶持县城发展的政策，但对关键产业的支持力度不够，对人才的引进和造就方案不足，对一些商业和服务业的建设也不完善，这些都是制约四川县城大中城市要素交换不通畅的主要因素。在竞争压力方面，四川县城相较于沿海地区在如何吸引更多的资本、人才和技术上存在经验不足和竞争不足问题，四川很多县城因为自身的资源和地理位置限制而缺乏吸引力，导致企业更愿意将产业转移到大中城市，导致了四川县城的人才、资源和产业流失，需要四川县城加强经验和竞争的建设，增加品牌塑造，提高自身产业集聚能力和核心竞争力。

（3）县乡村三元空间布局不合理。三元空间包括高层次、中层次、低层次三层纵向空间，城市、郊区、乡村三层横向空间，以及静态、动态两层时间空间。目前四川省的县城城镇体系结构中，城市之间、市县之间、县乡之间和乡村之间的空间关系需要重构。四川省县乡村面临纵向空间层次不均衡问题，由于资源和历史原因，四川省县乡村空间结构呈现出城乡等级和资源配置不合理的现象。四川一些县城和发达村庄占据着高层次，而一些边远村庄属于低层次，中等层次的乡村占比较少，因此造成了四川县城资源利用不充分和发展机会难以均衡的问题。四川省县乡村面临横向空间结构不平衡问题，城市、县城、乡村的空间结构不平衡，城市和县城与乡村相比拥有更多的资源和更多的发展机会。由于缺乏政策的引导和规划，农村地区的产业布局不够优化，无法形成有效的产业链，市场需求不足，导致经济发展缓慢。四川省县乡村面临时间空间结构不平衡问题，由于乡村环境的自然因素、旅游及休闲需求等，在城市与乡村之间形成了动态的交流和联络，但这种三元空间交互通常不平衡，因为城市和县城缺乏对乡村的有效扶持，乡村缺乏自主性和创新能力，难以形成以一定时/空间为支持的乡村振兴战略。要解决四川县乡村三元空间布局不合理的问题，需要考虑城市和乡村合作的目标，秉承市场和政策规划的双重支持力量，努力实现县城发展规划，加强市场协调和产业集聚。

二、四川县城特色优势产业培育问题剖析

县城产业发展集聚程度不足、结构性矛盾突出、城镇化与产业现代化步调不一致是制约四川县城特色优势产业培育的主要因素。产业发展集聚程度不足导致了四川县城的经济发展缺乏规模效应和技术溢出效应，限制了特色优势产业的发展；产业结构性矛盾突出则影响了四川县城特色优势产业的培育和发展方向；城镇化与产业现代化步调不一致影响了县城特色产业的发展质量和效益，使四川县城在新型城镇化和产业现代化发展之间无法实现良性互动和协调。

（1）县城产业发展集聚程度不足。四川县城普遍城市规模小、人口分散、企业数量和规模不足，致使县城产业的规模难以扩大。同时，四川各区域产业发展过程中还存在区域发展不平衡的问题，这加剧了县城产业的分化现象。四川县城的规模相对较小，市场较为狭窄，致使大型企业进入县城经营的可能性较小，市场份额难以扩大，同时也导致四川县城内企业数量增长不多，企业间市场竞争力不足。四川县城地区人口规模相对较小，四川县城缺乏先进技术和设备、人才等方面的支持，对于人才吸引力不强，导致四川县城产业集聚能力不足。同时，产业发展的缓慢和小规模，导致对县城经济制约更大，进一步降低了县城的人口吸引力。四川县城地区的市场规模和人口规模较小，也致使其往往缺乏一些具有核心竞争力的重点产业，产业专业化度低，无法形成四川县城的区域特色。四川县城地区经济发展相对较为滞后，产业发展资金来源有限，企业在进行资本运作、市场营销等方面的投入较少。上述因素制约着县城的经济发展和产业集聚。

（2）县城产业发展结构性矛盾突出。四川县城产业发展结构性矛盾突出问题是指四川省的许多县域经济发展结构存在明显问题，尤其是第一产业比重高于全国县城平均水平，而第二、三产业比重低于全国县城平均水平，大部分县城支柱产业以农牧生产、食品饮料、矿产开采等传统产业为主，缺乏统一规划布局，同质化竞争问题突出。四川大部分县城依赖农业发展，是受其历史沿革和地理环境

的限制，导致四川县城经济结构较为单一，不能有效地应对市场需求的变化和风险，并且农业受灾风险、市场价格波动较大、整体利润率不高，一旦农业出现问题，县城经济也会受到较大的影响。四川县城第二、三产业发展水平相对较低。第二、三产业是现代经济的基石，是县城经济快速增长的主要动力，但是四川县城中第二、三产业的发展往往受到政策、资金、市场约束等多重因素的制约，导致县城新型城镇化进程与产业转型升级的步伐不一致。四川县城发展缺乏核心产业支撑，放缓了四川县城产业结构的调整和升级，使得市场竞争和成本压力等问题困扰着县城的经济和社会发展。

（3）县城城镇化与产业现代化步调不一致。四川省是中国重要的农业区和制造业基地，近年来国家加快了新型城镇化和产业现代化的建设，形成了新型城镇化发展和产业现代化发展相互促进的新发展格局。然而，四川县城在新型城镇化发展和产业现代化发展中存在着步调不一致的问题。农业产业现代化是农村经济发展的重要途径，也是推动城乡经济一体化的重要支撑，但是四川县城的农业现代化水平较低，农民生产力不足，"二元结构"矛盾突出，城乡差距仍然显著。四川新型城镇化建设在推动工业、服务业方面提升了县城的现代化程度，导致农村经济受损，社会不稳定因素增多。工业现代化是城市化发展的重要支柱之一，对于推动县城经济和社会发展起着至关重要的作用，但是由于历史和地处内陆西部，四川一些县城的工业结构比较单一，企业规模较小，技术含量较低，整体的科技水平和创新能力较弱，无法与新型城镇化发展的需求相适应，也无法提供足够的就业机会和经济增长动力，影响县城的发展质量和效益。因此，四川县城发展必须注重新型城镇化和产业现代化的协同发展，充分挖掘农村地域资源优势和经济活力，加大产业结构调整力度。

三、四川县城公共服务均衡供给问题剖析

县城公共服务有待提升、市政公用设施不完善以及城乡公共资源配置差异等问题，对四川县城的公共品均衡供给造成了影响，这些问题导致县城城乡居民在教育、医疗和社区服务设施等方面难以享受到相同的公共服务，需要通过公共资源的优化和改进，改善四川县城居民的公共品均衡供给问题。

（1）县城公共服务有待提升。四川县城虽然公共服务发展已经取得了较大进步，但是仍然在公共服务的覆盖范围、服务质量、服务效率等方面存在一些短板，需要加强基础建设和人才培养力度，推进可持续发展战略，加速推进协调发展，让广大县城居民不断受益。在教育服务方面，四川县城的教育资源比农村地区丰富和普及，但是教育质量与城市相比还有差距，四川县城中学、小学骨干师资力量相对不足，幼儿园资源总体也不足，特别是在一些偏远山区和民族地区，教育

资源投入不均衡，学校数量和师资力量比较匮乏，导致这些地区的孩子们受教育机会相对较少。在医疗服务方面，四川县城医疗资源比较集中，医疗设备和技术比较先进，但是四川县城三甲医院数量比较少，医疗人才稀缺，其他医疗机构水平比较低，服务质量还有很多问题，院前急救缺乏网络覆盖、迅速反应系统和业务培训，大大限制了抢救时间和成功率。在养老服务方面，四川县城养老机构相对较为密集，但仍不足以满足老年人需求，养老服务内容单一，人才素质低下，服务与居家养老相比存在垄断性，养老服务还存在着价格不透明、运营不规范、管理混乱等问题。

（2）县城市政公用设施不完善。县城市政公用设施不完善将导致城市基础建设落后、城市规划混乱、城市服务功能落后等问题，这会直接影响县城居民的生活质量，也限制了县城的发展。当前四川县城在城市公共设施建设上存在规划混乱、老化严重、缺乏维护和供给不足等问题。由于四川一些县城的规划缺乏科学性和综合性，市政公用设施难以统筹规划和统一布局，如县城开工设计新区时没有考虑基础设施的支持，县城新区连接老城区交通的道路不顺畅，部分县城区域的容积率低，基础设施根本没有配套建设，而县城另外一些区域过度建设，导致供水、排水、交通等问题严重。四川县城公共设施数量较大，维护和保养工作量也非常大，这就要求城市需有专业的设施管理团队和设施配备机构。例如，路灯建设已经有数十年的历史，路灯杆已出现生锈和不稳定等问题，公园和游乐场也面临维修和保养困难问题，这些设施缺乏配备，缺乏定期检查，缺乏及时和有效的维修，导致四川部分县城公共设施普遍不完善且效益不高，影响了县城居民的生活质量和幸福感。四川县城公共厕所、公园、广场等公共设施的数量与市民的需求极不相符，这需要县城管理者加强公共设施的投入力度和经费支持，促进县城居民能够享有高质量的公共生活。

（3）城乡公共资源配置差异大。四川作为一个人口众多的省份，四川省的城市、县城、乡村发展存在不均衡问题，在城乡道路建设、公交交通配备、教育、医疗和社区服务设施等方面城乡公共资源配置差异较大。四川县城道路建设及公共交通配备是一大问题，与大城市相比，许多县城地区的道路公共交通并不完善，导致大量农村地区和乡村居民难以出行甚至无法出行，地区规划不合理，道路建设基础差，缺乏支持基础设施的配备，需要采用更加现代化的技术来加强县城地区的道路建设及公共交通配备。四川县城城乡教育设施差异也是一个现实问题，四川各县城学校的建设及配备层次不一，造成城乡教育资源供应差异性较大，有些城镇地区拥有高水平的小学和中学，而农村地区教育水平通常较低，教育设施的差异性是限制四川县城发展的重要因素。四川各县城医疗服务设施的数量和质量也存在显著差异，县城医院和诊所比乡村和镇级医疗机构更加稳定和完善，但是在农村地区，医疗资源相对不足，医生数量较少，医疗服务质量较低，部分重症患者及时得到治疗的难度较大,农村居民健康响应不足。四川县城城乡社区服务配备也不协调,随着老龄化社会的到来,更多的老年人需要养老照顾服务,但乡村养老机构数量少,服务能力不足,无法满足老年人的养老需求。县城城乡公共资源的配置差异是一个长期存在的问题,它限制了四川推进以县城为重要载体的城乡公共资源优化和改进。

四、四川县城农业转移人口市民化问题剖析

四川县城农业人口由村向县转移不充分,导致县城人口增长缓慢,农村人口在县城无法得到有效的职业发展机会和生活保障,即使许多农民在县城生活多年,但由于缺乏市民身份,不能享受县城带给市民的福利待遇和基本权利,再者县城缺乏高质量的教育和医疗资源,没有多元化和国际化的文化和社交环境,上述三个因素制约了农业转移人口的市民化进程。

(1)农业人口由村向县转移不充分。四川县城农业人口空间转移滞后的问题,由多方面的原因综合作用产生,在一定程度上影响了四川农业农村发展,需要全社会全方位协同来解决。导致四川农业人口由村向县转移不充分的原因有三个:①县城非农就业岗位需要接受一定的教育和培训,但是农村的教育资源有限,难以满足农业人口的需求,导致县城的农业人口相较于县城中高素质专业人才的竞争力往往不足。②当前四川县城社会保障机制不完善,农村的社会保障机制与县城相比存在一定差距,加上县城的高房价和生活成本,县城农业人口的签约难度更大,保障体系也不够健全,因此在县城工作对农业人口吸引力不强,导致农业人口空间转移滞后。③县城城市生活和农村生活的形态不同,习惯了农村的生活和思维模式之后,较难适应县城的环境和节奏,县城的繁华和喧闹与农村的宁静和淳朴形成了强烈的反差,如果农村人口不能尽快适应这种生活和工作环境,就很难立足县城,形成有效的转移。

(2)农业人口户籍市民化水平滞后。四川县城农业人口户籍迁移滞后的问题主要体现在户籍制度限制和四川县城发展水平不平衡两个方面。其一是户籍制度限制影响了农业人口户籍迁移。当前我国农村户籍与城市户籍相互转化难,使得农业人口要想在县城立足,就必须转变户籍,但是户籍转变需要一定的门槛,如学历、职业资格证书、税收证明等,很多农村人口在教育、技能、收入方面缺乏这些条件,就无法完成户籍身份转变,限制了农业人口向县城转移的步伐,这需要降低户籍转变的门槛,让更多的农业人口能够享受到县城的公共服务和经济福利。其二是四川各县城发展不平衡成为制约农业人口户籍迁移的另一个因素。县城发展中心化问题依然突出,一些县城依托四川大中城市快速崛起,另一些地理位置不佳、经济滞后县城发展缓慢,这导致四川县城内部人口规模以及就业机会

分配不平衡，一些小县城没有发展出工业、服务业等高新技术产业，也没有吸引到外来资本支持，导致这些县城就业市场狭小，难以吸纳大量的农业人口。城市和农村交通不便、医疗、教育等公共基础设施相对薄弱，附近农业人口面临更高的生活成本。

（3）县城人口集聚力和吸引力不足。全国范围内，四川拥有着丰富的旅游资源和知名的美食文化，但同时四川一些地区，尤其是县城也存在经济相对落后和人口集聚力相对不足的现象。在新型城镇化建设过程中，城市形象落后、缺少高质量的教育和医疗资源、缺少多元化的文化和社交环境、经济发展与城市规划不平衡这些因素共同造成了四川县城人口集聚力和吸引力不足问题。四川县城的城市形象相对落后，城市规划和建设缺少吸引力，人口基数比较小，缺乏吸引人口的竞争优势，使得四川县城比较难以与其他重要城市竞争，也减弱了城市吸引人口的能力和竞争力。四川县城的教育和医疗资源比较薄弱，这使得优秀的人才难以在此落户，大量的年轻人流失，增加了城市的老龄化风险，同时也削弱了城市的经济和社会发展潜力。新型城镇化建设过程中具有特色的文化和社交环境是吸引人口的关键，但是四川县城缺乏多元化和国际化的文化和社交环境，这使得具有创新性和开放性的人才更难在此落户。四川各区域城市规划和经济发展的不平衡使县城的自由市场无法发挥最大的作用，县域经济发展难以达到商业大县的水平。

五、四川县城城镇化的其他保障问题剖析

除四川县城农业人口户籍迁移滞后的问题外，建设用地供需失衡和资金保障机制不完善同样影响了以县城为重要载体的四川新型城镇化建设。

（1）建设用地供需失衡待突破。四川县城建设用地供需方面主要存在四方面问题：首先是土地利用效率低。在县城建设中，"续办"和"缩面积"风气盛行，许多新建项目依然采用低层矮密的住宅建筑风格，浪费了较多土地资源，并且没有很好地发挥土地利用效率。其次是城镇化结构单一。四川的城镇化与人口流动速度不匹配，一些县城的城镇化的设计规划、发展规模不够合理，城市规划结构不合理，把大量的城市建设用地消耗掉，并且没有利用和整合好周边乡镇地方的资源和人力。然后是服务设施跟不上。当新的建设计划推进时，部分县城的城市公共设施与服务配套设施跟不上，从而制约了县城市民生活品质和城镇化建设的持续性发展，导致公共资源疏散不均，资源分配不公。最后是政策和行政机制不够完善。由于县政府对城镇化和城市规划的政策不够严格和行政机制管理不够完善，难免出现为了完成发展指标、形成政绩，放任和低估县级城镇化管理机构的建设和管理，导致一些重大发展决策不透明、复杂以及开发意见不明确等问题发生。

（2）建设资金保障机制需完善。四川县城新型城镇化建设是一个长期的过程，需要大量的投资和资金保障，但是在现实情况下，四川县城新型城镇化建设资金保障机制不完善，投资缺乏足够的保障，阻碍了县城新型城镇化建设发展。主要原因有三点：第一点是县城财政收入不充足导致四川县城新型城镇化建设投资缺乏保障。由于四川县域经济发展相对较慢，人口规模不够大，税收来自企业和居民的贡献不足，县城政府财政供给的资金受限，这会限制县城新型城镇化项目规模和速度。因此，需要加强县域经济发展力度，拓展县城财政收入渠道，并确保财政收入的稳定性。第二点是融资手段单一导致四川县城新型城镇化建设资金保障机制不完善，县城政府投资是目前主要的投资渠道，但是一旦政府预算出现赤字，便会导致县城新型城镇化建设的资金短缺，因此需要创新投资渠道，探索具有可持续性的投资方式，将县城新型城镇化建设项目与社会资本和市场环节更加紧密地联系起来。第三点是缺乏风险分担机制导致四川县城新型城镇化建设投资难以保障，这需要建立风险共担机制，尽量降低风险，并在可能的情况下寻找多方面的资金筹集来源。

第四节　以县城为重要载体的四川新型城镇化建设的发展路径搭建

一、以县城为重要载体的四川新型城镇化建设的主要目标

以县城为重要载体推进四川新型城镇化建设是现代化的必由之路，是最大的内需潜力所在，是经济发展的重要动力，也是一项重要的民生工程。四川是农业大省，城乡发展差异明显，区域发展不平衡不协调，以县城为重要载体推进四川新型城镇化建设对四川省逐步实现共同富裕具有重大现实意义。

（一）总体目标

以四川县城为重要载体，以促进人的四川新型城镇化为核心，以推动四川新型城镇化高质量发展为主题，以转变四川县城发展方式为主线，以体制机制改革创新为动力，统筹当前和长远，坚定走以人为本、四化同步、优化布局、生态文明、文化传承的以四川县城为重要载体的新型城镇化建设道路，补齐四川县城城镇结构、产业培育、公共品供给、农业人口市民化、制度保障的短板弱项，提升四川县城发展质量，让四川县城全体居民公平共享城市发展成果，为与全国同步实现乡村振兴、新型城镇化、扩大内需战略提供强劲动力和坚实支撑。

(二)阶段目标

四川省应把加快推进以县城为重要载体的新型城镇化建设摆在政府治理工作的突出位置,深入实施以人为核心的新型城镇化战略。四川省推进以县城为重要载体的新型城镇化的建设目标应注重目标导向和问题导向相结合、尽力而为和量力而行相结合、整体规划和突出重点相结合、战略性和操作性相结合,立足四川城镇化发展的基础条件,准确把握新型城镇化发展的趋势特征,统筹考虑城镇化发展需要和可能,分两个阶段实现总体目标。

第一阶段到 2027 年,四川省常住人口城镇化率超过 63%,提升幅度高于全国,户籍人口城镇化率持续提高,与全国平均水平的差距进一步缩小。四川县城农业转移人口市民化质量明显提高,城镇基本公共服务实现常住人口全覆盖。四川城镇体系结构更趋合理,推进以县城为重要载体的城镇化建设。四川县城和中心镇综合承载能力持续增强,城乡差距明显缩小。四川县城可持续发展能力明显增强,四川县城及以上城市空气质量优良天数比率提高到 93%,四川县城建成区绿化覆盖率超过 43.5%。系统完备、科学规范、运行有效的四川县城城市治理体系基本建立,四川县城的治理能力明显增强。

第二阶段到 2035 年,四川省常住人口城镇化率超过 70%,与全国同步基本实现新型城镇化。四川县城农业转移人口全面融入城市,人口在城乡之间自由迁移,基本公共服务实现均衡化,以经常居住地登记户口制度全面建立。推动四川大中小城市和县城协调联动、网络化、特色化发展。四川县城综合承载能力明显增强,功能更加完善,品质持续提升,宜居、韧性、创新、智慧、绿色、人文成为四川县城普遍特征,四川县城城市治理体系和治理能力现代化基本实现。

上述两个阶段发展目标的研究提出,主要遵循城镇化发展的一般规律,结合四川实际,突出常住人口城镇化率这一引领性指标。综合考虑四川县城产业、人口吸附能力和城镇化发展水平,特别是充分发挥城镇化补齐四川县城发展短板、带动四川县城经济增长的牵引作用,在四川全省范围内基本建成各具特色、富有活力、宜居宜业的现代化县城,进而缩小与邻近大中城市的发展差距,促进四川县城城镇体系完善、支撑城乡融合发展。

二、以县城为重要载体的四川新型城镇化建设的总体思路

在 2020~2022 年疫情影响下,四川省同国内其他省(区、市)一样面临着需求收缩、供给冲击和预期减弱三重压力,加上外部环境复杂多变,四川省非常关注如何通过以县城为重要载体实施新型城镇化建设来进一步挖掘内循环增长潜

能。基于四川省县城发展的基本情况、主要特征和未来趋势，未来推进四川省以县城为重要载体新型城镇化建设要以"四化同步、城乡融合、五区共兴"为总抓手，深刻把握好信息化、工业化、城镇化、农业现代化之间的内涵关系，促进城乡资源要素的有机流动和城乡居民的公平分享，构建良好的城镇空间布局，坚持分类建设，坚持城乡融合，坚持扩权赋能，坚持核心增长，坚持品质生活，坚持现代治理，推动县城区域间的合作和互动，实现成都平原、川南、川东北、攀西经济区和川西北生态示范区等地区县城新型城镇化建设的全域发展，以县城为重要载体的四川新型城镇化建设推动四川现代化建设。

（一）坚持分类建设

四川县城数量较多、类型不一，发展路径各不相同，例如以人口而论，2021年与第六次全国人口普查相比全省128个县（市）常住人口净增加的有42个，其中县36个（主要集中在三州地区），县级市6个（主要集中在成都），其余86个县（市）常住人口均下降，其中近一半县（市）降幅超10%，百万人口大县（市）数量锐减，2010年8个百万人口大县（市）到2020年仅剩2个；全省18个县级市城区人口均实现增长，且增幅均在30%以上；县城人口集中和局部人口塌陷现象并存，县城人口内部进一步分化，对县城空间规划、公共资源配置和城市治理能力等方面都提出了更高要求。一方面，四川县城差别化建设需要考虑资源禀赋的多维度，不同县城拥有不同的资源优势，四川一些县城可能具备农业、林业、矿产等资源，而其他县城可能依托于旅游、科技等产业，若不坚持分类建设，将导致资源错位、重复建设等问题，造成资源浪费和效益降低。因此，针对每个县城的资源特点，分类建设能够充分利用各地区的资源优势，实现资源的集约利用和协同发展。另一方面，四川县城新型城镇化强调县城功能的多样化，不同县城的发展需求和发展方向各异，四川有的县城需要加强基础设施建设，提升居民生活水平，有的县城可能需要发展产业，提高经济实力。因此分类建设可以因地制宜，按照不同县城的需求和潜力，有针对性地推进城镇化建设，这不仅有利于提高县城的发展效益和综合竞争力，还符合城市发展的多样性和差异性。特别是应积极响应"科学把握功能定位，分类引导县城发展方向"的政策要求，在"大城市周边县城、专业功能县城、农产品主产区县城、生态功能区县城、人口流失型县城"分类的基础上，探索四川省各县城所属具体功能类型的发展路径。

（二）坚持城乡融合

在四川县城新型城镇化建设中，要坚持城乡融合，需要在城乡网络节点、市场网络节点和公共资源网络节点等多个方面构建相应的机制，实现城乡经济、社会、生态的协同发展，推动城乡一体化发展。首先，在城乡网络节点中构建"连城接乡"机制。四川县城可以通过发展现代信息技术与农业生产的深度融合，建设农业互联网，实现农产品信息共享、销售渠道拓展等目标，发展农村电商、农村金融等新业态，打破城乡间的信息壁垒，促进农村经济的发展。其次，在市场网络节点中构建"要素聚散"机制。四川县城可通过推进县乡一体化发展，实现农产品、劳动力、资金等要素在城乡间的流动与配置，建立农产品的统一收购和流通体系，促进农产品进城、农民进城就业，同时吸引城市资本和技术向农村转移，促进城乡经济要素的有机聚集与流动。最后，在公共资源网络节点中构建"服务下沉"机制。四川县城以通过优化公共服务资源配置，将更多的公共服务向农村延伸。应加强农村教育、医疗、文化等公共服务设施建设，提高农村居民的生活质量，同时加强农村基层自治组织建设，提高农民参与公共决策的能力，推动城乡治理体系的完善。

（三）坚持扩权赋能

扩权强县改革是我国县城经济社会管理体制的重大创新，是县城各项改革的"牛鼻子"，具有牵一发而动全身的功效。四川省扩权强县改革经历了初步探索、扩大试点、全面推进三个阶段，目前已经从试点阶段进入全面深化阶段。在以县城为重要载体的新型城镇化建设中，需要进一步增强改革的整体性、协同性、系统性。第一，加强顶层设计。四川已经进入深化完善扩权强县改革新时期，重点是总结提炼、整体谋划和统筹实施，从主要扩大试点范围向扩大经济社会管理权限转变，从主要调整财政关系、经济关系向调整行政关系、社会关系等顶层设计转变，从单一制度保障向综合全面制度保障转变。本书将讨论形成改革的总体思路和目标路径，细化完善实施细则和操作流程，制定改革的路线图和时间表，明确改革的主要任务、主攻方向和时间节点。第二，理顺政府间关系。理顺四川省级以下政府间关系是扩权强县改革的重要突破口，包括结合财政事权划分和基层财力状况合理确定县级政府的支出责任，坚持增量调控，在城镇化建设投资中注重两级政府间利益的协调，强化市级统筹协调和指导监督完善全省、市、县三级联动工作机制等。第三，持续深入推进四川制度改革。从广度上考虑民族地区将是新一轮改革试点的重点区域，可以选择一批民族县先行试点，加速民族地区县城城镇化发展，进而带动周边民族县和所在自治州的城镇化进程，从深度上考虑"能放都放，权责一致"，不断丰富和完善改革形式，逐步全面下放到县，切实提高县城自主决策、自我管理权限。

（四）坚持核心增长

四川农业县、山区县等欠发达县较多，县城建设落后、核心作用不强，要创新城镇发展机制，突出县城和中心镇这两个重点，努力打造县城核心增长极，增强县城发展的内生动力，把推进新型城镇化作为主要战场，把建设转型发展平台作为重要抓手，把完善发展环境作为根本保障。首先，内外联动建设县城。县城要把融入区域发展作为首要目标，找准其在区域发展格局中的地位和作用，根据不同功能定位确定不同的发展路径。例如，毗邻大城市的县要实现与大城市"捆绑式"发展，距离大城市较远的县要积极打造市域"次中心"，依靠内部力量为主推动城镇发展。其次，产业升级驱动县城，统筹处理好城市建设和产业发展的关系。例如，工业基础较好的县城要走新型工业化道路，农业县要大力推进农业产业化，生态功能县要深度挖掘特色优势和资源等。再次，融合发展打造中心镇，努力培育县城副中心，引导和促进部分劳动密集型企业向中心镇集中，扩大中心镇规模，完善城镇基础设施，推动县城优势公共服务资源向镇域延伸，提高城镇化水平，增强中心镇资源要素承载能力，规划建设一批各具特色、富有活力、宜居宜业的特色发展强镇。最后，完善提升发展平台。围绕增强协同创新、完善服务功能和培育新优势，探索县城平台建设有效模式，主动整合县城间要素与资源，增强整个区域竞争力。尤其要优化提升县城已有开发区、工业园区、现代农业园区、自贸区等开发开放平台，构建产业生态圈，促进各类资源要素集聚。

（五）坚持品质生活

县城是我国推进工业化城镇化的重要空间、城镇体系的重要一环、城乡融合发展的关键纽带，是公共资源与环境设施的重要载体，也是产业配置再造的重要空间，更是人口城镇化的最直接牵引力量。四川是人口大省，也是全国县城最多的省份，下辖128个县和县级市。随着国内外环境态势发生重大变化，城市生活压力日益加大，四川省农民工逐步回流，县城既是县域政治经济文化中心，也是县域公共服务中心和人口集聚中心，以县城为重要载体的就近城镇化趋势越来越明显。以人为核心提升县城生活功能，是缓解"大城市病"、助力新型城镇化发展的客观需要，是改善"新市民"生活状况的客观需要，更是聚集资源要素、助力乡村振兴的客观需要。高质量发展背景下，立足人口流向的转折性变化趋势，为更好满足人民对美好生活的向往，需要重点梳理四川县城人口流向的阶段性特征、面临的主要问题挑战及对县城生活功能提升的影响效应，以人为核心在改善基础设施和公共服务、提供多样化的商业和休闲设施、提供优质住房和环境，以及加强社区建设和社会治理等方面形成重点突破，有效提升县城居民的生活品质和满意度，为以县城为重要载体的四川新型城镇化建设带来可持续的发展动力。

（六）坚持现代治理

实现县城新型城镇化建设中的治理现代化是一个复杂而重要的任务，需要从统筹规划、建设、管理三大环节角度进行分析和思考。统筹规划是实现治理现代化的基础，在县城新型城镇化建设规划阶段，应综合考虑县城的发展需求和资源禀赋，确立新型城镇化建设的目标定位和发展方向，通过制定科学合理的城市总体规划和城乡统筹规划，合理规划土地利用、人口分布、产业布局等，以实现城乡协调发展和资源优化配置。注重建设是治理现代化的重要手段，在县城新型城镇化建设阶段，应注重县城基础设施建设和公共服务设施的建设，加大对道路、桥梁、水电气等基础设施的投资，改善县城的交通条件，提高交通运输效率，同时加强医疗、教育、文化等公共服务设施建设，为县城提供更好的基本公共服务。加强管理是治理现代化的保障，在县城新型城镇化管理阶段，要建立健全现代化的城市治理体系和管理机制，包括完善城市管理法规制度，加大对市场经济、社会事务的监管力度；推动信息化建设，建立城市信息化管理平台，提高决策和管理的科学性和精确性；加强城市管理人员的培训和素质提升，提高治理的专业化水平等。从统筹规划、建设、管理三大环节视角看，实现县城新型城镇化建设的治理现代化需要加强规划的前瞻性和科学性，注重建设的重点和兼顾性，加强管理的规范性和专业性。只有统筹好规划、建设、管理三大环节，才能实现县城治理的现代化，推动县城新型城镇化建设持续健康发展。

三、以县城为重要载体的四川新型城镇化建设的重点任务

四川县城数量在全国排名首位，以县城为重要载体的四川新型城镇化建设对新时代治蜀兴川全局影响重大。县城建设在四川城乡融合发展中是十分重要的切入点，完善四川县城城镇体系、强化四川县城产业支撑、提升四川县城供给效率、稳步四川县城人口转移、增强四川县城制度保障五方面的协同发展，是贯彻落实四川省委在十二届二次全会关于"四化同步、城乡融合、五区共兴"顶层战略部署的重要支撑，重点任务如表4-1所示。

表 4-1　以县城为重要载体的四川新型城镇化建设的重点任务

主要目标	主要问题	重点任务
完善四川县城城镇体系	县城城镇化发展程度不平衡；县城与城市要素交换不通畅；县乡村三元空间布局不合理	完善以县城为重要载体的四川新型城镇化建设中四川县城与区域的统筹、县域与市域的统筹、县城与乡镇村庄的统筹
强化四川县城产业支撑	县城产业发展集聚程度不足；县城产业发展结构性矛盾突出；县城城镇化与产业现代化步调不一致	供给侧着力发展城镇经济、集镇经济、乡村经济三种经济形态，需求侧提升县城消费升级
提升四川县城供给效率	县城公共服务有待提升；县城市政公用设施不完善；城乡公共资源配置差异大	推进县城公共服务设施提标扩面，加快构建与人民美好生活需要相适应的市政交通、市政管网、配送投递体系
稳步四川县城人口转移	农业人口由村向县转移不充分；农业人口户籍市民化水平滞后；县城人口集聚力和吸引力不足	实施分类引导、以人定城、以文活城，满足农民到县城就业安家需求和县城居民生产生活需要，提升县城人口的集聚力和吸引力
增强四川县城制度保障	转移人口市民化政策需加强；建设用地供需失衡待突破；资金保障机制需完善	健全农业转移人口市民化机制、建立多元可持续的投融资机制和集约高效的建设用地利用机制等政策制度保障

首先，城镇体系布局是四川新型城镇化建设的基础，合理的城镇体系布局能够有效整合资源，提高城市群的发展效益，并直接影响四川城市群的协同发展和人口资源的合理利用。其次，县城现代化产业支撑是四川新型城镇化发展的重要动力，通过发展现代化产业，提升产业结构和水平，可以为四川县城提供更多就业机会，吸引外来投资和人才流入，推动经济的快速增长和城镇化进程的加速。然后，县城公共服务和市政设施供给效率是提升四川新城高品质生活的关键要素，优质的公共服务和便捷的市政设施供给能够提升居民的生活品质，进一步推动四川县城城镇化的发展。再次，县城农村人口转移是四川新型城镇化建设的重要内容。通过引导农村人口向县城转移，可以促使农村地区实现产业升级、劳动力转移和经济发展的良性循环，推动四川城乡融合和乡村振兴。最后，政策制度保障是以县城为重要载体的四川新型城镇化建设的重要保障，政府需要出台相应的政策和制度，为县城城镇化发展提供有力支持，包括土地政策、财政金融支持、法律法规等方面的保障，以创造良好的发展环境和营商环境。整体上，县城在四川新型城镇化建设中作用重大，城镇体系布局、现代化产业支撑、公共服务和市政设施供给效率、农村人口转移以及政策制度保障之间相互关联、相互促进，是共同推动四川实现现代化、共同富裕和区域协调发展的重要举措。

（一）地的城镇化：完善四川县城城镇体系

县城城镇化不是一县一域的城镇化，而是四化同步的城镇化、城乡融合的城镇化、区域协调发展的城镇化。当前四川省经济社会发展进入中心城市和都市圈带动、城市群和经济区协同发展的阶段,"四化同步、城乡融合、五区共兴"发展战略是县城城镇化发展找准方向融入区域中心城市、城市群和经济区的根本保障,在统筹四川县城城镇和村庄空间布局时应注意县城与区域的统筹、县城与市域的统筹、县城与乡镇村庄的统筹。第一,从县城与区域统筹视角形成四川县城融入"一轴三带"的城镇化空间格局,从县城与市域统筹视角形成县城参与省市更高水平区域分工协作的城镇化空间格局,从县城与乡镇村庄统筹视角形成城乡融合发展的城镇化空间格局。第二,根据四川不同地形地貌县城的生产、生活、生态三大布局,针对都市圈内的县、属于高密度平原地区的县、属于低密度平原地区的县、高密度山地丘陵的县、低密度山地丘陵的县、不宜居地区的县等特征,提出因地制宜的县城国土空间格局、村庄布点规划、村庄产业分类发展、村庄公共服务设施、村庄支撑设施体系、村庄风貌建设分类引导、村庄历史文化保护、农村土地整治等整体布局建议规划。第三,基于县城在城镇体系中的承上启下职能,建立县城既能承接上一级大城市辐射带动作用,又能覆盖下面乡镇的空间治理能力与交通网络。

(二)业的城镇化:强化四川县城产业支撑

(1)供给侧方面,县城经济集第一、二、三产业为一体,城市经济与乡村经济为一体,形成了城镇经济、集镇经济、乡村经济三种经济形态,其中,城镇经济是核心,集镇经济是节点,乡村经济是基础。第一,县城作为县域的行政中心、人口中心和服务中心,具备一定支撑现代工业发展所需的基础设施和其他要素条件,是县域第二、三产业的主要集聚地,需要搭建以县城为中心、产业园区为载体、工业为主导的城镇产业发展路径。第二,集镇兼具有城乡二者的特点和功能,集聚了一定规模的工业和服务业,是县城经济中一种相对独立的经济形态,需要着力发展有特色的工业、商贸、旅游等产业,同时引进植入金融、创新创业、互联网等新兴产业,具有特色和优势的集镇产业发展路径。第三,乡村的经济活动分布在广阔的乡村地域,以农、林、牧、副、渔等第一产业为主,兼有旅游等其他经济活动,需要推动传统农业向现代农业转型升级的乡村产业发展路径。

(2)需求侧方面,消费是县城经济增长的主引擎,随着近年来消费市场逐渐下沉县城市场,县城消费市场潜力正进一步得到释放。四川县城地区量大面广,有巨大的潜力及成长空间,有望为四川消费市场带来新的增量,但四川县城也存在市场供给适配性不足、物流配送体系不完善等短板,制约着消费升级,需要多方面提升四川县城消费升级。第一,围绕产业转型升级和县城居民消费升级需求,提出改善四川县城消费环境的方案。第二,从消费"场"下沉角度,加强县城特色商贸小镇建设、农贸市场改造升级,改造提升县城百货商场、大型卖场、特色商业街等高水平消费场所。第三，实现县城居民与大城市居民消费同标、同质的路径，找出提升县城实物售后服务和服务类消费供给水平的具体举措。

（三）服务均衡化：提升四川县城供给效率

一方面，公共服务关乎群众切身利益，是人的全面发展的基础条件，优质的教育、医疗服务等在很大程度上影响了流动人口的去向选择。目前，四川省一些县城的公共服务供给总量不足、质量不高，一些县级疾控中心、医院防控救治能力严重不足，难以有效应对疫情暴发等突发公共卫生事件，不少县城教育培训、养老托育、文旅体育等公共服务设施的数量、种类、质量与地级及以上城市城区相比存在较大差距，难以满足人民群众需要，需要以问题为导向，突出公共服务普惠性、基础性、兜底性，统筹基本公共服务供给与非基本公共服务供给，推进县城公共服务设施提标扩面，保障居民获得普惠共享的基本公共服务。第一，根据四川县城医疗卫生供给情况，以及县城与邻近大中城市城区医疗卫生设施统筹布局和衔接配合重点，对县级医院、县级疾控中心、县级妇幼保健机构等重点医疗机构加强供给能力。第二，对于四川县城教育资源总体不足与结构性不足并存的突出问题，需要对学前教育、义务教育、职业教育等提供具体路径设计方案，对农民工随迁子女入学、转学和参加升学考试等重点方面加强政策研究和指导。第三，四川县城人口老龄化严重，托育供给缺口较大，需要在养老托育设施供给、服务供给等方面探索着力路径。第四，根据四川县城文化体育设施建设情况，把握设施建设存量与增量的关系，按照人口分布情况提供优化布局路径。

另一方面，市政设施直接服务于县城居民，是宜居县城的重要硬件基础。目前，四川省不少县城的市政公用设施不完善，如管网陈旧老化、路网容量不足、老旧小区配套较差、停车场建设滞后、客运站设施落后等，降低了县城对人口的承载力和吸引力，需要加快构建与人民美好生活需要相适应的市政交通、市政管网、配送投送体系，较好满足居民居住和出行等生活需要。第一，围绕四川县城道路交通网络优化，健全配套交通管理设施和安全设施，缓解医院、学校、大中型商场和办公区等人口密集区"停车难"问题，推进县城市政道路与干线铁路、高速公路、国省干线公路高效衔接。第二，围绕健全四川县城市政管网和防洪排涝设施，在更新改造老化燃气管网、电网升级改造等方面寻找突破口，消除严重易涝积水区段，降低外洪入城风险。第三，完善防灾减灾设施，针对县城灾害风险隐患排查评估、公共建筑消防设施达标建设、城市生命线备用设施建设方面提出具体路径举措。第四，围绕四川县城更新改造老旧小区，需要统筹推进老旧小区、老旧厂区、老旧街区、城中村改造，完善水电路气信等配套设施，探索打造一批现代社区、精品街道、活力街区、魅力地段，以社区为基本单元配建基本公共服务设施、便民商业设施、市政配套基础设施和公共活动空间。第五，围绕四川县城数字化改造，根据县城规模化部署情况，在一网统管、一网通办、一网通享等方面找出具体路径举措。

（四）人的城镇化：稳步四川县城人口转移

推进县城建设的根本出发点是更好满足农民到县城就业安家需求和县城居民生产生活需要，提升县城人口的集聚力和吸引力。目前，四川省县城生活功能配套面临不充分、不平衡的问题，基本公共服务与常住人口匹配度不高，市政设施建设浪费与紧缺并存，需要进一步提质增效。第一，实施分类引导，顺应四川县城人口流向趋势和规律，分析大城市周边县城、专业功能县城、农产品主产区县城、重点生态功能区县城、人口流失县城城镇人口流动特征，因城施策，分类分析大城市周边县城、专业功能县城、农产品主产区县城、重点生态功能区县城、人口流失县城生活功能提质升级的重点思路和方向。第二，实施以人定城，打破按照行政等级配置公共服务资源的思维惯性，强化四川县城，特别是人口流入较多的县城的设施建设投入，坚持基本公共服务供给与县城常住人口充分挂钩，坚持要素跟着人走，持续优化县城公共服务设施配置。同时，通过体制机制和技术创新提升公共服务资源共享水平，强化省级和地级及以上城市三甲医院对薄弱县级医院帮扶等，更好满足县城居民生活需求。第三，实施以文活城，保留四川历史基底、空间尺度、景观环境，活化利用历史街区和传统建筑，努力打造历史风貌保护与城市更新相结合、历史文化传承与现代生活相融合的"县城样本"，提升人居环境质量。第四，实施城乡融合，推动四川城乡要素合理流动和优化配置，促进城市基础设施向乡村延伸、公共服务向乡村覆盖，为县城居民提供生活服务，以县城的发展引领带动乡村地区提升。

（五）政策系统化：增强四川县城制度保障

对于以县城为重要载体的四川新型城镇化建设来说，健全农业转移人口市民化机制、建立多元可持续的投融资机制和建立集约高效的建设用地利用机制等政策制度保障非常重要。第一，健全农业转移人口市民化机制是实现城乡融合的关键。四川应该制定相关政策，提供农业转移人口的落户和社会保障，鼓励其融入城市社会，享受城市公共服务，提高其市民化水平，并通过提供就业机会、教育、医疗等优质公共服务，吸引农村人口转移，促进城乡人口的有机流动。第二，建立多元可持续的投融资机制是城镇化建设的重要支撑。四川应该积极引导社会资本投入城镇化建设，通过引进民间投资、发展金融创新等方式，吸引更多的资金用于城市基础设施、公共服务等领域。建立多元化的投融资机制，能够提高资金的有效利用和运营效率，推动城镇化建设的可持续发展。第三，建立集约高效的建设用地利用机制是优化城市空间布局的关键。四川应该加强土地管理和规划，合理利用土地资源，提高土地利用效率，通过集约利用闲置土地、优化土地利用结构和提高土地使用效益，实现城市用地的高效集约利用，减少土地浪费，推动城市的可持续发展。第四，四川还应加强制度保障，包括加强法律法规的制定和执行，加强监管和评估机制的建立，确保城镇化建设的合规性和可持续性，加强政府部门间的协调与合作，形成良好的政策环境和政府服务体系，提高政策制度的执行效果。

第五章　以县城为重要载体优化四川城镇体系的发展路径

第一节　四川县城的城镇化水平与空间结构

一、四川县城土地使用整体情况

截至2023年上半年，四川共有128个县和县级市，其中有109个县（自治县）、19个县级市，数量位居全国第一。128个县城分布在四川五个区域，成都平原经济区有40个县城，川东北经济区有22个县城，川南经济区有16个县城，川西北生态示范区有31个县城，攀西经济区有19个县城。2021年四川省县域面积达39.91万 km^2，4683.48万人居住于县域，县域人口总数量超过四川省全省人口数量一半。聚焦于县域中最发达的县城，四川省县城总面积达8169.99km^2，县城人口为994.88万人，其中建成区面积达1284.76km^2，城市建设用地有1189.45km^2。从2013年国家提出实施新型城镇化建设以来，无论是县域的面积和人口，还是城镇的面积和人口，包括建成区面积和城市建设用地面积，整体规模变化不大，县域和县城的面积与人口甚至有一定幅度的缩减，说明四川省县城的新型城镇化建设还有待加强，县城对人口的吸引力还有待提升，2013~2021年四川省县城土地面积及人口情况参见表5-1[①]。

表5-1　2013~2021年四川省县城土地面积及人口情况

统计年度	县域面积/km^2	县域人口/万人	县城面积/km^2	县城人口/万人	建成区面积/km^2	城市建设用地面积/km^2
2013	431726.96	5513.69	9813.65	981.03	1164.46	1129.16
2014	431968.73	5535.37	9436.5	1020.71	1270.32	1188.54
2015	413823.43	5488.04	9598.07	1078.82	1332.18	1244.75
2016	409945.59	5254.4	8294.64	982.56	1184.91	1119.67
2017	409019.04	5099.6	5993.51	949.51	1205.95	1123.64
2018	406253.04	4975.26	5890.44	957.01	1233.78	1118.06

① 本书分析的县城128个，不包含区。

续表

统计年度	县域面积/km²	县域人口/万人	县城面积/km²	县城人口/万人	建成区面积/km²	城市建设用地面积/km²
2019	406257.56	4939.84	10744.83	1013.33	1318.67	1184.02
2020	404533.79	4784.07	10610.79	1019.29	1326.9	1215.92
2021	399099.45	4683.48	8169.99	994.88	1284.76	1189.45

注：根据《中国县域统计年鉴2022》和CSMAR数据综合整理而成。

具体分析四川县城土地使用情况，以2021年为例，四川省县城土地涉及10个用途，其中居住用地396km²，公共管理与公共服务用地112km²，商业服务业设施用地70km²，工业用地174km²，物流仓储用地34km²，道路交通设施用地167km²，公用设施用地54km²，绿地与广场用地183km²，本年征用土地面积47km²，耕地24km²，在县城用地中居住用地、工业用地、绿地与广场用地和道路交通设施用地占比较高，分别为31%、14%、14%和13%。分年度看，四川县城各类土地用途合计保持在1200km²上下，整体变化不大。2013～2021年四川省县城土地用途情况参见表5-2。

表5-2 2013～2021年四川省县城土地用途情况

用地类型	2013年	2014年	2015年	2016年	2017年	2018年	2019年	2020年	2021年	2021年占比/%
居住用地	373	396	405	369	365	365	388	402	396	31
公共管理与公共服务用地	116	118	124	105	102	105	111	112	112	9
商业服务业设施用地	86	85	96	74	74	72	74	74	70	6
工业用地	148	165	171	149	151	152	170	180	174	14
物流仓储用地	54	46	49	40	37	34	35	34	34	3
道路交通设施用地	118	135	145	138	151	157	166	173	167	13
公用设施用地	65	65	70	63	53	53	54	55	54	4
绿地与广场用地	169	178	186	183	191	180	186	186	183	14
本年征用土地面积	64	50	62	48	57	59	60	63	47	4
耕地	31	25	33	26	32	32	36	37	24	2
合计	1224	1263	1341	1195	1213	1209	1280	1316	1261	100

注：根据《中国县域统计年鉴2022》和CSMAR数据综合整理而成。

二、四川县城分区城镇化具体情况

为了便于将县城城镇化情况进行比较分析，本节将四川省县城分为成都平原经济区、川东北经济区、川南经济区、川西北生态示范区、攀西经济区分区域进行县城新型城镇化的具体情况分析。

成都平原经济区县城城镇化情况如表5-3所示。成都平原经济区涉及成都市、德阳市、乐山市、眉山市、绵阳市、遂宁市、雅安市、资阳市8个城市，对应崇州市、

表5-3 成都平原经济区县城城镇化情况（2021年）

序号	县（市）	常住人口/万人	城镇化率/%	行政区划面积/km²	序号	县（市）	常住人口/万人	城镇化率/%	行政区划面积/km²
	成都市				21	洪雅县	29.6	46	1897
1	崇州市	74.6	54	1089	22	青神县	16.8	48	387
2	大邑县	51.3	51	1284	23	仁寿县	111.1	43	2608
3	都江堰市	71.7	62	1208		绵阳市			
4	简阳市	113.7	53	2214	24	北川羌族自治县	17.9	37	3083
5	金堂县	80.7	53	1156	25	江油市	73.1	55	2720
6	彭州市	78.5	52	1421	26	平武县	12.7	29	5946
7	蒲江县	25.9	48	580	27	三台县	94.4	30	2659
8	邛崃市	60.3	54	1377	28	盐亭县	36.5	39	1645
	德阳市				29	梓潼县	27.8	34	1444
9	广汉市	62.6	60	549		遂宁市			
10	绵竹市	44.0	54	1246	30	大英县	38.1	46	701
11	什邡市	40.8	56	820	31	蓬溪县	42.2	40	1251
12	中江县	94.8	43	2200	32	射洪市	72.1	61	1496
	乐山市					雅安市			
13	峨边彝族自治县	12.1	39	2381	33	宝兴县	4.8	44	3114
14	峨眉山市	41.6	61	1181	34	汉源县	28.5	44	2215
15	夹江县	30.2	48	743	35	芦山县	9.9	55	1191
16	犍为县	41.5	42	1375	36	石棉县	11.4	76	2679
17	井研县	27.8	42	840	37	天全县	13.1	48	2390
18	马边彝族自治县	18.9	39	2293	38	荥经县	13.1	52	1777
19	沐川县	18.8	35	1407		资阳市			
	眉山市				39	安岳县	94.0	32	2690
20	丹棱县	14.9	44	449	40	乐至县	48.5	41	1424

注：根据《中国县域统计年鉴2022》和CSMAR数据综合整理而成。

广汉市、峨边彝族自治县、丹棱县、北川羌族自治县、大英县、宝兴县、安岳县等40个县（市）。成都市中简阳市常住人口最多，蒲江县常住人口最少，各县城常住人口存在一定差距，都江堰市城镇化率最高，蒲江县城镇化率最低，超90%县城城镇化高于50%，行政区划面积最大的是简阳市，为2214km^2。德阳市中常住人口最多、行政区划面积最大的是中江县，城镇化率最高的为广汉市。乐山市各县城常住人口都未超过45万人，峨边彝族自治县、马边彝族自治县、沐川县3个县城城镇化率低于40%。眉山市各县城常住人口差距较大，最多的仁寿县有111.1万人，最少的丹棱县只有14.9万人，4个县城城镇化率在40%~50%。绵阳市下辖县城城镇化率整体水平较低，6个县城中有北川羌族自治县、平武县、三台县、盐亭县、梓潼县5个县城城镇化率低于40%，其中平武县县城城镇化在成都平原经济区中最低，只有29%。遂宁市中射洪市常住人口、城镇化率、行政区划面积三项指标均排在3个县城中首位。雅安市的宝兴县只有4.8万常住人口，资阳市的安岳县县城城镇化率只有32%。

川东北经济区县城城镇化情况如表5-4所示。川东北经济区涉及巴中市、达州市、广安市、广元市、南充市5个城市，对应南江县、大竹县、华蓥市、苍溪县、阆中市等22个县（市）。川东北经济区22个县城中常住人口最多的县

表5-4 川东北经济区县城城镇化情况（2021年）

序号	县（市）	常住人口/万人	城镇化率/%	行政区划面积/km^2	序号	县（市）	常住人口/万人	城镇化率/%	行政区划面积/km^2
	巴中市				12	岳池县	74.2	41	1479
1	南江县	46.0	39	3390		广元市			
2	平昌县	64.9	41	2229	13	苍溪县	50.8	34	2334
3	通江县	51.3	40	4120	14	剑阁县	41.9	39	3203
	达州市				15	青川县	15.2	36	3215
4	大竹县	83.8	47	2079	16	旺苍县	32.2	45	2976
5	开江县	41.3	44	1032		南充市			
6	渠县	91.0	43	2018	17	阆中市	61.8	49	1875
7	万源市	40.5	43	4053	18	南部县	80.9	45	2229
8	宣汉县	95.2	45	4272	19	蓬安县	45.8	39	1331
	广安市				20	西充县	41.6	43	1107
9	华蓥市	26.9	54	464	21	仪陇县	72.1	40	1773
10	邻水县	70.6	43	1908	22	营山县	61.6	45	1635
11	武胜县	55.4	38	956					

注：根据《中国县域统计年鉴2022》和CSMAR数据综合整理而成。

城是渠县，常住人口有91万人。川东北经济区只有华蓥市一个县城城镇化率为54%，超过50%的水平，有南江县、武胜县、苍溪县、剑阁县、青川县、蓬安县6个县城城镇化率未超过40%，其他15个县城城镇化率在40%~50%。川东北经济区面积最大的县城是达州市宣汉县，为4272km^2，面积最小的县城是广安市华蓥市，为464km^2。

川南经济区县城城镇化情况如表5-5所示。川南经济区涉及泸州市、内江市、宜宾市、自贡市4个城市，对应古蔺县、隆昌市、高县、富顺县等16个县（市）。宜宾市县城数量最多，有7个县城，但宜宾市各个县城常住人口数量不多，只有江安县超过40万人，屏山县常住人口只有24.3万人，其他5个县城常住人口数量都在30万~40万人。川南经济区中城镇化率最高的是宜宾市珙县，城镇化率为53%，城镇化率最低的是宜宾市屏山县，城镇化率只有32%。

表 5-5 川南经济区县城城镇化情况（2021 年）

序号	县（市）	常住人口/万人	城镇化率/%	行政区划面积/km^2	序号	县（市）	常住人口/万人	城镇化率/%	行政区划面积/km^2
	泸州市				8	高县	38.1	43	1320
1	古蔺县	65.1	34	3184	9	珙县	32.7	53	1145
2	合江县	68.9	43	2414	10	江安县	42.9	48	948
3	泸县	76.6	42	1525	11	屏山县	24.3	32	1504
4	叙永县	55.2	36	2973	12	兴文县	37.9	41	1380
	内江市				13	筠连县	33.0	42	1256
5	隆昌市	55.2	50	794	14	长宁县	33.0	50	942
6	威远县	53.0	52	1290		自贡市			
7	资中县	84.1	41	1735	15	富顺县	71.7	43	1342
	宜宾市				16	荣县	46.3	44	1605

注：根据《中国县域统计年鉴 2022》和 CSMAR 数据综合整理而成。

川西北生态示范区县城城镇化情况如表 5-6 所示。川西北生态示范区只有阿坝藏族羌族自治州和甘孜藏族自治州两个自治州，对应阿坝县、黑水县、巴塘县、白玉县等 31 个县（市），其中阿坝藏族羌族自治州有 13 个县城，甘孜藏族自治州有 18 个县城。川西北生态示范区是青藏高原东南缘和横断山脉的一部分，海拔较高，面积是五区当中最大的。整体来看，川西北生态示范区 31 个县城除康定市常住人口为 12.7 万人，石渠县人口 10.3 万人外，其他县城常住人口均未超过 10 万人，最少的得荣县只有 2.5 万人。川西北生态示范区县城城镇化率普遍偏低，城镇化率低于 30%的县城有 13 个，主要集中在甘孜藏族自治州，其中石渠县城镇化率最低，只有 16%。川西北生态示范区各县城行政区划面积普遍较大，行政区划面积最大的石渠县有 24944km^2，行政区划面积最小的是泸定县，也有 2165km^2。

表 5-6　川西北生态示范区县城城镇化情况（2021 年）

序号	县（市）	常住人口/万人	城镇化率/%	行政区划面积/km^2	序号	县（市）	常住人口/万人	城镇化率/%	行政区划面积/km^2
阿坝藏族羌族自治州					16	丹巴县	5.0	32	4656
1	阿坝县	8.0	31	10125	17	道孚县	5.3	23	7053
2	黑水县	4.3	40	4142	18	稻城县	3.3	24	7323
3	红原县	4.7	43	8296	19	得荣县	2.5	26	2916
4	金川县	5.7	35	5355	20	德格县	8.8	28	11025
5	九寨沟县	6.6	55	5288	21	甘孜县	7.2	30	7303
6	理县	3.6	39	4318	22	九龙县	5.3	28	6766
7	马尔康市	5.7	54	6626	23	康定市	12.7	55	11486
8	茂县	9.4	51	3897	24	理塘县	6.7	40	13677
9	壤塘县	4.5	26	6640	25	炉霍县	4.7	28	4601
10	若尔盖县	7.7	34	10326	26	泸定县	8.4	48	2165
11	松潘县	6.7	36	8342	27	色达县	6.4	25	9332
12	汶川县	8.2	53	4084	28	石渠县	10.3	16	24944
13	小金县	6.4	39	5565	29	乡城县	3.1	30	5016
甘孜藏族自治州					30	新龙县	4.5	19	8570
14	巴塘县	5.0	28	7852	31	雅江县	5.1	29	7558
15	白玉县	5.9	23	10386					

注：根据《中国县域统计年鉴 2022》和 CSMAR 数据综合整理而成。

攀西经济区县城城镇化情况如表 5-7 所示。攀西经济区只有凉山彝族自治州和攀枝花市 1 州 1 市，对应布拖县、德昌县、米易县、盐边县等 19 个县（市），其中凉山彝族自治州就有 17 个县城，占到了攀西经济区县城数量的绝大多数。除西昌市有 96.3 万常住人口外，常住人口小于 30 万人的县城有 13 个，其中常住人口最少的木里藏族自治县只有 12.4 万人。从城镇化率来看，西昌市城镇化率最高，达到 67%，美姑县城镇化率最低，只有 15%，美姑县也是四川 128 个县城中城镇化率最低的县城。从行政区划面积看，木里藏族自治县行政区划面积最大，有 13223km^2，县行政区划面积最小的金阳县也有 1587km^2。

表 5-7 攀西经济区县城城镇化情况（2021 年）

序号	县（市）	常住人口/万人	城镇化率/%	行政区划面积/km²	序号	县（市）	常住人口/万人	城镇化率/%	行政区划面积/km²
	凉山彝族自治州				11	宁南县	18.4	41	1670
1	布拖县	18.7	22	1684	12	普格县	18.1	18	1905
2	德昌县	21.7	43	2284	13	西昌市	96.3	67	2888
3	甘洛县	20.7	23	2156	14	喜德县	15.9	28	2182
4	会东县	34.4	41	3227	15	盐源县	34.2	33	8412
5	会理市	39.1	46	4518	16	越西县	30.4	33	2257
6	金阳县	17.0	28	1587	17	昭觉县	25.4	23	2560
7	雷波县	24.1	24	2838		攀枝花市			
8	美姑县	24.1	15	2515	18	米易县	22.7	45	2105
9	冕宁县	36.5	39	4423					
10	木里藏族自治县	12.4	23	13223	19	盐边县	17.9	33	3289

注：根据《中国县域统计年鉴 2022》和 CSMAR 数据综合整理而成。

三、四川县城分区城镇化汇总情况

通过汇总统计对应县城数据，得到四川 21 个市（州）和 5 个区域平均县城城镇化情况，具体如表 5-8 所示。整体分析，首先是县城平均常住人口，成都平原经济区县城平均 45.00 万人，川东北经济区县城平均 56.59 万人，川南经济区县城平均 51.12 万人，川西北生态示范区县城平均 6.18 万人，攀西经济区平均 27.79 万人，川东北经济区县城平均常住人口最多，川西北生态示范区县城平均常住人口最少，各地区之间常住人口分化明显。其次是县城平均城镇化率，成都平原经济区县城为 47.22%，川东北经济区县城为 42.38%，川南经济区县城为 43.43%，川西北生态示范区县城为 34.50%，攀西经济区县城为 32.87%，成都平原经济区县城平均城镇化率最高，攀西经济区县城平均城镇化率最低，两者相差 14.35 个百分点。四川县城整体平均城镇化为 40.08%，县城的城镇化水平还有提升空间，其是推动四川省新型城镇化建设的最重要一环。最后是县城行政区域合计面积，川西北生态示范区县城行政面积合计为 235633km²，占比超过四川所有县城面积之和的一半，五区之中县城面积汇总最小的是川南经济区，只有 25357km²。

具体分析 5 个区域内部情况。第一是成都平原经济区县城平均情况，成都市下辖县城平均常住人口数量最多，雅安市下辖县城平均常住人口数量最少，绵阳市和资阳市两地县城平均城镇化率低于 40%，其他 6 个城市县城平均城镇化率水平较高。第二是川东北经济区县城平均情况，达州市县城平均常住人口数

表 5-8 分区域四川县城城镇化情况（2021 年）

所在区域	县所属市	县（市）数量/个	平均常住人口数/万人	平均城镇化率/%	行政区域合计面积/km²
成都平原经济区	成都市	8	69.59	53.45	10329
	德阳市	4	60.55	53.26	4815
	乐山市	7	27.27	43.50	10220
	眉山市	4	43.10	45.23	5341
	绵阳市	6	43.73	37.22	17497
	遂宁市	3	50.73	48.97	3448
	雅安市	6	13.47	53.29	13366
	资阳市	2	71.25	36.42	4114
	小计	40	45.00	47.22	69130
川东北经济区	巴中市	3	54.07	39.74	9739
	达州市	5	70.36	44.50	13454
	广安市	4	56.77	44.08	4807
	广元市	4	35.03	38.29	11728
	南充市	6	60.63	43.53	9950
	小计	22	56.59	42.38	49678
川南经济区	泸州市	4	66.45	39.01	10096
	内江市	3	64.10	47.38	3819
	宜宾市	7	34.56	44.22	8495
	自贡市	2	59.00	43.59	2947
	小计	16	51.12	43.43	25357
川西北生态示范区	阿坝藏族羌族自治州	13	6.27	41.25	83004
	甘孜藏族自治州	18	6.12	29.62	152629
	小计	31	6.18	34.50	235633
攀西经济区	凉山彝族自治州	17	28.67	32.15	60329
	攀枝花市	2	20.30	38.96	5394
	小计	19	27.79	32.87	65723
合计		128	37.34	40.08	445521

注：根据《中国县域统计年鉴 2022》和 CSMAR 数据综合整理而成。四川县域面积是县级行政单位面积之和，四川行政区域面积是整个四川省面积，前者是后者的组成部分，两者范围和口径不同。

达 70.36 万人，在 21 个市（州）中排名第二，最低的广元市县城平均常住人口也有 35.03 万人，该区域整体常住人口数量较多，川东北经济区 5 个城市中，没有县城平均城镇化率超过 45% 的地区，整体城镇化率还有待提升。第三是川南经济区县城平均情况，4 市下辖县城无论是平均常住人口还是平均城镇化率的差异均较小，城镇化水平整体较为平均。第四是川西北生态示范区县城平均情况，两州下辖县平均常住人口数各只有约 6 万人，甘孜藏族自治州县城平均城镇化率为 29.62%，全省最低。第五是攀西经济区县城平均情况，该区县城平均常住人口和平均城镇化率相较于成都平原经济区、川东北经济区、川南经济区的县城平均水平较低，需要精准施策提升该区域县城的城镇化水平。

2013～2021 年，四川五个地区县城的城镇化水平都呈现了较快的增长，如表 5-9 所示。其中，增幅最大的是成都平原经济区县城，增幅达 29.26%，增幅最小的是川西北生态示范区县城，增幅也有 23.61%，但是四川县城整体城镇化率相较于全国平均水平和四川省平均水平仍有较大差距，因此需要花大力气推进以县城为重要载体的四川新型城镇化建设。

表 5-9 分区域四川县城城镇化率增长情况

区域	2021 年城镇化率/%	2013 年城镇化率/%	增长率/%
成都平原经济区县城	47.22	36.53	29.26
川东北经济区县城	42.38	32.85	29.01
川南经济区县城	43.43	34.84	24.66
川西北生态示范区县城	34.50	27.91	23.61
攀西经济区县城	32.87	26.05	26.18

注：根据《中国县域统计年鉴 2022》和 CSMAR 数据综合整理而成。

四、四川县城新型城镇化试点情况

2023 年 4 月四川省在大英县、江安县、金堂县、乐至县、绵竹市 5 个国家级县城新型城镇化建设示范县（市）基础上，择优选择了含上述 5 县（市）共 37 个县城开展四川省级新型城镇化建设试点，具体情况如表 5-10 所示。分类型来看，8 个大城市周边试点县城常住人口均超过 50 万人，其中，仁寿县常住人口数量达到 111.10 万人，常住人口数量在所有分类试点县城中排名第一；10 个农产品主产区县城试点城镇化率除三台县外均超过 40%；6 个重点生态功能区县城试点常住人口数量较其他三类试点县城偏低，其中 5 个县城常住人口低于 20 万人，甘孜县常住人口只有 7.2 万人，常住人口数量在所有分类试点县城中排名最后，但是重点生态功能区各试点县城行政区划面积较大，最大的甘孜县行政区划面积达 7303km^2，行政区划面积在所有分类试点县城中排名第一，同时该类试点县中石棉县城镇化率达到 76.48%，城镇化率在所有分类试点县城中排名第一；13 个专业功能试点县城常住人口、城镇化率、行政区划面积水平较为平均。

表 5-10　四川省县城新型城镇化建设试点情况（2021 年）

序号	县（市）	常住人口/万人	城镇化率/%	行政区划面积/km²	序号	县（市）	常住人口/万人	城镇化率/%	行政区划面积/km²
	大城市周边县城试点					重点生态功能区县城试点			
1	崇州市	74.60	53.80	1089	19	甘孜县	7.20	30.24	7303
2	广汉市	62.60	59.90	549	20	冕宁县	36.50	39.45	4423
3	江油市	73.10	54.58	2720	21	沐川县	18.80	35.11	1407
4	金堂县	80.70	52.77	1156	22	青川县	15.20	35.83	3215
5	泸县	76.60	42.43	1525	23	石棉县	11.40	76.48	2679
6	南部县	80.90	45.49	2229	24	汶川县	8.20	52.77	4084
7	仁寿县	111.10	43.43	2608		专业功能县城试点			
8	武胜县	55.40	38.27	956	25	大英县	38.10	45.51	701
	农产品主产区县城试点				26	峨眉山市	41.60	60.82	1181
9	江安县	42.90	48.48	948	27	富顺县	71.70	42.92	1342
10	乐至县	48.50	41.32	1424	28	古蔺县	65.10	34.10	3184
11	米易县	22.70	45.05	2105	29	开江县	41.30	44.29	1032
12	平昌县	64.90	40.62	2229	30	阆中市	61.80	49.03	1875
13	渠县	91.00	43.04	2018	31	绵竹市	44.00	54.09	1246
14	三台县	94.40	30.03	2659	32	彭州市	78.50	52.44	1421
15	兴文县	37.90	40.94	1380	33	青神县	16.80	47.71	387
16	岳池县	74.20	40.57	1479	34	邛崃市	60.30	54.43	1377
17	中江县	94.80	42.93	2200	35	射洪市	72.10	61.45	1496
18	资中县	84.10	40.80	1735	36	威远县	53.00	51.83	1290
					37	西昌市	96.30	67.08	2888

注：根据《中国县域统计年鉴 2022》和 CSMAR 数据综合整理而成，其中，金堂县、江安县、乐至县、大英县、绵竹市为国家县城新型城镇化建设示范县（市）。

第二节　以县城为重要载体的四川城镇体系的优化路径

一、四川县城城镇体系优化的关键要素

四川省有 128 个县和县级市，县城数量位居全国第一，县城新型城镇化建设在四川城镇化体系中有着举足轻重的地位。功能协调、区划设置、交通网络、公共设施、治理能力是县城新型城镇化空间布局的重要因素，这些要素相互关联、相互促进，共同推动县城新型城镇化的顺利实施。不同功能区域之间相互配合、协同发展，形成合理的城市结构和布局，能够提高县城的综合竞争力。合理的区

域划分是实现县城新型城镇化的前提,科学合理的区划设置能够帮助县城充分发挥各自的优势,推动城市和乡村一体化发展,促进资源的合理配置和利用。良好的交通网络是县城新型城镇化的重要基础设施,发展高效便捷的交通网络可以促进人员流动和物资流通,提高县城的辐射带动能力。完善的公共设施是提高县城居民生活品质的关键,教育、医疗、文化、体育等公共设施的建设能够满足居民的日常生活需求,提高县城的生活舒适度和吸引力。县城的良好治理能力是实现新型城镇化的重要保障,应加强县城的精细化管理和科学化决策,提高县城发展的协调性和可持续性。

(1)功能协调要素。县城新型城镇化建设是我国城镇化发展大格局中的一部分,不能脱离整个城镇化体系,因此,需要处理好大中小城市(城镇)与县城新型城镇化的关系。在平衡城市和农村发展方面,大中小城市城镇化是推动地区经济的重要引擎,但也要注意避免过度集中资源和人口,导致城市病等问题,县城的城镇化也应得到重视,通过构建合理的城乡一体化发展机制,推动农村经济转型,落实改革政策,支持县城的基础设施建设和产业升级,使县城能够发挥区域经济的支撑和辐射作用。在实施差异化发展策略方面,不同城市有不同的特色、优势和发展需求,应根据城市的实际情况,制定差异化的发展策略,对于大城市要优化城市空间布局,划定城市边界,避免过度扩张;对于中小城市要注重产业升级和创新发展,发挥特色产业的优势;对于县城要发挥资源禀赋和区位优势,培育特色产业和特色经济,促进县域经济发展。在增强基础设施建设方面,城市和县城的城镇化离不开基础设施的支持,应加大对城市和县城的基础设施投入,提升交通运输效率,改善居民生活条件,提高城市和县城的联动性和整体竞争力。在加强规划引导和政策支持方面,政府应制定统一的城镇化规划,明确不同城市和县城的发展方向和目标,并根据实际情况提供相应的政策支持和激励措施。

(2)区划设置要素。随着县城新型城镇化进程的推进,原有的区划设置可能已经不再适应新的发展需求,通过对区划设置进行调整,可以更好地适应县城新型城镇化发展的要求,提供更合理、更科学的县城规划布局。合理的区划设置能够优化资源的配置,实现区域间资源的平衡和有序开发利用。通过调整区划,可以更好地整合、调配资源,提高资源利用效率,促进县城的可持续发展。除此之外,调整区划设置还能够优化公共设施的布局和配置,从而提高居民的生活品质,更好地满足居民对教育、医疗、文化、体育等公共服务设施的需求,提供更方便、更高质量的县城生活环境。同时,调整区划设置可以推动城市的扩展和辐射,提高城市的辐射带动能力,合理扩大县城的边界,增加城市的拓展空间,促进县城与乡村的融合发展,带动县城周边的经济增长和人口流动。对区划设置进行调整变动也可以优化土地利用,提高土地的利用效率,通过统筹考虑土地用途和功能,避免土地资源的过度浪费和不合理利用,实现县城土地资源的可持续利用和保护。

（3）交通网络要素。考虑县城与周边大城市以及城市群之间的密切联系，构建县城与大城市之间发达便捷的市域铁路和城际铁路非常重要。首先，需要进行全面规划设计，确定市域铁路和城际铁路的路线、站点和交通枢纽的位置等。要考虑到县城与大城市之间的距离和交通需求，合理确定线路走向和站点设置，以便覆盖更多的居民区域并方便通勤。其次，修建铁路需要大量的土地征收、工程建设、设备采购等资金投入，县城与周边大城市政府部门和相关企业可以通过政府投资、招商引资、与铁路企业合作等多种渠道筹集资金，保障市域铁路和城际铁路的建设资金。然后，在实施建设过程中需要充分运用先进技术和工程手段，保证铁路线路、站点、车站设计合理以及与其他交通方式的衔接合理，同时还需对县城与周边大城市进行充分的环境评估，确保工程建设能够符合环保要求。政府还应通过制定和完善相应的规划、法规和政策，为市域铁路和城际铁路的建设提供保障，并出台一系列激励政策，鼓励县城与周边大城市的企业和个人参与铁路建设。最后，铁路建设完成后，对市域铁路和城际铁路的运营管理也是关键，需要制定健全的县城与周边大城市协同运营管理机制，确保铁路的安全运营、车票销售、车站管理等工作的有序进行，建立有效的监管机制，确保铁路企业提供高质量的服务。

（4）公共设施要素。新型城镇化强调以人为核心，户籍人口城镇化、公共设施基础建设和公共服务优化是提高居民的福利水平和生活质量的重要途径。传统县城城镇化往往把重点放在城市规模的扩大和基础设施的建设上，忽视了农村地区的人口流动和发展需求，县城新型城镇化倡导户籍人口城镇化，即将农村户籍人口纳入城镇居民范围，更加注重解决农民工、农村剩余劳动力的市民化问题，使他们能够获得更好的教育、医疗、社会保障等公共服务。县城新型城镇化将公共设施基础建设放在了更加重要的位置，传统城镇化往往只注重县城道路、楼房等硬件建设，忽视了公共设施的质量和服务能力，县城新型城镇化则注重提高基础设施建设和管理、城市绿化、垃圾处理等方面公共设施的供给质量和服务水平，以满足县城居民对于良好生活环境和便利服务的需求。除此之外，传统县城城镇化往往只关注经济建设和城市化进程，而忽略了对教育、医疗、就业等公共服务的提升，县城新型城镇化则强调提供良好的教育、医疗、就业等公共服务，确保居民享受到公平、公正、优质的社会服务，提高县城居民生活质量和幸福感。

（5）治理能力要素。随着县城城镇化的推进，县城治理的内容日益复杂，冲突日益增多，过往以农村和农业为主的治理环境会逐步体现出更多城镇元素，这对县城治理能力提出了更高要求。现代化治理能力使县城能够进行科学的城市规划和空间布局，合理利用土地资源，提高城市整体效率，实现城市功能的有序集中和区域之间的协调发展，打造具有竞争力和创新力的县城。同时，现代化治理能力促使县城提供更高质量的教育、医疗、交通、环境保护等公共服务，这些公共服务将提高居民生活的便利性和品质，吸引人才和资本向县城流动，推动城市的发展和繁荣。现代化治理能力还需要建立健全的城市管理体制和机制，加强政府与市民的沟通与互动，及时应对县城发展过程中的各类问题和挑战，有效解决市民关切，提高市民的满意度和获得感，促进县城稳定和社会和谐。通过引入先进的技术和智能化的管理手段，现代化治理能力促进县城的创新和智能城市建设，提高城市的运行效率和便利性，提升城市的竞争力和吸引力，促进产业转型升级和经济发展。通过科学地营造生态环境，现代化治理能力将有助于实现县城的可持续发展和生态环境保护，合理利用资源，推动清洁能源的开发和利用，减少污染和排放，建设绿色、低碳、可持续的县城。

二、四川县城城镇体系优化的路径与目标

四川县城城镇体系建设遵循新型城镇化发展的一般规律，立足四川县城实际，深入贯彻落实党中央和四川关于以县城为重要载体的新型城镇化建设的决策部署，立足新发展阶段，完整准确全面贯彻新发展理念，积极融入服务新发展格局，加快推动成渝地区双城经济圈建设，服务好成都都市圈和泛成都都市圈建设，推动成都平原经济区、川东北经济区、川南经济区、川西北生态示范区、攀西经济区均衡发展，以促进人的城镇化为核心，以推动四川县城城镇高质量发展为主题，以转变四川县城发展方式为主线，坚持以人为本、共享发展，突出优势、特色发展，改革创新、转型发展，防范风险、安全发展的原则，深入实施四川县城新型城镇化战略。按照"极核引领、轴带串联、以人定城、以产兴城，城乡融合、四化同步，分类施策、五区共兴"32字总体思路路径，促进农业转移人口全面融入四川县城，推动四川县城健康宜居安全发展，推进治理体系和治理能力现代化，打造高质量发展动力源和高品质生活宜居地，为与全国同步基本实现社会主义现代化提供强劲动力和坚实支撑。

（一）四川县城城镇体系搭建的主要路径

一是极核引领、轴带串联。提升成都极核发展能级，做优做强国家中心城市功能，建强现代化成都都市圈，深化成德眉资4市市区与18个县城同城化发展，推进内自宜泸4市市区与16个县城同城化，打造川南省域副中心城镇密集区，辐射带动都市圈、城镇密集区的周边县城快速发展，市县互通形成便捷交通圈、品质生活圈、优质产业圈。以成渝地区双城经济圈建设国家战略为牵引，统筹县城新型城镇化和四川区域协调发展，做强成渝城市发展主轴县城，壮大成德绵眉乐

雅广西攀城市发展带县城，打造成遂南达城市发展带县城，培育攀宜泸沿江城市发展带县城，形成"一轴三带"的四川县城城镇化体系的关键空间节点。串联都市圈、大中小城市和县城，推动城镇体系从金字塔形向网络化加快演变，促进大中小城市和县城协调发展。

二是以人定城、以产兴城。顺应人口流动和产业转移趋势，合理确定四川各县城规模，框定总量、限定容量、盘活存量、做优增量、提高质量，根据人口规模和流向优化县城公共资源配置，改善县城生态环境，提升县城功能品质，解决好县城衣食住行、生老病死等基本生活需求，实现安居乐业，更好回应县城人民美好生活期盼，实现人民县城人民建、人民县城为人民。以城聚产、产城融合、职住平衡，做优县城产业园区，做大县城新产业新业态，做强县城优势特色产业，做靓县城消费新空间，承载更多人口就业，增加居民收入，增强产业对新型城镇化支撑力，提高县城发展持续性、宜居性、宜业性。

三是城乡融合、四化同步。以县城为基本单元，统筹推进以县城为重要载体的城镇化建设和乡村振兴，向县城集中人口、集聚产业、集约要素、集成改革、集合功能，促进要素资源自由流动高效配置和农村第一、二、三产业融合发展，加快形成工农互促、城乡互补、协同发展、共同繁荣的新型城乡关系。以县城新型城镇化为引领带动新型工业化、信息化、城镇化、农业现代化同步发展，加快转变发展方式、转换增长动力，促进人口结构、要素结构变革，推动经济结构、社会结构转型，缩小地区差距、城乡差距、收入差距，加快建设社会主义现代化四川。

四是分类施策、五区共兴。根据成都平原经济区 40 个县城、川东北经济区 22 个县城、川南经济区 16 个县城、川西北生态示范区 31 个县城、攀西经济区 19 个县城分类有侧重地实施新型城镇化建设，促进四川各区域均衡发展。例如，对于大城市周边县城应强化与大城市的交通、基础设施和产业协调发展，构建城乡一体化发展机制，完善城市空间规划，合理划定城市边界，避免城市扩张对农田、生态环境的破坏，鼓励大城市功能转移，引导部分产业向周边县城扩展，推动区域经济协同发展。对于专业功能县城应根据各县城的特色和优势，明确发展方向，发挥特色产业的带动作用，加强与科研院所、高校的合作，提升县城的科技研发能力和创新能力，加强人才引进和培养，建设一流的人才队伍，支持专业人才创业创新。对于农产品主产区县城应加强农产品加工和流通体系建设，提升农产品附加值，支持农产品品牌建设和营销推广，促进农产品产销对接，加强农业科技支持，提高农产品的品质和产量。对于重点生态功能区县城应制定严格的环境保护政策和生态修复措施，限制工业和农业发展对生态环境的破坏，加大环境治理力度，提高污染治理和生态修复的效果，开展生态旅游和生态产业发展，推动生态经济的绿色发展。

（二）四川县城城镇体系搭建的关键目标

推进四川县城产业配套设施建设，夯实县城产业支撑，健全商贸和消费等基础设施，到 2025 年使四川县城的产业配套设施、商贸基础设施以及消费基础设施能够满足县城产业发展与经济发展的需求，同时确保农贸市场的改造工作基本完成并达标。推进四川县城市政公用设施建设，实施市政管网和道路交通网络优化，做好防灾减灾设施和防洪排涝的完善工作，推进县城市政公用设施有机更新，到 2035 年四川县城的通车需求、公路交通枢纽布局、公共供水需求得到充分有效保障。推进四川县城公共服务设施建设，大力加强医疗卫生、幼儿教育、文化体育、养老托育的公共服务保障，根据中共四川省委、四川省人民政府 2023 年印发的《四川教育现代化 2035》《四川省加快推进教育现代化实施方案（2020—2022 年）》，到 2035 年四川县城学前教育实现优质普惠，学前教育毛入园率达到 100%。养老机构护理型床位占比超过 55%，新修住宅区养老服务类型设施全部符合治疗标准。推进四川县城环境基础设施建设，强化低碳型改造，构建蓝天绿地公共空间，到 2035 年四川县城生活污水处理率超过 95%，城市生活垃圾焚烧处理率超过 65%。推进县城基础设施向乡村延伸，促进公共市政设施和公共服务供给在四川乡村的全覆盖，实现四川县乡村三级功能互联互通、衔接互补。加快开展四川省第一批 37 个县城新型城镇化建设示范试点建设工作，探索一县一策的特色化发展模式。

第三节 以县城为重要载体的四川城镇体系的空间布局

四川县城发展不平衡不充分问题突出，在空间布局上，首先，县城应辅助大城市的带动作用，合理划定县城的规模和等级，注意五个大区域之间的联系和互动，避免出现大城市过度发展而导致周边县城落后的情况。其次，四川拥有丰富的自然资源和特色产业，要根据资源分布和优势产业，确定县城的发展方向和定位，发展特色产业，形成具有竞争力的县城经济体系。然后，四川地势复杂，偏远地区交通条件较为艰苦，在县城空间布局上要注重交通与基础设施的布局与互通，便捷的交通系统能够促进县城之间的互联互通，提高经济发展和居民生活的便利性。最后，四川作为生态脆弱区域，要把生态保护与经济发展相结合，提高生态环境质量，实现县城新型城镇化建设的可持续发展。

一、四川县城城镇体系的发展新趋势

（1）四川现代化建设对优化城镇体系提出新要求。随着第一个百年奋斗目标

的实现,我国开启全面建成社会主义现代化强国新征程,"立足新发展阶段、贯彻新发展理念、构建新发展格局,推动高质量发展"的"三新一高"要求,为当前和今后优化县城城镇体系提供了根本遵循。要求顺应人口流动趋势,遵循经济社会发展规律,围绕"区域相对均衡发展、大中小城市协同发展、城乡融合发展"的城镇化三大协调要求,构建"中心城市引领、城市群为主体、主体功能明确、高效网络组织"全面协调的城镇体系格局。突出大城市和县城两级,进一步增强中心城市的人口和经济承载能力,稳步建设一批中小城市,引导各规模等级城市结合资源禀赋和区域优势走特色发展道路,实现全球城市、国家中心城市、区域中心城市与县城协调发展。

(2)新型城镇化发展面临新的阶段性任务。清楚认识城镇化发展阶段,把握各阶段发展主要任务,对推进城镇体系发展极为重要。城市化进程诺瑟姆曲线认为城市化率达到30%之前为城市化起步阶段,这个阶段的城市化速度较慢;城市化率突破30%后,进入快速阶段的加速期;城市化率达到50%后,进入快速阶段的减速期;城市化率达到70%之后,城市化速度更加缓慢,超过90%以后一般就不再提升。2021年末,四川省县城常住人口城镇化率为40.08%,但整体水平远低于四川省58.4%和全国65.22%的平均值,全面进入城镇化的中期,城镇化速度待增加,人口流动呈近域化、多元化需求等特征,客观上要求形成以城市群为主体建设大中小城市和县城协调发展城镇格局,推进以县为单元的就地城镇化,消化城镇化快速扩张时期累积的各种矛盾,加快推进以人为核心的县城新型城镇化建设等。

(3)推进成渝地区双城经济圈建设赋予县城新型城镇化新使命。推进成渝地区双城经济圈建设为县城新型城镇化带来了新的使命和机遇,成渝地区是中国西部重要的经济增长极和城市群,实施双城经济圈建设将有效推动县城新型城镇化发展。四川县城要紧紧抓住这一发展机遇,提高城市的竞争力和发展水平,为成渝地区双城经济圈建设做出积极贡献。首先,推进双城经济圈建设要求四川县城要承担更多的功能和责任。作为成渝地区的重要组成部分,县城需要积极融入双城经济圈,成为连接和服务两大城市的重要节点,牢固树立服务意识,加强基础设施建设,健全公共服务体系,提供优质的服务和便利的环境来吸引人才和资本流入。其次,推进双城经济圈建设需要加强县城的产业协同发展。双城经济圈的建设旨在实现两个城市经济的互补与合作,县城作为连接和融合两大城市的纽带,要充分发挥区位优势和资源禀赋,推动不同城市间产业的合作,实现产业链的形成与延伸,发挥县城作为中小城市的特色产业和经济优势。然后,推进双城经济圈建设需要县城加强城市治理能力。双城经济圈建设对县城的城市治理提出了更高的要求,四川县城要加强城市规划管理,合理布局城市空间,优化城市发展,加强环境保护和生态建设,保护好生态环境,加强城市管理,提高城市服务水平,打造宜居、安全的县城居住环境。最后,推进双城经济圈建设需要加强对县城的扶持和引导,双城经济圈建设是一个系统工程,需要四川各级政府加大对县城的扶持力度,提供必要的政策和资金支持,引导县城根据自身发展实际,加强特色发展,实现差异化竞争,形成各具特色、优势互补的县城群。

(4)四川省新型城镇化发展进入新阶段。县城是深入实施新型城镇化战略的突破口,四川县城类型丰富多样、自然条件和经济水平差异较大,新型城镇化建设面临诸多难题。第一,区域之间县城城镇化率差异大。目前成都平原经济区县城城镇化率为47.22%,分别比川南经济区、川东北经济区、川西北生态示范区、攀西经济区的县城城镇化率高3.79个、4.84个、12.72个、14.35个百分点。第二,县城之间城镇化率差异大,石棉县城镇化率为76.48%,芦山县、珙县、康定市等25个县城高于50%,但江安县、天全县、隆昌市等79个县城在30%~50%,还有雅江县、平武县、巴塘县等23个县城不到30%,最低的美姑县仅15.35%,与石棉县差距达61.13个百分点。第三,县城人口资源分布不均衡,"胡焕庸线"东南边是成都平原、川中丘陵和川东平行岭谷地区的97个县城,土地面积占全省43.19%,集中了全省52.45%的常住人口;西北边是川西高原和横断山脉地区的31个县城,以限制开发区为主,土地面积达全省48.48%,人口却不到全省2.29%。第四,缺乏经济强县带动,仅西昌市和简阳市以96位和100位名次进入全国百强县,经济总量超过500亿元的县城仅有7个,占比5.47%,100亿~500亿元的县城有68个,占比53.13%,其余53个县城GDP不足百亿,与全国沿海省市经济强县数量比较存在差距。第五,县域经济发展水平差距大,四川30%的县城创造了全省县城经济总量65%的产出,GDP最高的西昌市是最低的得荣县的56倍,人均GDP最高的马尔康市是最低的美姑县的6倍,推动县城共同富裕任务艰巨。第六,县城"半城镇化"现象突出。县城常住人口城镇化率与城镇户籍人口城镇化率差距达到19.4%,县城农业转移人口在随迁子女基本公共教育、城镇社会保险、职业技能培训教育、人均住房面积等方面尚未同等享受城镇户籍居民待遇。当前,四川县城新型城镇化建设中不平衡不充分问题突出,必须通过重构"人城""人产""人农""人景"四大关系,分类推进高品质建设大城市周边县城、高能级培育专业功能县城、高质量发展农业主产区县城、高标准打造重点生态功能区县城的发展模式,促进四川县城综合承载能力提升。

二、四川县城城镇体系的关键空间节点

四川省地理环境复杂多样,只有约占18.2%的面积为适合大规模城镇化发展的平原地区和丘陵地区,其他以高原地区和山区为主。地理环境的特殊性决定四川省县城城镇体系的空间布局应在国家城镇战略部署的基础上,发展具有四

川特色的县城新型城镇化格局。国家在"十四五"规划指出,我国城镇化发展应按照"两横三纵"格局进行布局,两条横轴为陆桥通道和沿长江通道,三条纵轴为沿海、京哈京广、包昆通道。四川应根据自身流域经济带和重点交通轴的设计,在成渝地区双城经济圈、成德眉资都市圈、成都践行新发展理念的公园城市示范区等国家层面发展战略的支持下,统筹优化布局四川县城新型城镇化的空间布局,发展多个区域中心、多个县城组团式的城镇化路径,重点聚焦"一轴三带"串联起成都平原经济区、川东北经济区、川南经济区、川西北生态示范区、攀西经济区的县城城镇化网络体系,侧重建设成渝城市发展主轴线县城、成德绵眉乐雅广西攀城市发展带县城、成遂南达城市发展带县城、攀宜泸沿江城市发展带县城,充分释放四川县城新型城镇化潜能,拓展四川县城新型城镇化的辐射范围。

(1) 成渝城市发展主轴县城。成渝城市发展主轴县城依托铁路等重要交通通道,利用成渝北线、成渝中线和成渝南线,支持资阳雁江区、乐至县、安岳县3个县(区)和遂宁射洪市、蓬溪县、大英县、船山区、安居区5个县(市、区),以及内江资中县、威远县、市中区、隆昌市、东兴区5个县(市、区)等沿线县城承接成渝双核产业的外溢和疏解的功能,通过成都都市圈同城化带动成都平原经济区成都、德阳、乐山、眉山、绵阳、遂宁、雅安、资阳8个市管辖的68个县(市、区)的组团式发展,提高成渝城市发展主轴县城的人口承载能力和经济综合承载能力,打造支撑成渝城市群的县城新型城镇化支撑。

(2) 成德绵眉乐雅广西攀城市发展带县城。成德绵眉乐雅广西攀城市发展带县城依托铁路和高速公路等重要交通通道,利用宝成昆铁路、G5京昆高速公路和西成客专,积极融入国家三条纵轴中的包昆通道,联通成都、德阳、绵阳、眉山、乐山、雅安、广元、攀枝花71个县级行政区和西昌市,健全成都平原经济区、川东北经济区、攀西经济区3个地区人才链条、资金链条、产业链条、创新链条、价值链条的耦合机制,提升成德绵眉乐雅广西攀城市发展带县城产业聚集力和人口吸引度,引领发展带县城高质量城镇化建设。

(3) 成遂南达城市发展带县城。成遂南达城市发展带县城依托铁路和高速公路等重要交通通道,利用成达万高铁、达成铁路以及G42沪蓉高速公路,积极融入国家两条横轴中的沿长江通道,通过打造铁路和水路联运的新通道,形成南充营山县、仪陇县、西充县、顺庆区、蓬安县、南部县、阆中市、嘉陵区、高坪区9个县(市、区)和达州宣汉县、万源市、通川区、渠县、开江县、大竹县、达川区7个县(市、区)的组团式发展,支持广安岳池县、武胜县、前锋区、邻水县、华蓥市、广安区6个县(市、区)与重庆核心功能区的一体化发展,同时带动遂宁射洪市、蓬溪县、大英县、船山区、安居区5个县(市、区)和巴中通江县、平昌县、南江县、恩阳区、巴州区5个县(区)的城镇化建设,通过产业研发、贸易和承接,带动川东北经济区县城城镇化发展带振兴发展。

(4)攀宜泸沿江城市发展带县城。攀宜泸沿江城市发展带县城依托多元化交通方式,利用沿长江高速公路、黄金水道和铁路,积极融入国家两条横轴中的沿长江通道,形成宜宾长宁县、筠连县、叙州区、兴文县、屏山县、南溪区、江安县、珙县、高县、翠屏区10个县(区)和泸州叙永县、纳溪区、泸县、龙马潭区、江阳区、合江县、古蔺县7个县(区)的组团式发展,提升攀枝花盐边县、西区、仁和区、米易县、东区5个县(区)的城镇化功能,促进内江和自贡11个县(区、市)的协同发展,重点发展钒钛稀土、清洁能源、食品饮料、装备制造等地方优势产业,带动川南和攀西经济区内县城加速新型城镇化建设。

第四节 以县城为重要载体的四川新型城镇化试点县建设策略

我国不同县城的地理条件、经济水平、基础设施、服务供给、外部环境和社会文化发展水平不一,在推进县城新型城镇化建设过程中,需要各县城根据自身条件和禀赋特征发展特色化、差异化的新型城镇化建设模式。

一、四川县城新型城镇化分类策略

我国县城城镇化发展模式根据不同标准主要可以划分为四种类型:第一种类型是根据县城所在区域位置,将城镇化发展模式分为城市群带动型、中心城市带动型和交通要道带动型,这类县城主要在地理空间上通过核心大城市、中心城市和交通网络优势的辐射效应推动城镇化发展;第二种类型是根据县城的资源特征,将城镇化发展模式分为专业市场带动型、农业主导型、工业主导型、旅游主导型,这类县城主要依靠大规模商品专业交易市场、农业产业化、乡镇工业企业、旅游服务产业等推动城镇化发展;第三种类型是根据县城的空间结构,将城镇化发展模式分为城市扩展模式、新城建设模式、开发区建设模式、农村就地城镇化模式,这类县城主要通过促进现有城镇规模不断扩张、开辟新的建设区域,形成新的产业增长极、农村地域中的新型城镇形态,推动城镇化发展;第四种类型是根据县城的发展特点,将城镇化发展模式分为自上而下城镇化、自下而上城镇化两种类型,这类县城分类主要根据是政府主导的城镇化还是社会主导的城镇化。

党的二十大报告指出要"推进以县城为重要载体的城镇化建设"。2022年中央出台的《关于推进以县城为重要载体的城镇化建设的意见》中指出,科学把握功能定位,分类引导县城发展方向,具体将县城分为大城市周边县城、专业功能县城、农产品主产区县城、重点生态功能区县城、人口流失县城5种类型。为深入贯彻中央推进以县城为重要载体的城镇化建设的文件精神，2023年四川省出台《四川省县城新型城镇化建设试点工作方案》，根据县城的区域位置、资源特征、空间结构和发展特点，将四川县城城镇化建设类型分为大城市周边县城、专业功能县城、农产品主产区县城和重点生态功能区县城，在大英、江安、金堂、乐至、绵竹5个国家县城新型城镇化建设示范县（市）基础上，再选择32个县城开展四川县城新型城镇化建设试点，探索差异化、特色化县城新型城镇化建设发展模式，力争建成一批省内乃至全国范围内的国家新型城镇化标杆县城。下面主要结合四川县城新型城镇化发展的阶段特征和资源禀赋，分析上述四种四川省县城新型城镇化建设试点县（市）的建设策略。

二、大城市周边县城试点县建设策略

（1）大城市周边县城的基本内涵。大城市周边县城主要是指县城地理位置在城市群或者都市圈周边，县城通过利用邻近大中城市的区位发展优势，主动承接大中城市人才、产业、资金等资源要素的疏解转移，通过与大中城市构建交通便捷、产业互补、功能配套的城县村镇统一体，推动大城市周边县城新型城镇化建设。具体考虑大城市周边县城，主要是指位于成都都市圈、重庆都市圈以及泸州、绵阳、南充、宜宾等区域中心城区邻近的卫星县城，在产业发展、劳动力就业、交通建设等方面推进县城与中心城市间的产业互动、服务共享、交通互联，促进四川县城更好承接大城市过剩人口和溢出产业转移。

（2）大城市周边县城的试点案例。四川县城新型城镇化主要将大城市周边试点县城选择在成都平原经济区、川东北经济区、川南经济区3个地区8个县（市），2021年平均城镇化率48.83%，其中5个县（市）集中在成都平原经济区，该模式主要适合眉山仁寿县，南充南部县，成都崇州市、金堂县，德阳广汉市，广安武胜县，绵阳江油市，泸州泸县。未来，这些县（市）将与区域中心城市组团规划和发展，在产业发展、空间布局、人口流动和公共供给与区域中心城市形成一体化发展，成为相互依存的统一体。

（3）大城市周边县城的建设策略。四川大城市周边县城的建设策略应该从主动融入区域中心城市发展和积极分担疏解区域中心城市功能两个方面入手。一方面，四川试点县城应主动融入区域中心城市发展。在城市规划和发展中，四川试点县城要与中心城市进行有效的沟通与合作，共同制定发展目标和规划。县城可以通过加强产业升级和创新发展来吸引人才和投资，与区域中心城市建立产业链、供应链的合作关系，发展与当地特色和需求相匹配的产业，实现优势互补，共同提升整个区域的经济实力和竞争力。在此基础上，四川试点县城还应加强基础设施建设，提高交通、能源、通信等配套设施的质量和覆盖范围，为产业发展提供良好的基础支撑。同时，加强县城文化交流和旅游推广，提升县城的知名度和影响力，吸引更多的人来县城投资和消费。另一方面，四川试点县城应积极分担疏解区域中心城市功能。随着区域中心城市人口、产业和资源的增长，疏解中心城市的压力也日益增加，四川试点县城可以通过发展现代服务业和高新技术产业，如建设科技园区、创业孵化基地和产业园区，吸引外地投资和人才落户，推动区域产业结构的优化和升级，承接和分担中心城市的功能。此外，县城还可以提供良好的生活环境和公共服务，发展乡村旅游、休闲农业等业态，吸引城市人口前往县城周边进行休闲度假、观光旅游，甚至吸引中心城市的人口迁入，减轻中心城市的人口压力，加强与中心城市的合作与交流，共同推动区域的协调发展。

三、专业功能县城试点县建设策略

（1）专业功能县城的基本内涵。专业功能县主要是指该县城在资源禀赋、交通发展等方面具有专业优势，县城产业结构以先进制造业、商贸流通业、文化旅游业为主。培育并发展与县城相匹配的特色产业经济是县城城镇化的主要驱动力。优化县城产业结构，加强县城公共服务能力和贸易功能，能够有效促进人口集聚、资金集聚和技术升级，促进县城就业、金融和产业结构转型，推动专业功能县城新型城镇化建设。具体考虑四川专业功能县城，主要是指城镇化发展好、地理位置条件好的县城，重点发展具有比较优势的特色产业和支柱经济，通过推动产业技术升级、强化产业平台设计、完善产业配套设施等，以及县城产业在细分行业中的精雕细琢，打造在四川乃至全国具有一定知名度和影响力的县城品牌。

（2）专业功能县城的试点案例。四川县城新型城镇化主要将专业功能试点县城选择在成都平原经济区、川东北经济区、川南经济区、攀西经济区 4 个地区 13 个县（市），2021 年平均城镇化率为 51.21%，其中 7 个县（市）集中在成都平原经济区，该模式主要适合泸州古蔺县，遂宁大英县、射洪市，内江威远县，自贡富顺县，乐山峨眉山市，达州开江县，成都彭州市、邛崃市，德阳绵竹市，凉山彝族自治州西昌市，南充阆中市，眉山青神县。这些县（市）原先产业基础较好，并且在制造、商贸、文旅方面形成了一定规模的特色产业聚集，未来可以通过进一步挖掘试点县城产业结构转型，进一步提升新型城镇化建设期间四川县城现代化建设的驱动力。

（3）专业功能县城的建设策略。首先，侧重推动产业专业化。针对当地资源禀赋和区位优势，四川试点县城应选择在电子信息、能源化工、食品轻纺、先进材料、医药健康、装备制造、商贸流通、文化旅游等方面具有竞争优势的产业进行专业化发展。例如，四川有较为丰富的文旅资源，可以发展文化、体育和旅游等相关产业，形成文旅产业链，通过专业化的发展，提升产业的竞争力和附加值。其次，集群式发展。四川试点县城可以通过集聚相关产业企业和机构，形成产业集群，实现经济规模效应和分工合作。例如，县城可以引入整车制造企业、零部件供应商、研发机构等，形成完整的汽车产业链，通过集群式发展，提高产业的综合实力，加速技术创新和产业升级。再次，加强产业平台建设。四川试点县城可以通过建设产业园区、科技孵化中心等创新创业平台，为企业和创业者提供资源、资金、政策等支持和服务，吸引更多的创新型企业和科技人才到县城发展，推动产业的升级和转型。最后，完善配套设施。四川试点县城可以通过加强交通网络建设，提高交通运输的效率和便利性，降低企业的物流成本，同时保障水、电、气等基本生产要素的稳定供应，提供优质的公共服务，整体上改善和提高县城的发展环境和吸引力。

四、农产品主产区县城试点县建设策略

（1）农产品主产区县城的基本内涵。农产品主产区县主要是指该县城的经济以农产品产业为主，这类县城通常具备丰富的农业资源、有利的气候条件和适宜的土壤类型，同时也可能是该农产品的传统种植地。农产品主产区县在推动当地农业发展、促进农产品流通和提升农民收入等方面起着重要作用，也是区域农业经济发展的重要组成部分。具体考虑四川农产品主产区县城，主要是指通过发挥县城特色农产品种植、系列加工产业的产地优势，探索"乡村负责养殖，县城负责加工配送"的城乡融合产业模式，侧重聚焦发展农村工业产品行业和服务行业，发展县城特色农产品系列加工业，让特色农业产业链能留在县城，形成农产品主产区产业集群和市级以上农业现代化示范园区。

（2）农产品主产区县城的案例试点。四川县城新型城镇化主要将农产品主产区试点县城选择在成都平原经济区、川东北经济区、川南经济区、攀西经济区4个地区10个县（市），2021年平均城镇化率为41.38%，试点县（市）分散在各个区域，该模式主要适合绵阳三台县、德阳中江县、资阳乐至县、宜宾兴文县、江安县、广安岳池县、巴中平昌县、达州渠县、攀枝花米易县、内江资中县。这些县（市）具有特色农业生产比较优势，土地资源集中流转，开展规模经营容易实现，通过实施大规模机械化、信息化和特色化的农产品生产和加工模式，实现四川农产品主产区县城发展好农业现代化产业链条，走出特色县城城镇化发展路径。

（3）农产品主产区县城的建设策略。农产品主产区县城的城镇化发展需要"因县施策"做好农业现代化发展规划，促进特色农业生产和加工业转型升级。首先，探索城乡农产品生产加工配送融合模式。通过建立农产品主产区试点县城农产品

生产、加工和配送的无缝对接机制，将县城需求与农村的生产紧密结合起来，建立县城农产品集中采购和配送中心，引入先进的农业生产技术和设备，提高农产品的品质和规模，通过将农产品直接送到超市、餐饮等城市销售渠道，减少农产品流通环节，提高农产品的附加值，满足县城或更大消费市场消费者对食品安全、健康的需求。其次，集聚发展农村第二产业和第三产业。四川县城农村还有丰富的资源和潜力，可以发展农产品主产区试点县城的第二、三产业，如农村旅游、民宿、农家乐等休闲观光产业，将农村的自然风光和农耕文化作为特色，吸引游客前来观光和体验，或是发展农副产品加工、农业科技服务等相关产业，提高农村经济的综合实力，增加农民的收入来源和生活质量。最后，发展特色农产品产地初加工和精深加工。农产品主产区试点县城在农产品初加工环节，应通过将农产品进行分类、筛选、包装等处理，提高产品的质量和市场形象。在精深加工环节，可以利用当地农产品资源，开发生产当地独特的农产品加工产品，增加产品附加值，增加试点县城农民的收入，促进农村经济的发展。

五、重点生态功能区县城试点县建设策略

（1）重点生态功能区县城的基本内涵。重点生态功能区县城主要是指该县城综合权衡特色资源、人口数量、生态环境、产业结构之间的关系，以生态功能保护为核心，以实现县城社会经济可持续发展为目的，在产业发展、能源供给、环境保护、城市建设等方面均要求绿色化，发展绿色经济和开发清洁能源，为保护生态环境提供安全支撑，从而推进重点生态功能区县城城镇化。具体考虑四川重点生态功能区县城，主要是指县城具有绿色生态和特色资源优势，注重绿色生态产品供给，提升开发地热、风能、太阳能等清洁能源效率，重点发展文化和旅游行业以及特色生态农牧业，创新生态系统治理的综合机制，加强重点生态功能区县城的环境承载和公共供给能力，有序承接生态地区、环境恶劣地区、偏远地区的人口超载转移。

（2）重点生态功能区县城的案例试点。四川县城新型城镇化主要将重点生态功能区试点县城选择在成都平原经济区、川东北经济区、川西北生态示范区、攀西经济区4个地区6个县，2021年平均城镇化率44.98%，试点县分散在各个区域，该模式主要适合凉山彝族自治州冕宁县、阿坝藏族羌族自治州汶川县、乐山市沐川县、甘孜藏族自治州甘孜县、雅安石棉县、广元青川县。这些县在新型城镇化建设过程中，应全面建设绿色产业、绿色社会、绿色消费、绿色生态的集约化、一体式城乡融合生态功能县城，推动县城城镇化可持续发展。

（3）重点生态功能区县城的建设策略。提升四川重点生态功能区县城生态产品供给能力的建设策略包括开发清洁能源、发展特色农牧业、发展文化旅游业等。

首先，重点生态功能区县城对水力、风力、太阳能等清洁能源的开发和利用，建设水电站、风电场、太阳能发电站等设施，可以减少四川对传统化石能源的依赖，降低环境污染，促进四川能源的可持续发展。其次，四川重点生态功能区县城通常具有良好的自然环境和土壤条件，适宜发展特色农牧业，通过培育和发展有机农业、山地养殖、生态渔业等特色农牧业，推广绿色农业生产技术和管理经验，可以提供绿色、有机的农畜产品，满足四川乃至全国消费者对健康、安全食品的需求，提高县城产品的质量和附加值，加强四川农产品品牌建设和营销推广。最后，四川凉山彝族自治州、阿坝藏族羌族自治州、甘孜藏族自治州的县城通常具有独特的景观、人文和民俗资源，通过开发文化旅游资源，修复和保护当地的历史建筑、风景名胜，并举办具有地方特色的文化节庆活动，可以吸引众多的游客，打造四川品牌旅游产品，提升旅游服务水平，提高游客的满意度和回头率。

第六章　以县城为重要载体增强四川经济支撑能力的发展路径

第一节　四川县域经济发展的历史经验与战略作用

一、四川县域经济发展的历史演变

经过70多年的建设，四川县域经济发展经历了由规模增长、结构转型到质量提升的历史演变，具体四川县域经济发展经历了发展初创期、发展成长期、发展转折期、发展再增长期、发展转型期五个阶段的探索实践。

（一）1949～1978年：县域经济发展初创期

1949年，四川省农业总产值仅为43亿元，超6成县城不通公路，科教文化行业发展滞后，四川县域经济发展水平较低。中华人民共和国成立后，我国县城的政权体制初步建立，明确了"省、县、乡"三级行政划分，县级政府对县域经济发展具有实质领导和控制权，之后县城权力进行重构，由简单、直接的县乡关系转变为具有多面性的县城人民公社之间的综合复杂关系。四川县域经济发展同县城行政关系一样经历了类似变化，包括从合作经济，到人民公社经济，再到城镇国有经济，最后到集体经济的四阶段变化。1949～1978年，四川全省工业总产值年均增长16%，累计增长30倍，全省农业总产值年均增长5%，累计增长2.6倍，全省工农业总产值年均增长8.7%，累计增长7.1倍，达到353亿元，整体财政收入增长8倍，达到37亿元。特别是第三个五年计划期间，我国在四川实施了大规模的三线建设，工业行业总投资达到250亿元，地处三线建设地区的县城获得了充分的发展机遇和资金，开办了大量与三线建设配套的中小型企业，四川县城产业经济发展得到大力推动，形成了多行业、全面综合的产业体系，工业产业固定资产投资排名全国前列，基本实现县县通公路，四川县城人民的生活水平和社会经济发展获得明显提升。

（二）1979～1992年：县域经济发展成长期

在该阶段家庭联产承包责任制和乡镇企业成为县域经济发展的关键动力。

1980~1992年前半期，家庭联产承包责任制在全国推广形成了新的制度功能，农业在此期间成为县域经济发展的主要力量，四川在此基础上实施粮食与农副产品收购任务包干以及财政任务包干等为核心内容的县城综合改革，全面推行县城经济责任制，各个利益主体的积极性被广泛调动，县城经济快速发展，县城人民群众生活水平、政府财政收入、工业和农业快速提高，如1980~1985年，新都、邛崃、广汉三县的农民收入平均增长2.07倍，县城政府的财政收入平均增长97.67%，县城工农业总产值平均增长1.48倍。1980~1992年下半期，县城农业生产能力大幅提升，出现农村劳动力过剩和农业资源配置效率低下的问题，加之市场化的推行鼓励民营经济参与市场竞争，农村过剩劳动力逐渐从农业行业转入工业行业，乡镇企业成为推进县域经济发展的主体力量，四川在家庭联产承包责任制全面推广和农工业结构调整的基础上，充分发展集体经济、乡镇企业，在市场制度影响下，试点县城的乡镇企业快速发展，县域经济发展取得巨大进步，到1992年四川工农业总产值为1985年的3倍。

（三）1993~2002年：县域经济发展转折期

在该阶段四川县域经济发展经历了快速增长和快速回落的转折，但四川全省县城经济的核心增长点已逐步形成。1992年四川省制定通过先抓一条线上的县域经济发展策略，选取四川北面江油市为起点、南面至峨眉山市一条线的经济发展突出的14个县（市、区）作为优先试点的发展县城，让这些试点县城在农村工业化和城乡一体化上发展出特色模式，示范引领四川全省县域经济大发展。经过政府在具体操作层面的制度改革和大力扶持，14个县（市、区）的工农业生产总值的数量与质量大幅增长，并在一定程度上带动了试点县（市、区）周边地区同步发展。到1996年，试点的14个县（市、区）加上内江管辖的6个县城地区生产总值超过600亿元，占四川全省地区生产总值的22%，已形成该阶段全省经济高速增长的核心增长线。在"一条线"核心增长线的基础上，四川提出成都、重庆"一省双核"的发展战略，大力发展江油市到峨眉山市与成都市到重庆市两条线，有序开发川东和攀西川南两翼，以及重庆、万县、黔江和涪陵一片的县（市、区），这些地区成为四川省经济发展的核心增长点。但是，由于1997年后受到重庆分出四川设立为直辖市和全球金融危机影响，四川县城经济增速大幅下降，从1994年GDP增速34%下降至1999年GDP增速3%左右，年均下降6个百分点。

（四）2003~2012年：县域经济发展再增长期

进入21世纪后，我国加入世界贸易组织分工体系，国家开启西部大开发战略，四川省抓住这些机遇提出了新的发展战略、发展思路和总体思路，特别是实施的四川扩权强县体制改革为四川县城经济增长增加了活力。2007 年较 2006 年，四川选定的射洪、富顺、盐边、泸县、中江等第一批 27 个扩权县（市、区）在财政收入、规模以上工业增加值、民营经济增加值等重要经济指标上实现了其增长目标。在 2009 年，荣县、合江、叙永、罗江、安县等 32 个县（市、区）被纳入第二批扩权县，到 2011 年，32 个第二批扩权县（市、区）在财政收入、规模以上工业增加值、民营经济增加值等重要经济指标上较 2009 年同样实现了其增长目标，扩权强县改革对县域经济发展的影响效果明显。整体上，在县域经济发展再增长期，四川县城经济高速增长，县城经济结构转型升级，第二产业和第三产业在经济总量中的占比不断提升，民营经济成为县域经济发展的支柱力量，不同地理位置的资源要素市场化配置不断优化，平原地区县城的资本要素、丘陵地区县城劳动力要素、山地和民族地区县城的特色资源要素合理配置，县城城镇化水平明显提升，县城的产业支撑明显强化、市政设施不断优化、公共服务质量有序改善、环境质量显著提升，四川省县城地区生产总值增长速度大幅提升。

（五）2013~2023 年：县域经济发展转型期

2013 年后，四川县域经济发展进入增速放缓、结构调整、动力转换的新常态，四川县城经济增速由高速增长下调至中高速增长，四川整体经济需由经济大省向经济强省升级。在 2014 年，四川扩权试点县的实施范围进一步扩大，屏山县、北川县、芦山县、丹棱县、米易县等 19 个县（市）被纳入扩权县试点，四川省扩权县（市）数量达到 78 个，扩权县的权限范围也由经济管理权限向社会管理权限扩展，四川省县域经济发展的实力显著增强。从县城经济规模来看，2016 年，78 个扩权试点县（市）中有 55 个县城 GDP 超过 100 亿元，其中扩权试点县（市）平均 GDP 近 150 亿元，总量占四川省全省近 40%。到 2021 年，四川省 GDP 超过 100 亿元的县（市、区）达 125 个，超过 200 亿元的县（市、区）达 89 个，超过 500 亿元的县（市、区）达 26 个，超过 1000 亿元的县（市、区）达 11 个，且主要集中于成都平原经济区。从县城经济结构来看，2013 年四川省 183 个县（市、区）三次产业增加值的比例为 1∶4.12∶2.71，第二产业占比较高，到 2021 年，四川省 183 个县（市、区）三次产业增加值的比例为 1∶3.51∶5，第三产业占比明显增加，2013~2021 年三次产业的县城平均增长率分别为 85.84%、43.1%、235.5%，第三产业增加值明显增加。2018 年四川提出"一干多支、五区协同"的发展战略部署为四川县城高质量发展指明了方向，2022 年四川在此基础上提出的"四化同步、城乡融合、五区共兴"的发展战略部署为新阶段四川县城新型城镇化发展提供了新的方向。

二、四川县域经济发展的经验特色

四川县域经济发展的经验特色可以总结为因时施策、因县施策、坚持改革、持续开放、城乡融合发展等方面的措施，这些特色举措为四川县域经济的快速增长、产业结构优化和农村地区的可持续发展提供了坚实基础。

（一）根据阶段特征及时优化发展战略

1949年以来，四川县域经济发展经历了多个阶段，四川县城及时根据不同阶段特征调整经济发展战略。在中华人民共和国成立初期的计划经济时期，四川县域经济发展规模较小，经济总量相对较低，县城经济主要依托农业，为国家提供了丰富的农产品资源，该阶段县域经济发展的重点是满足国家经济建设的需求，合作经济、人民公社经济、城镇国有经济、集体经济是该阶段的主要经济形式。随着经济体制的转轨，四川县城经济中心开始由农业转向工业、服务业等更多领域，家庭联产承包责任制和乡镇企业是该阶段四川县城工业和农业经济总量快速提升、政府财政收入大幅增加的主要动力，20世纪"一条线"核心增长线，成都、重庆"一省双核"的发展战略等，结合当时四川经济发展情况的战略部署，促进了四川省经济发展核心增长点的形成。进入21世纪，四川县城经济规模不断扩大，经济总量不断增长，县城经济开始注重改善环境、提升产业链水平和科技创新能力，先后开展三批78个四川扩权强县（市）试点工作，促进四川县城各项经济指标显著提升，四川县城城镇化率明显提升，县城产业支撑、市政设施、服务供给、生态环境、城乡发展等方面均得到显著改善。党的十八大以来，四川县城经济面临提档升级、结构调整的问题，县城经济由注重数量向注重质量转变。2018年四川省针对发展不均衡不充分问题，提出了"一干多支、五区协同"区域发展新格局，推动四川县城经济高速增长，三次产业结构发生明显调整，四川五个区域优势互补、协同进步。到2022年四川提出的"四化同步、城乡融合、五区共兴"的新发展战略部署为四川现代化县城建设提供了新的方向和指引。从各阶段的系列发展战略来看，四川切合各阶段特征，根据地理环境、国家政策、基础条件、相对优势等因素先后制定了符合县城发展规律的战略安排，夯实了县域经济发展基础。

（二）因地制宜分多类型发展县域经济

四川县城地理空间跨度大、自然条件差异大、发展阶段程度不一，完全相同的县域经济发展实施方案和考核方式无法推动不同类型县城依据各自特色与优势差异化发展。2014年四川出台有《四川省县域经济发展考核办法(试行)》[①]文件，2019年四川出台有《四川省县域经济发展考核办法》[②]文件，这些文件的出台明确了四川县域经济发展的总体思路和战略任务，县城先后被划分为平原、丘陵、盆周山区和民族地区4种类型，以及城市主城区县、重点开发区县、农产品主产区县和重点生态功能区县4种类型，引导四川县城经济因地制宜、加快发展，形成了县城经济竞相突破的发展格局。2022年中共中央办公厅、国务院办公厅印发的《关于推进以县城为重要载体的城镇化建设的意见》[③]，指出应科学把握功能定位，分类引导县城发展方向，并将县城分为大城市周边县城、专业功能县城、农产品主产区县城、重点生态功能区县城、人口流失县城5种类型。在此基础上，2023年四川出台《四川省县城新型城镇化建设试点工作方案》[④]文件，将县城分为大城市周边县城、专业功能县城、农产品主产区县城和重点生态功能区县城4种类型，选取基础配置充分、实施意愿强的37个试点县城分类探索新型城镇化建设特色模式。这种因地制宜分类指导、分类考核的县域经济发展方式，通过明确各县城区位优势、发展定位，科学推进了四川县城经济特色化发展，避免了县城间经济同质化竞争。

(三)坚持改革作为县域经济发展动力

坚持改革能够促进四川县城解放生产力、调整经济结构、激发创新活力，提升全省经济效益。在改革开放背景下，经济体制由计划经济逐步转向市场经济，为四川县域经济发展提供了更多的机会和空间，家庭联产承包责任制、乡镇企业等新的经济模式出现使四川经济市场机制被激活，县城资源配置更加灵活，县城经济单元能够更好地发挥自身优势，提高生产效率和竞争力。通过开放合作，促进四川县城吸引民营经济、外国资本、先进技术和优秀管理经验，实现县城产业经济结构调整，向经济增加值更高、质量更好的工业、服务业转型，促进四川县城本地产业的升级和转型，提高产业竞争力。多轮扩权强县(市)试点、"一干多支、五区协同"、"四化同步、城乡融合、五区共兴"等政策打破了传统的体制藩篱和思维定式，鼓励政府、企业和个人的创新探索，推动四川县城通过改革创新来解决发展中遇到的问题，激发创新活力，寻找新的增长

---

① 2014年6月27日四川省委办公厅、省政府办公厅印发《四川省县域经济发展考核办法(试行)》。
② 2019年3月四川省委办公厅、省政府办公厅又出台了新的《四川省县域经济发展考核办法》。
③ 2022年5月6日中共中央办公厅、国务院办公厅印发《关于推进以县城为重要载体的城镇化建设的意见》。
④ 2023年4月12日四川省新型城镇化工作暨城乡融合发展工作领导小组办公室出台《四川省县城新型城镇化建设试点工作方案》。

点和利润空间。整体上，四川始终将改革作为激发县域经济发展的关键，先后在财政、金融、土地、人才等方面出台多项县域经济发展专项改革政策，促进四川县城资源配置的优化，推动县城经济结构的升级和转型，并推动县城公共服务的提升。

（四）不断加快打造内陆对外开放高地

加快四川县域经济的提档升级，必须要主动融入国家、四川省发展的大战略。四川是内陆大省，较沿海省市缺乏区位优势，但四川紧抓时代机遇和国家政策先机，努力打破内陆地区地理局限，不断打造对外内陆开放高地。四川抢抓"一带一路"、长江经济带发展、新一轮西部大开发、成渝地区双城经济圈、成德眉资都市圈、成都践行新发展理念的公园城市示范区等倡议或国家发展战略，主动与周边地区及国际社会进行交流合作，加强经贸往来，促进资源共享和产业互补，推动城市的国际化进程，通过更多的国际赛事、会议、展览和文化活动，提升四川县城的国际知名度和影响力，助力推动县城经济结构的优化升级，实现县域经济的跨越式增长和可持续发展。

（五）统筹城乡发展夯实农业经济基础

首先，四川通过推进县城新型城镇化，促进城乡要素流动和资源配置，实现城乡经济的互补和协调发展，不仅提升了农村地区的经济发展水平，还促进了县城可持续发展。其次，四川县城通过推进农业供给侧结构性改革，可以实现农业产供销体系的升级，全面提升农业经济发展水平和农民生活品质。一方面改革可以优化农业生产结构，提高农产品质量和安全水平，满足人民对优质农产品的需求；另一方面，通过改善农业生产技术、推广先进农业设施和管理模式等提升农业供给效率，可以提高农产品产量和农民收入。同时，供给侧结构性改革还可以推动农产品的加工和流通环节改进，促进农业产业链的发展和提升附加值。最后，四川县城通过建立健全农民专业合作社、家庭农场等农民组织，提升农民的组织力和自我发展能力，同时加强农民权益保护，确保农民在土地承包、农产品销售等方面的合法权益。2003年，以四川成都为典型开展统筹城乡发展实验探索，在城乡产业发展、就业供给、社会保障、规划设计等方面取得显著成效。2018年，广汉、郫都、崇州等30个县（市、区）开展城乡融合试点，从资金、人力、土地等要素配置出发探索新型集体经济、民生共享、乡村治理等城乡融合新机制，不断推动四川县域经济的大发展，夯实了四川农业农村经济的现实基础。

三、四川县域经济发展的战略作用

从四川发展格局看,县域经济是实施"四化同步、城乡融合、五区共兴"发展总抓手的重要支撑,"四化同步"中工业化、信息化、城镇化、农业现代化的关键是时间、空间、功能上的"同步","城乡融合"是四川现代化的重要标志,"五区共兴"是破解当前四川成都平原经济区、川东北经济区、川南经济区、川西北生态示范区、攀西经济区五个区域发展不平衡不充分问题的现实必然需要。在空间格局上,县城是落实"四化同步、城乡融合、五区共兴"总抓手的基本单元,对于四川现代化建设发展新格局具有基础性、全局性、战略性作用。

(一)四川"四化同步"的基础在县城

"四化同步"发展战略的主要任务是要丰富四川现代化建设内涵,整体提升四川经济实力和综合竞争力。工业化是四川现代化建设的必经阶段,信息化是四川现代化建设的标志特征,城镇化是四川现代化建设的必由之路,农业现代化是四川现代化建设的关键使命。县城是根据地理空间划分出的基本经济单元,"四化同步"需要增强四川关键地区的引领辐射带动作用,形成更多新的经济增长极,这离不开县域经济这个基层基础的支撑。从数量上看,一个区域的强县越多,"四化同步"进程越高,区域经济总量就越大,在全省经济格局中的分量就越重。"四化同步"进程高的地区分布在成都平原经济区和川南经济区,为这两个板块培育经济副中心奠定了基础。从质量上看,一个区域内县城经济结构越合理、各自功能发挥越充分,区域经济整体就越强,集聚全省优质资源要素越多,越有利于形成"四化同步"新增长极。从城镇化进程看,首先,县城作为四川经济发展的重要枢纽和集聚点,拥有丰富的资源和优越的地理位置,有助于吸引大量的投资和企业进驻。其次,四川县城在基础设施建设方面投入巨大,建设了较为完善的交通、通信、供水、供电等基础设施,吸引了更多的人口涌入县城,形成了庞大的市场需求和消费潜力。最后,四川县城注重打造宜居环境和文化氛围,良好的教育、医疗、文化等公共服务,有助于为吸引人才和保留人才创造良好的条件,促进人力资源的集聚和创新能力的提升。四川县城新型城镇化建设为推动新型工业化、信息化、农业现代化建设提供了强劲动力和坚实支撑。

(二)四川"城乡融合"的重心在县城

县城是农村经济集聚点,具备好的发展条件和环境,相对农村能够提供更多的就业机会和丰富的公共服务。四川县城的发展不仅有助于带动农村经济的发展，还能促进城乡之间的资源流动、市场交流以及文化和社会交往的融合，实现四川全省城乡一体化发展。首先，县城作为四川城乡融合的交汇点和龙头，承载有大量的行政资源、经济资源和社会资源，能够吸引大量的人口和企业投资，使得县城成为四川城乡融合发展的重要节点和经济增长的主要引擎。其次，县城作为县域经济的中心和核心区域，集聚了大量的产业、商业和服务业，在四川经济发展方面具备较强的辐射和带动能力，四川县城的发展不仅能够带动乡村的经济增长，也能够吸引农民就业和农产品流通，实现城乡经济的互利共赢。四川县城注重城市规划和建设，投入大量资源和资金改善城市环境和基础设施，提供优质的教育、医疗、文化等公共服务，为吸引人才和促进人口流动提供了良好的条件，推动了四川城乡融合发展的进程。四川县城还具备较高的政策和资源吸引力，提供有税收优惠、土地支持和政策扶持等方面的支持和保障，进一步促进了四川城乡融合发展的进程。

（三）四川"五区共兴"的纽带在县城

"五区共兴"发展战略的关键在于破除行政区划的壁垒，打造四川五个区域协同联动、合作共赢的区域共同繁荣、兴旺的格局，具体包括以建强现代化成都都市圈为引领，推动成德眉资四市一体化发展，做强其他区域的次级增长极，促进四川省经济副中心、区域中心城市以及国家和四川省新区联动发展，加快补齐欠发达区域发展短板，形成先发展地区带动后发展地区、五区共同发展的新格局，同时重点推动成渝地区双城经济圈建设，打造成渝双核联动的全国重要增长极。其中，五区共兴既是目的也是手段，县城在推动四川"五区共兴"发展过程中发挥了承上启下、联结左右的重要作用。首先，县城是"五区共兴"的先行区。市和州之间的共兴由近及远，先从毗邻的县城开始，最后扩展到全部区域。县城之间的协同发展承担了先行先试、引领示范的重要功能，试验的成效关系县城所在市乃至更大区域协同发展能否顺利推进。其次，县城是城市群的联结点。推动城市群同城化一体化发展，首先需要在各个城市间建立互相融通、共同生存的关系。其中，县城具有承担城市疏解外溢功能，以及区域要素资源配置功能的作用。县城这个市场发挥好作用，能够促进所在区域内资源要素有序流动，在市市之间、州州之间、城乡之间形成高效的分工共兴协作系统，通过县城这个纽带将整个区域连成一体。例如成都平原城市群，在推动成德、成资、成眉同城化过程中，要素资源流动都是由中心城市向大城市周边县城梯次延伸，只要邻近县边界消融，整个区域就将连成一片，形成同城化格局。

（四）县城对四川经济强省建设的支撑作用

从发展趋势看，县城经济在加快四川建设经济强省的进程中具有重要的支撑作用。四川省当前正处于转变发展方式、优化经济结构、转换增长动力的深水期，要顺利实现经济大省向经济强省转变，必须坚定不移走高质量发展道路，以"四化同步、城乡融合、五区共兴"为总抓手推进四川现代化建设的战略部署。这既是遵循四川发展规律、顺应新时代发展格局的必然选择，也是四川做好今后一个时期全省县城新型城镇化建设和经济建设工作的根本要求。县城经济高质量发展既是实现县城经济可持续发展的关键，也是提升县城形象和吸引力的重要途径，还有助于提高县城人民群众的生活品质，同时是落实乡村振兴战略的重要路径。引导支持四川各县城把比较优势转化为高质量发展的竞争优势，就能为四川建设经济强省提供重要支撑。

第二节　四川县域经济发展的区域特征

一、四川经济发展整体情况

2023年四川省县域共有55个市辖区、19个县级市、115个县、4个自治县，共计183个县域单位。2021年，四川省GDP约达5.39万亿元，第一产业增加值约为0.57万亿元，占比10.51%；第二产业增加值约为1.99万亿元，占比36.96%；第三产业增加值约为2.83万亿元，占比52.53%，四川经济结构以第三产业为主。从时间纵向来看，2013~2021年，虽然四川地区生产总值和第一、二、三产业增加值均在逐年递增，但是各次产业内部结构发生了较大变化，第一产业和第二产业增加值占比明显下降，第三产业增加值占比上升，第一产业增加值占比从12.77%下降至10.51%，第二产业增加值占比从52.57%下降至36.96%，第三产业增加值占比从34.66%提升至52.53%。整体上，农业和工业经济产出占比下降较大，流通部门、生产和生活服务类部门、提高科学文化水平和居民素质服务的部门、社会公共需要服务类部门的经济产出占比大幅上升，具体情况见表6-1。

表6-1　2013~2021年四川省各产业增加值占比情况

年度	地区生产总值/万元	第一产业 增加值/万元	占比/%	第二产业 增加值/万元	占比	第三产业 增加值/万元	占比/%
2013	264604072	33781828	12.77	139114380	52.57	91707864	34.66
2014	288071498	34907175	12.12	149637214	51.94	103527109	35.94

续表

年度	地区生产总值/万元	第一产业增加值/万元	占比/%	第二产业增加值/万元	占比	第三产业增加值/万元	占比/%
2015	307035481	36772550	11.98	154752081	50.40	115510850	37.62
2016	332504412	38590869	11.61	161427629	48.55	132485914	39.84
2017	368143158	40187071	10.92	165186983	44.87	162769104	44.21
2018	400797397	41900925	10.45	175824082	43.87	183072390	45.68
2019	466030940	48072297	10.32	173526170	37.23	244432473	52.45
2020	485987547	55565728	11.43	175711103	36.16	254710716	52.41
2021	538507895	56618595	10.51	199013804	36.96	282875496	52.53

注：根据《中国县域统计年鉴2022》和CSMAR数据综合整理而成。

从四川省GDP来看，四川省GDP均保持高增长，平均增长率达9.34%，其中2019年四川省经济增长率达到16.28%，最高。2020年受疫情冲击，四川省经济增长率只有4.28%。从人均GDP的增长情况来看，四川省人均GDP逐年增加，到2021年人均GDP达到约5.75万元，四川省人均GDP平均增长率为8.40%。其中，2019年四川省人均GDP增长率达到11.85%，最少的是2015年的5.82%，具体参考表6-2。

表6-2 2013～2021年四川省GDP和人均值增长情况

年度	GDP/万元	较上年增长率/%	人均GDP/元	较上年增长率/%
2013	264604072	—	30184	—
2014	288071498	8.87	32588	7.96
2015	307035481	6.58	34486	5.82
2016	332504412	8.30	36908	7.02
2017	368143158	10.72	40570	9.92
2018	400797397	8.87	43599	7.47
2019	466030940	16.28	48765	11.85
2020	485987547	4.28	52058	6.75
2021	538507895	10.81	57477	10.41

注：根据《中国县域统计年鉴2022》和CSMAR数据综合整理而成。

2013～2021年四川省各产业GDP增长情况如表6-3所示。2013～2021年四川省第一、二、三产业增加值平均增长率分别为6.78%、4.66%、15.41%，其中，四川省县域第三产业增加值平均增幅最大。四川省县域第一产业增加值在

2019年和2020年出现较高幅度增长，增长率超过10%；四川省县域第二产业增加值在2019年出现下调，下降1.31%，在2021年四川省县域第二产业增加值增长率达到13.26%；四川省县域第三产业增加值2019年增长率最大，达到33.52%，只有在2020年由于疫情第三产业增加值增幅较小。

表6-3　2013～2021年四川省各产业增加值增长情况

年度	第一产业 增加值/万元	较上年增长率/%	第二产业 增加值/万元	较上年增长率/%	第三产业 增加值/万元	较上年增长率/%
2013	33781828	—	139114380	—	91707864	—
2014	34907175	3.33	149637214	7.56	103527109	12.89
2015	36772550	5.34	154752081	3.42	115510850	11.58
2016	38590869	4.94	161427629	4.31	132485914	14.70
2017	40187071	4.14	165186983	2.33	162769104	22.86
2018	41900925	4.26	175824082	6.44	183072390	12.47
2019	48072297	14.73	173526170	−1.31	244432473	33.52
2020	55565728	15.59	175711103	1.26	254710716	4.20
2021	56618595	1.89	199013804	13.26	282875496	11.06

注：根据《中国县域统计年鉴2022》和CSMAR数据综合整理而成。

二、四川县城分区经济发展具体情况

本节主要分成都平原经济区、川东北经济区、川南经济区、川西北生态示范区、攀西经济区5个区域分析四川县域经济发展情况。

成都平原经济区县城经济总量和人均情况如表6-4所示。成都市中简阳市GDP最高，达620.0872亿元；蒲江县GDP最低，为203.9440亿元，各县城GDP存在一定差距。但是从人均GDP来看，结果相反，蒲江县人均GDP为79202元，简阳市人均GDP为55021元。德阳市4个县城GDP均在400亿元上下，什邡市人均GDP在成都平原经济区县城中位居首位，达到100302元。乐山市中峨眉山市GDP和人均GDP最高，地区生产总值达385.7513亿元，人均GDP 92396元。眉山市有3个县城GDP超过百亿元，人均GDP均在50000元上下。绵阳市6个县城中GDP最高的江油市是最低的平武县的8.31倍，人均GDP最高的县城同样也是江油市，达到72266元。在遂宁市、雅安市、资阳市对应的11个县城，其中射洪市GDP为490.0884亿元，远高于其他县城，人均GDP最高的县城是石棉县，达到100111元。

表 6-4 成都平原经济区县城经济总量和人均情况（2021 年）

序号	县（市）	GDP/万元	人均 GDP/元	序号	县（市）	GDP/万元	人均 GDP/元
	成都市			21	洪雅县	1406162	47505
1	崇州市	4425895	59729	22	青神县	1000433	59443
2	大邑县	3173980	61691	23	仁寿县	5013561	45127
3	都江堰市	4842765	67873		绵阳市		
4	简阳市	6200872	55021	24	北川羌族自治县	881109	49921
5	金堂县	5243809	65262	25	江油市	5282664	72266
6	彭州市	6019945	76932	26	平武县	635427	50231
7	蒲江县	2039440	79202	27	三台县	4501015	47379
8	邛崃市	3863213	64067	28	盐亭县	1913153	51988
	德阳市			29	梓潼县	1648243	59396
9	广汉市	4801979	76709		遂宁市		
10	绵竹市	3768540	85649	30	大英县	1899222	49459
11	什邡市	4092308	100302	31	蓬溪县	1912086	44990
12	中江县	4200283	44307	32	射洪市	4900884	67412
	乐山市				雅安市		
13	峨边彝族自治县	627733	51665	33	宝兴县	385627	80339
14	峨眉山市	3857513	92396	34	汉源县	1243305	43548
15	夹江县	2352800	77522	35	芦山县	571373	57424
16	犍为县	2560881	61634	36	石棉县	1141264	100111
17	井研县	1404272	50242	37	天全县	789506	60038
18	马边彝族自治县	580263	30783	38	荥经县	827533	63170
19	沐川县	853897	44942		资阳市		
	眉山市			39	安岳县	2879666	30440
20	丹棱县	792109	53055	40	乐至县	2171774	44504

注：根据《中国县域统计年鉴 2022》和 CSMAR 数据综合整理而成。

成都平原经济区县城各产业增加值如表 6-5 所示。第一产业增加值最高的县城是仁寿县，为 98.4181 亿元，最低的县城是宝兴县，为 7.4628 亿元。第二产业增加值最高的县城是射洪市，为 253.5150 亿元，最低的县城是宝兴县，为 14.6168 亿元。第三产业增加值最高的县城是简阳市，为 385.2789 亿元，最低的县城是宝兴县，为 16.4831 亿元。

表 6-5 成都平原经济区县城各产业增加值情况（2021 年）

序号	县（市）	第一产业	第二产业	第三产业	序号	县（市）	第一产业	第二产业	第三产业
	成都市				21	洪雅县	226318	406603	773241
1	崇州市	410848	2209864	1805183	22	青神县	126658	402989	470786
2	大邑县	340489	1313515	1519976	23	仁寿县	984181	1874154	2155226
3	都江堰市	377720	1602343	2862702		绵阳市			
4	简阳市	840522	1507561	3852789	24	北川羌族自治县	148693	223426	508990
5	金堂县	690831	2045352	2507626	25	江油市	614110	2258622	2409932
6	彭州市	670178	3292261	2057506	26	平武县	117163	229339	288925
7	蒲江县	281680	681967	1075793	27	三台县	1008883	1436825	2055307
8	邛崃市	507478	1621788	1733947	28	盐亭县	451770	501342	960041
	德阳市				29	梓潼县	371696	536118	740429
9	广汉市	411452	2473572	1916955		遂宁市			
10	绵竹市	359617	1975917	1433006	30	大英县	325485	789023	784714
11	什邡市	386318	2080663	1625327	31	蓬溪县	339742	813734	758610
12	中江县	983993	1633894	1582396	32	射洪市	831384	2535150	1534350
	乐山市					雅安市			
13	峨边彝族自治县	92104	295836	239793	33	宝兴县	74628	146168	164831
14	峨眉山市	338720	1325237	2193556	34	汉源县	279481	345835	617989
15	夹江县	365331	1149840	837529	35	芦山县	129850	193278	248245
16	犍为县	491387	1042182	1027312	36	石棉县	170486	381029	589749
17	井研县	377793	444386	582093	37	天全县	142865	254967	391674
18	马边彝族自治县	130691	222775	226797	38	荥经县	146206	258979	422348
19	沐川县	214294	300694	338909		资阳市			
	眉山市				39	安岳县	793831	602367	1483468
20	丹棱县	150174	282448	359487	40	乐至县	395243	680104	1096427

注：根据《中国县域统计年鉴 2022》和 CSMAR 数据综合整理而成。

川东北经济区县城经济总量和人均情况如表 6-6 所示。从 GDP 指标看，GDP 最高的县城是达州市宣汉县，达到 500.7397 亿元，最低的县城是广元市青川县，只有 56.6641 亿元，22 个县城中有 21 个县城 GDP 超过 100 亿元。从人均 GDP 指标看，人均 GDP 最高的县城是广安市华蓥市，达到 68755 元，最低的县城是巴中市通江县，人均只有 24776 元。

表 6-6 川东北经济区县城经济总量和人均情况（2021 年）

序号	县（市）	GDP/万元	人均 GDP/元	序号	县（市）	GDP/万元	人均 GDP/元
巴中市				12	岳池县	2865917	38598
1	南江县	1286065	27717	广元市			
2	平昌县	1733468	26526	13	苍溪县	1969088	38572
3	通江县	1282171	24776	14	剑阁县	1689606	40086
达州市				15	青川县	566641	36795
4	大竹县	4211834	50141	16	旺苍县	1550638	47566
5	开江县	1594803	38568	南充市			
6	渠县	3801736	41617	17	阆中市	2805344	45211
7	万源市	1451347	35747	18	南部县	4575257	56276
8	宣汉县	5007397	52544	19	蓬安县	2009234	43727
广安市				20	西充县	2032500	48624
9	华蓥市	1859835	68755	21	仪陇县	2575604	35526
10	邻水县	2647955	37453	22	营山县	2502834	40466
11	武胜县	2699699	48643				

注：根据《中国县域统计年鉴 2022》和 CSMAR 数据综合整理而成。

川东北经济区县城各产业增加值情况如表 6-7 所示。第一产业增加值最高的县城是宣汉县，为 94.1925 亿元，最低的县城是青川县，为 13.4628 亿元。第二产业增加值最高的县城是南部县，为 227.1756 亿元，最低的县城是青川县，为 16.0690 亿元。第三产业增加值最高的县城是大竹县，为 187.4958 亿元，最低的县城是青川县，为 27.1323 亿元。青川县第一、二、三产业的增加值在川东北经济区 22 个县城中均位列最后一位。

表 6-7 川东北经济区县城各产业生产总值情况（2021 年）

| 序号 | 县（市） | 增加值/万元 ||| 序号 | 县（市） | 增加值/万元 |||
		第一产业	第二产业	第三产业			第一产业	第二产业	第三产业
巴中市					达州市				
1	南江县	336854	374000	575211	4	大竹县	708587	1628289	1874958
2	平昌县	413330	544373	775765	5	开江县	403210	443179	748414
3	通江县	370752	343598	567821	6	渠县	850922	1088382	1862432

续表

序号	县（市）	增加值/万元			序号	县（市）	增加值/万元		
		第一产业	第二产业	第三产业			第一产业	第二产业	第三产业
7	万源市	397738	327112	726497	15	青川县	134628	160690	271323
8	宣汉县	941925	2248091	1817381	16	旺苍县	300175	717565	532898
	广安市					南充市			
9	华蓥市	157137	912756	789942	17	阆中市	628624	928485	1248235
10	邻水县	542308	813133	1292514	18	南部县	808319	2271756	1495182
11	武胜县	541572	849348	1308779	19	蓬安县	477529	736429	795276
12	岳池县	589235	888284	1388398	20	西充县	478585	666698	887217
	广元市				21	仪陇县	666928	902149	1006527
13	苍溪县	543211	608751	817126	22	营山县	512194	901037	1089603
14	剑阁县	474055	575636	639915					

注：根据《中国县域统计年鉴2022》和CSMAR数据综合整理而成。

川南经济区县城经济总量和人均情况如表6-8所示，从GDP指标看，GDP最高的县城是泸州市泸县，达到435.1226亿元，最低的县城是宜宾市屏山县，达到101.2888亿元，川南经济区16个县城GDP全部超过100亿元。从人均GDP指标看，人均GDP最高的县城是内江市威远县，达到75483元，最低的县城是泸州市叙永县，人均只有29176元。

表6-8 川南经济区县城经济总量和人均情况（2021年）

序号	县（市）	GDP/万元	人均GDP/元	序号	县（市）	GDP/万元	人均GDP/元
	泸州市				宜宾市		
1	古蔺县	2002993	30744	8	高县	1901099	49767
2	合江县	2813689	40837	9	珙县	1914696	56481
3	泸县	4351226	56842	10	江安县	2039803	47771
4	叙永县	1611995	29176	11	屏山县	1012888	41174
	内江市			12	兴文县	1631470	42821
5	隆昌市	3272511	59285	13	筠连县	1583467	47409
6	威远县	4000604	75483	14	长宁县	2001634	60840
7	资中县	3054388	36319		自贡市		
				15	富顺县	3565099	49550
				16	荣县	2546311	54583

注：根据《中国县域统计年鉴2022》和CSMAR数据综合整理而成。

川南经济区县城各产业增加值情况如表 6-9 所示，第一产业增加值最高的县城是资中县，为 87.6206 亿元，最低的县城是屏山县，为 24.7515 亿元。第二产业增加值最高的县城是泸县，为 237.9768 亿元，最低的县城是屏山县，为 33.7178 亿元。第三产业增加值最高的县城是隆昌市，为 172.2948 亿元，最低的县城是屏山县，为 42.8195 亿元。屏山县第一、二、三产业的增加值在川南经济区 16 个县城中均位列最后一位。

表 6-9　川南经济区县城各产业增加值情况（2021 年）

序号	县（市）	增加值/万元 第一产业	第二产业	第三产业	序号	县（市）	增加值/万元 第一产业	第二产业	第三产业
	泸州市					宜宾市			
1	古蔺县	346356	803916	852721	8	高县	321368	748157	831574
2	合江县	493606	1273072	1047011	9	珙县	292890	815462	806344
3	泸县	660599	2379768	1310859	10	江安县	371326	803828	864649
4	叙永县	366201	533792	712002	11	屏山县	247515	337178	428195
	内江市				12	兴文县	305679	465928	859863
5	隆昌市	480689	1068874	1722948	13	筠连县	316712	529607	737148
6	威远县	527235	1771704	1701665	14	长宁县	352208	832325	817101
7	资中县	876206	871040	1307142		自贡市			
					15	富顺县	745000	1429888	1390211
					16	荣县	823551	818044	904716

注：根据《中国县域统计年鉴 2022》和 CSMAR 数据综合整理而成。

川西北生态示范区县城经济总量和人均情况如表 6-10 所示。从 GDP 指标看，GDP 最高的县城是康定市，达到 119.3130 亿元，最低的县城是得荣县，仅有 11.1836 亿元，川西北生态示范区 31 个县城中 GDP 仅有 1 个县城超过 100 亿元，GDP 在 50 亿～100 亿元的县城仅有两个，大多数县城 GDP 在 30 亿元以下。从人均 GDP 指标看，人均 GDP 最高的县城是汶川县，达到 99337 元，最低的县城是德格县，人均只有 19728 元。

表 6-10　川西北生态示范区县城经济总量和人均情况（2021 年）

序号	县（市）	GDP/万元	人均 GDP/元	序号	县（市）	GDP/万元	人均 GDP/元
	阿坝藏族羌族自治州			3	红原县	196715	41854
1	阿坝县	207120	25890	4	金川县	223115	38803
2	黑水县	293267	66652	5	九寨沟县	330982	50149

续表

序号	县（市）	GDP/万元	人均GDP/元	序号	县（市）	GDP/万元	人均GDP/元
6	理县	317675	87034	19	得荣县	111836	44734
7	马尔康市	607917	105725	20	德格县	174593	19728
8	茂县	487042	51539	21	甘孜县	194098	26958
9	壤塘县	143048	31788	22	九龙县	301881	56426
10	若尔盖县	317372	41217	23	康定市	1193130	93947
11	松潘县	285878	42668	24	理塘县	218288	32580
12	汶川县	819532	99337	25	炉霍县	136837	29114
13	小金县	266636	41339	26	泸定县	323599	38524
	甘孜藏族自治州			27	色达县	165909	25722
14	巴塘县	189164	37833	28	石渠县	211371	20422
15	白玉县	215607	36236	29	乡城县	168797	54451
16	丹巴县	235805	47161	30	新龙县	141483	31441
17	道孚县	146095	27565	31	雅江县	201472	39504
18	稻城县	140448	42560				

注：根据《中国县域统计年鉴2022》和CSMAR数据综合整理而成。

川西北生态示范区县城各产业生产总值情况如表 6-11 所示。第一产业增加值最高的县城是若尔盖县，为 14.0944 亿元，最低的县城是得荣县，为 2.1156 亿元。第二产业增加值最高的县城是康定市，为 49.3061 亿元，最低的县城是壤塘县，为 0.6162 亿元。第三产业增加值最高的县城是康定市，为 63.9385 亿元，最低的县城是得荣县，为 6.5763 亿元。川西北生态示范区各县城第一、二、三产业经济产出均处于较低水平。

表6-11 川西北生态示范区县城各产业生产总值情况（2021年）

序号	县（市）	第一产业	第二产业	第三产业	序号	县（市）	第一产业	第二产业	第三产业
	阿坝藏族羌族自治州				8	茂县	103288	184437	199317
1	阿坝县	67078	14697	125345	9	壤塘县	41726	6162	95160
2	黑水县	50550	86466	156251	10	若尔盖县	140944	14361	162067
3	红原县	83033	10826	102856	11	松潘县	60335	29690	195853
4	金川县	45817	16640	160658	12	汶川县	123411	351053	345068
5	九寨沟县	30898	50879	249205	13	小金县	48059	51470	167107
6	理县	41285	86710	189680		甘孜藏族自治州			
7	马尔康市	46537	177933	383447	14	巴塘县	52743	24385	112036

续表

序号	县（市）	增加值/万元			序号	县（市）	增加值/万元		
		第一产业	第二产业	第三产业			第一产业	第二产业	第三产业
15	白玉县	39822	71198	104587	24	理塘县	67804	23093	127391
16	丹巴县	42660	66314	126831	25	炉霍县	33961	16207	86669
17	道孚县	28537	14402	103156	26	泸定县	49995	88975	184629
18	稻城县	24166	10104	106178	27	色达县	55499	10978	99432
19	得荣县	21156	24917	65763	28	石渠县	60881	22435	128055
20	德格县	57884	10265	106444	29	乡城县	30649	56433	81715
21	甘孜县	57299	22878	113921	30	新龙县	36513	8926	96044
22	九龙县	40153	147307	114421	31	雅江县	33171	57455	110846
23	康定市	60684	493061	639585					

注：根据《中国县域统计年鉴 2022》和 CSMAR 数据综合整理而成。

攀西经济区县城经济总量和人均情况如表 6-12 所示。从 GDP 指标看，地区生产总值最高的县城是西昌市，达到 630.4786 亿元，最低的县城是喜德县，为 34.1642 亿元，攀西经济区 19 个县城中 GDP 仅有 7 个县城超过 100 亿元，GDP 不足 50 亿元的县城有 7 个。从人均 GDP 指标看，人均 GDP 最高的县城是盐边县，达到 78495 元，最低的县城是美姑县，人均 GDP 只有 16989 元。

表 6-12　攀西经济区县城经济总量和人均情况（2021 年）

序号	县（市）	GDP/万元	人均 GDP/元	序号	县（市）	GDP/万元	人均 GDP/元
	凉山彝族自治州			11	宁南县	750048	40763
1	布拖县	380942	20481	12	普格县	353144	19565
2	德昌县	860081	39635	13	西昌市	6304786	65743
3	甘洛县	451846	21881	14	喜德县	341642	21555
4	会东县	1593677	46194	15	盐源县	1480896	43364
5	会理市	2000463	51163	16	越西县	578809	19103
6	金阳县	457169	26892	17	昭觉县	461141	18227
7	雷波县	765546	31831		攀枝花市		
8	美姑县	407747	16989	18	米易县	1692845	74575
9	冕宁县	1276956	34794	19	盐边县	1405062	78495
10	木里藏族自治县	546880	44282				

注：根据《中国县域统计年鉴 2022》和 CSMAR 数据综合整理而成。

攀西经济区县城各产业生产总值情况如表6-13所示。第一产业增加值最高的县城是会理市,为61.0238亿元,最低的县城是甘洛县,为8.9967亿元。第二产业增加值最高的县城是西昌市,为269.2563亿元,最低的县城是美姑县,为5.0846亿元。第三产业增加值最高的县城是西昌市,为303.9594亿元,最低的县城是普格县,为18.2471亿元。

表6-13 攀西经济区县城各产业生产总值情况(2021年)

序号	县(市)	增加值/万元			序号	县(市)	增加值/万元		
		第一产业	第二产业	第三产业			第一产业	第二产业	第三产业
	凉山彝族自治州				11	宁南县	255165	205171	289712
1	布拖县	129368	67661	183913	12	普格县	107541	63132	182471
2	德昌县	246570	238090	375421	13	西昌市	572629	2692563	3039594
3	甘洛县	89967	153388	208491	14	喜德县	92031	46152	203459
4	会东县	558863	460943	573871	15	盐源县	548053	506111	426732
5	会理市	610238	639933	750292	16	越西县	155446	90638	332725
6	金阳县	105541	146145	205483	17	昭觉县	149053	61013	251075
7	雷波县	158518	331514	275514		攀枝花市			
8	美姑县	128364	50846	228537	18	米易县	368249	714754	609842
9	冕宁县	315360	497096	464500	19	盐边县	297453	772909	334700
10	木里藏族自治县	93596	258631	194653					

注:根据《中国县域统计年鉴2022》和CSMAR数据综合整理而成。

三、四川县城分区经济发展汇总情况

通过汇总统计对应县城数据,得到四川21个市(州)和5个区域平均县城城镇化情况,具体如表6-14所示。整体分析,首先是县城平均GDP情况,成都平原经济区县城平均266.7663亿元,川东北经济区县城平均239.6317亿元,川南经济区县城平均245.6492亿元,川西北生态示范区县城平均28.9249亿元,攀西经济区平均116.3667亿元,县城平均经济总值情况最高的成都平原经济区是最低的川西北生态示范区近10倍。其次,从第一、二、三产业的县城平均经济产出来看,第一产业县城平均经济产出最高的地区是川东北经济区,达51.2628亿元;第二产业县城平均经济产出最高的地区是成都平原经济区,达105.9304亿元;第三产业县城平均经济产出最高的地区也是成都平原经济区，达 120.5852 亿元。然后，从人均 GDP 县城表现来看，成都平原经济区 40 个县城人均 GDP 达 60592 元，表现最好；攀西经济区 19 个县城人均 GDP 最低，为 37660 元。最后从汇总情况来看，成都平原经济区县城数量最多，汇总县城地区生产总值最高，达 1.06 万亿元。

表 6-14　分区域四川县城经济总量情况（2021 年）

所在区域	所属市(州)	县(市)数量/个	地区生产总值	增加值/万元 第一产业	增加值/万元 第二产业	增加值/万元 第三产业	人均GDP/元
成都平原经济区	成都市	8	4476240	514968	1784331	2176940	66222
	德阳市	4	4215778	535345	2041012	1639421	76742
	乐山市	7	1748194	287189	682993	778013	58455
	眉山市	4	2053066	371833	741549	939685	51283
	绵阳市	6	2476935	452053	864279	1160604	55197
	遂宁市	3	2904064	498870	1379302	1025891	53954
	雅安市	6	826435	157253	263376	405806	67438
	资阳市	2	2525720	594537	641236	1289948	37472
	平均小计	40	2667663	402507	1059304	1205852	60592
	累计		106706504	16100293	42372147	48234064	
川东北经济区	巴中市	3	1433901	373645	420657	639599	26340
	达州市	5	3213423	660476	1147011	1405936	43723
	广安市	4	2518352	457563	865880	1194908	48362
	广元市	4	1443993	363017	515661	565316	40755
	南充市	6	2750129	595363	1067759	1087007	44972
	平均小计	22	2396317	512628	860443	1023246	41997
	累计		52718973	11277818	18929741	22511414	
川南经济区	泸州市	4	2694976	466691	1247637	980648	39400
	内江市	3	3442501	628043	1237206	1577252	57029
	宜宾市	7	1726437	315385	647498	763553	49466
	自贡市	2	3055705	784276	1123966	1147464	52067
	平均小计	16	2456492	470446	967661	1018384	48693
	累计		39303873	7527141	15482583	16294149	

续表

所在区域	所属市(州)	县(市)数量/个	地区生产总值	增加值/万元 第一产业	增加值/万元 第二产业	增加值/万元 第三产业	人均GDP/元
川西北生态示范区	阿坝藏族羌族自治州	13	345869	67920	83179	194770	55692
	甘孜藏族自治州	18	248356	44088	64963	139306	39161
	平均小计	31	289249	54082	72602	162565	46094
	累计		8966712	1676538	2250657	5039517	
攀西经济区	凉山彝族自治州	17	1118340	253900	382884	481555	33086
	攀枝花市	2	1548954	332851	743832	472271	76535
	平均小计	19	1163667	262211	420878	480578	37660
	累计		22109680	4982005	7996690	9130985	

注：根据《中国县域统计年鉴2022》和CSMAR数据综合整理而成。

四川省县城分区域各产业增加值占比情况如表6-15所示。从四川省五个区域县城平均情况来看，第一、二、三产业占比均呈现第三产业增加值最高，第二产业增加值其次，第一产业增加值最低。从具体占比来看，攀西经济区第一产业的经济产出占比在五区中最高，达22.53%；成都平原经济区第二产业的经济产出占比在五区中最高，达39.71%；川西北生态示范区第三产业的经济产出占比在五区中最高，达56.2%。

表6-15 四川省县城分区域各产业增加值占比情况（2021年）

所在区域	平均GDP/万元	第一产业 增加值/万元	第一产业 占比/%	第二产业 增加值/万元	第二产业 占比/%	第三产业 增加值/万元	第三产业 占比/%
成都平原经济区	2667662.61	402507.33	15.09	1059303.68	39.71	1205851.60	45.20
川东北经济区	2396316.95	512628.09	21.39	860442.77	35.91	1023246.09	42.70
川南经济区	2456492.06	470446.31	19.15	967661.44	39.39	1018384.31	41.46
川西北生态示范区	289248.77	54081.87	18.70	72601.84	25.10	162565.06	56.20
攀西经济区	1163667.37	262210.79	22.53	420878.42	36.17	480578.16	41.30

注：根据《中国县域统计年鉴2022》和CSMAR数据综合整理而成。

四川省县城分区域GDP和人均GDP增长情况如表6-16所示。2013～2021年川西北生态示范区县城GDP平均增长率最大，从约13.71亿元增加到约28.92亿元，增长率达到110.95%。同时，川西北生态示范区县城也是平均人均GDP增长率最大的地区，从19911.61元增加至46093.58元，增长率达到131.49%。

表6-16 四川省县城分区域GDP和人均GDP增长情况

所在区域	GDP/万元 2021年	GDP/万元 2013年	增长率/%	人均GDP/元 2021年	人均GDP/元 2013年	增长率/%
成都平原经济区	2667662.60	1332725.43	100.17	60591.85	28323.48	113.93
川东北经济区	2396316.95	1293468.64	85.26	41997.00	20079.73	109.15
川南经济区	2456492.06	1367350.25	79.65	48692.63	24019.69	102.72
川西北生态示范区	289248.77	137120.23	110.95	46093.58	19911.61	131.49
攀西经济区	1163667.37	750706.95	55.01	37659.58	24263.95	55.21

注：根据《中国县域统计年鉴2022》和CSMAR数据综合整理而成。

表6-17、表6-18、表6-19分别显示了2013~2021年四川省各区域县城第一、二、三产业增加值平均增长情况。第一产业增长率最大的是川西北生态示范区县城，达到103.56%。第二产业增长率最大的是成都平原经济区，达到52.86%。第三产业增长率最大的是川西北生态示范区，达到237.44%。整体来看，2013~2021年四川县城第三产业的经济产出增长速度远远高于第一、二产业。

表6-17 2013~2021年四川省各区域县城第一产业增加值增长情况

第一产业所在区域	2021年/万元	2013年/万元	增长率/%
成都平原经济区	402507.33	252863.93	59.18
川东北经济区	512628.09	302906.86	69.24
川南经济区	470446.31	267198.00	76.07
川西北生态示范区	54081.87	26567.61	103.56
攀西经济区	262210.79	132939.58	97.24

注：根据《中国县域统计年鉴2022》和CSMAR数据综合整理而成。

表6-18 2013~2021年四川省各区域县城第二产业增加值增长情况

第二产业所在区域	2021年/万元	2013年/万元	增长率/%
成都平原经济区	1059303.68	692978.58	52.86
川东北经济区	860442.77	656070.59	31.15
川南经济区	967661.44	780359.75	24.00
川西北生态示范区	72601.84	62375.97	16.39
攀西经济区	420878.42	418565.53	0.55

注：根据《中国县域统计年鉴2022》和CSMAR数据综合整理而成。

表 6-19 2013~2021 年四川省各区域县城第三产业增加值增长情况

第三产业所在区域	2021 年/万元	2013 年/万元	增长率/%
成都平原经济区	1205851.60	386882.93	211.68
川东北经济区	1023246.09	334491.18	205.91
川南经济区	1018384.31	319792.50	218.45
川西北生态示范区	162565.06	48176.65	237.44
攀西经济区	480578.16	199201.84	141.25

注：根据《中国县域统计年鉴 2022》和 CSMAR 数据综合整理而成。

2021 年，四川省各区域经济总量超过百亿的县城情况如表 6-20 所示。整体上四川有 7 个县城经济产出超过 500 亿元，45 个县城经济产出超过 200 亿元，75 个县城经济产出超过 100 亿元，超过 100 亿元的县城占四川县城总量超过一半。具体来看，从经济产出超过 100 亿元县城的来源看，川南经济区所有县城均过百亿，其他依次是川东北经济区 95.45%、成都平原经济区 75.00%、攀西经济区 36.84%、川西北生态示范区 3.23%；从经济产出超过 200 亿县城的来源看，依次为川南经济区 62.50%、川东北经济区 54.55%、成都平原经济区 52.50%、攀西经济区 10.53%；从经济产出超过 500 亿元县城的来源看，主要集中于成都平原经济区、川东北经济区、攀西经济区，其中，成都平原经济区县城有 5 个，分别为简阳市、金堂县、彭州市、仁寿县、江油市，川东北经济区和攀西经济区县城各 1 个，分别为宣汉县和西昌市。

表 6-20 2021 年四川省各区域经济总量超过百亿的县城情况

所在区域	超过 100 亿元县城 数量	超过 100 亿元县城 占比/%	超过 200 亿元县城 数量	超过 200 亿元县城 占比/%	超过 500 亿元县城 数量	超过 500 亿元县城 占比/%	本区县城总数/个
成都平原经济区	30	75.00	21	52.50	5	12.50	40
川东北经济区	21	95.45	12	54.55	1	4.55	22
川南经济区	16	100.00	10	62.50	0	0.00	16
川西北生态示范区	1	3.23	0	0.00	0	0.00	31
攀西经济区	7	36.84	2	10.53	1	5.26	19
合计	75	58.59	45	35.16	7	5.47	128

注：根据《中国县域统计年鉴 2022》和 CSMAR 数据综合整理而成。

四、四川试点县城经济发展情况

四川省县城新型城镇化建设试点县经济总量和人均情况如表 6-21 所示。大城市周边试点县城 GDP 均在 250 亿元以上，87.5%的县城经济产出甚至超过 400 亿元，人均 GDP 也位于 50000 元上下。全部农产品主产区试点县城的 GDP 均超过了 150 亿元，但人均 GDP 除米易县为 74575 元外，其他县城均低于 50000 元。重点生态功能区试点县城 GDP 整体规模较小，只有冕宁县和石棉县超过 100 亿元，其他 3 个县城经济实力还有待增强。值得注意的是，石棉县和汶川县人均 GDP 均较高，分别是 100111 元和 99337 元。专业功能试点县城整体经济产出实力较强，其中，彭州市、西昌市 GDP 均超过了 600 亿元，大部分县城人均 GDP 都在 60000 元以上。

表 6-21　四川省县城新型城镇化建设试点县经济总量和人均情况（2021 年）

序号	县（市）	GDP/万元	人均 GDP/元	序号	县（市）	GDP/万元	人均 GDP/元
大城市周边试点县城				重点生态功能区试点县城			
1	崇州市	4425895	59729	19	甘孜县	194098	26958
2	广汉市	4801979	76709	20	冕宁县	1276956	34794
3	江油市	5282664	72266	21	沐川县	853897	44942
4	金堂县	5243809	65262	22	青川县	566641	36795
5	泸县	4351226	56842	23	石棉县	1141264	100111
6	南部县	4575257	56276	24	汶川县	819532	99337
7	仁寿县	5013561	45127	专业功能试点县城			
8	武胜县	2699699	48643	25	大英县	1899222	49459
农产品主产区试点县城				26	峨眉山市	3857513	92396
9	江安县	2039803	47771	27	富顺县	3565099	49550
10	乐至县	2171774	44504	28	古蔺县	2002993	30744
11	米易县	1692845	74575	29	开江县	1594803	38568
12	平昌县	1733468	26526	30	阆中市	2805344	45211
13	渠县	3801736	41617	31	绵竹市	3768540	85649
14	三台县	4501015	47379	32	彭州市	6019945	76932
15	兴文县	1631470	42821	33	青神县	1000433	59443
16	岳池县	2865917	38598	34	邛崃市	3863213	64067
17	中江县	4200283	44307	35	射洪市	4900884	67412
18	资中县	3054388	36319	36	威远县	4000604	75483
				37	西昌市	6304786	65743

注：根据《中国县域统计年鉴 2022》和 CSMAR 数据综合整理而成，其中金堂县、江安县、乐至县、大英县、绵竹市为国家县城新型城镇化建设示范县（市）。

四川省县城新型城镇化建设试点县各产业增加值情况如表 6-22 所示。第一产业增加值较高的县城集中于农产品主产区试点县城,第二产业增加值较高的县城集中于大城市周边试点县城,第三产业增加值较高的县城集中于专业功能试点县城,重点生态功能区试点县城第一、二、三产业均处于中末位置,需要充分挖掘生态环境中的绿色经济价值。

表 6-22 四川省县城新型城镇化建设试点县各产业增加值情况（2021 年）

序号	县（市）	第一产业	第二产业	第三产业	序号	县（市）	第一产业	第二产业	第三产业
大城市周边试点县城					重点生态功能区试点县城				
1	崇州市	410848	2209864	1805183	19	甘孜县	57299	22878	113921
2	广汉市	411452	2473572	1916955	20	冕宁县	315360	497096	464500
3	江油市	614110	2258622	2409932	21	沐川县	214294	300694	338909
4	金堂县	690831	2045352	2507626	22	青川县	134628	160690	271323
5	泸县	660599	2379768	1310859	23	石棉县	170486	381029	589749
6	南部县	808319	2271756	1495182	24	汶川县	123411	351053	345068
7	仁寿县	984181	1874154	2155226	专业功能试点县城				
8	武胜县	541572	849348	1308779	25	大英县	325485	789023	784714
农产品主产区试点县城					26	峨眉山市	338720	1325237	2193556
9	江安县	371326	803828	864649	27	富顺县	745000	1429888	1390211
10	乐至县	395243	680104	1096427	28	古蔺县	346356	803916	852721
11	米易县	368249	714754	609842	29	开江县	403210	443179	748414
12	平昌县	413330	544373	775765	30	阆中市	628624	928485	1248235
13	渠县	850922	1088382	1862432	31	绵竹市	359617	1975917	1433006
14	三台县	1008883	1436825	2055307	32	彭州市	670178	3292261	2057506
15	兴文县	305679	465928	859863	33	青神县	126658	402989	470786
16	岳池县	589235	888384	1388398	34	邛崃市	507478	1621788	1733947
17	中江县	983993	1633894	1582396	35	射洪市	831384	2535150	1534350
18	资中县	876206	871040	1307142	36	威远县	527235	1771704	1701665
					37	西昌市	572629	2692563	3039594

注：根据《中国县域统计年鉴 2022》和 CSMAR 数据综合整理而成,其中金堂县、江安县、乐至县、大英县、绵竹市为国家县城新型城镇化建设示范县（市）。

第三节　四川县城经济高质量发展的新思路

一、强化四川县城经济协同联动发展

县城经济不是一县一域的经济，而是区域共兴、协同发展的经济，要跳出县城看县城，放置于都市、四川省乃至全国视野，对四川县域经济发展进行统筹谋划。四川省经济发展存在着各区域之间不平衡、各市域发展不平衡、各县城发展不平衡、城乡发展不平衡等问题，大部分县城经济相对滞后，强化四川县城经济协同发展有助于推动四川五个区域之间、五个区域内部经济均衡发展，促进城乡经济协同发展，实现资源优化配置和产业结构升级，进一步促进四川县城的经济增长和就业机会增加。当前，四川省区域经济进入中心城市和都市圈带动、城市群和经济区协同联动发展的阶段，"四化同步，城乡融合、五区共兴"的发展战略是四川省顺应区域经济发展规律和立足四川发展阶段做出的重大战略决策，是县城经济找准方向融入区域中心城市、城市群和经济区的根本保障。要落实"四化同步，城乡融合、五区共兴"战略，推动县城经济高质量发展。

（一）强化县城经济与四川区域经济协同联动

在我国城镇经济体系中，县城经济有比较独立的自主生产体系、经营体系、销售体系和行政管理主体，是相对独立的区域经济体，但这并不意味着县城经济就是封闭的独立经济体。因为就一个县城自身来讲，虽然是一个相对独立的单元，但是将其放置在一个较大的区域中，又是一个相互关联的局部，这种逻辑关系决定了在谋划推进四川县域经济发展过程中，应该立足区域协同联动发展，通过加强基础设施建设、加强产业合作与协作、加大政策支持与引导以及加大对农村地区的扶持力度等配合，实现县城经济与四川区域经济的协同联动。四川县城分布在成都平原经济区、川东北经济区、川南经济区、川西北生态示范区、攀西经济区五个区域。四川近年来出台了大量促进五大区域协同发展的指导意见，对五大区域各自分工、产业发展都进行了清晰定位。促进县城经济与区域经济深度融合，就是要求各县城要立足位置优势、产业优势、农业优势和生态优势等禀赋，多渠道、多形式地融入各个城市群、都市圈、经济区的协同格局，在更大范围的经济区范围内进行资源配置，构建功能互补、分工合理、特色鲜明的区域发展体系。

（二）强化县城经济与四川市域经济协同联动

以往县城经济的发展主要靠县城自身整合县内各方资源，集中资金、人力、

物力，发展单一经济结构提升经济实力，来自县外支持县域经济发展的力量有限。县城经济进入高质量发展阶段后，县域经济发展不仅需要实现县内力量整合，更要注重与市域的系统联动，通过提高县城与市域之间的互联互通、加强县城与市域产业对接合作、承接市域高知识人才转移等，提升县城外部联动。县城是市域的基本组成单元，当然市域还包含有市区单元，在市域发展过程中需要形成县城和市区等多个核心来推动整体区域的发展。县城经济持续健康协调发展，离不开市域的大力支持。加快推动四川县城经济高质量发展战略，从市一级来看，就是要抓好贯彻落实，研究制定发展规划，统筹要素配置、协调产业布局、加强风险管控等，推动县城经济持续快速发展。从县一级来看，就是充分借助省市提供的发展平台和各类政策支持，参与更高水平层面的区域分工协作，为县域经济发展注入新的动能。

（三）强化新型城镇化与四川乡村振兴协同联动

县城是县域的核心，辐射引领县域范围内乡镇和农村的发展，县城连接着新型工业和现代农业、城市和乡村，实现城乡融合发展是县域经济发展的根本和基础。新阶段实现城乡融合发展的关键是处理好新型城镇化与乡村振兴的关系。但在落实乡村振兴战略过程中，出现规划不精准、资金不足、人才流失、农民融入困难等问题，这些可以集中归纳为乡村振兴与新型城镇化关系的处理问题。虽然县城新型城镇化的本质概念是推动农村人口有序向县城转移，但是实施乡村振兴战略，加快农业农村优先发展，并不等同于减缓县城新型城镇化步伐，而是推动县城新型城镇化和乡村振兴同步发展，如果没有乡村振兴，县城城镇化的进程就会迟滞，县城产业发展、公共服务供给、市政设施建设等建设项目进程也会受到影响。四川省县城应根据自身的发展实际，充分学习和借鉴浙江"小县大城"的经验，加快探索"小县优城"的发展模式，把县城作为集聚人口、产业、要素资源和推进新型城镇化的主战场，加强城乡空间规划，加强产业转型与农村发展的结合，加强基础设施建设和公共服务，加强政策支持和金融扶持。同时，引导农民搬迁在就地县城城市化，加快完善城乡融合发展体制机制，为乡村振兴腾挪出更大的发展空间，实现城乡共同发展，推动乡村振兴和新型城镇化相互促进、相互支持的良性循环。

（四）强化产业园区发展与四川县城协同联动

早期县城推进城镇化建设，主要采取产城分离的模式，建立了很多产业园区、开发区、贸易区等，其成为产业发展的主要载体，对县域经济发展起到了积极作用。但随着新型城镇化的深入推进，这种模式的弊端日益凸显。产业园区等是县城工业化和城镇化发展的结合点，需要协同联动处理好园区与县城的关系，实现产与城的相互支撑、相互融合。县城新型城镇化下产业园区的建设，既要体现以产业为主导，又要具有与产业发展水平相适应的县城城建配套，达到职住的动态平衡，需要明确园区的定位和发展方向，与县城的整体规划相衔接。要合理把控房地产的规模与方向，从规划上明确生产、生活功能比例，切实增加产业园区内部的生活空间，营造宜业宜居的综合投资与生态环境，使产业园区不仅有企业的车间和办公室，还有适合园区企业员工的住宿和休闲场所，达到既有资金集聚又有人口集聚。园区可以与县城建立定期沟通机制，真正实现以产兴城、以城聚产、产城联动，建立产业联盟或商协会等组织，促进产业园区与县城企业之间的合作，实现资源共享、互补发展，共同解决发展中的问题和困难，为县域经济发展和新型城镇化提供动力。

二、坚持四川县城经济分类协同发展

四川各个县级行政单元地理形态复杂，分布于高原、平原、丘陵、山区等地区，各县城的发展基础、功能规划、区位条件、生态环境、资源禀赋等不尽相同，决定了四川各个县城在经济发展方面存在很大的差异和差距，导致四川县域经济发展不平衡成为最为显著的特征。解决好县域经济发展的不平衡，一方面，要加强分类指导，推动四川各县城坚持从实际出发，依托已有的发展基础和资源禀赋，突出比较优势，寻找自身最适合的发展道路，实现特色化差异化发展；另一方面，要整体推进，强化四川各县分工协作，基于互利共赢和优势互补，实现"1+1>2"的协同发展效应，加强四川县城分类指导和整体推进。

（一）优化四川县城经济分类推进

推动主体功能区战略格局在市级和县级层面精准落地是实现四川县城经济高质量发展的重要条件。按照前期规划，四川省在不改变县城主体功能定位的基础上，划分为城市主城区、重点开发区、农产品主产区、重点生态功能区4个区域类别。其中，城市主城区突出"创新"，重点开发区突出"转型"，农产品主产区突出"特色"，重点生态功能区突出"绿色"。2023年四川省根据最新中央政策按照功能定位对县城进行重分类，分为大城市周边县城、专业功能县城、农产品主产区县城、重点生态功能区县城。其中，大城市周边县城侧重创新"人城"新理念，专业功能县城侧重激发"人产"新活力，农产品主产区县城侧重探索"人农"新模式，重点生态功能区县城侧重重塑"人景"新关系。主体功能定位就是要强调"先布棋盘、后落棋子",就是要引导各县(市)按照各自功能定位找准比较优势,错位发展。因此,县城新型城镇化建设需要明确建什么样的园区、发展什么样的产业、布局什么样项目,避免争夺资源、恶性竞争。科学合理的县城分类可以根据情况再优化调整。

(二)优化四川县城经济支持政策

现阶段,县域经济发展面临缺少资金支持、缺少人力支撑、缺少土地供给等普遍问题,这些现实问题对不同发展水平的县城会产生不同程度的影响,当然也存在生态补偿、重要通道共建等特殊问题。制定推动县域经济发展的支持政策,需要把握好全省县域经济发展的特点,充分考虑县域经济发展共性和差异性问题,制定有利于操作执行的政策措施。例如,对于大城市周边县城,在城市功能优化、优质生产要素集聚、城市与县城联动等方面给予重点支持;对于专业功能县城,在产业布局、发展空间、产业链建设等方面给予重点支持;对于农产品主产区县城,在现代农业发展、三产融合、特色农产品供给等方面给予重点支持;对于重点生态功能区县城,在基础设施、生态经济发展、生态环境保护、承接转移人口等方面给予重点支持。对影响县城发展的重大基础设施布局要优先考虑,如连接三台、射洪、南部等百万人口大县和县级市的高速铁路等要优先考虑。

(三)优化四川县城经济考核办法

优化四川县域经济发展绩效考核作为引领县城科学发展的导向、激励和约束制度,对促进县域经济发展发挥了重要作用。过往高度关注 GDP 等宏观核心经济指标的考核制度导致县域经济发展出现六重六轻的问题,包括"重"签合作协议、"轻"抓落地落实,"重"浅层次的短期合作项目、"轻"良性竞合长效机制的构建,"重"一时之轰轰烈烈、"轻"深度跟进,"重"互联互通项目、"轻"产业链的嵌入协同,"重"向上争取各种政策和资金、"轻"激发内生动力向市场拓展,"重"招商引资中的合作、"轻"资源协同配置中利益分享。为了更加适应新形势下县域经济发展规律,需要改变以前"一套指标"和"一把尺子"的做法,制定县城经济分类考核办法,将所有县城划分为四大类,相应在指标考核权重上从地理位置、专业特色、农业发展、生态环境等方面予以区分。差异化分类考核办法就是把同类县放在一起来竞赛,经济小县或生态大县也一样可以出成绩。县城考核办法是一个逐步完善的过程,要立足经济社会发展情况变化,特别是根据基层实际来进行动态调整,确保考核最大限度调动县域经济发展积极性。

（四）优化四川县城经济协同机制

发展是县城经济第一要务，发展过程中客观上存在一定的竞争关系，但要通过优化合作实现良性竞争。四川县域经济发展协同机制需要建立合作平台、促进产业互补、加强人才流动、建立金融支持体系和强化政策协同等多方面的综合措施，特别是围绕跨县城重点交通基础设施项目、能源资源开发、精品旅游区打造、矿产资源综合开发以及环境保护等领域开展项目合作，鼓励和支持县级政府通过共同投资兴建等方式合作共建产业园区，培育壮大特色优势产业集群，创新实践区域股份合作制，在"飞地经济""总部经济"等领域，在财税分成、生态补偿、利益共享等方面探索适合四川县城合作的新模式。

三、打破四川县城经济传统路径依赖

"举债—建城—卖地—建园—招商"是当前多数县城在新型城镇化建设中的主要策略，受传统思维、沉淀成本、规模经济和既得利益影响，四川县域经济发展有很强的路径依赖。现阶段，推动、支撑县城经济的产业结构、发展动力、外部条件、资源环境等都发生了根本性转变，传统县域经济发展模式难以为继。四川县城必须要从过去强调经济规模和经济增速外延式发展转向注重结构优化、质量提高、实力增强的内涵式发展，打破对传统发展模式的路径依赖。

（一）推进县城经济向市场决定转变

四川县城政府只有通过及时引导、优质服务和辅以有效管理，做到既不"越位"，又不"错位"、"缺位"或"不到位"，才能履行县城政府经济管理工作的职能责任，这需要清晰明确市场和政府的边界。四川大部分县城欠发达，市场机制不完善、不健全，还需要政府"这只有形的手"发挥积极作用，特别是在县城重大基础设施建设、重大产业布局、重大民生工程等方面进行引导。现阶段县城需要实施优化营商环境行动，发挥市场在县域经济发展中的决定性作用，特别是对于无区位优势、无产业优势、无农业特色、无资源优势、无人才优势的县城，更需要纵深推进"放管服"改革，要加强县城政府职能转变，建立简化行政审批、便民服务的新机制，要推行"一网通办"和"一窗受理"，整合各类服务事项，提高办事效率。此外，还需推动县城创新管理模式，注重信息化建设，提高服务质量和效率，实现四川县城经济由政府主导向市场决定转变。

（二）推进县城经济向特色发展转变

以往四川大数县城遵循"大而全""全门类""小而全"的思路规划县域经济发展，但是县城经济资源有限，所以县域经济发展结果不少是面面俱到但样样不精。要形成四川县城比较优势，就应该更加注重特色化发展，推动形成特色经济产业集群。纵观国内经济较为发达的县城，都有适合本地发展的规模化特色产业集群。例如，人们说起烟花，就会想到浏阳；论起蔬菜，就会谈到寿光；说到领带，就会提起嵊州，这就是特色的优势和价值所在。四川县城应在现有资源禀赋中深度发掘特色优势，在产业链条环节中培育积累特色优势，在新经济孕育发展中灵敏捕捉特色优势，如因地制宜打造成渝现代高效特色农业带县城蔬菜、茶叶、柑橘、柠檬、猕猴桃等优势特色农产品，推动"五区"县城在粮经饲、特色农业、高原农牧等领域差异化发展；留住农业主链条。推动县城和乡村农产品产业链、价值链、供应链的"三链同构"，县城重点建设完善加工基地、仓储物流基地，构建现代化市场营销体系，把农产品产业链条主体留在县城；拓展农业新业态。积极推动县城农文旅融合一体发展，挖掘"川字号"农产品与"四川服务""四川制造"叠加优势，拓展健康养老、农村电商、乡村旅游等新业态，高标准打造一批全国乡村新业态示范县城等。

（三）推进县城经济向招商选资转变

招商引资对促进四川县域经济发展起到了重要作用，但是初期发展阶段的粗放招商、盲目招商等行为，造成了土地紧张、能源紧缺、环境恶化等问题，更加制约了县城经济的后续持续发展。要转变观念，积极调整思路，在不断加大吸引投资力度的同时，坚持以我为主、为我所用，变"招商引资"为"招商选资"。在招商选资过程中，要按照产业发展定位，开展定向招商，既要广泛集聚县外生产要素，又要聚集大力培育县城当地的市场主体，做到县内县外主体联动。县城既要引进大项目，又要新上有配套能力的小项目，努力从小项目中发现和挖掘出大项目。县城既要引资又要引智，要把人才，特别是高端人才作为连接项目和资本的纽带。特别是重点关注、做好招商引资政策、完善招商引资服务体系、加强宣传推广、优化投资环境、加强与企业和行业协会合作、加强人才引进和培养等环节，吸引更多的投资者进入，引进更多项目和资本，促进县城经济的发展和转型升级。最终，实现县城经济由招商引资向招商选资转变。

（四）推进县城经济向品牌运营转变

长期以来，产品粗放式经营模式导致四川县城有大量本地特色产品，却没有特色品牌，特色产品在全国知名度不够，这是四川省大部分县城，特别是农产品主产区县城的痛点。尽管如茶叶、基酒等产业在全国具有一定的市场份额，但产品品牌知名度低、影响力不足，导致其不可避免成为廉价资源提供方。品牌就是效益，没有品牌的产业就没有附加值，类似的产品，有品牌的价值要远高于没有品牌的。四川县城需要加快开展一场"品牌经济革命"，要按照由品牌产品到品牌企业再到品牌产业，最后到品牌经济的思路，大力开展四川县城特色品牌创建行动。第一阶段，通过评估和分析，选取县城1～2个具备优势和潜力的产业作为重点培育对象，投入资源和支持，着力扩展产业链，打造该产业的品牌形象和核心竞争力，对于其他潜力较大的产业也进行适度的支持和培育。第二阶段，在巩固已有产业品牌的基础上，通过学习先进地区或行业的经验和做法，对标行业高端品牌，追求品质和服务的提升，通过加强技术创新、产品升级和市场营销，逐步提高县城产业品牌的知名度和美誉度，打造具有竞争力的县城品牌。第三阶段，通过不断创新和优化，争取打造知名品牌。可以加强与周边县城或地区的合作，形成产业集群效应，共同推进品牌建设，加大品牌推广和宣传力度，通过各种媒体和渠道扩大品牌影响力，突出品牌效应，推动优质白酒、精致川茶、特色轻工等消费品行业建设，开展川派餐饮、特色旅游、医疗康养等品牌提升行动，加快建设新时代更高水平"天府粮仓"，擦亮四川农业金字招牌。

四、加强四川县城经济各类风险防控

四川县城位于面向基层、服务群众的前沿，实施县城新型城镇化建设促进经济快速发展任务艰巨繁重。在发展四川县城经济时，要坚持底线思维的实践辩证法，注意防范化解重大风险，着力保基本、谋发展、优环境、促稳定，为四川县城经济社会持续健康发展营造良好环境。特别是通过建立健全的风险预警体系及时掌握县域经济发展的各类风险，鼓励发展多个支柱产业，降低对单一产业的依赖性，加强对市场主体的监管，规范市场秩序，加强金融机构的服务能力，提高对实体经济的支持力度，优化县城产业布局，构建完整的产业链和供应链，引导企业建立健全的内部控制制度，推进企业安全生产标准化建设，预防和减少生产安全事故等。

（1）同时做好保障基本与提升能力。四川省县城"吃补助"的财政特征明显，特别是近年来受宏观环境和税收改革等影响，部分县财政收入减少、增速放慢，财政运转面临较多困难,债务负担普遍较重。与此同时,县级政权所承担的责任越来越大,需要办的事情越来越多,社会民生刚性支出较大。面对这些困难矛盾,促进县城全面协调持续发展:一方面,要坚守人民利益底线,积极组织和整合好县城内外各方面资源,先出台针对性强、覆盖面大,作用更直接、效果更明显的举措,再在发展中逐步完善提高;另一方面,要着眼县城长远发展能力提升,把做大做强产业、推动县城经济转型升级作为重点任务,通过制定县域经济发展规划、鼓励企业和个人创新创业、加大科技研发投入、建立人才培养机制、建立多样化的融资体系、打造以特色产业为依托的产业集聚区、积极参与国际国内市场竞争等促进经济高质量发展,处理好保障基本与提升能力两方面关系。

(2) 同时做好发展经济与保护环境。在县城新型城镇化建设过程中,富一方百姓、保一方平安、养一方山水都是县城行政管理的重要成果。大量实践证明,拥有生态资源优势的县城往往更有发展前途和发展后劲,因为长期来看,拥有好的生态环境,就意味着在县城投资创业有更大的优势,聚集优秀人才、吸纳先进生产要素有更大的空间。绿色发展是县城经济高质量发展的基本前提,处理好经济发展与环境保护的关系:一方面,要落实生态保护红线管理要求,严守生态功能保障基线、环境质量安全底线、自然资源利用上限,按照资源环境承载能力状况和开发强度控制划定城镇开发边界。同时,探索编制自然资源资产负债表,进一步完善领导干部自然资源资产和环境责任审计办法,建立领导干部环境损害责任终身追究制。另一方面,各县城要立足自身生态资源特点,以基地建设为载体,整合优势资源,加快推动生态资源向资产、资本转变,力争做到产业生态化,生态产业化。

(3) 同时做好加快发展与防范风险。中央将防范化解重大风险长期放置在突出位置,体现出国家在经济发展中的忧患意识和底线思维。县城处于维护经济稳定、防范经济风险和其他风险的第一线,面临政府债务、金融、房地产、产业转型、社会分化等诸多冲击。县域经济发展过程中风险点多、影响面广,且相互叠加,传导机制复杂,如果应对不当,将对县城经济社会形成较大冲击和干扰。处理好加快发展与防范风险的关系:一方面,要坚持重点问题要防、难点问题要盯、热点问题要疏、一般问题要复的原则,通过健全法制体系、加强社会信用体系建设、加强社会组织和社区治理、强化社会风险防控等举措加快推进社会治理现代化;另一方面,要稳定县城经济增长,通过提高宏观经济政策的精准性和效果、加强风险管理和监测、支持实体经济发展、加强金融监管和防范风险,避免在发展中累积风险,防止经济领域风险演变为社会风险。县城社会治理现代化和稳定经济增长两者相互促进,社会治理现代化可以为稳定经济增长提供良好的环境和条件,稳定经济增长也为社会治理现代化提供了实践基础和支撑。

第四节　以县城为重要载体提升四川经济驱动力的实施路径

一、构建四川县城现代化产业体系

现代化产业体系是指以先进技术和现代管理为支撑，以高附加值、高效率和高质量为目标的产业组织形态，通过构建相互关联、相互依赖的产业链和价值链，实施创新和协同，提高整体产业的竞争力和可持续发展能力。现阶段四川县城产业体系存在产业结构单一、产业链不完整、缺乏配套设施和农产品加工体系不完善等问题。提高四川县城产业的现代化程度，需要加快推进新型工业化，加速实现农业现代化，并全面提升现代服务业。

（1）加快推进四川县城新型工业化。新型工业化能够推动经济增长、提升产业竞争力、改善就业环境、提高人民生活水平，为县城的可持续发展提供动力。四川县城应选择具有竞争优势和区域特色的产业，通过引进先进技术和管理经验，提升产品质量和生产效率，特别是加强电子信息产业、能源化工产业、食品轻纺产业、先进材料产业、医药健康产业、装备制造产业的研发创新活动，推动技术进步和产品升级，提高产业附加值和市场竞争力。培育壮大战略性新兴产业是推进四川县城新型工业化的重要举措，四川县城可以通过科技创新和产业政策引导，培育壮大新兴产业，如政府通过为人工智能、生物技术、卫星网络、新能源与智能网联汽车、无人机等领域提供创业支持和资金扶持，吸引创新型企业和高端人才入驻，推动新兴产业的发展壮大。同时，加强与四川本地高校和科研机构的合作，形成产学研一体化的创新生态系统，促进技术成果的转化和产业化。此外，加快产业数字化转型也是提升四川县城制造业实力的重要路径。四川县城可以利用大数据、云计算、人工智能等技术，提升生产效率和管理水平。政府通过鼓励企业进行信息化建设，加强数据共享和协同，提高产业链的整体效益。同时，利用四川本地高校科研优势，加强人才培养和技能提升，提高从业人员的数字化素养，使其适应数字化转型的需求。

（2）加速实现四川县城农业现代化。实现农业现代化可以提高农业生产效率和质量，保障食品安全，满足人民对高品质农产品的需求，促进农村与城市的互动和协调发展，而升级农业产业链条，能够提高农产品附加值和市场竞争力，推动农村经济多元化发展，促进农民就业和增收。培育农业现代化的主体是实现农业产业升级的基础，四川县城应该鼓励农民合作社、农业企业等新型经营主体的发展，推动农业机械化、现代化管理和科技创新，加强农业技术培训和人才引进，提高农民的专业化水平，培育一批具有竞争力和创新能力的农业经营主体。加快转变农业发展方式是推动农业现代化的关键，四川县城可以加大农业科技研发和推广力度，推动农业生产的智能化、绿色化和可持续发展，鼓励农民采用先进的种植、养殖和管理技术，推广高效节水灌溉和有机农业等绿色农业模式，加强农业基础设施建设，提高农产品的冷链物流和质量安全保障能力，推广川茶、川菜、川畜、川果、川粮油、川药、川竹等四川县城地方特产，做好"天府粮仓"公用品牌。建设农产品市场体系是实现农业现代化的重要保障，四川县城可以建立健全"天府粮仓"市场信息系统，提供市场需求和价格预测等信息服务，为农民提供市场导向的生产指导，打击假冒伪劣农产品和不正当竞争行为，保障消费者权益。推进农业供给侧结构性改革是实现农业现代化的重要举措，四川县城可以加快农业产业结构调整，推动农产品供给与需求的匹配，加强农业社会化服务体系建设，提供农技推广、农业保险和金融支持等服务，降低农业生产风险，促进农民增收。

（3）全面提升四川县城现代服务业。促进四川县城现代服务业与先进制造业的深度融合，可以实现两者优势互补，提升产业竞争力。服务业提供高附加值的专业化服务，为制造业提供支持，如通过加强产品设计、供应链管理等环节，提高制造业的竞争力和附加值；制造业的发展也需要现代服务业的支持，通过服务业提供技术咨询、售后服务等，促进产品的创新和提升。首先，应建立产业联动机制。四川县城可以积极引导和协调服务业和制造业的合作，促进双方在技术研发、产品设计、供应链管理等方面的深度合作，提供信息交流和资源整合的机会，促进企业间的合作共赢。其次，鼓励四川县城服务业向制造业提供高附加值的服务。通过提供设计、咨询、培训、售后服务等服务，为四川县城制造业提供增值服务，提高产品的竞争力和附加值。然后，加强人才培养和交流。四川县城可以加大对人才培养的投入，培育具备服务业和制造业双重背景的人才，提升县城人才的综合素质和创新能力。再次，优化营商环境。四川县城通过推出一系列优惠政策，鼓励服务业和制造业的融合发展，加大对创新型企业的支持力度，鼓励创新和创业，推动新技术、新业态在服务业和制造业中的应用。最后，需要建设好天府旅游名县名牌，加大对自然景观、文化遗产等旅游资源的保护和修复工作，并加强对旅游开发的规划和管理，确保旅游资源的可持续利用和发展。同时，加大四川县城对"大熊猫""若尔盖湿地""巴蜀文化""藏羌彝文化""三星堆文化""稻城文化"等旅游品牌的宣传推广力度，通过各种媒体渠道和活动，提升旅游名县的知名度和美誉度，吸引更多的游客前来观光、休闲和消费，引导旅游企业开发县城文化体验、生态旅游、农村旅游等多样化的旅游产品，满足不同游客的需求，提升旅游的吸引力和竞争力。

（4）"四化同步"促进四川县域经济发展。"四化同步"能够促进四川县城经济实现协调发展，对提升四川县城经济竞争力意义重大。首先，新型工业化对四川县域经济发展起到关键推动作用。新型工业化可以推进产业升级和转型，通过引进先进制造业和高技术产业，提升县城经济的创新能力和核心竞争力。同时，新型工业化可以带动就业，提高人民收入水平，推动经济结构优化升级，促进科技创新和知识产权保护，实现经济可持续发展。其次，信息化是加速四川县域经济发展的催化剂。信息技术的应用可以提升县城企业的管理效率和生产效率，推动产业数字化、智能化发展。通过建设信息化平台和互联网基础设施，促进县城与外部市场的联系和交流，拓宽市场渠道，提高产品竞争力。另外，信息化还可以促进县城政府公共服务和治理能力的提升，以提供更便捷、高效的政务服务和公共服务。然后，城镇化是推动四川县域经济发展的重要方式。通过加强基础设施建设和城市规划，提供良好的生活和工作环境，吸引人才和资本流入，提升县城产业发展实力。同时，城镇化还可以推动县城与周边地区的合作与互动，带动乡村的发展，打破城乡二元结构，形成区域经济合作网络，促进农业现代化和农村经济的发展。最后，农业现代化是四川县域经济发展的重要表现。通过推广现代农业技术和管理模式，提高农业生产效率和质量，增加农民收入，支持县城经济的发展和城市居民的生活需求，同时推动乡村旅游和农产品加工业的发展，促进农村经济多元化。

二、打造四川县城经济核心增长极

新型城镇化是县域经济发展的重要引擎，城镇化建设滞后是四川基本省情，一些以农业为主要产业的县城和地处偏远山区的县城，市政基础设施建设落后，公共服务供给不足，县城的核心作用不强，向上不能有效承接来自区域中心城市的辐射带动作用，对下不能有效引领辐射整个县乡镇的发展，要创新城镇发展机制，突出县和中心镇这两个重点，努力打造县城核心增长极。通过依靠大城市拉动、实现产业转型升级驱动、城乡统筹发展等形成县域经济发展的"牵引力"。

（1）内外联动建设四川县城经济。县城要把融入"五区共兴"发展作为首要目标，找准成都平原经济区 40 个县城、川东北经济区 22 个县城、川南经济区 16 个县城、川西北生态示范区 31 个县城、攀西经济区 19 个县城在各自区域发展格局中的作用和地位，准确把握县城功能定位，"因县施策"确定特色化发展路径。大城市周边县城要充分实现与成都、绵阳、德阳、泸州、南充、眉山、广安等大城市的"捆绑式"发展，充分发挥邻近大城市的独特地理位置优势，将发展配套产业和承接大城市外溢人口居住就业作为县城新型城镇化建设的主要任务，错位错峰发展，形成基础设施的互联互通，建设高水平配套公共服务，努力发展卫星城，努力发展成为主城区，依靠大城市外部力量拉动县城高质量发展。距离大城市位置较远的县城，要积极打造市域"副中心"，走与大城市错位发展、特色发展的城镇化路径，通过实施"小县优城"，结合县城特色和建设重点，合理规划县城人口、土地规模，科学设计新区建设和翻新旧城建筑，完善县城的功能分区，加快交通、信息、能源等各项市政基础设施建设，吸引并引导农民进城，促进农村人口、重点产业、高质量项目向县城聚集，加强县城在乡村镇体系中的辐射作用和带动能力，将县城建设成为县域经济发展的"核心地带"和关键载体，提升县城经济的发展活力和吸引力，依靠内部力量推动县城新型城镇化建设。

（2）产业升级驱动四川县城经济。统筹处理好县城建设和产业发展的关系，通过推动传统产业转型升级、培育新兴产业和高技术产业提升县城经济的竞争力和附加值，实现县城经济结构的优化和升级，形成县城可持续发展的动力。具有较好工业基础的县城要发展好新型工业化：一方面要大力发展劳动密集型的传统产业，另一方面也要发展战略性新兴产业。农产品主产区县城要大力推进农业现代化，依托农产品加工业园区，大力发展农产品加工业，大力宣传推广四川特色农产品，解决农村剩余劳动力的转移问题，促进就近就地城镇化。重点生态功能区县城要深度挖掘特色优势和资源，大力发展具有县城特色的文化和旅游产业，发挥服务业用工需求大的优势，为农民进城提供充分的就业岗位，实现县城发展、产业培育与农民就业有机结合。

（3）城乡融合发展打造县城中心镇。除大力开展四川县城新型城镇化建设外，还要着力打造中心镇，培育发展县城副中心，充分发挥以镇为单位的"城尾村头"功能，以及在统筹城乡融合发展过程中的关键节点作用。首先，要完善中心镇的功能作用，通过县城引导和促进部分劳动密集型企业向中心镇集中，推动撤乡并镇工作，适度扩大中心镇规模，完善中心镇的基础设施，推动县城优势公共服务和其他资源向中心镇延伸，提高其城镇化水平，增强中心镇的资源要素承载能力。特别是突出中心镇在地理位置、民族特色和历史文化方面的优势，科学挖掘和发展特色产业与特色经济，规划建设一批富有活力、别具特色、宜居宜业的特色发展中心强镇。其次，把深化改革作为重要动力，适时启动"扩权强镇"改革，赋予与中心镇人口经济规模相适应的经济社会管理权限，为镇域经济社会发展提供制度环境和条件，促进城乡资源的优化配置和互动，实现城乡互利共赢的发展格局。

三、创新四川县城产业发展模式

创新农业产业模式、商贸物流产业模式、先进制造产业模式和文化旅游产业模式对于县城经济的发展具有重要意义，这些产业的模式创新可以提升县城经济的竞争力和创新能力，推动产业升级和结构优化，推动县城经济高质量发展。

（1）四川县城经济的农业产业融合创新模式。创新县城农业产业模式能够提高四川县城农业生产效率和质量,增加农民收入,促进农村经济的可持续发展。这有助于实现农村产业结构的优化和农业现代化的推进,为县城经济提供农产品供给和农村旅游资源。随着农村第一、二、三产业的融合发展,创新农业生产、经营、流通、服务和业态的融合模式是推动农业现代化的重要推动力。四川县城农业观光休闲模式将农业与旅游相结合,通过提供农场观光、农产品采摘、农业体验等活动,吸引游客参观、休闲和消费,该模式不仅能够增加四川农民收入,还能够推动农业的多元化发展,提升农产品的附加值。四川县城农业旅游度假模式通过建设农家乐、农庄度假村等设施,打造乡村旅游景点,吸引游客进行短期或长期的休闲度假,推动农业生产向高品质农产品的转型。四川县城农业文化创意模式将农业与文化创意产业相结合,通过挖掘四川农村的文化资源,开展农村文化活动、民俗展示等,打造具有特色的农业文化产品,丰富乡村文化内涵,促进文化产业的发展,提升四川农村经济的竞争力。四川县城农业健康养老模式将农业与养老产业相结合,建设农村养老院、开展康养农业等活动,满足老年人对养老服务和健康生活的需求,促进四川农村养老产业的发展,同时提供养老服务的多样性和个性化。农业精深加工模式将农产品加工升级,通过提高四川农产品的附加值,推动农业转型升级,促进农产品的深加工和品牌建设,提供更高品质的四川农产品,推动农业产业链的延伸和扩展。

(2)四川县城经济的商贸物流产业创新模式。创新商贸物流产业模式可以提升四川县城商业和物流服务水平,促进流通领域的发展,有助于提升县城的商业中心地位,吸引更多商贸企业入驻,提供多样化的商品和服务,满足居民和企业的需求。构建以供应链服务为导向的展贸综合体模式是将贸易和物流相结合,打造集展览、交易、物流、信息等服务于一体的综合性平台,通过聚集产业链上下游企业,提供供应链管理、物流配送、仓储管理等综合服务,提供一站式的服务,满足企业的需求,促进产品的展示和交易,实现资源共享和优化效益,促进四川县城商贸物流业的协同发展。打造供应链服务中心模式是为四川县城企业提供供应链管理、信息技术支持、市场推广等专业服务的机构,提升县城商贸物流业的专业化水平,提供高效的供应链管理和运营支持,提升企业的竞争力和效益。同时,供应链服务中心还可以积极引导和培育县城本地企业,推动产业链的延伸和协同发展,促进县城商贸物流业的转型升级。建设产业供应链基地模式是为县城特定产业提供物流、仓储、加工和配送等服务的区域性基地,集中整合产业链上下游的企业和资源,形成产业集聚效应,提升产业链的运作效率和竞争力,以提供高效的物流配送和加工服务,支持企业的生产和销售,促进四川县城商贸物流业的发展。构建四川县城的展贸综合体、打造供应链服务中心、建设产业供应链基地等创新模式的实施,促进四川县城商贸物流业的转型升级和打造新枢纽经济,通过提供专业化的供应链服务,加强资源整合和合作创新,提高物流效率和质量,促进产业链的协同发展和优化升级,形成产业集群和产业链条,提升县城商贸物流业的核心竞争力。

(3) 四川县城经济的先进制造产业创新模式。通过加大创新投入,培育创新主体,推动科技成果转化应用,促进四川县城制造业向高端、智能化发展,提供更高附加值的产品和服务转型,促进就业增长和人才流动,为四川县城经济实现弯道超车提供了坚实基础。自主研发模式是四川县城制造产业创新的重要手段,通过自主研发,四川县城制造企业能够提高产品质量和技术水平,使企业拥有核心技术和知识产权,增强企业的竞争力,增加市场份额,不断推动产品创新和技术创新,推动四川县城企业从简单的加工制造向技术研发和高端制造转型。技术并购模式是引进新技术的重要途径,技术并购有助于县城制造企业快速获取先进技术和专业人才,填补企业技术短板,实现技术升级和技术结构优化,向高附加值产品方向发展,提高县城企业的创新能力和竞争力。向高附加值产品技术转型升级模式是四川县城制造产业创新的关键方向,技术转型和升级能够推动企业从传统加工制造向高科技制造转型,县城制造企业能够提升产品的附加值,增强产品的市场竞争力和附加值,进一步提升县城企业的市场竞争力和盈利能力。促进制造业与服务业融合发展模式是四川县城制造产业创新的重要方向,这种模式可以通过将制造业与服务业相互融合,为客户提供全面的解决方案和增值服务,满足其个性化需求,提升客户忠诚度和产品竞争力,推动产业链的优化和协同发展,形成县城产业集群效应。

(4) 四川县城经济的文化旅游产业创新模式。创新文化旅游产业模式可以挖掘四川县城的文化资源和旅游景点,通过丰富的文化活动和旅游产品,打造多类别"旅游+"的县城文旅产业创新模式,吸引游客和投资,推动文化创意产业和旅游业的发展,带动相关产业的繁荣和县城经济的增长。推出"旅游+工业"模式将四川县城工业景区与旅游景点相结合,打造独特的工业旅游体验。通过开展工业参观、工艺体验等活动,县城游客可以深入了解当地的工业发展历程和技术特色,增加游客对工业的认知和兴趣。推出"旅游+农业"模式将四川县城农业观光与旅游体验相结合,打造具有农业特色的旅游产品,开展农田观光、农业体验等活动,县城游客可以近距离接触四川特色农耕文化、参与农业生产,体验农民的生活方式,满足游客对于乡村风情和农业体验的需求。推出"旅游+文化"模式将四川县城文化资源与旅游景点相结合,以丰富的文化旅游产品,开展文化展览、传统表演等活动,促进县城游客了解四川县城当地的历史文化、民俗风情,增加游客对于文化的体验和欣赏,提升四川县城文化产业的影响力和经济效益。推出"旅游+体育"模式将体育赛事与四川县城旅游目的地相结合,通过举办体育比赛、体育培训等活动,县城游客可以参与体育运动,体验体育的乐趣和竞技精神,打造体育旅游的吸引力,提升四川县城当地的体育品牌形象和知名度。推出"旅游+康养"模式将康养理念与四川县城旅游目的地相结合,提供养生保健、康体活动等服务，可以使游客享受放松身心的假期，提升其健康水平和幸福感，满足人们对于健康生活方式的需求。

四、完善四川县城特色平台建设

推动四川县城高质量发展，提升产业、产品、服务的供给体系质量，关键要靠创新战略的实施。基础研究薄弱、核心技术不足、企业创新能力不强等问题是当前四川县域经济发展的关键短板。增强县城创新发展能力，需要完善四川县城特色平台建设，形成创新扶持政策要素集聚洼地，打造四川县城创新发展高地，推动县城产业新旧动能转换。特色平台建设可以为县城提供资源整合、技术支持和市场推广等服务，促进技术转移和成果转化，加强产学研合作，推动县城企业技术创新和产品升级，同时提供投融资支持和人才培养等方面的支持，帮助县城企业解决创新过程中的资金和人才瓶颈，激发创新活力。四川县城需要围绕区域协同、完善服务功能和培育新优势等，探索四川县城建设创新平台的有效模式，引领县城创新驱动发展。

（1）建立四川区域协同创新平台。成都平原经济区、川东北经济区、川南经济区、川西北生态示范区、攀西经济区需要在各自区域内建立县城间的协同机制、利益分享机制、投融资机制、产业技术创新联盟等，多种方法综合运用，实现同区域县城资源共享、技术交流和创新合作的协同创新环境。首先，建立四川区域协同创新平台，中央层面和四川省都出台了大量指导推动县城创新驱动发展的意见，四川县城需要抓住国家创新型县城创建的政策机遇，主动整合同区域内县城间的科技创新资源和平台，形成持续创新合力。其次，建立四川县城部门协同体制，以各县级政府为主导，以整合企业、高校和研究机构为创新主体。政府应该提供政策支持和资源保障，鼓励县城内创新个体、创新团队、科技型小微企业加大科技创新投入，建立有效的创新主体沟通渠道，分享信息和资源，协同推进创新项目的开展，加快区域协同创新平台建设，推动创新成果应用和示范基地建设。然后，建立四川区域协同创新利益分享机制。可以通过制定协同地区县城合理的合作协议和知识产权保护机制，确保县城之间知识产权的合理分配和利益的分享与补偿，激励创新主体积极参与创新活动。再次，还应建立四川县城多元投融资机制，除传统的政府资金和银行贷款外，还可以引入风险投资、股权投资和创业基金，县城政府出资撬动、社会资金参与等多元化的投融资方式，为县城创新项目提供稳定的资金支持。最后，建立四川区域性产业技术创新协同组织。通过区域性产业技术创新联盟、产学研协同创新中心、新型产业技术研究院等创新基地组织形式，推动四川县城科技应用与转化。通过先进带动落后，促进同区域内县城间科技创新要素均衡配置，增强整个区域创新能力和竞争力。

（2）优化提升四川县城现有平台。实现四川县城现有平台的优化提升需要全面考虑硬件设施、软件服务、产业链、创新能力、管理水平等方面的综合提升，以推动县城经济的转型升级和可持续发展。优化提升四川县城现有平台是关键步骤，县城应以完善提升工业园区、开发区、现代农业园区、自贸区等县城开发和开放平台为主要抓手，强化现有平台升级网络、增加电力供应、改善交通条件等方面的基础设施建设，增强县城现有平台的硬件设施和软件服务水平，提升县城资源要素集聚能力，通过挖掘潜力、增添动力，把平台建设优势转化为创新发展优势。构建产业生态圈是优化提升四川县城平台的重要方法。通过与周边企业、研究机构、高校等形成合作关系，拉长、拓宽县城产业的链条，做好县城产业的链条配套服务，引导县城产业和各类要素向县城现有平台集中聚集，形成县城产业链、创新链和价值链的协同发展，提高全产业链、全要素生产率，协同打造区域主导产业。优化完善产业园区功能是优化提升四川县城平台的重要举措。开发区（园区）作为县城的发展载体，需要不断优化和完善其功能，既要完善园区公共道路、市政供排水、厂房、能源通信等基础设施，又要建设技术研发、仓储物流、金融服务等公共服务平台，促进提档升级、提质增效、扩区调位。同时，通过引进更多的产业项目和创新资源，提升四川县城园区的创新力和竞争力。推动产业园区建设管理现代化是优化提升四川县城平台的重要方式。通过建立现代化的管理体制和运行机制，在现有县城政府主导的管委会模式基础上，探索引入第三方专业机构建设管理新模式。政府把主要精力用在招商引资、公共服务等方面，而把产业园区的经营、管理等市场化方面的职能交由专业机构去管理。同时，引进先进的信息技术和管理方法，实现信息化、智能化的运营管理，为县城产业园区建设和发展提供更好的支持和保障。

（3）创建四川县城特色发展平台。创建四川县城特色发展平台需要平台有明确的功能定位。注重专业化和差异化发展以及适当的政府政策保障体系，才能促进县城特色平台健康发展。四川县城应根据本地的资源禀赋和优势产业，深入挖掘本地县城在农业、旅游、科技创新等领域的特色资源，突破建制镇的概念，打破传统产业园区建设的局限，探索创建产业主导、产城一体，兼具居住和服务功能的四川县城特色创新创业发展平台。四川县城产业平台建设应有精准的功能定位，不盲目铺摊子、盲目上项目、盲目圈土地，专注于某个独特的产业或产业链环节，形成竞争优势。通过引导人才、技术、资本等高端要素集聚，建成一批产业、文化、旅游、社区功能叠加的特色小镇，为市场提供个性化的产品和服务。四川县城平台建设要突出重点和特色发展的基本方向，通过培育核心企业、引进高新技术、推动产学研合作等方式，突出自身的特色和优势。每个县城平台应主攻最有基础、最有优势的特色产业，实行差异定位、细分领域、错位竞争，并实时关注市场需求的变化，及时调整发展方向，确保平台的持续发展。四川县城平台建设应实施以县城培育为主和省级统筹的政策措施。县城平台应该以县域经济发展为主要目标，积极引导和扶持本地企业、项目和创新团队。县城政府出台相应的政策，提供资金支持、税收优惠、土地和劳动力支持等加以保障。四川省政府主要提供统筹和协调的支持，推动县城平台与其他地区的合作和交流，形成优势互补，共同发展。

第五节　以县城为重要载体激发四川消费市场活力的实施路径

一、优化四川县城商业网点布局

县城商业网点布局和业态结构的合理规划和调整对于县城新型城镇化的推进具有重要的作用。县城商业网点布局的合理规划可以影响新型城镇化进程中商业经济的发展。县城商业网点的分布应考虑人口密度、交通便利性和市场需求等因素。商业网点密度分布均衡能够促进商业资源的配置，提升商业活动的便捷性和效率，满足县城居民日常生活和消费需求。不同的业态结构反映了县城产业结构和经济特点，需要结合县城的发展定位和特点，科学规划不同业态的商业网点。引进适宜和有吸引力的购物中心、超市、餐饮娱乐等业态，可以提升县城的商业形象和品位，增加人流量，吸引外部投资和人才流入，同时增加就业机会。随着县城新型城镇化的推进，越来越多的农民进城定居，他们对商业服务需求的增加催生了新的商机。县城商业网点布局和业态结构的合理调整还可以促进城乡融合发展，提高农民新居民融入城市的便利性和获得感，实现城乡经济的互利共赢。本节将积极探索适于四川县城新型城镇化进程的县城商业网点布局的策略。

（一）明确县城政府在商业网点规划中的作用

四川县城政府在商业网点规划中发挥着重要的指导作用，应根据县城的整体发展需求、市场需求和社会环境等制定相关政策和规划，引导和调控商业网点的发展。首先，县城政府应根据县城的经济发展水平、人口规模大小和产业发展结构等因素，通过政策、规划和管理等手段，引导商业网点的规模总量，指导县城商业网点的合理布局和平衡发展。其次，县城政府还应提供土地出让、减免税费等优惠政策，吸引和引导商业网点的投资和建设，同时加强与商业企业的合作与沟通，提高商业网点的质量和服务水平，推动商业网点的发展。最后，县城政府应该加强与当地交通、供水供电等相关部门的协调与合作，确保商业网点所在区域的基础设施完善,提升县城商业环境和消费体验。值得注意的是,县城政府根据当地要素资源禀赋来确定商业规模总量、布局和结构非常重要。经济发展水平是评估县城商业发展潜力的重要指标之一,县城政府可以根据县城的产业结构、区位优势和市场需求等因素,确定商业规模总量。经济发达的县城可以适度提高商业规模,确保满足居民和市场的消费需求,刺激县城经济的发展。人口规模大小对县城商业网点的规划和布局也具有重要影响。人口较多的县城可以考虑集约化的商业布局,将人口密集区域作为重点发展的商业中心,以提高资源利用效率。此外,县城政府还应根据县城人口的分布和特点,合理安排商业网点的分布,并且鼓励商业企业向农村地区延伸,满足农村消费需求。县城产业发展结构也是商业规模和结构确定的重要依据。政府部门应根据县城的产业发展方向和特色,确定商业网点的业态结构,如农业特色的县城可以发展农产品销售网点,支持乡村旅游等特色产业的发展,推动商业网点的多样化和创新。

四川县城在进行商业网点布局和规划时应着力构建一个主商业中心和多个辅商业中心的县城商业全覆盖格局。主商业中心应设置在县城的核心区域,该区域人流量大,交通便利,主商业中心应包含大型购物中心、百货商场、大型超市和连锁店、餐饮娱乐场所等,以满足县城居民的各种需求;辅商业中心可以根据县城的地理位置和人口分布进行设置,如果县城规模较大,可以根据不同的区域划分多个辅商业中心,确保每个地区都能有便利的商业服务,辅商业中心可以设置在居民密集的住宅区周边,包括小型购物中心、社区超市、便利店、药店等,以满足县城居民在购物和买菜等方面的便捷需求。乡镇商业中心是为乡镇居民提供商业服务的场所,在乡镇中心或者交通便利的地方设置乡镇商业中心,可以满足乡镇居民的购物需求,同时也可以吸引其他乡镇周边的居民前来购物。整体上,四川县城商业网点的布局应根据三级商业等级划分,形成一个主商业中心和多个辅商业中心的全覆盖格局。通过合理设置主、辅商业中心和乡镇商业中心,满足居民的各类需求,提高县城商业服务的覆盖范围和质量。

(二)建立四川县城商业网点网络多类型渠道

商业网点实体渠道是指实体店铺、商场和市场等传统的线下销售渠道,实体渠道的优势在于能够提供面对面的交流和服务,但同时也存在较高的运营成本、空间限制和人员需求,在四川县城实体渠道仍然是主要的销售方式。商业网点网络渠道是指通过电商平台、社交媒体等互联网销售商品和提供服务的渠道。商家可以突破地域限制,触及更广的消费群体,并减少一些传统实体店铺所面临的运营成本和空间限制。网络渠道在四川县城的商业发展中起到了越来越重要的作用。同时,实体渠道和网络渠道的相互融合也在四川县城中成为趋势,通过实体店铺和网络渠道的有机结合，可以形成线上线下的销售模式，提供线上线下一体化的购物体验和服务。合理布局和控制实体渠道及网络渠道的发展，推动实体渠道和网络渠道的融合，创新商业模式和服务方式，同时对网点总量进行适当管理，避免过度竞争和资源浪费，可以促进四川县城商业发展的多样化和可持续发展。

要实现四川县城实体商业网点的优化，需要对县城实体网点进行分类管理。根据不同的业态、规模和市场需求，对实体网点按照核心商圈、次核心商圈和一般商圈的类别进行合理分配和资源配置。在此基础上，对运营成本高、销售额低的实体网点进行评估和调整，实施县城效益低下网店的裁撤或转型，以释放资源和降低经营成本，提高县城整体商业效益。另外，重复布局实体网点会导致市场竞争加剧、资源浪费和运营效率低下。因此，需要进行有效的市场调研和规划，了解消费者需求和竞争格局，规划出合理的网点布局，避免实体网点。同时，政府部门、商业开发商和企业应该加强合作和沟通，共同制定县城实体商业网点发展优化方案，鼓励不同业态的发展，以达到优化网点布局的目的。

农村商业网点多以小型零售店、农贸市场等为主，相对于县城商业网点产品种类少、商品档次低，消费水平也较低。由于农村地区的网络基础设施和电子商务环境相对较弱，农村商业网点的电子商务发展相对滞后。加强县城范围内乡镇和农村商业网点服务能力，需要根据地区实际情况合理规划线上和线下的布局。一是考虑电子商务平台的覆盖范围和物流网络的可及性，选择适宜的电商平台合作伙伴和物流供应链合作伙伴。二是鼓励和支持乡镇和农村企业发展线下实体店铺，为消费者提供更多的购物选择和体验。三是县城政府引导和支持乡镇和农村的电商和物流发展，推动乡村经济融入数字经济的发展潮流。

此外，考虑县城商业需求的经济总量，还需要通过建立科学的规划制度、加强用地管控、监测评估和综合发展，实现四川县城商业网点的有序发展。通过制定县城商业发展规划，明确四川县城商业网点的总量和布局，加强对商业网点的准入和退出管理，对商业网点进行分类管理。加强四川县城商业网点用地的管控，通过规划土地资源，合理划定商业用地区域，并建立严格的商业用地用途转换机制，鼓励商业网点共享用地，推动商业设施集约化和多元化发展，提高县城土地利用效率。建立四川县城商业网点总量监测和评估系统，对县城商业网点的数量、类型、规模进行定期调查和评估，与城乡规划、人口管理、经济发展等其他领域相衔接，合理控制四川县城商业网点的数量和结构。

（三）合理布局四川县城商业网点业态类型

四川县城商业网点需要考虑经济发展水平、人均消费水平、商业网点之间的竞争和协同关系以及城市规划等多个因素合理布局。根据四川县城的经济发展水平和人均消费水平进行商业网点的分级。高档商业主要针对高收入群体，可以在县城中心或富裕居民区进行布局，提供高品质的商品和服务；中档商业则可以在县城比较繁华地段的主要交通枢纽附近设置，主要满足中等收入群体的需求；低档商业可以布局在人口较为密集的低收入居民区或农村，提供基本的生活用品。此外，还要考虑商业网点之间的竞争和协同关系。高档商业网点和中档商业网点可以设置在县城相对靠近的地段，形成商业集聚效应，吸引更多的消费者；低档商业网点也可以和县城周边的农产品市场相结合，形成农副产品的销售和交易平台。同时，商业布局应考虑交通状况、环境保护和市民生活便利性等因素，尽量避免交通拥堵的地段，减少环境污染，注重商业网点的外观设计和县城景观融合，使其与周边环境相协调，提升县城的整体形象和品质。

对于县城零售网点，可以根据四川县城消费者的购买力和偏好，设置超市、便利店、百货商场、专卖店等不同类型的零售网点，引导零售商之间的合作和协同，形成零售联盟，共享资源和客流，提升整体竞争力。除此之外，还要考虑县城零售网点的便捷性和可访问性，应考虑交通状况、停车设施和市民生活的便利性，提倡零售网点之间的步行可达性。对于大型商业网点，可以选取一些重要的商业节点，规划建设大型商业综合体或购物中心。这些大型商业项目可以集聚优质商户，提供更全面、丰富的购物、娱乐和休闲体验，吸引县城周边地区的消费者前来消费。根据四川县城的情况，可以考虑设置特色商业街区，如农产品集市、文化艺术街区等，以满足消费者对农产品和文化产品的需求。在实施四川县城各类商业网点布局时，需要县城政府、市场主体和社会各方合力共同推进，县城政府提供土地和资金支持，引导商业网点合理布局，市场主体积极参与布局规划，进行市场调研和投资决策，最终根据市场需求和商业趋势选择合适的布局模式。

（四）提升四川县城商业网点现代化经营能力

提升四川县城商业网点的现代化经营能力，需要建立信息管理平台，引进物流和供应链管理，推进电子商务新业态，加强营销策划和品牌建设，注重培训和人才引进，以增强四川县城商业网点的运营效率和服务质量。通过建立县城电子商务平台或者商场管理系统，开发包括商家和消费者的信息管理、商品库存和销售管理、市场调研和数据分析等功能，实现县城商业网点的信息化管理，精准了解县城消费者需求和市场趋势。引进物流和供应链管理，建立县城仓储中心、运输网络等，保证商品的及时供应和顾客的快速配送，建立与供应商的良好合作关系，通过供应链管理来提高供应效率和供应链的可靠性。在县城农产品等特色商品方面，可以开展电商直播、预约购买等活动，建立县城自己的电子商务平台或者合作拓展的电商平台，吸引更多县外消费者关注和购买县城特色产品。加强四川县城特色产品营销策划和品牌建设，通过制定差异化的营销策略，提供个性化的服务和推广活动，注重天府特色产品的形象设计、店面布置、员工服务等，提升天府县城特色产品品牌知名度。此外，还要注重县城商业网点现代化经营能力的培训和人才引进。通过培训和引进人才来提升县城商业网点员工的专业能力和服务水平，注重员工的激励机制和团队建设，提高员工的积极性和忠诚度。

二、增强四川县城供给适应消费需求能力

四川县城当前面临县城的实体店铺数量和品质尚不足够满足消费者的需求，线下购物时面临选择有限或质量不佳的情况，县城消费者更倾向于线上购物，给实体店铺带来了压力，导致县城线上线下消费场所不协调。除此之外，县城流通主体主要集中在大县城，而中小县城的流通渠道和物流配送能力不足，影响了商品的流通和消费者的购物体验，加之缺乏仓储和物流设施，使得商品配送效率低下，给消费者带来不便，存在县城流通主体和基础设施下沉不足问题。四川不同县城的营商环境和消费力存在较大差异，四川一些县城的商业氛围和营商环境较好，商业设施齐全，消费者的购物体验较好，但另一些县城却存在商业发展滞后、消费能力不足等问题，使得难以满足消费者对高品质生活的追求，消费力存在区域差异。

（一）实施四川县城优质消费品培育工程

随着县城消费者收入水平提高，社交媒体的普及和旅游交流的增多，县城消费者对社会发展和文化变革的认知更加深入。县城居民开始重视生活的多样性和个性化需求，追求更高质量的生活。需要提升四川县城的优质商品供给，实现不同县城以及城乡之间消费品的均衡供给。这首先需要建立统一的产品标准和质量监管机制，确保在不同县城销售的商品具有同样的品质和标准，避免不良商家通过质量不达标的商品获取不正当的竞争优势。其次，要保护县城消费者的合法权益。对于一些四川偏远的县城，需要引进和培育大型超市、连锁便利店等现代流通主体，加强现代流通主体下沉，优化商品供应链，为这些县城提供多样化的商品选择，并通过专业的运营和管理手段，提高商品辐射范围和供货效率，确保在不同经济发展水平和不同地理位置的县城能够获得相同的优质商品。然后，需要完善县城的物流和仓储设施，通过建设现代化的仓储中心和物流枢纽节点，提高商品的仓储容量和物流配送能力，提升四川县县之间的物流网络连接，实现商品的快速运输和配送，保证商品能够及时到达。特别鼓励四川各县城发展本地农产

品和特色商品，深度挖掘和培育县城的优势产业和特色商品，推动本土农产品和手工艺品等特色商品的发展，通过产品品牌化、包装升级等手段，提升四川县城本地农产品和特色商品的知名度和市场竞争力。再次，还需要加大市场监管力度，打击假冒伪劣商品和商家的违法行为。通过发布失信企业和个人名单，强化社会监督和约束力，提高违法成本，促使商家提高自身诚信度。最后，鼓励优质商家，加强对具备良好经营信用的商家的宣传和奖励，营造四川县城诚信经营的氛围，定期和广泛地调研了解四川县城消费者的需求和喜好，对不同县城的消费市场进行细分分析，优化各县城商品的品类和品质。

（二）推进四川县城设施完善和服务提升

完善商贸流通基础设施是促进四川县城流通主体升级和提升消费者购物体验的重要举措。四川县城应加大对商贸流通基础设施的投入，建设更多的商业综合体、购物中心和大型超市，为县城居民提供更多品牌和商品选择，改善道路、交通和停车等基础设施，提升四川县城的商业环境。加快补齐四川县城冷链物流基础设施的短板，保障四川县城农产品和生鲜食品的质量和安全，建设冷库、冷链配送中心等，完善县城冷链物流体系，有效降低商品运输过程中的损耗和风险，提升商品的品质，满足县城消费者对于高品质和安全的需求。通过打造具有独特特色和品牌的四川商贸小镇，结合当地的文化、旅游和风俗习惯，提供特色商品和服务，吸引更多的商家和消费者前往，增加县城商业发展的吸引力，形成四川县城特色经济，提升四川县城的商业活力。农贸市场是四川县城的重要组成部分，但部分现有的农贸市场存在环境脏乱差、管理混乱等问题，需要通过对农贸市场改造升级，提升市场整体形象和环境。鼓励农民将农产品直接销售到市场，减少中间环节，降低商品价格，提高县城消费者购物的便利性和体验度。

（三）加强四川县城商品贸易的城乡联动

县城商品贸易作为城乡要素流动中的关键支撑节点，必须要起到组织和盘活城乡资源和消费市场的作用。通过建立合作机制，将四川县城市场需求与农村的生产资源相结合，促进城乡资源的有机流动和优化配置。例如建立农产品供应链，将农村的优质农产品及时送达县城市场，满足消费者对绿色、有机食品的需求。同时，可以通过县城的渠道和品牌推广农产品，提高乡村农民收入。加强四川县城商贸城乡联动的重要手段是建立农产品溯源体系，让县城消费者可以了解到农产品的种植和生产过程，并追溯到原产地，增强消费者对农产品的信心，以提高消费者对农产品质量和安全的信任度。四川县城也可以通过提供技术指导、金融支持、市场开拓等方式,帮助农民将农业产业化,并与县城的商贸企业建立长期合作关系,形成供需对接。同时,重点推动四川县级农产品品牌建设,通过组织培训、开展宣传推广活动,帮助农民和农业企业塑造品牌形象,打造市场认可和消费者信赖的四川农产品品牌,支持农产品的包装、标志和宣传,提高四川产品的品质形象和知名度,提升四川农产品的附加值和市场竞争力。加强物流体系建设是实现四川县城城乡联动的一项重要任务,通过引进物流企业、建设现代化冷链物流设施,发展互联网+农产品流通,提供便捷的线上购物和配送服务,提高农产品的运输效率和质量,拉近城乡间距离。在加强四川县城商贸城乡联动的过程中,还需要政府加大支持力度,提供政策、资金和技术等方面的支持,加强四川县城和农村之间的沟通与合作,建立起长期稳定的合作关系,共同推动四川县城城乡经济的协调发展。

三、形成四川县城更广阔的需求增长极

顺应人口流动规律与县城发展规律,遵循"四化同步、城乡融合、五区共兴"的总体战略部署,以人为核心,对不同规模、类型的县城实施差异化的政策举措,推动形成人口聚集县城、规模稳定县城、人口收缩县城的多元化空间布局,让更多的农村转移人口就近落户,提升人口流动效率,降低县城管理成本,让各类型县城、不同等级县城都能吸引特定农村转移人口落户,扩大县城消费需求的空间载体,形成"多元集聚、有序分散"的县城新型城镇化空间格局。

(1)打造人口大县资源要素集聚支撑格局。适度推进四川人口大县向本县城新区、核心功能区或周边县城的有序疏散,降低人口密集县城核心区域的人口密度,注重县城核心区域的生态空间打造,强化县城核心功能建设,加快疏解县城非核心功能,提升县城品质与舒适度。通过调整产业结构,引导传统产业向高端化、智能化和绿色化升级,吸引高新技术和战略性新兴产业集聚到人口大县,打造县城高端制造业、现代服务业聚集区和高端人才集聚区。同时,加快县城新城、郊区产城融合发展,以先进制造业为重点强化产业功能。通过简化行政审批手续、降低企业开办成本、提供优惠政策等方式,持续增强县城外围区域的人口集聚能力。多元发力加快推进绵阳、德阳、宜宾、泸州、南充、达州等四川区域中心城市周边县城新型城镇化建设,着力提高县城先进要素集聚能力,提供创新创业平台和政策支持,吸引高层次人才和创新型企业集聚到人口大县,建立创业孵化器、科技园区等创新创业载体,提供技术支持、资金支持和市场对接等服务,推动人口聚集强县特色主导产业集群发展,引领带动成都平原城市群、川南城市群、川东北城市群的周边县城加快发展。同时,建立健全社会保障体系,提供稳定的就业环境和优厚的福利待遇,将人口大县打造成全省重要的县级要素聚集中心,形

成全省县城人口多元区域集聚、多点强力支撑的分布格局，实现人口、产业与区域经济的协调发展。

（2）增强中等规模县城就近吸纳人口能力。针对大城市农民工回流和就地就近转移落户、就业需求，发挥县城强"底"扩"底"功能，增强中等规模县城这一转移人口重要载体。随着四川县城新型城镇化水平提升，新增城镇人口需要更大的空间承载，而网络化交通发展和大城市生活成本持续上升，使县城区位劣势在弱化，成本优势在强化，中等规模县城对农民工回流的吸引力增强。政策上应加大公共资源向中等规模县城的倾斜力度，支持县城走特色化、差异化发展道路，加强县城规划和土地利用规划，合理布局城市功能区和产业发展区，注重改善交通、供水、供电、通信等基础设施条件，大力承接产业转移，培育发展一批有特色、有活力、小而强、小而优城镇，建设一批与就近大城市协作配套的卫星城、特色川味食品加工城、文化旅游特色镇、省际边界商旅小镇等，把中等规模县城建设成地方性人口集聚中心、引导人口就地就近城镇化的重要战略节点，夯实农业人口转移规模持续扩大的底部支撑。通过加强县城形象建设、提供便利的居民生活服务、完善社会治安等，提升县城的整体形象和居住环境，增加转移人口对中等规模县城的认同感和归属感。

（3）满足人口收缩型县城的品质发展需求。面对部分县城人口流失与城区收缩，要摸清原因、分类引导、精准施策，推动县城实施品质建设和精准收缩，推动四川大城市或区域中心城市周边收缩型中小县城主动融入以中心城市为核心的城市群、县城群发展，加强县城专业分工与协调配套，创新合作模式，实现错位发展，打造城市群、县城群重要产业功能承载区。推动省际边界区和贫困地区收缩型县城走特色产业化发展道路，培育新的支柱产业，形成新的产业竞争优势，将此类县城打造成为巩固拓展脱贫攻坚成果和实施乡村振兴战略的重要支点。推进收缩县城从规模扩张向内敛精致方向发展，严控县城主城区外的新城区开发建设，适度控制公共设施的新建与扩建，探索闲置低效用地再开发新模式，推动公共服务资源整合与重组改造，积极盘活存量资源，引导人口和公共资源向县城主城区集中。

第七章 以县城为重要载体提升四川城乡生活品质的发展路径

第一节 四川县城市政设施体系建设和公共服务供给现状评价

一、四川县城市政设施体系建设现状评价

（一）四川县城市政设施体系建设内容

市政基础设施一般从市政交通网络、市政管网、防洪排涝、防火防灾、老旧小区改造等方面进行评价。结合县城层面的数据可获得性，从道路长度、道路面积、桥梁数、道路照明灯盏数和安装路灯道路长度方面衡量四川县城的市政设施建设情况，具体如表 7-1 所示。

表 7-1 四川省县城市政设施体系建设内容

建设内容	单位
道路长度	km
道路面积	万 m^2
桥梁数	座
道路照明灯盏数	盏
安装路灯道路长度	km

（二）四川县城市政设施体系建设情况及评价

由于五大经济区的地理位置、面积等存在差异，因此，在分析四川县城市政设施体系建设时，如表 7-2 所示，分别分析五大经济区的建设情况。

表 7-2 五大经济区县城市政设施体系建设情况

建设内容	年份	川东北经济区	川南经济区	川西北生态示范区	成都平原经济区	攀西经济区
道路长度均值/km	2015	72.94	59.80	19.45	69.07	26.22
	2021	126.21	129.51	25.20	110.33	33.36
	差额	53.27	69.71	5.75	41.26	7.14
道路面积均值/万 m^2	2015	148.28	120.07	21.10	143.43	33.06
	2021	262.05	248.03	26.74	231.76	47.12
	差额	113.77	127.96	5.64	88.33	14.06
桥梁数均值/座	2015	11.06	9.21	6.00	11.37	4.75
	2021	13.50	10.27	6.46	16.11	5.07
	差额	2.44	1.06	0.46	4.74	0.32
道路照明灯盏数均值/盏	2015	6213.67	3830.93	1619.55	6942.40	1992.00
	2021	7361.26	7113.33	1902.25	32398.48	2267.63
	差额	1147.59	3282.40	282.70	25456.08	275.43
安装路灯道路长度均值/km	2015	62.61	46.87	12.21	54.67	19.11
	2021	86.25	76.73	20.64	331.90	47.85
	差额	23.64	29.86	8.43	277.23	28.74

注：根据《中国县城建设统计年鉴2021》和CSMAR数据综合整理而成。

相较于其他经济区，川东北经济区县城2015～2021年的市政基础设施建设的完善程度较大，县城道路长度、道路面积、桥梁数的均值增长幅度分别为53.27km、113.77万 m^2、2.44座，三项指标增长幅度均位居第二，为经济发展和交通流动提供了更好的基础设施支持；道路照明灯盏数和安装路灯道路长度的均值增长幅度相对较小，但其总体水平较高。

川南经济区县城2015～2021年较为重视道路建设、道路照明灯安装，良好的道路以及充足的照明将促进区域经济的发展和提高居民生活质量。完善的道路网络能够提高区域之间的互联互通，促进商品流通和物流效率，有利于加强区域内企业间的合作与交流，推动经济产业的发展。通过道路建设，川南经济区可以更好地与其他地区连接，扩大市场和贸易的范围，吸引更多的投资和资源。

川西北生态示范区县城的市政基础设施建设在起点和发展速度方面相对缓慢，道路长度、道路面积、桥梁数等方面的建设在近几年的变化较小。这可能是川西北地区的生态环境脆弱和地理条件复杂所致。相比于其他地区，川西北生态示范区的自然资源和生态环境保护更为重要。因此，在市政基础设施建设方面需要更加注重生态保护和环境友好型的规划。另外，川西北地区地势崎岖，交通条件相对较差，这也可能限制了道路长度、道路面积以及桥梁数等指标的快速增长。地形复杂性会增加基础设施建设的难度和成本，可能导致该地区市政基础设施建设进展缓慢。

成都平原经济区相较于其他经济区起点较高，近几年较为重视桥梁建设、道路照明，尤其是在道路照明灯盏数和安装路灯道路长度方面有大幅度的增长。大量的桥梁建设和道路照明的完善对于经济区的发展至关重要。桥梁作为交通的重要纽带，能够促进区域内外的交流和物资流通。通过大量的桥梁建设，成都平原经济区能够加强与周边区域的联系，扩大市场和贸易的范围，吸引更多的投资和人才。道路照明的完善则能提升交通安全和居民的生活品质。充足的道路照明能够在夜间提供良好的视觉环境，减少交通事故的发生，提高行人和驾驶员的安全感。此外，良好的路灯照明还能够改善城市的景观效果，提高居民的生活质量。

二、四川县城公共服务供给现状评价

（一）四川县城公共服务供给内容

公共服务设施作为新型城镇化进入新阶段的重要动力，如何充分认识、发挥其效能、促进新型城镇化高质量发展、乡村振兴有效落地是未来研究的重要方向。参照《镇规划标准》《社区生活圈规划技术指南》等相关技术规定，结合四川省两项改革"后半篇"文章24个专项工作方案、地方实际情况，根据公共服务设施的使用频率、所获数据的代表性，结合数据的可获得性，明确四川县城公共服务供给内容包括四个层面：基础教育、医疗卫生、人居环境和商业服务。具体如表7-3所示。

表7-3 四川省县城公共服务供给内容

供给层面	具体维度	单位
基础教育	小学学校数	个
	中学学校数	个
	小学师生比	%
	中学师生比	%
医疗卫生	每万人拥有医院卫生院床位数	张
人居环境	污水处理率	%
	建成区绿化覆盖率	%

续表

供给层面	具体维度	单位
人居环境	生活垃圾无害化处理率	%
	人均道路面积	m²
商业服务	商业服务业设施用地	hm²

（二）四川县城公共服务供给情况及评价

由于五大经济区的地理位置、资源禀赋等存在较大差异，因此，在分析四川县城供给时，分别分析五大经济区的公共服务供给情况。

（1）五大经济区的基础教育情况。在基础教育方面，从小学和中学的学校数量和师生比层面了解四川县城公共服务供给情况。如图 7-1 所示，川东北经济区 2013~2021 年的小学学校数量和中学学校数量都存在减少趋势，小学学校数量减少尤为明显，主要受出生率下降、学校优化整合和教育改革政策调整等因素的影响。从师生比看，小学师生比在 2014~2016 年和 2017~2018 年呈下降趋势，小学教育资源相对紧张，教学质量压力较大；中学师生比在 2016~2017 年和 2019~2021 年趋于下降，中学教师资源增长滞后于学生需求，但小学和中学的师生比总体趋于增长，说明川东北县城的专任教师资源的供给能力有所改善。

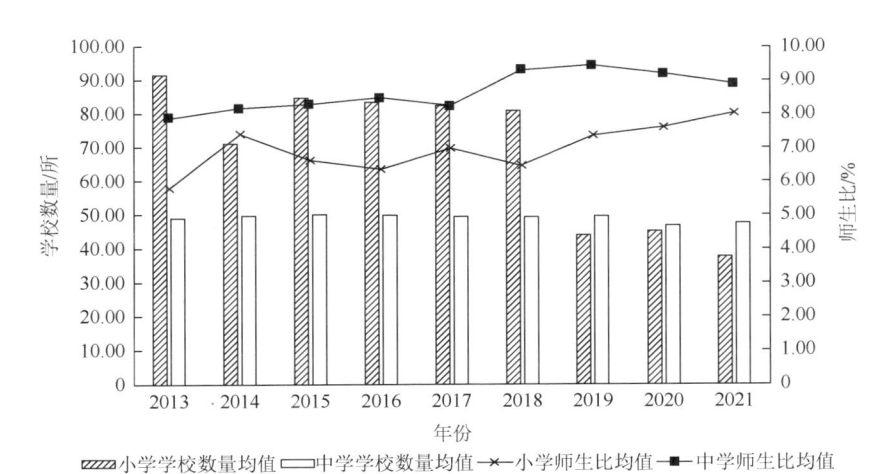

图 7-1　川东北经济区县城基础教育情况

根据中国县域统计年鉴和 CSMAR 数据综合整理而成

如图 7-2 所示，川南经济区的学校数量总体趋于下降，尤其是小学 2014~2015 年有显著的减少，中学数量相对变化不大，2013~2021 年，川南经济区县城中学数量平均有 33 所。从师生比看，中学师生比明显高于小学，说明小学的专任教师资源更为紧张。

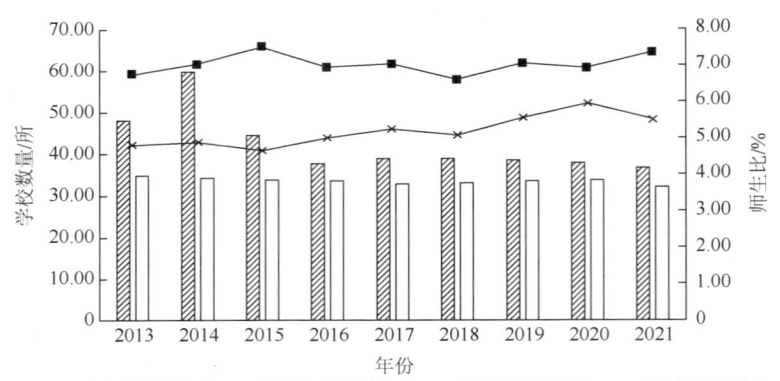

图 7-2　川南经济区县城基础教育情况

根据中国县域统计年鉴和 CSMAR 数据综合整理而成

如图 7-3 所示，川西北生态示范区的中小学数量呈减少趋势，相较于小学数量，中学数量严重不足，各县城平均每年中学数量为 3 所，且与其他区域的现状存在较大差异，中学的师生比明显小于小学的师生比，学校数量少，说明该经济区的中学教育资源高度集中化，相较于小学，中学教师资源严重不足，小学与中学规划相对脱节。从师生比的变化趋势看，小学和中学的师生比波动较大，说明该经济区的师资稳定性不高；小学师生比在 2014～2016 年和 2017～2021 年都趋于下降，说明经济区的小学教学资源流失严重。

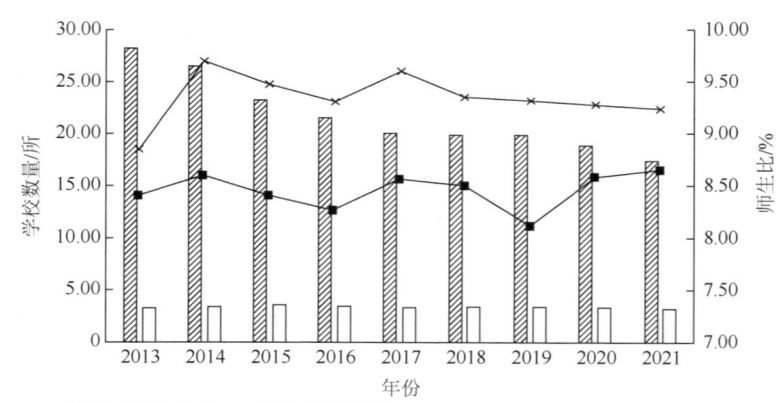

图 7-3　川西北生态示范区县城基础教育情况

根据中国县域统计年鉴和 CSMAR 数据综合整理而成

如图 7-4 所示，成都平原经济区中小学的学校数量虽然也在减少，但相对稳定。小学师生比的变化不大，维持在 7% 左右，中学师生比在 2018 年达到最大值之后，逐渐下降，师资保障力度有所减弱。

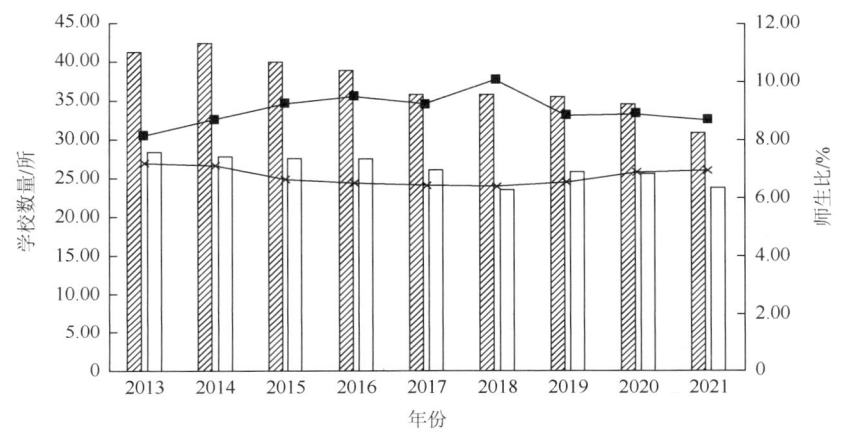

图 7-4 成都平原经济区县城基础教育情况

根据中国县域统计年鉴和 CSMAR 数据综合整理而成

如图 7-5 所示，攀西经济区的小学数量变化较大，中学数量相对比较稳定，中学数量相对较少，各县城平均每年有 10 所，中学师生比高于小学，与成都平原比，该经济区中学数量较少，且师资资源较为紧缺，小学和中学教师资源都有待补充。

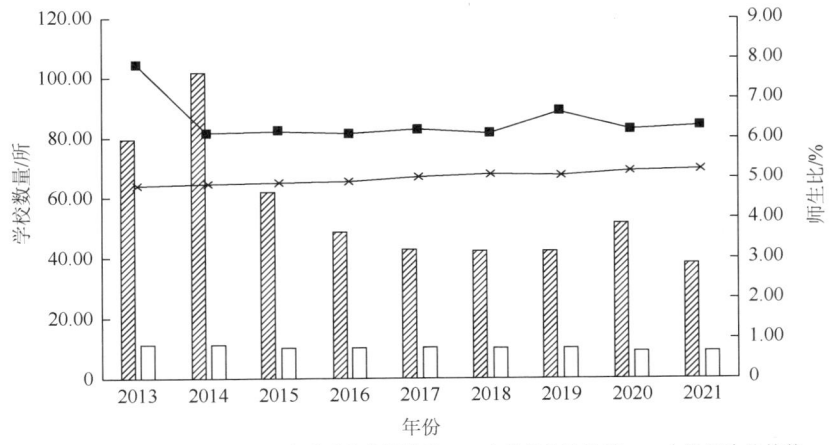

图 7-5 攀西经济区县城基础教育情况

根据中国县域统计年鉴和 CSMAR 数据综合整理而成

从总体水平看，如图 7-6 所示，五大经济区攀西经济区和川南经济区的小学专任教师资源较为紧缺，从变化趋势看，川东北经济区的小学师资改善力度较大，成都平原经济区需要采取有效措施，缓解小学师资紧张的情况，保证教学水平，提高人才培养质量。

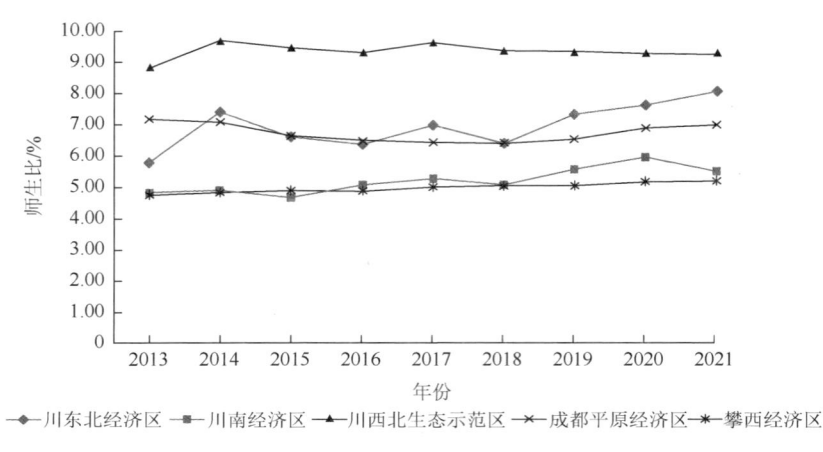

图 7-6　五大经济区县城小学师生比情况

根据中国县域统计年鉴和 CSMAR 数据综合整理而成

如图 7-7 所示，成都平原和川东北经济区的中学教师资源相对充足，近几年，虽然川南和攀西经济区的师生比有较大幅度的提升，但相较于其他经济区，依然面临较大的师资不足的压力。

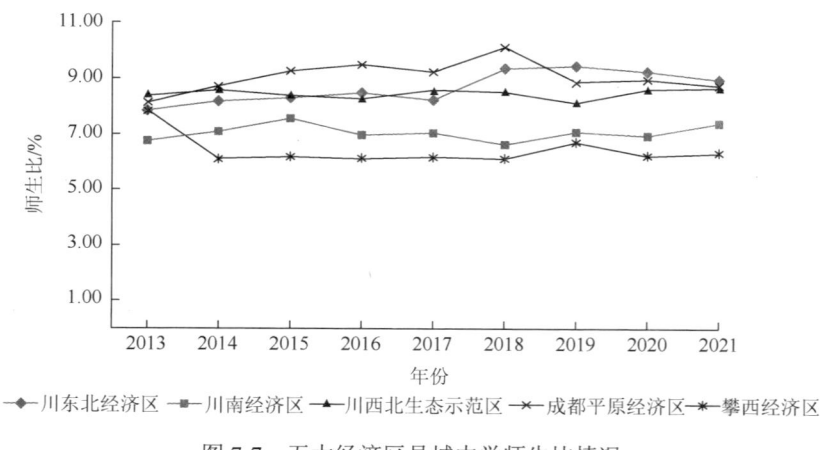

图 7-7　五大经济区县城中学师生比情况

根据中国县域统计年鉴和 CSMAR 数据综合整理而成

(2) 五大经济区的医疗卫生情况。图 7-8 为五大经济区每万人拥有的医院或卫生院的床位数,成都平原和川东北的医疗条件相对较好。从 2013~2020 年的变化来看,成都平原的起点较高,每万人床位数均值增长了 25 个,川东北的起点稍低,但是增长迅速,相较于 2013 年,到 2020 年每万人平均增长 36 个床位;川西北虽然起点最低,但发展迅速,其增长幅度位居第二。相对而言,攀西经济区的起点低,发展缓慢,从 2013 年的每万人 34.62 个床位增加到 2020 年的每万人 52.48 个床位,增长幅度为 17.86 个床位/万人。川南经济区的起点高,增长快,2020 年县城每万人拥有 63.39 个床位。

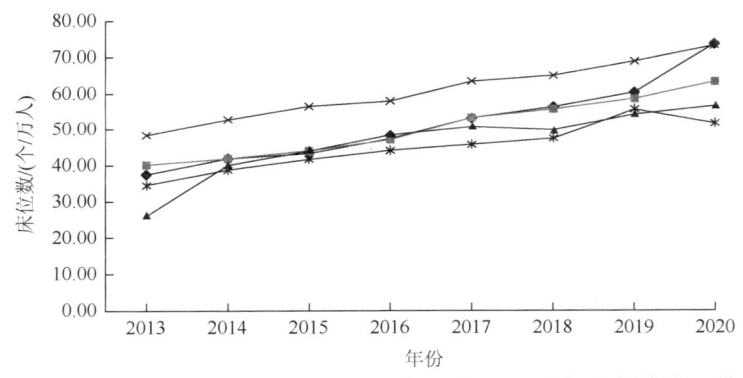

图 7-8 五大经济区县城医疗卫生情况

根据中国县域统计年鉴和 CSMAR 数据综合整理而成

(3) 五大经济区的人居环境情况。从五大经济区的人均道路面积、污水处理率、建成区绿化覆盖率和生活垃圾无害化处理率了解五大经济区的人居环境。如表 7-4 所示,对比 2015 年和 2021 年的人居环境,在人均道路面积方面,川东北和成都平原经济区的人均道路面积较大,且川东北的增幅最大;而攀西经济区的人均道路面积呈负增长,需要加大投资和建设力度。在污水处理率方面,各经济区的水平普遍较高,且攀西经济区的增长幅度最大(43.31 个百分点);在建成区绿化覆盖率方面,攀西和川南经济区的覆盖率较高,川西北生态示范区的增长幅度较大(16.07 个百分点)。各经济区的生活垃圾无害化处理率普遍较高,川西北生态示范区的增长幅度最大(16.47 个百分点)。

(4) 五大经济区的商业服务情况。如表 7-5 所示,川东北和成都平原的商业服务业设施用地起点较高,呈下降趋势,主要是基于区域经济发展方向,调整其城市布局。川南、川西北和攀西经济区的用地面积呈上涨趋势,且川南经济区取得增长幅度最大,而攀西基本没有变化。

表 7-4　五大经济区县城人居环境情况

人居环境	年份	川东北经济区	川南经济区	川西北生态示范区	成都平原经济区	攀西经济区
人均道路面积/m²	2015	9.94	7.86	13.38	12.30	10.88
	2021	18.35	11.20	13.74	14.09	5.71
	差额	8.41	3.34	0.36	1.79	−5.17
污水处理率/%	2015	82.40	72.99	61.47	74.21	51.74
	2021	92.81	95.71	85.28	92.48	95.05
	差额	10.41	22.72	23.81	18.27	43.31
建成区绿化覆盖率/%	2015	33.47	31.22	7.88	31.53	20.42
	2021	36.78	39.26	23.95	37.32	40.28
	差额	3.31	8.04	16.07	5.79	19.86
生活垃圾无害化处理率/%	2015	93.35	95.23	81.67	90.37	100.00
	2021	99.39	100.00	98.14	99.91	100.00
	差额	6.04	4.77	16.47	9.54	0.00

注：根据中国县城建设统计年鉴 2021 和 CSMAR 数据综合整理而成。

表 7-5　五大经济区县城商业服务情况

商业服务	年份	川东北经济区	川南经济区	川西北生态示范区	成都平原经济区	攀西经济区
商业服务业设施用地/hm²	2015	1.21	0.59	0.19	0.93	0.26
	2021	1.10	1.04	0.21	0.80	0.27
	差额	−0.11	0.45	0.02	−0.13	0.01

注：根据中国县城建设统计年鉴 2021 和 CSMAR 数据综合整理而成。

第二节　以县城为重要载体完善四川市政设施一体化建管的发展路径

党的二十大报告提出"坚持人民城市人民建、人民城市为人民，提高城市规划、建设、治理水平，加快转变超大特大城市发展方式，实施城市更新行动，加强城市基础设施建设，打造宜居、韧性、智慧城市"的目标任务。我国城镇化进程持续推进，常住人口城镇化率 2021 年末已经达到 64.7%，比 2012 年末提高 11.6 个百分点，四川县城城镇化率从 2013 年的 34.38% 提升到 2021 年的 44.04%，城镇化水平迅速提高，基础设施建设逐步完善，但也存在不少问题，重硬件轻软件、重建设轻管理、重表面轻内涵的问题较为突出。有的城市建设不顾客观条件，好大喜功、贪大求洋，过度占用土地和水资源，破坏传统城乡风貌；有的城市空间布局不合理，职住严重分离，造成巨大的通勤成本；有的城市缺少必要的排水、防洪、抗震、应急等设施，在自然灾害面前极为脆弱；有的城市管理粗放，基层治理能力薄弱，面对疫情等突发事件时措手不及、手段简单粗暴。解决这些问题，必须切实提高城市规划、建设、治理水平，加快转变超大特大城市发展方式，打造宜居、韧性、智慧城市。近年来，四川在环境治理方面持续加大力度，城市基础承载力和环境明显提升，但因为发展基础差，很多县城在城市基础设施建设合理化、管理科学化、精细化等方面还存在弱项。

一、建立县城市政基础设施一体化机制

（一）建立市政基础设施一体化规划机制

四川县城应制定统一的市政基础设施一体化规划，明确整体目标、原则和指导思想，确保不同设施的协同发展和优化布局。在城镇化过程中，综合考虑城市发展需求、人口增长预测、环境保护和资源可持续利用等因素，确定合理的基础设施规划方案。同时，鼓励跨部门和跨行业的合作与协调，确保各个基础设施的规划能够相互衔接、协同发展。

（二）建立市政基础设施一体化建设机制

四川县城需要建立统一的市政基础设施建设管理机构，在组织、协调和实施市政基础设施建设中发挥重要作用。县城还需要制定相应的法律、政策和标准，规范市政基础设施建设的程序和要求，确保建设的安全、高效和可持续，加大资金投入和协调安排，通过统筹规划和项目集成，确保市政基础设施的建设和更新具备一定的连续性和一体性。采用先进的技术和管理手段，提高市政基础设施的设计、施工和运维水平，确保建设和运营的质量和效益。

（三）建立市政基础设施一体化管理机制

四川县城建立市政基础设施一体化管理机制是十分必要和重要的，一体化管理机制可以帮助县城有效地协调、规划和管理市政基础设施，提高资源利用效率，优化服务质量，推动县城的可持续发展。具体可以采取以下措施建立管理机制：第一，统一管理机构，建立一个统一的市政基础设施管理机构，负责协调各个基础设施部门的工作，并统一制定管理政策和标准。该机构可以由市政府或相关部门负责，应具有权威性和决策权。第二，协同工作机制，建立有序的协同工作机

制，促进各个基础设施部门之间的合作和沟通。通过定期会议、工作组等形式，加强信息共享、资源协调和决策协作，促进基础设施管理的一体化。第三，统一规划和监管，制定综合性的市政基础设施规划，综合考虑不同设施之间的关联和互动，优化空间布局和资源配置。同时，建立统一的监管体系，加强对基础设施建设、运营和维护的监督管理。第四，数据共享和信息平台。建立市政基础设施的数据共享和信息平台，集成各个部门和设施的数据资源，实现跨部门数据的共享和流通。通过信息平台，可以实现实时监测、预警和共享决策支持，提高基础设施管理的精细化和智能化水平。第五，统一计划和预算。建立统一的市政基础设施规划和预算体系，确保各个设施的发展和投资协调一致。四川县城需要统筹考虑项目的紧迫性、优先级和可行性，确保资源的合理配置和利用。建立市政基础设施一体化管理机制可以帮助四川县城提高管理效率和资源利用效率，实现各个基础设施之间的协同发展和提升城市整体管理水平，提高市民的生活质量和城市的可持续发展能力。

二、优化县城市政基础设施空间布局

（一）综合利用空间资源

综合利用空间资源是四川县城城镇化建设中的关键因素之一，由于县城面积有限，合理、高效地利用空间资源对于实现可持续发展至关重要。四川县城可以结合自身的具体情况采取以下措施：第一，多功能空间设计。可以在同一地点兼顾不同的功能需求进行设计，如将垃圾处理设施与能源发电厂结合，或者在公园中设置雨水收集设施等。这样可以节约土地资源，并提高设施的利用效率。第二，设施共享与集约化利用。推动不同类型的基础设施共享使用，如将供水、供电和通信设施整合在同一回路中，减少设备的冗余和能源的浪费。此外，鼓励公共和私人部门在设施利用上进行合作，共同利用设施和资源。第三，结合数字技术与智能化管理，利用数字技术和智能化管理系统，提高市政基础设施的运行效率和资源利用率。例如，通过智能的城市管理平台，可以实现设施的远程监控、实时管理和优化调度。通过综合利用空间资源，市政基础设施可以实现更高的效益和可持续发展，提升城市的整体发展水平和居民生活质量。

（二）强化网络连接与信息共享

强化网络连接与信息共享是四川县城城镇化建设中至关重要的一项任务。在数字化时代，网络连接和信息共享对于促进经济发展、提升居民生活质量和推动县城的可持续发展至关重要。四川县城通过建立连接和共享信息的机制，不同的基础设施可以更好地配合工作、优化资源利用、提升服务质量。具体可以采取以下措施：第一，建立信息共享平台。建立一个集中的信息共享平台，使各个基础设施部门、相关机构和管理者可以共享数据、信息和资源。该平台可提供实时的信息交流、分析和共享功能，促进不同设施之间的协同和合作。第二，构建物联网系统。利用物联网技术，将各种基础设施的传感器、监控设备等通过网络连接起来，实现实时数据的收集和传输，实现跨设施的联动和协同控制，提高设施运行效率和应急响应能力。第三，强化数据整合与分析。整合各个基础设施的数据，并利用数据分析技术提取有用信息。通过对大数据的分析，可以发现设施之间的潜在关联和优化空间，提供支持决策的科学依据。第四，加强跨部门和跨机构的合作。通过加强不同部门和机构之间的合作与沟通，建立协调机制和共同的目标，促进不同基础设施部门之间的信息共享、资源交流和配合，实现整体效益的提升。

（三）补齐市政基础设施短板

四川县城市政基础设施的完善不仅直接影响居民的生活质量，还对经济发展和城市形象产生重要影响。因此，四川需要全面分析自身的基础设施建设现状及未来经济社会发展需要，采取以下措施：第一，加强基础设施投资，针对短板和弱项，增加相应基础设施的投资力度。确保在布局规划中充分考虑到这些方面的需求，并为其提供充足的资源，以提高其建设和运营的质量和效率。第二，优先发展重点区域，根据城市发展的整体战略，将重点优先发展的区域确定为解决短板和弱项的重点区域。在这些区域内加大基础设施建设力度，优化布局，提升功能和服务水平。第三，优先发展重点区域。根据城市发展的整体战略，将重点优先发展的区域确定为解决短板和弱项的重点区域，在这些区域内加大基础设施建设力度，优化布局，提升功能和服务水平。

三、增强县城基础设施运行效能和抗风险能力

（一）建立健全的预防和维护机制

建立健全的预防和维护机制对于四川县城城镇化建设至关重要。预防和维护机制可以有效地保护已有的市政基础设施，延长其使用寿命，减少维修成本，并提高市民的生活品质。具体而言，健全的预防和维护机制有利于提高四川县城基础设施的可靠性，避免设施因故障而导致停工、停电等情况的发生，利于延长设施的使用寿命，减少设施的早期损耗和磨损。通过合理的保养和维修，可以减少设施的故障和破坏，降低更换设备的频率和成本。四川县城建立预防和防护机制

可以减少设施的紧急维修和故障修复次数，从而降低维修成本，及时发现和解决问题，避免设施遭受严重的损坏和影响，避免高昂的修复费用。四川县城建立预防和防护机制可以提前发现和解决潜在的安全隐患和风险，减少意外事故的发生。通过定期巡检和设备监测，及时排除安全隐患，提升基础设施的抗风险能力，保护公众的生命财产安全。

（二）加强数据安全和网络防护

四川县城的基础设施越来越依赖于信息技术和网络连接。在城镇化建设中，基础设施运行往往依赖于数据的传输和处理，加强数据安全和网络防护能够防止数据泄露、篡改及其他安全威胁，确保数据的完整性、可靠性和准确性，提升基础设施的运行效能。关键基础设施（如电力、水利、交通等）的运行与国家经济和社会的稳定发展息息相关，城镇化建设中通过加强数据安全和网络防护可以防止黑客攻击、恶意软件和网络病毒的入侵，维护关键基础设施的稳定运行，保障国家和社会的安全。四川县城加强数据安全和网络防护可以提前识别和预防潜在风险，并及时进行应对，减少或防止基础设施运行中可能出现的故障和事故。同时，确保数据在灾害发生时的备份和恢复能力，提高灾害应对和恢复的效率。

（三）提升设施的能效和可持续性

提升设施的能效和可持续性已成为四川县城城镇化建设的必然选择。能效和可持续性措施可以减少县城设施的能源消耗和资源消耗，从而降低设施的运营成本。例如，采用节能设备和技术可以降低能源开支，循环利用废物和回收物资可以减少处理和采购成本。现代消费者越来越注重环境可持续性和社会责任，提升设施的能效和可持续性，符合用户的期望和需求，可增强用户对设施的信任和满意度。能效和可持续性措施通常与提高设施的运行效率和生产效率密切相关，四川县城需要节能、优化资源利用和减少浪费，使得城镇化建设中的设施能够更有效地利用能源和资源，提高运行效率和生产效能。

第三节 以县城为重要载体提升四川公共服务一体化供给的发展路径

县城既是城镇化的重要组成部分，也是城乡融合发展的关键支撑。城乡融合发展既包括城也包括乡，需要新型城镇化和乡村振兴的联动。四川推进以县城为重要载体的城镇化，必须协同推进乡村振兴和县城城镇化建设，这些都离不开公共服务的有效支撑。

一、强化县城公共服务供给

实施公共服务均衡化是四川推进县城新型城镇化的关键举措。四川县城需要通过逐步实现基本公共服务的普惠覆盖，发挥县城在服务乡村、推动农业转移人口城市化过程中的重要作用，同时优化大城市的布局结构，引导人才和资金向县城转移，推动县城和县域经济实现高质量发展。在坚持以人为核心的新型城镇化理念下，县城城镇化是一项重要任务。其中，关键之一是推进农业转移人口的市民化，建立健全农业转移人口市民化机制，确保他们享有与县城户籍人口相同的权利和机会。要实现农业转移人口的市民化，最基本的是需要为他们提供与户籍人口相同的公共服务。通过强化公共服务供给，可以打破城乡流动中的一些壁垒，促使农业转移人口真正融入城市生活。强化公共服务供给也是全面推进乡村振兴的重要支撑。通过强化四川县城公共服务供给水平，可以加速乡村振兴和城镇消费的转型升级，为实施扩大内需战略提供重要支撑。在城镇化过程中，要注重农村和城市间的协调发展，促进资源优化配置和交流合作，推动城乡一体发展。

（一）强化公共服务供给的普惠性

在城镇化建设中，四川县城需要重视公共服务供给的普惠性，在公共服务普惠性得到保障的社会中，社会资源得到合理分配，社会公平得以实现，从而减少社会不平等和冲突，促进社会的和谐与稳定。同时，有利于减少社会排斥现象，提升人民的整体生活水平。公共服务供给的普惠性对于四川县城的可持续发展和社会进步非常重要，应注重提高公共服务供给的普惠性。具体而言，强化公共服务供给的普惠性可以采取以下措施：第一，优化公共服务布局，合理规划和布局公共服务设施，确保服务设施的覆盖范围广泛、分布均衡，将公共服务设施合理分布在城乡各个地区，特别是偏远地区和贫困地区，提高公共服务的普及程度。第二，创新服务模式和手段，通过引入信息技术、互联网等先进的科技手段，推动公共服务的创新，建立在线服务平台，提供便捷的服务渠道，使居民能够随时随地获取公共服务。同时，开展移动服务和上门服务，满足特殊群体或特殊需求的居民的服务需求。第三，完善服务标准和指导性目录，制定公共服务的统一标准和指导性目录，明确服务的内容和范围，确保公共服务对所有居民都是普惠的，无论其经济条件、社会地位还是居住地，通过规定明确的服务标准，确保公共服务的质量和可及性。

（二）强化公共服务供给的精准性

精准的公共服务供给可以实现资源的优化配置和高效利用，有效避免资源浪费和服务冗余，提高资源利用效率。四川县城有针对性地提供教育、就业、医疗、社会保障等公共服务，利于有针对性地解决公共服务供给不足等问题，改善社会民生，推动社会的稳定和发展。四川县城可以结合本地区的经济社会现状采取以下措施：第一，数据分析和精细化调研。通过收集和分析相关数据，了解各群体的需求和特点，开展精准调研，深入了解不同地区、不同群体的公共服务需求，为精准供给提供依据。第二，数字赋能促进公共服务供给的精准化高效化，《中共中央关于制定国民经济和社会发展第十四个五年规划和二〇三五年远景目标的建议》进一步提出："加强数字社会、数字政府建设，提升公共服务、社会治理等数字化智能化水平。"数字化智能化手段逐渐成为社会治理的主要方式，为推动我国公共服务实现高质量发展提供了支撑。利用先进的科技手段，如人工智能、大数据等技术，在公共服务供给中实现智能化和精准化，建立智能化的公共服务平台，通过个性化推荐、智能导航等方式，提供精准的公共服务信息和服务。第三，制定精准服务标准和差异化政策。根据不同群体的需求特点，制定差异化的公共服务标准和政策，针对特殊群体、经济落后地区等，制定特殊的服务政策和措施，确保他们能够获得应有的公共服务。

（三）强化公共服务供给的有效性

县城有效的公共服务供给意味着服务能够高效、及时地满足人们的需求，并提供满足人民期望的高质量服务，这不仅可以提升居民的满意度，还可以促进公共服务的持续改进和创新，利于提高服务的覆盖面和质量，推动城镇化建设的可持续发展。因此，四川县城在城镇化建设中必须重视公共服务供给的有效性，可以通过以下途径实现：第一，加大公共服务支出。四川县城政府应增加对公共服务的支出，包括教育、医疗、养老等领域。同时，注意调整财政支出结构，将财政支出的重点更多地转向公共服务领域，确保公共服务的供给覆盖到较为薄弱的地区和群体，缩小城乡差距。适度的转移支付，有助于加强县乡基层政府的财力，提升其公共服务供给的能力和水平，重点支持那些吸纳农业转移人口较多的县城，为其提供更多的财政支持和政策优惠，以激发县城的消费活力和经济发展活力，推动人口的流动和城镇化进程，促进四川县城的发展。第二，引入市场机制。可以吸引不同类型的市场主体参与县城公共服务供给，增加服务的多样性，而不同的服务提供者将竞争提供更好的服务，提高服务的质量和多样化程度，满足县城居民多元化的需求。与此同时，市场竞争可以推动公共服务供给的成本降低和资源利用效益的提高。第三，建立科学、全面的公共服务供给评估制度，包括供给质量、均衡化水平、公众满意度等指标，可以帮助四川政府和相关部门了解公共服务供给的实际效果。将公共服务供给的评估结果纳入四川县乡政府绩效考核体系，可以促使政府和相关部门更加重视公共服务供给的质量和效果。通过与绩效考核挂钩，政府和相关部门将有动力确保公共服务供给的有效实施，并采取措施改进和提升服务，推动县城的城镇化建设取得更加实质性的成效。

二、推进县城公共服务优质均衡发展

党的二十大报告强调，"着力解决好人民群众急难愁盼问题，健全基本公共服务体系，提高公共服务水平，增强均衡性和可及性，扎实推进共同富裕"，增强公共服务的均衡性和可及性是党在新的历史条件、新的历史使命下对公共服务制度体系的新要求，是对实现基本公共服务均衡化目标的进一步提升和发展。公共服务是共同富裕的重要组成部分，提高公共服务水平是促进共同富裕的重要着力点，公共服务均衡化是人民共享公共服务的要求，是真正落实以人民为中心经济发展思想的基本内容。

（一）着力优化公共资源配置

城镇化建设中，四川县城需要科学规划和合理配置公共资源，确保资源被充分利用并服务于城镇化建设，避免资源的浪费和不合理分配，提高资源利用效率，有效推动城市发展。因此，四川县城城镇化建设中可以通过以下措施优化公共资源配置：第一，健全公共资源配置机制。建立健全的公共资源配置机制，确保资源的合理配置和优先满足基本公共服务需求。通过完善相关政策和法规、健全公共资源配置机制明确资源配置的原则和目标，提高资源配置的透明度和公平性。第二，加大对基本公共服务的投入。政府应优先增加财政预算中的基本公共服务经费，确保足够的资金用于基本公共服务的提供。可以通过调整财政预算结构，增加基本公共服务领域的财政拨款，确保资金的稳定和持续投入。设立专项基金，用于支持基本公共服务领域的投资和运营。通过向社会各界募集资金、设立公益慈善基金等方式，增加基金筹资规模，提供可持续的资金支持。鼓励公私合作（PPP）模式，引入私人资本和企业参与基本公共服务的投资和运营。通过与私人机构合作，充分发挥市场机制，提高资源利用效率和服务品质。第三，强化财政支持和激励机制。加大财政支持力度，引导资源向基层、薄弱地区倾斜。同时，建立激励机制，给予表现优秀的地区和服务提供者奖励和优惠政策，激发其积极性和创造力。第四，强化监管和评估。加强对公共服务资源配置的监管和评估，确保资源的合理使用和效益。建立专门机构对资源配置进行监督，及时发现问题并采取措施加以改进。通过定期评估和绩效考核，推动服务提供者提高服务质量和效率。

（二）聚力弥补公共服务短板弱项

弥补公共服务短板和弱项可以提升四川县城的基础设施和公共服务的水平，关注和改善那些欠发达地区和弱势群体的公共服务，利于缩小城乡差距，提供更高质量的教育、医疗、交通等基础设施和公共服务，促进县城的整体发展。四川县城可以通过以下措施弥补短板弱项：第一，建立标准，推动达标。明确基本公共服务项目的服务对象、服务内容、服务标准、牵头负责单位及支出责任，作为县城提供基本公共服务的基准和人民群众享有相应权利的重要依据。第二，资源优先配置。政府应优先将公共服务资源向基层、农村和边远地区倾斜，加大中央在"老少边穷"地区的公共财政经费支出，向农村地区、民族边疆地区倾斜，在财政预算中增加对基层和农村地区的财政投入，特别是医疗、教育、社会保障等领域，促进公共服务资源向基层延伸、向农村覆盖、向边远地区和生活困难群众倾斜，加快补齐基本公共服务的软硬件短板弱项，确保农村和边远地区人民群众能够享受到与城市相当的公共服务水平。第三，缩小差距，提升水平。加大财政向特殊类型地区的转移支付力度，推动区域基本公共服务缩小差距；实施乡村建设行动，加快城乡基本公共服务制度统筹；完善最低生活保障家庭、最低生活保障边缘家庭、特困人员认定办法，优化基本公共服务对象认定制度。

（三）奋力提升公共服务效能

优质的教育、医疗、交通、环境等公共服务可以满足居民的基本需求，提升居民的幸福感和满意度，改善城市的面貌和品位，增强城市的吸引力和竞争力，加速城镇化进程。四川县城需要树立效能意识，强化"过程效能"管理，提高服务效率；明确基本公共服务程序性规定，围绕基本公共服务规范化、便利化、品质化需求，推动基本公共服务事项集成化办理、一窗通办、网上办理、跨省通办，提高服务便利度、可及性；建立监督和评估机制，确保公共服务资源的倾斜落实到位，科学设定评价指标，对基本公共服务投入公平性、有效性实施评估，使公共服务领域财政资金的投入与使用信息更加公开化、透明化，加强对基层、农村和边远地区公共服务的监督和评估，发现问题和不足，及时采取措施加以改进。

三、构筑县城完善的基本公共服务体系

(一)打造普惠公平优质的现代化教育体系

四川县城打造现代化教育体系可以提供优质的教育资源和机会,培养具有综合素质和创新能力的人才,满足城镇化需要,缩小城乡教育差距,消除教育资源的不均衡,打破制约社会流动和社会公平的壁垒,为企业吸引和留住人才提供重要的人力资源基础,助力城镇化建设。四川县城可以采取以下措施:第一,提供普惠性服务,确保每个孩子都能接受到优质的教育服务。建立普惠性的学前教育网络,提供普惠幼儿园和托儿所,为家庭提供负担得起的早期教育机会。第二,提升教育质量,加强师资队伍建设,提高教师的专业素养和教学能力。设立教育质量评估机制,对学校和教师进行绩效评估,确保教学质量的提升。第三,推动教育均衡发展,减少地区间的教育差距,提供公平的教育资源分配。优先发展薄弱地区的教育事业,提供质量高、资源丰富的教育机会。在幼育方面,要构建以家庭为基础、社区为依托、机构为补充的婴幼儿照护服务体系,顺应发展需要加快推进智慧托育服务。在教育方面,要引入对接优质教育资源,实现学前教育普及普惠、义务教育优质均衡、高中教育特色优质、高等和职业教育融合创新。

(二)打造高质量的就业创业服务体系

高质量的就业创业服务体系可以促进四川县城实现经济发展和产业升级,降低失业率,提高就业质量和就业稳定性,推动创新创业活动的发展,促进人才流动和留住人才。具体可以通过以下途径打造就业创业服务体系:第一,建立完善的服务机构,设立专门的就业创业服务机构,提供针对个人需求的全面服务。这些机构可以提供职业咨询、培训指导、职业规划、创业指导等服务,帮助个人解决就业和创业过程中的问题和困难。第二,加强职业培训和技能提升,提供多样化、灵活性和包容性的职业培训,帮助求职者和创业者提升技能,适应市场需求。与行业协会、高校等合作,开展针对性的培训项目,提供实用的技能培训课程。第三,搭建信息交流平台,建立统一的就业创业信息交流平台,提供就业市场信息、创业资源和政策指导等。这样的平台可以促进企业与求职者之间的对接,增加就业机会的匹配度,同时也能够提供创业者所需的创业信息和资源。第四,鼓励创新创业,提供支持创新创业的政策和资金支持,

为创业者创造有利的环境。建立创业孵化器、创业基地，提供场地、资金、导师等资源支持，帮助创业者实现创业梦想。第五，加强就业市场监测和预测，建立健全的就业市场监测和预测机制，及时掌握就业形势和需求变化。这样的机制可以帮助政府和服务机构制定针对性的就业政策和服务措施，为求职者和创业者提供参考和支持。不断完善高质量就业创业体系，持续扩充新行业新岗位；组织实施"创业主体培育""创业政策支持"等计划，更好发挥创业带动就业的倍增效应；聚焦高校毕业生、农村转移劳动力等重点群体，开展就业兜底帮扶。

（三）打造全周期的医疗卫生服务体系

四川县城通过打造全周期的医疗卫生服务体系，以更好地保障居民的健康权益，提升医疗服务的均衡性和普及程度，保证农村地区居民也能获得与城市居民同等水平的医疗服务，推动城乡卫生服务的一体化发展。具体可以通过以下措施打造全周期的医疗卫生服务体系：第一，健全基础设施，加强医疗卫生基础设施，包括医院、诊所、卫生院、疾病预防控制中心等的建设，确保医疗机构分布均衡，满足居民的就近就医需求。第二，加强基层医疗卫生服务能力，提升基层医疗卫生机构的服务能力，加强基层医生和护士的培训和队伍建设，推动基层医疗卫生服务的规范化和科学化，提高基层医疗机构的服务质量和效率。第三，发展预防为主的卫生保健体系，加强健康教育和健康管理，推广疾病预防和健康促进的措施，提供全民健康体检和健康档案管理，加强对慢性病的防控和管理，降低疾病发生率和残疾率。第四，推进医疗信息化建设，建立和完善电子病历和健康档案系统，实现医疗信息的互通共享，推广远程医疗和健康咨询服务，提供线上线下相结合的医疗卫生服务。第五，加强重大疾病救治和应急能力，提高对重大疾病的救治水平，加强突发公共卫生事件的应急管理和响应能力。加强医疗队伍的培训和准备，确保在重大疫情或灾难发生时能够及时响应和投入救治。第六，推动医疗卫生服务体系综合改革，改革医疗卫生体制，优化资源配置和管理机制，推动医疗卫生服务的分类分级制度，提供分级诊疗、转诊制度的支持和保障。第七，加强医疗质量监管和评估，建立监督机制，加强对医疗质量和安全的监管和评估。加强医疗机构的评审和评级，公开医疗服务质量，提供消费者选择医疗机构的依据。通过以上措施，可以打造全周期的医疗卫生服务体系，从健康宣传、疾病预防到诊治和康复等各个环节提供全面的医疗卫生服务。这需要政府的决策和投入，同时也需要医疗机构、医务人员和公众的共同努力，形成多方合力，共同推动医疗卫生服务体系的发展。

（四）打造多样化可持续的养老服务体系

随着人口老龄化现象的加剧，养老服务需求日益增长。四川县城基于区域资源优势、产业发展趋势，打造多样化可持续的养老服务体系以满足不同人群、不同需求的养老服务需求，为老年人提供全方位、个性化的养老服务。养老服务行业是一个潜力巨大的发展领域，通过提供社区养老、康复护理、养老院管理等多种服务，能够增加就业和创业机会，增强城镇的承载能力。具体措施如下：第一，强化社区养老服务，提供多样化养老服务，提供多样化的养老服务供给方式，包括家庭养老、社区养老、机构养老等。鼓励发展社区养老服务中心、老年人日间照料中心等，提供方便、灵活的照顾和服务。第二，增加养老服务的供给量，加大养老服务设施和床位的建设，确保提供足够数量的养老服务资源。推动养老服务设施的分布均衡，满足不同地区养老人群的不同需求。第三，加强养老服务人员队伍建设，培养和引进专业的养老服务人员，提高养老服务人员的专业水平和服务质量。建立健全的培训机制和职业发展通道，吸引更多优秀人才从事养老服务工作。第四，推动养老金制度和保险体系改革，完善养老金制度，提高养老金水平和可持续性。推动养老保险体系改革，提供个人账户养老金、商业养老保险等多样化保障模式。第五，鼓励创新科技应用，借助科技手段提供养老服务，包括智能养老辅助设备、远程医疗、健康监测等。鼓励创新企业开发适合老年人的科技产品和服务，提高养老服务的效率和品质。

（五）打造惠民宜居的住房保障体系

打造惠民宜居的住房保障体系可以保障四川县城居民的基本住房权益，为其提供多元化的住房选择和居住环境，营造宜居的社区和居住氛围。具体措施如下：第一，多样化住房供应，推动住房供应方式多样化，包括租赁住房、公共租赁住房、共有产权房等。鼓励发展经济适用房项目，为中等收入人群提供质量可靠、价格合理的住房选择。第二，加大住房建设投入，确保住房供应的数量和质量。政府可以通过土地优惠政策、财政补贴等方式鼓励企业和社会资本参与住房建设，提高住房供应的速度和规模。第三，完善住房租赁市场，建立健全住房租赁市场制度，促进租赁市场健康发展。加强租赁合同管理，建立纠纷解决机制，提高租房者权益保护水平。同时，鼓励发展长期租赁、租购同权等灵活的住房租赁模式。第四，加强住房信息公开和供需平衡，建立全面的住房信息公开机制，提供住房市场的实时信息，使购房者和租房者能够充分了解市场情况。同时，政府应加强对住房供需状况的监测和预测，调控住房市场，确保住房供需平衡。第五，加强住房保障与社会福利的衔接,将住房保障与社会福利政策相衔接,为低收入和特殊群体提供综合保障。整合住房、医疗、教育等资源,提供综合性的社会福利服务,帮助群体改善生活品质。

(六)打造普惠全覆盖的社会救助服务体系

打造普惠全覆盖的社会救助服务体系可以有效保障社会弱势群体的基本权益,有助于缩小贫富差距和减少社会流动性,确保经济落后地区人口和弱势群体的基本生活需求得到满足,提供基本福利保障,减少社会风险和不稳定因素,是城镇化建设的重要组成。具体可以实施以下措施:第一,建立完善的救助制度,制定和完善国家和地方的社会救助法律法规,明确救助对象、救助范围、救助标准等,确保救助制度的合理性和公平性。第二,完善救助资金保障机制,增加财政投入,确保救助资金的充足性和稳定性。建立健全救助资金专项管理机制,加强对资金使用情况的监督和审计,确保救助资金的有效利用。第三,优化救助对象识别机制,建立科学、准确的救助对象识别机制,确保救助对象的真实性和合理性。采用多种识别方法,包括家庭经济困难认定、社会调查等,确保救助对象真正需要帮助。第四,多层次社会救助体系。建立多层次的社会救助体系,包括临时救助、基本生活救助、特殊救助等。根据不同情况和需求,提供相应的救助服务,确保救助对象的基本生活权益得到保障。第五,加强社会救助与其他福利衔接,优化社会救助与其他福利政策的衔接,确保救助对象能够享受到其他相关福利待遇。建立健全的信息共享和协同机制,确保救助对象的综合福利需求得到满足。第六,加强救助服务能力,加大救助机构的建设和培训力度,提高救助工作人员的专业水平和服务能力。完善救助服务网络,设置足够数量的救助服务点,确保救助对象能够更便捷地获得救助服务。打造普惠全覆盖的社会救助服务体系,确保经济困难群众和特殊困难群体得到及时、真实、有效的救助服务。这需要政府的决策和投入,同时也需要社会组织、企业和公众的参与和合作,形成多方合力,共同推进社会救助服务体系的发展。

第四节 以县城为重要载体强化四川省政府治理一体化服务的发展路径

一、提升县城新型城镇化规划建设水平

(一)县城规划建设水平决定新型城镇化的发展水平

县城是城乡一体化发展的重要节点,其规划和建设质量直接影响着整个地区

的县城化进程和经济社会发展的水平。首先,县城规划建设的科学性与合理性决定了县城空间结构的合理性和县城功能的完善程度。科学规划可以合理布局县城功能区域,包括居住区、商业区、工业区、文化教育区等,形成合理的县城空间格局,提供高效便捷的县城交通和公共服务设施。合理的县城规划可以促进产业发展、商业繁荣,提供更好的居住环境和社会服务,推动县城的经济、社会和环境可持续发展。其次,县城规划建设的质量和水平决定了基础设施的完备性和品质。良好的基础设施(包括道路、供水、供电、排水、通信等各项设施)是城市化进程的重要支撑。完善的基础设施能够提高县城的生产力和生活品质,吸引投资和人才,并推动经济的发展和就业的增长。最后,县城规划建设的环境保护和生态可持续性也至关重要。低碳、绿色、可持续的新型城镇化是当前县城发展的重要方向。通过合理规划和科学建设,保护自然生态环境,保持生态平衡,提供良好的生态宜居环境,有利于提升居民的幸福感和生活品质,形成可持续发展的县城模式。因此,县城规划建设水平的高低不仅关系县城自身的发展,也直接影响城乡一体化发展水平和整个地区的经济社会发展水平。为此,加强县城规划和建设的科学性、可持续性以及与经济社会发展的协调性,是推动新型城镇化、促进城乡一体化发展的关键所在。

(二)新型城镇化建设需要科学掌握县城规划建设规律

科学掌握县城规划建设规律能够确保规划的科学性和合理性。了解四川县城的发展需求、资源禀赋和环境特点,能够有效地确定发展方向、空间布局和功能布局,避免片面追求规模而忽视质量,确保规划建设与实际需求相匹配,推动新型城镇化建设的顺利进行;可以合理利用土地资源,提高土地利用效率。了解土地利用的规律,包括土地供需关系、土地类型和功能划分等,能够科学规划土地利用布局,避免盲目扩张和浪费,确保土地资源的合理利用和优化配置;能够有效促进经济社会发展的协调性。规划建设的科学性和合理性能够推动经济发展的高质量和高效益,提高产业布局的合理性和竞争力,促进城乡一体化发展。同时,合理规划县城空间和基础设施,提供良好的生活环境和社会服务,提升居民的生活品质和幸福感,有助于实现新型城镇化的可持续发展目标。了解规划建设的环保要求和土地资源的保护规律,注重生态和环境保护,推动低碳、绿色、可持续的发展模式,确保县城的生态平衡和可持续发展,能够提高规划建设的管理和执行效能。了解规划建设的规律和趋势,有助于完善管理体系和执行机制,推动规划建设的顺利实施。同时,科学规划能够提供明确的指导和依据,方便各相关部门和社会各界的协同配合,推动规划建设的顺利进行。因此,科学掌握县城规划建设规律对于新型城镇化建设的质量和效益具有重要的影响,有助于推动县城的发展和社会的进步。政府、专家、企业和社会各界应共同努力，加强研究和应用，不断完善规划建设工作，推动新型城镇化建设迈上新的台阶。

县城规划建设规律包括县城发展需求和特点、县城空间的规划和布局原则、基础设施建设规律、生态保护和环境治理的规律、城乡融合的规律、创新和可持续发展规律等。科学掌握县城发展需求和特点是规划建设的基础，应了解县城的经济、人口、产业结构、环境资源等情况，掌握县城的发展定位和目标，从而合理确定规划方向和重点。科学掌握县城空间的规划和布局原则，合理划定不同功能区域的位置和范围，统筹考虑居住、商业、工业、交通、绿地等要素，形成合理的县城空间布局，提高资源利用效率和空间组织效果。科学掌握基础设施建设规律，根据县城的发展需求和人口规模，合理规划道路、供水、供电、排水、通信等基础设施的布局和配套。同时，充分考虑公共服务设施的布局，如学校、医院、文化设施等，提供便捷、高质量的公共服务。科学掌握生态保护和环境治理的规律，注重生态功能的保留和恢复，合理划定生态保护区和建设控制区，实施水资源、土壤质量、空气质量等方面的环境治理，保障县城的生态环境质量。科学掌握城乡融合的规律，推动农村地区的土地资源利用和产业发展，促进城乡一体化发展。此外，注重农村改造，改善农村居民的生活条件和基础设施建设，提升农村地区的品质和功能。科学掌握创新和可持续发展的规律，推动新技术、新产业、新模式的应用，注重资源节约、环境友好、社会公平的发展，实现县城的可持续发展。

（三）新型城镇化建设对县城规划建设水平提出更高要求

新型城镇化建设促使县城规划建设重视统筹城乡一体化发展。新型城镇化强调城乡一体化发展，县城规划建设需要在综合考虑县城和农村发展的基础上，合理规划城乡空间布局，促进农村产业转型升级和农民增收，提高乡村的品质和功能，实现城乡互动、共享发展。

新型城镇化建设使得县城规划建设更加以人民群众需求导向。新型城镇化注重以人为本，关注居民的需求和幸福感。县城规划建设需要重视居民的生活品质，着眼于提供良好的居住环境、教育、医疗、文化、体育等公共服务设施，创造宜居的社区和人文环境，满足居民的多样化需求。

新型城镇化建设使得县城规划建设融入生态环境保护和可持续发展，新型城镇化强调绿色、低碳、可持续的发展模式。县城规划建设需要注重保护生态环境，合理规划土地利用，推动资源节约和环境保护，提倡绿色建筑和低碳交通，促进循环经济和生态恢复，实现县城的可持续发展。

新型城镇化建设使得县城规划建设必须考虑提升基础设施和公共服务。新型城镇化要求提升基础设施和公共服务水平，提供高质量的交通、供水、供电、通信等基础设施，并完善社会服务体系，加强教育、医疗、文化、体育等公共服务设施的建设，提高居民的生活品质和社会公共服务水平。

新型城镇化建设使得县城规划建设注重创新发展和县城形象提升。新型城镇化强调创新发展和县城形象提升，要求县城规划建设注重产业创新、科技创新、文化创意等方面的发展，打造具有地方特色和竞争力的县城形象，提升县城的吸引力和综合竞争力。

综上所述，新型城镇化建设对县城规划建设提出了更高的要求，需要在统筹城乡发展、关注居民需求、保护生态环境、提升基础设施和公共服务、创新发展和提升县城形象等方面做出全面而有针对性的规划和建设。政府、规划部门、专家和社会各界需要加强协作，提供支持和资源，推动县城规划建设水平的不断提升，实现新型城镇化建设的目标和任务。

二、优化县城城市空间结构和管理格局

（一）县城空间结构和管理格局是新型城镇化建设的必然要求

随着城市化进程的加快和人口的不断增长，县城空间结构和管理格局的优化变得尤为重要。新型城镇化建设要求县城空间结构和管理格局方面更加重视资源高效利用、环境保护和生态平衡，促进交通和物流的便捷性，提升居住和工作环境质量，强化县城治理和服务能力。

县城空间的合理规划和布局可以更好地利用有限的土地、水资源和能源。通过合理的县城扩展边界、科学的土地利用规划和产业布局，可以实现资源的高效利用和经济增长的可持续性。优化县城空间结构可以减少土地的过度开发和环境的破坏，保护和恢复生态系统。合理的绿地规划、生态廊道和景观设计，可以促进生态系统的健康发展，提高县城的生态环境质量。合理的县城空间结构可以缩短行政和商业中心与居民区的距离，提高交通和物流的便捷性。通过有效的交通规划和交通基础设施建设，减少交通拥堵，提高交通效率，提升居民的出行体验。优化县城空间结构可以提升居住和工作环境的品质。合理规划居住区、商业区和办公区的位置和布局，提供多样化的公共服务设施和生活配套设施，创造宜居的生活环境，可提高居民的生活品质。优化县城管理格局可以提升县城的治理和服务能力，加强县城规划、环境保护、公共安全和县城管理等方面的政府机构建设，完善相关法律法规和制度体系，提高县城的治理效能和人民群众的获得感。

综上所述，县城空间结构和管理格局的优化是新型城镇化建设的必然要求。通过提高资源利用效率、保护环境、改善交通、提升居住品质和强化县城治理，

实现县城可持续发展和人民群众的幸福感提升。因此，政府、规划部门和社会各界都应积极投入和合作，推动县城空间的优化和新型城镇化建设的顺利进行。

（二）优化县城空间结构和管理格局是新型城镇化建设的重要内容

新型城镇化强调精细化、高效化和可持续发展，其中，县城空间结构和管理格局的优化是实现这一目标的核心要素。县城空间结构的优化需要合理划定县城功能区域，包括居住区、商业区、工业区、文化区、公共设施区等。合理布局各个功能区域，减少功能相互交叉的冲突，提高县城空间利用效率，利于推动县城功能的协调发展。新型城镇化建设要求在县城扩展和县城更新之间实现平衡。优化县城空间结构需要避免无限扩展和无序发展，鼓励县城内部的空间更新和提升，充分利用闲置土地和老旧建筑资源，提高土地利用效率，实现县城的功能升级和品质提升。新型城镇化倡导城乡融合发展，优化县城空间结构需要加强城乡之间的联系和互动，通过合理规划县城扩张边界、建设县城农业园区、发展特色乡村等方式，促进县城与农村的经济、社会和人口的有机结合，实现城乡资源要素的优化配置和互利共赢。县城空间结构的优化需要加强县城治理和管理能力，建立健全县城规划制度，加强土地利用管理，推动县城规划和建设的协同发展，加强县城基础设施建设和管理，完善公共服务设施，提高县城管理效能，提升居民生活质量。优化县城空间结构需要注重生态环境保护和可持续发展，推动绿色建筑发展、提升县城绿地和生态系统的质量，采取低碳、节能、循环利用等环保措施，实现县城的生态平衡和可持续发展。

优化县城空间结构和管理格局，能够提高县城的资源利用效率、环境质量和居民生活品质，推动县城建设向更可持续和宜居的方向发展。政府部门需要加强县城规划和管理的制定和执行，促进各利益相关方积极参与和合作，共同推动县城空间的优化和新型城镇化建设的顺利进行。

（三）新型城镇化建设决定县城空间结构和管理格局的发展方向

优化县城空间结构与管理格局是一项关系全局、关系长远的重大课题，是推进经济社会健康发展的需要。推进新型城镇化、建设现代县城需要进一步增强县城发展的科学性，促进优化县城空间结构与管理格局的科学化。

第一，新型城镇化建设要求加强对县城空间结构工作的组织领导。县城空间结构的优化和管理需要有效的组织领导，以确保规划和决策的科学性、有效性和协调性。优化县城空间结构与管理格局，既要充分发挥市场在资源配置中的决定性作用，又要充分履行政府在制度、政策、基础设施方面的基本职能。通过组织领导健全县城规划管理体系，明确相关部门的职责和权限，设立专门机构负责县城规划和空间结构的制定和管理工作，强化协调沟通机制，统筹各部门之间的合作，形成统一决策和实施的工作机制；完善县城规划的法律法规体系，明确县城空间结构的编制、评审和批准程序；加强对县城规划的法律监督和法律保障，确保规划的科学性、合法性和可行性，防止违法违规行为的发生；提升规划编制和实施的技术支撑能力，运用先进的信息技术和空间分析工具，进行县城空间数据的收集和分析，为决策提供科学依据，确保规划编制和实施的专业性和准确性，提高规划的质量和可操作性；利于加强政府部门之间的协同合作，形成跨部门、跨行业的规划管理机制，建立联席会议制度，定期对县城空间结构工作进行协调和评估，及时解决跨部门、跨行业的问题和矛盾，促进各方共同推动县城空间结构的优化和管理；积极引导社会各界参与县城空间结构工作，加强政府与市民、企业、专家学者等的沟通和合作。充分听取公众意见，提高决策的透明度和公正性，确保规划的民主性和科学性。加强对县城空间结构工作的组织领导，能够有效推动新型城镇化建设，提高县城空间利用效率，改善居民生活品质，促进县城的可持续发展。政府部门应引领县城规划和空间结构工作，形成多元参与、协同发展的良好局面。

第二，县城空间结构和管理格局优化需要明确县城发展功能定位。新型城镇化建设中，明确县城发展功能定位对于县城空间结构和管理格局的优化与发展至关重要。县城发展功能定位是根据县城自身的特点、资源优势和发展需求，确定县城发展的定位和重点方向。科学优化空间布局，需要一套高质量、高标准、高水平的规划体系和流程来保障，需要一套更加明确项目责任、功能定位的空间布局方案做支撑，必须以人口密度、产出强度和资源环境承载力为基准，与行政区划相协调，严格控制建设用地规模和建设标准，还需要将这些系统方案按照县城总体规划的要求，处理好县城与周边地区、县城内部各个系统之间的关系。同时，在优化县城空间布局的过程中，要将县城的长远发展方针放在首位，实施科学严格的县城规划方案，统筹好县城内部，包括历史、资源、人口、文化等各类资源，推动商业、办公、居住、生态空间与交通站点的合理布局与综合利用开发，提升城乡接合带规划建设和管理服务水平，加强环境整治和社会综合治理，改善生活居住条件，努力体现县城的特色、品位和水平，着力建设现代县城。

第三，县城空间结构和管理格局优化需要加强对县城建设工作的考核督导。考核督导，可以促使县城相关部门和地方政府认真履行职责，推进县城建设的规范和高效进行。①建立科学的考核指标体系。科学的考核指标体系是加强对县城建设工作的考核督导的基础。考核指标应涵盖县城空间结构、规划实施、基础设施建设、环境保护等方面，旨在全面评估县城建设的质量和效果。指标体系应有针对性、量化明确，并与县城发展目标和政策相衔接。②加强考核监督机制建设，建立健全的考核监督机制是加强对县城建设工作的考核督导的关键，需要建立相应的考核组织机构，明确责任分工和权力权限，确保考核工作的公正性和权威性。同时，要加强考核数据的收集和分析，实施实时监测和评估，及时发现问题和弱点，提出改进措施。③强化责任追究和激励机制。在考核督导中，应明确责任追究和激励机制，对县城建设工作的成绩和问题进行认真评估，对于工作出色的县城和个人，应予以适当奖励和荣誉，激励其继续做出优秀表现，而对于存在问题和不足的县城和个人，应及时提出批评和整改意见，并追究相关责任。④加强信息公开和社会参与。考核督导工作应注重信息公开和社会参与，促进透明度和公正性，相关考核信息和结果应向社会公开，接受社会监督和评议。同时，鼓励广泛的社会参与，通过听取公众意见和建议，推动县城建设工作的改进和创新。通过加强对县城建设工作的考核督导，强化对县城空间结构和管理格局优化的推动力度，确保县城建设按照规划和政策要求进行，实现县城发展的可持续和协调。需要政府部门、考核机构和公众共同努力，形成合力，推动县城建设工作向着更加高质量和可持续的方向发展。

三、强化和创新县城城镇社会治理

（一）新型城镇化促进城镇社会治理的强化和创新

新型城镇化以创新技术和数字化手段、社会组织和市民参与、权利责任划分、社区建设和社区自治、法治建设和权益保护等方式促进城镇社会治理的强化和创新。新型城镇化可以利用先进的信息技术和数字化手段，推动城镇社会治理的创新。例如，通过智能化管理系统和大数据分析，实现县城规划、交通管理、环境监测等的精细化和智能化，提升治理效能。注重社会力量的参与和市民的主体性，鼓励社会组织、企业和居民参与城镇社会治理，建立共治机制，促进多方合作，提高治理的公正性和可持续性。推动政府权力下放和责任下沉，加强基层治理，通过建立健全的分权机制和考核激励机制，激发地方政府和社区居民的积极性，提高城镇社会管理的效果。强调社区的核心地位，注重社区的居民自治和社会治理能力的提升，通过加强社区组织建设、培育社区文化等方式，推动社区居民参与社会治理，共同解决社区面临的问题。强调法治化治理，通过完善法律法规体系，严格执法，保护居民的合法权益。加强公正司法和维权机制建设，为城镇居民提供法律保障，维护社会稳定。新型城镇化的实施为城镇社会治理带来了新的机遇和挑战，需要持续加强和创新城镇社会治理，不断提升县城治理的能力和水平，为城镇居民提供优质的生活环境和公共服务。

（二）新型城镇化建设需要强化和创新城镇社会治理

强化和创新城镇社会治理有利于在新型城镇化建设中应对各种挑战、推动县城可持续发展、提高居民生活质量、推进社会公平正义和增加县城竞争力。城市化进程中，城镇人口快速增加，县城规模扩大，社会矛盾和问题也随之增加。强化和创新城镇社会治理，能够更好地应对城市化过程中面临的挑战，保持社会稳定和和谐发展。城镇社会治理直接关系县城的可持续发展，强化和创新城镇社会治理，能够提升县城管理的效能和质量，推动县城环境保护、资源利用、公共服务等方面的可持续发展。城镇社会治理的强化和创新，能够改善居民的生活环境和公共服务水平，提高居民的生活质量。通过合理的县城规划、高效的交通管理、优质的教育医疗服务等措施，提供更好的县城生活条件。城镇社会治理的强化和创新，有助于促进社会公平正义。通过加强社会组织和市民参与，实现治理的多元化和民主化，解决社会矛盾，减少社会分化，推动社会的平等和融合发展。县城是县域经济发展和创新的中心，城镇社会治理的强化和创新，对于提升县城竞争力具有重要意义。优质的县城治理能够吸引人才、资本和创新资源，促进县城经济的繁荣和发展。综上所述，强化和创新城镇社会治理对于新型城镇化建设至关重要，有利于应对挑战，推动可持续发展，提高居民生活质量，促进社会公平正义，增强县城竞争力。

（三）新型城镇化建设决定强化和创新社会治理的方向

第一，健全基层党组织领导的基层群众自治制度。习近平总书记强调，加强和创新社会治理，关键在体制创新，核心是人，只有人与人和谐相处，社会才会安定有序。通过完善组织机制、推进法治建设、加强信息公开等健全党组织领导的基层群众自治制度。通过加强党组织在基层社会治理中的组织建设，提升党组织的凝聚力和战斗力，建立健全党支部、党小组等基层组织，加强党员队伍建设和干部培养，提高党的组织性和组织能力。在基层群众自治过程中，要依法行政，加强法治观念的宣传和教育，并建立健全相关法律制度。通过严格依法办事，确保基层群众自治的合法性和稳定性。建立健全信息公开渠道和对外沟通机制，方便居民获取信息、表达意见和参与决策。倡导党员干部广泛听取群众意见，增强居民对社会治理的参与感和获得感。健全基层党组织领导的基层群众自治制度，可以有效提升社会治理水平和群众满意度，推动社会治理的创新与发展，满足人民群众对美好生活的向往。

第二，注重城乡社区治理。城乡社区是加强和创新县城社会治理的核心。习近平总书记指出，"社会治理的重心必须落到城乡社区，社区服务和管理能力强了，社会治理的基础就实了""要推动社会治理重心向基层下移，把更多资源、服务、管理放到社区"。这些重要论述为加强城乡社区治理提供了根本遵循和方法指南。只有城乡社区的管理能力提升了，发展水平切实提高了，社会治理的治理基础才能夯实，社会整体管理水平和服务于民的能力才会得以提高，党和政府惠民、便民、利民的目标才能落到实处。通过强化社区组织建设、推进社区参与治理、加强社区服务设施建设、加强社区矛盾调处和纠纷解决、创新社区治理模式和加强社区信息化建设等加强和创新县城社会治理。加强社区居民自治组织的建设，建立健全社区居民委员会等群众自治组织，提升社区组织的能力和水平，使其成为居民参与社会治理的重要平台和纽带。鼓励居民积极参与社区治理，加强社区居民代表大会和社区议事会的建设，增加居民对社区事务和公共服务的参与和监督，通过居民自治的方式，形成多元参与、多方合力的县城社会治理格局。提升城乡社区的公共服务水平，包括教育、医疗、文化、体育等方面的服务设施，建设完善的社区学校、社区卫生服务中心、图书馆、文化活动中心等，满足居民的教育、医疗和文化需求。设立社区矛盾调处机构，加强社区矛盾的化解和纠纷的解决，促进社区内的和谐稳定，通过调处、调解等方式，促进居民和睦相处，解决矛盾和问题。探索社区治理的创新模式，如社区共建、社区合作等，吸引社会资源参与社区治理，建立居民自治、政府引导、社会力量参与的多元治理机制，发挥不同主体的作用，形成有效的合力。推进社区信息化建设，提升信息化水平和服务能力，建设智慧社区，提供全方位、便捷的信息服务，方便居民获取社区信息、提出需求和建议。

第三，加强县城社会治理体制机制创新。切实提高现代县城治理水平，创新社会治理体制机制是关键。推进县城社会治理体制机制创新，将为县城健康发展提供源源不断的驱动力量。通过建立完善县城社会治理体制、加强社会组织参与、推进数据共享与治理、强化协同治理机制、推动社会信用体系建设和推广创新社会治理经验等强化和创新社会治理。建立科学合理的县城社会治理体制，明确各级政府、社会组织、居民等的责任与职能，加强统筹协调，推动顶层设计和制度建设。建立起政府主导、市场调节、社会共同参与的多元治理格局。鼓励社会组织在县城社会治理中发挥积极作用，支持和引导社会组织参与社会公益服务、社会组织自律、社会组织监督等方面的工作，推动社会组织与政府、企业、居民等各方进行合作，形成合力。加强县城数据的收集、管理、分析和共享，实现信息的共享和互联互通，建立健全县城数据平台，促进各部门数据的融合利用。利用大数据、人工智能等技术手段，提升县城治理的智能化水平。建立跨部门、跨地区、跨领域的治理协调机制，增强协同治理能力，优化决策协商机制，形成全社会参与决策的广泛共识，加强政府部门、社会组织、专家学者、企业和居民等多元主体之间的合作与对话。建立健全县城社会信用体系，促进诚信意识的形成和信用行为的培育，将社会信用制度应用于县城社会治理，强化约束与激励机制，提高社会治理效能。鼓励县城之间、国内外地区之间的创新社会治理经验的交流与借鉴。通过学习和推广成功的案例，发现和推广具有可复制性和可推广性的好做法和经验。通过加强县城社会治理体制机制创新，提升社会治理的效能和质量，增强管理能力和创新能力，进一步推动社会治理工作的现代化、科学化和民主化。需要政府、社会组织、专家学者、企业和居民等各方积极参与，形成共同推动社会治理创新的合力。

第四，加强县城社会治理队伍建设。加强县城社会治理队伍建设利于提升治理能力、强化创新思维、推动制度创新、增强服务意识以及加强领导能力，从而实现县城社会治理的科学化、现代化和创新化。通过提升队伍素质、完善选拔机制、加强组织引领、推动创新理论研究、建立激励机制等方式，实现强化和创新社会治理。加强县城社会治理队伍的培训和能力建设，提升成员的专业素养和综合能力，注重培养队伍的创新思维和解决问题的能力，鼓励跨学科、跨领域的合作和交流。建立健全公正、公开、透明的选拔机制，确保县城社会治理队伍成员的选拔符合能力和职责要求，加强对干部的考核评价，注重团队协作和创新业绩的评价。加强党组织对县城社会治理队伍的引领作用，加强政治教育和党性锻炼，注重提高队伍的思想觉悟和政治素质，充分发挥党组织在政策制定、决策实施、队伍培养等方面的领导作用。加强县城社会治理的理论研究和创新，推动理论创新与实践创新相结合，鼓励社会治理队伍成员积极参与研究和论文撰写，提高理论水平和专业能力。建立健全激励机制，通过薪酬激励、晋升途径、荣誉表彰等方式，激发队伍成员的积极性和创造力，营造尊重知识、尊重人才的工作环境，吸引更多有能力、有潜力的人才加入县城社会治理队伍。

第五节　以县城为重要载体促进四川人口要素流动的保障机制

一、推进县城高质量转型发展

以便民利民为导向，推进县城高质量转型发展。着眼使县城成为高品质的宜居宜业之地，必须坚持便民利民、节地节能、生态环保、安全实用、突出特色、保护文化和自然遗产的原则，顺应县城发展新理念新趋势，积极开展城市现代化试点示范。以韧性县城建设为统领，将韧性县城建设与安全县城建设、海绵县城建设、智慧县城建设、文明县城建设有机融合，建设宜居、创新、智慧、绿色、人文、韧性县城。建设现代社区，加大对老旧小区、老旧街区和城中村进行无障碍环境建设和适老化改造，加快打造一刻钟便民生活圈。开展老旧建筑和设施安全隐患排查整治，提高县城防洪排涝、防灾减灾能力，保护和延续县城文脉，改善县城人文环境。坚持党建引领、重心下移、科技赋能，充分运用数字技术推动县城管理手段、管理模式、管理理念创新，推动资源、管理、服务向街道社区下沉，不断提升县城治理科学化、精细化、智慧化水平。

二、健全县城常住地基本公共服务

以惠民富民为目的，健全常住地基本公共服务。着眼全面提升有利于人的全面发展的公共服务水平，推动城镇化包容性发展。统筹推进户籍制度改革和城镇基本公共服务常住人口全覆盖，不断提高落户便利度。切实维护好进城落户农民的权益，提供更多普惠便捷的公共服务，让常住人口同等享受城镇户籍居民的基本公共服务，加快推动流动人口全面融入城镇。要始终坚持房子是用来住的、不是用来炒的定位，加快建立多主体供给、多渠道保障、租购并举的住房制度。结合县城更新，探索通过配建、结建、存量房改建、代理经租等方式扩大租赁住房供给，推进保障性住房建设，加快发展长租房市场，支持商品房市场更好满足购房者的合理住房需求，尽最大努力帮助新市民缓解住房困难，让人民住有所居、职住平衡，让更多人"进得来""留得下""过得好"。

三、以城市群、都市圈为依托，促进县城城乡融合发展

以城市群、都市圈为依托，促进城乡融合发展。着眼促进城乡全面深度融合、城乡居民共享高品质生活，坚持以城市群、都市圈为依托，以规划为抓手，以基础设施互联互通为支撑，以体制机制为保障，加快构建形成"一轴三带、四群一区"的城镇化发展格局。促进大中小城市与小城镇、乡村协调融合发展。扎实推进成遂南达城市发展带，培育攀宜泸沿江城市发展带，建立健全一体化协调发展机制和成本共担、利益共享机制，统筹推进基础设施协调布局、产业分工协作、公共服务共享、生态共建、环境共治。积极推进以县城为重要载体的城镇化建设，加快发展大城市周边县城，积极培育专业功能县城，合理发展农产品主产区县城，有序发展重点生态功能区县城，引导人口流失县城转型发展。按照区位条件、资源禀赋、发展基础因地制宜发展特色中心镇和小城镇。以产业园区为抓手推进产城人互动融合，强化中小城市产业功能，增强小城镇公共服务和居住功能。促进城乡深度融合发展，以城市、小城镇品质提升带动乡村品质提升，进一步统筹城乡发展规划，制定落实好村庄规划。深化城乡一体化制度改革，让城镇资金、技术、信息、人才等要素向乡村流动，促进城乡第一、二、三产业融合发展，以产业振兴带动乡村全面振兴，让农村成为安居乐业的美丽家园。

第八章　以县城为重要载体推进四川农业转移人口市民化的发展路径

第一节　四川县城农业转移人口市民化的趋势与特征分析

一、全国农业转移人口市民化趋势

在中国的经济社会发展过程中,农业转移人口市民化是一个重要的趋势。这一趋势不仅是社会经济发展的自然结果,也是政府推动新型城镇化建设的政策导向。农业转移人口市民化的趋势自改革开放以来就逐渐形成,随着我国经济的迅速发展,城市化进程加速,大量的农村劳动力开始向城市转移。在城镇化初期,这种转移主要以临时性、季节性的形式进行,也就是我们常说的"民工潮",这些农业转移人口在城市中主要从事建筑、制造业等低技能、重体力的工作。进入 21 世纪,随着我国经济结构的进一步转型,服务业等新兴产业的发展,农村劳动力的城市转移开始呈现出新的特点。一方面,农民工的年龄结构开始年轻化,受教育水平普遍提高;另一方面,他们在城市的工作和生活也趋于稳定,不再仅仅是临时性的流动。这一阶段的农民工已经不再满足于仅仅在城市中找到一份工作,而是希望能够获得更好的社会保障,真正实现市民化。

然而,农业转移人口市民化的过程并非一帆风顺。在这个过程中,面临着诸多问题和挑战,如就业不稳定、社会保障缺失、生活压力大等。为了解决这些问题,我国政府在政策上做出了积极的努力,如推出农业户籍制度改革、提高农民工工资水平、加强职业技能培训等,以推动农业转移人口市民化的进程。如图 8-1 所示,近年来,中国城市城镇化进程逐步加快,城镇化水平不断提升。据国家统计局数据,2014 年中国城镇化率为 54.77%,2018 年增长至 59.58%,截至 2022 年底,中国城镇人口规模为 92071 万人,城镇化率达到 65.22%,较 2014 年增长 10.45 个百分点。

随着城镇化率的逐步提升,农业转移人口市民化的趋势进一步明显。据国家统计局数据,2019 年我国农民工总量已经达到 2.89 亿人,其中本地农民工 1.03 亿人,外出农民工 1.86 亿人。这些农民工大部分已经在城市中安定下来,在城市工作、生活,其子女也在城市接受教育,这表明我国农业转移人口市民化的

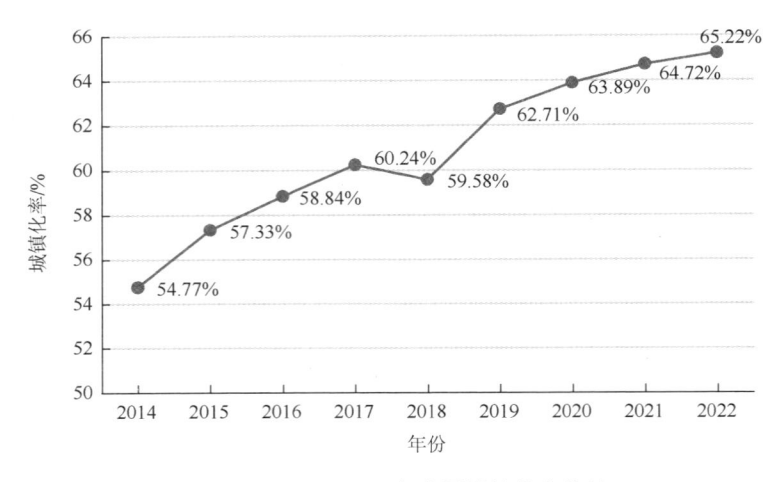

图 8-1 2014～2022 年中国城镇化率统计

根据历年中国县域统计年鉴和 CSMAR 数据综合整理而成

进程已经取得了重要的进展。然而，这个过程中仍然面临着一些挑战，如农民工在城市中的社会地位仍然较低，权益保障仍然较为不足，尤其在教育、医疗等公共服务方面，农民工及其子女仍然存在明显的不平等。此外，农村剩余劳动力的转移也面临着一些困难，如农村老龄化、劳动力素质低下等。

全国农业转移人口市民化是我国社会经济发展的重要趋势，在过去的几十年里，大量农村劳动力向城市转移，这不仅推动了我国的经济发展，也深刻地改变了我国的人口结构和城乡关系。然而，农业转移人口市民化的过程仍然面临着诸多挑战，需要在政策和实践中进一步努力。在未来的几年里，随着我国城市化的深入推进，农业转移人口市民化的程度将会进一步提高，农民工的生活质量和社会地位也将得到进一步的提升。

二、四川农业转移人口市民化趋势

自 2012 年以来，四川省大力推进以人为核心的新型城镇化，城镇基本公共服务加快覆盖全部常住人口，2012 年以来城镇落户 1285 万人，保障随迁子女接受义务教育 594 万人次，省级财政下达市民化奖励资金累计 158 亿元。四川作为中国人口大省之一，其县城内农业转移人口数量庞大。随着农村经济结构的调整和城市化进程的推进，大量农村劳动力开始向县城转移，寻求更好的就业和生活条件，导致县城内农业转移人口规模不断扩大，成为支撑县域经济发展的重要资源。

如图 8-2 所示，截至 2021 年底，四川省登记户籍人口为 9096 万人，其中城镇人口为3496万人，较前一年增长20万人，这一数字反映出四川农业转移人口规模上的稳步增长。作为中国西南地区的重要省份，四川以其丰富的资源、优越的地理位置和良好的投资环境吸引了大量人才和资金的流入。随着经济的快速发展和城市环境的进一步改善，四川的城镇户籍人口将继续保持稳定增长，为四川的发展注入新的动力和活力。从空间分布看，城镇人口向大城市和县城"两端"集聚态势明显，全省城镇户籍人口近四成居住在成都市、绵阳市、南充市、宜宾市、泸州市城区，近三成居住在县城（含县级市城区）。县城和大城市成为农业转移人口市民化的主要目标地，大城市教育与医疗资源集中，市政设施完善，吸引了大批人口流入。同时，相较于大城市，县城在生活成本、社会环境等方面也具有一定的优势，为农业转移人口提供了广泛的就业选择。

图 8-2　2014~2021年四川省户籍人口变化趋势

根据历年中国县域统计年鉴和CSMAR数据综合整理而成

　　四川县城农业转移人口市民化的趋势表现出人口规模不断扩大、县城和大城市成为主要目标地、年轻化和教育水平提升、社会融入和公共服务需求增加、就业结构多样化和创业意识增强、社会融合和文化交流加强以及政策支持和市民化保障加强等特点。这些趋势不仅反映了四川县城农业转移人口市民化进程的发展，也为相关政策的制定和实施提供了重要参考，促进了县城经济社会的可持续发展。

　　首先，近年来四川县城农业转移人口市民化呈现出明显的年轻化趋势。随着农村经济发展和教育水平提高，越来越多的年轻人选择离开农村，到县城寻求更好的发展机会。这些年轻的农业转移人口具有较高的学历和技能水平，在城市中更具竞争力，更有可能获得较好的工作和生活条件。同时，政府也加大了四川县城对农民工教育培训的支持力度，提升他们的职业技能和知识水平。其次，随着农业转移人口市民化的推进，四川县城农业转移人口对社会融入和公共服务的需求也逐渐增加，涉及就业保障、社会保险、医疗服务、子女教育等方面的问题。农业转移人口市民化的顺利进行，需要加强社会融入机制的建设，提供更完善的公共服务和社会保障体系，满足四川县城进城务工农民的基本生活需求。然后，农业转移人口市民化的趋势还表现在四川县城就业结构的多样化和创业意识的增强。随着县城经济的发展和产业结构的转型，农业转移人口在县城就业的领域逐渐多样化，涵盖了建筑、制造业、服务业、文化创意产业等多个领域，一些具备创业意识和创新能力的农业转移人口开始选择创业，成为四川县域经济发展的新动力，这种创业意识的增强有助于促进四川县城经济的创新发展和就业机会的增加。再次，在农业转移人口市民化的过程中，四川县城社会融合和文化交流也逐渐加强，农业转移人口与当地居民之间的交流和互动增加，社会关系得到更好的建立和发展，农业转移人口逐渐融入当地社区，参与社会活动和公益事业，与县城当地居民形成更紧密的联系。同时，文化融合也在逐步推进，农业转移人口带来了不同的文化元素和生活方式，与当地文化相互交融、相互影响。最后，四川县城政府在农业转移人口市民化方面加强了政策支持和保障措施，通过放宽户籍制度、提供住房保障、加强教育培训等措施，政府为农业转移人口提供更好的市民化环境和条件。加强劳动权益保护，提高社会保障水平等举措也有助于增强农业转移人口的市民化意识和归属感。

三、四川县城农业转移人口市民化的特征

农业转移人口市民化是中国新型城镇化的重要内容，具有显著的区域特征。四川省作为中国人口大省，其县城农业转移人口市民化的特征在人口规模及目标城市选择等方面具有独特性。

（一）人口规模特征

四川县城农业转移人口的特征之一是人口规模庞大。作为中国人口大省之一，四川省的农业人口数量众多。随着经济发展和城市化进程的推进，大量农村劳动力开始向县城转移，形成了庞大的农业转移人口群体。根据统计数据，四川省农业转移人口数量逐年增加，已成为推动县域经济发展和社会进步的重要力量。

县城是城镇化建设的重要载体，如表8-1所示，自2014年以来，四川省县城人口城镇化率不断提升，县城农业转移人口规模持续扩大。截至2021年底，四川省县域常住城镇人口数量从2014年的1354万人增长到2018.9万人，8年间，县城农业转移人口增长规模约700万人。城镇化率由2014年的21.02%增长至2021年

的 44.05%，城镇化水平大幅提升，增幅高达 109.6%，但增幅逐步放缓。从四川省城镇化发展的趋势性特征来看，未来一段时期，四川省城镇化率将继续呈现上升态势，预计到 2027 年四川城镇常住人口将达 5454 万。截至 2021 年底，四川省 128 个县域总人口为 4582.8 万人，其中乡村人口 2563.9 万人，城镇人口 2018.9 万人，与 2020 年的 1974.5 万人相比增加了 44.4 万人，城镇化率为 44.05%，同比增长 1.14 个百分点，高于同期全国和四川省城镇化率的变化幅度。

表 8-1 2014～2021 年四川省县域人口及城镇化率

类别	2014 年	2015 年	2016 年	2017 年	2018 年	2019 年	2020 年	2021 年
总人口/万人	6441.4	5278.5	5175.0	5166.9	5055.0	5024.8	4601.1	4582.8
乡村人口/万人	5087.4	3278.6	3087.1	3098.0	2946.1	2856.8	2626.6	2563.9
城镇人口/万人	1354.0	1999.9	2087.9	2068.9	2108.9	2168.0	1974.5	2018.9
城镇化率/%	21.02	37.89	40.35	40.04	41.72	43.15	42.91	44.05

注：根据历年中国县域统计年鉴和 CSMAR 数据综合整理而成。本表城城镇人口城镇化率为县城内所有城镇（县城镇区、建制镇镇区）的常住人口城镇化率。前文为四川省所有城镇数据。

从各县及县级市的人口及城镇化率数据来看，如表 8-2 所示，2021 年，四川省城镇化程度最高的县城为雅安市石棉县，11.4 万常住人口中有 8.7 万城镇人口，城镇化率达到 76.48%。在第五次和第六次全国人口普查当中，石棉县的城镇化率还处于较低水平，分别为 21.15% 和 31.91%。近年来，石棉县不断提升教育基础设施配套、软件系统支撑，同时融入石棉本土的红色文化、川矿文化、民族文化元素，致力于开辟出一条石棉基础教育的特色办学之路，为石棉高质量发展提供人才支撑和智力保障。县域经济发展分工明确，大力推动公共服务共建共享，全面补齐民生事业短板，打造城乡融合发展示范区，在推进新型城镇化建设方面走在前列，作为未来要重点建设的生态功能区县城，入选四川省新型城镇化建设试点县城名单。此外，西昌市、都江堰市、射洪市等县级市城镇化率也超过了 60%，高于同期全国平均水平。位于凉山彝族自治州的美姑县、普格县等民族地区县城，受制于城镇市政基础设施和公共服务水平薄弱等不利因素，县城城镇化率低于 20%，城镇化程度处于较低水平。未来应针对县城发展短板，结合实际分类制定市政基础设施和教育体育、卫生健康等公共服务设施建设目标，努力建成分区明晰、特色鲜明、功能配套、设施完善、发展空间充足的宜居宜业县城，加快提升四川县城城镇综合承载能力，为实现城乡绿色发展和城镇化发展目标夯实基础。

表 8-2　2021 年四川省县域人口及城镇化率

县域名称	总人口/万人	乡村人口/万人	城镇人口/万人	城镇化率/%	县域名称	总人口/万人	乡村人口/万人	城镇人口/万人	城镇化率/%
金堂县	80.7	38.1	42.6	52.79	宣汉县	95.2	52	43.2	45.38
大邑县	51.3	25.3	26	50.68	开江县	41.3	23	18.3	44.31
蒲江县	25.9	13.4	12.5	48.26	大竹县	83.8	44.8	39	46.54
都江堰市	71.7	27	44.7	62.34	渠县	91	51.8	39.2	43.08
彭州市	78.5	37.3	41.2	52.48	万源市	40.5	23	17.5	43.21
邛崃市	60.3	27.5	32.8	54.39	荥经县	13.1	6.3	6.8	51.91
崇州市	74.6	34.4	40.2	53.89	汉源县	28.5	16.1	12.4	43.51
简阳市	113.7	52.8	60.9	53.56	石棉县	11.4	2.7	8.7	76.32
荣县	46.3	25.8	20.5	44.28	天全县	13.1	6.8	6.3	48.09
富顺县	71.7	40.9	30.8	42.96	芦山县	9.9	4.4	5.5	55.56
米易县	22.7	12.5	10.2	44.93	宝兴县	4.8	2.7	2.1	43.75
盐边县	17.9	12	5.9	32.96	通江县	51.3	30.9	20.4	39.77
泸县	76.6	44.1	32.5	42.43	南江县	46	28.1	17.9	38.91
合江县	68.9	39.2	29.7	43.11	平昌县	64.9	38.5	26.4	40.68
叙永县	55.2	35.1	20.1	36.41	安岳县	94	64.3	29.7	31.60
古蔺县	65.1	42.9	22.2	34.10	乐至县	48.5	28.5	20	41.24
中江县	94.8	54.1	40.7	42.93	马尔康市	5.7	2.6	3.1	54.39
广汉市	62.6	25.1	37.5	59.90	汶川县	8.2	3.9	4.3	52.44
什邡市	40.8	17.9	22.9	56.13	理县	3.6	2.2	1.4	38.89
绵竹市	44	20.2	23.8	54.09	茂县	9.4	4.5	4.9	52.13
三台县	94.4	66.1	28.3	29.98	松潘县	6.7	4.3	2.4	35.82
盐亭县	36.5	22.4	14.1	38.63	九寨沟县	6.6	3	3.6	54.55
梓潼县	27.8	18.4	9.4	33.81	金川县	5.7	3.7	2	35.09
北川羌族自治县	17.9	11.2	6.7	37.43	小金县	6.4	3.9	2.5	39.06
平武县	12.7	9	3.7	29.13	黑水县	4.3	2.6	1.7	39.53
江油市	73.1	33.2	39.9	54.58	壤塘县	4.5	3.3	1.2	26.67
旺苍县	32.2	17.8	14.4	44.72	阿坝县	8	5.4	2.6	32.50
青川县	15.2	9.8	5.4	35.53	若尔盖县	7.7	5.1	2.6	33.77
剑阁县	41.9	25.7	16.2	38.66	红原县	4.7	2.7	2	42.55
苍溪县	50.8	33.5	17.3	34.06	康定市	12.7	5.7	7	55.12
蓬溪县	42	25.2	16.8	40.00	泸定县	8.4	4.4	4	47.62
大英县	38.1	20.8	17.3	45.41	丹巴县	5	3.4	1.6	32.00
射洪市	72.1	27.8	44.3	61.44	九龙县	5.3	3.8	1.5	28.30

续表

县域名称	总人口/万人	乡村人口/万人	城镇人口/万人	城镇化率/%	县域名称	总人口/万人	乡村人口/万人	城镇人口/万人	城镇化率/%
威远县	53	25.5	27.5	51.89	雅江县	5.1	3.6	1.5	29.41
资中县	84.1	49.8	34.3	40.78	道孚县	5.3	4.1	1.2	22.64
隆昌市	55.2	27.9	27.3	49.46	炉霍县	4.7	3.4	1.3	27.66
犍为县	41.5	24.2	17.3	41.69	甘孜县	7.2	5	2.2	30.56
井研县	27.8	16.2	11.6	41.73	新龙县	4.5	3.6	0.9	20.00
夹江县	30.2	15.8	14.4	47.68	德格县	8.8	6.3	2.5	28.41
沐川县	18.8	12.2	6.6	35.11	白玉县	5.9	4.5	1.4	23.73
峨边彝族自治县	12.1	7.4	4.7	38.84	石渠县	10.3	8.7	1.6	15.53
马边彝族自治县	18.9	11.6	7.3	38.62	色达县	6.4	4.8	1.6	25.00
峨眉山市	41.6	16.3	25.3	60.82	理塘县	6.7	4	2.7	40.30
南部县	80.9	44.1	36.8	45.49	巴塘县	5	3.6	1.4	28.00
营山县	61.6	34.1	27.5	44.64	乡城县	3.1	2.2	0.9	29.03
蓬安县	45.8	28.1	17.7	38.65	稻城县	3.3	2.5	0.8	24.24
仪陇县	72.1	43.2	28.9	40.08	得荣县	2.5	1.9	0.6	24.00
西充县	41.6	23.6	18	43.27	西昌市	96.3	31.7	64.6	67.08
阆中市	61.8	31.5	30.3	49.03	会理市	39.1	21.3	17.8	45.52
仁寿县	111.1	62.8	48.3	43.47	木里藏族自治县	12.4	9.5	2.9	23.39
洪雅县	29.6	15.9	13.7	46.28	盐源县	34.2	23.1	11.1	32.46
丹棱县	14.9	8.4	6.5	43.62	德昌县	21.7	12.4	9.3	42.86
青神县	16.8	8.8	8	47.62	会东县	34.4	20.2	14.2	41.28
江安县	42.9	22.1	20.8	48.48	宁南县	18.4	10.9	7.5	40.76
长宁县	33	16.5	16.5	50.00	普格县	18.1	14.9	3.2	17.68
高县	38.1	21.5	16.6	43.57	布拖县	18.7	14.6	4.1	21.93
珙县	32.7	15.4	17.3	52.91	金阳县	17	12.3	4.7	27.65
筠连县	33	19.3	13.7	41.52	昭觉县	25.4	19.5	5.9	23.23
兴文县	37.9	22.4	15.5	40.90	喜德县	15.9	11.5	4.4	27.67
屏山县	24.3	16.5	7.8	32.10	冕宁县	36.5	22.1	14.4	39.45
岳池县	74.2	44.1	30.1	40.57	越西县	30.4	20.3	10.1	33.22
武胜县	55.4	34.2	21.2	38.27	甘洛县	20.7	15.9	4.8	23.19
邻水县	70.6	40.1	30.5	43.20	美姑县	24.1	20.4	3.7	15.35
华蓥市	26.9	12.3	14.6	54.28	雷波县	24.1	18.4	5.7	23.65

（二）地区差异特征

四川县城城镇化进程也存在地区差异。如表 8-3 所示，按照成都平原经济区、川东北经济区、川南经济区、川西北生态示范区及攀西经济区来划分。得益于优越的自然条件及便捷的交通水平，成都平原经济区县城城镇化程度最高，在 2021 年达到了 47.86%，近一半人口实现市民化。其次是川南经济区、川东北经济区，而地处川西北生态示范区的阿坝藏族羌族自治州和甘孜藏族自治州，近年人口流失较为严重，城镇化率在 2021 年也有所降低。据国家统计局公布的第六次及第七次全国人口普查结果，两次人口普查期间，阿坝藏族羌族自治州总人口下降 8.47%，与同为民族地区的凉山彝族自治州 7.18% 的人口增长率形成鲜明对比。

表 8-3　2021 年四川省县域人口及城镇化率

区域	类别	2014	2015	2016	2017	2018	2019	2020	2021
成都平原经济区	总人口/万人	2564.5	2095.4	1978.2	1946.1	1945	1831.7	1640.4	1800.1
	乡村人口/万人	1870.4	1225.4	1098.9	1105	1071.8	962.8	855.1	938.6
	城镇人口/万人	694.1	870	879.3	841.1	873.2	868.8	785.3	861.5
	城镇化率/%	27.07	41.52	44.45	43.22	44.89	47.43	47.87	47.86
川东北经济区	总人口/万人	1875.1	1459.8	1459.9	1462.8	1456	1470.8	1276.5	1245
	乡村人口/万人	1531	937.5	915.3	895	866.4	859.9	754.7	714.2
	城镇人口/万人	344.1	522.3	544.6	567.8	589.6	610.9	521.8	530.8
	城镇化率/%	18.35	35.78	37.30	38.82	40.49	41.54	40.88	42.63
川南经济区	总人口/万人	1247.8	1002.9	999.8	994.6	905.9	916.1	836.9	818
	乡村人口/万人	1036.1	628.7	580.6	596	527.5	529.3	493.5	464.9
	城镇人口/万人	211.7	374.2	419.2	598.6	378.4	386.8	343.4	353.1
	城镇化率/%	16.97	37.31	41.93	60.18	41.77	42.22	41.03	43.17
川西北生态示范区	总人口/万人	203.5	209.5	211.5	212.6	214	290.9	282.7	191.7
	乡村人口/万人	166.5	142.6	141.6	139.8	138.3	164.6	153.8	122.7
	城镇人口/万人	37	66.9	69.9	72.8	75.7	126.3	128.9	69
	城镇化率/%	18.18	31.93	33.05	34.24	35.37	43.42	45.60	35.99
攀西经济区	总人口/万人	550.5	510.9	525.5	526.8	534.1	595.4	565.3	528
	乡村人口/万人	483.4	344.3	350.7	344.9	342.1	378.3	369.5	323.5
	城镇人口/万人	67.1	166.6	174.8	181.9	192	217.1	195.8	204.5
	城镇化率/%	12.19	32.61	33.26	34.53	35.95	36.46	34.64	38.73

注：根据历年中国县城统计年鉴和 CSMAR 数据综合整理而成。

成都平原经济区由成都市、绵阳市、德阳市、乐山市、眉山市、遂宁市、雅安市、资阳市8个地级市组成，在县城新型城镇化建设中涉及40个县（市）。作为四川省的政治、经济和文化中心，成都平原经济区在城镇化建设方面取得了卓越的成效，该区的成熟产业体系和发达的交通网络为城镇发展和人口流动提供了良好的支持。2021年，成都平原经济区县城总人口为1800.1万人，其中，城镇人口为861.5万人，城镇化率为47.86%，是五大经济区中城镇化程度最高的地区，同时也高于四川省县城的城镇化水平。

川南经济区由宜宾市、泸州市、内江市、自贡市4个地级市组成，包括16个县城。川南经济区致力于发展成为川渝滇黔接合部区域经济中心、现代产业创新发展示范区、四川南向开放重要门户、长江上游绿色发展示范区。从2014~2021年的城镇化统计结果来看，2021年川南经济区县城的总人口为818万人，其中城镇人口为353.1万人，城镇化率为43.17%，与四川省县城的水平整体持平，在五大经济区中排名第二位，其城镇化水平显著高于攀西经济区和川西北生态示范区，略高于川东北经济区，但与成都平原经济区还存在较大差距。

川东北经济区由南充市、达州市、广安市、广元市、巴中市5个地级市组成，在新型城镇化建设中涉及22个县（市）。未来，川东北经济区将发展成为川渝陕甘接合部的区域经济中心，建设成为国家重要的清洁能源化工基地、特色农产品生产基地、生态文化旅游区和川陕苏区振兴发展示范区。川东北经济区县城的城镇化率从2014年的34.35%增长到2021年的42.63%，增长了8.28个百分点。在五大经济区中排名第三位，其城镇化水平高于攀西经济区和川西北生态示范区，低于成都平原经济区，和川东北经济区基本持平。

川西北生态示范区由阿坝藏族羌族自治州、甘孜藏族自治州组成，包括31个县城。川西北生态示范区致力于发展成为全国民族团结进步示范区、国家生态文明建设示范区、国家生态文化旅游目的地、现代高原特色农牧业基地和国家重要清洁能源基地。受制于气候条件、地理位置和基础设施等不利因素，该区域城镇化进程较为受限。县城城镇化水平在2021年为35.99%，在五大经济区中处于最末位。

攀西经济区由攀枝花市、凉山彝族自治州组成，包括19个县城。未来将建成国家战略资源创新开发试验区、全国重要的清洁能源基地、全国优质特色农产品基地、阳光康养旅游目的地。该地区煤炭和水力等自然资源较为丰富，在城镇化建设中注重发展特色旅游和生态农业，通过保护生态环境和可持续发展，城镇化建设取得了显著成就，2014~2021年，攀西经济区县城的城镇化率提高了8.54个百分点。但受城镇化建设起点较低、地理位置较偏等影响，县城城镇化率仍低于四川省县城平均水平。

总体来看，近年来五大经济区的县城城镇化建设整体处于增长状态，不同区域的城镇化建设速度存在显著差异。要缩减地区差异，进一步提升人口集聚服务能力，实现县城常住人口的持续增加、县域常住人口城镇化率的不断提升，应分类有序发展和建设大城市周边县城、专业功能县城、农产品主产区县城和重点生态功能区县城。增强县城公共服务能力和环境承载能力，有序承接高海拔、环境恶劣地区人口和生态地区超载人口转移，促进四川县城新型城镇化建设纵向发展。

（三）目标城市选择特征

从目标城市选择来看，四川县城农业转移人口向大城市和县城"两端"集聚的态势明显。四川省城镇常住人口近四成集中于成都市、绵阳市、南充市、宜宾市、泸州市等大城市城区，另有近三成居住在县城（表8-4）。如表8-1所示，2014~2021年，四川县城城镇人口增加664.9万人，从1354万人增长到2018.9万人，县城城镇化率提高23.03个百分点，县城常住城镇人口持续增加，表明大量人口从乡村转移至县城。另据国家统计局公布的数据，在第六次和第七次全国人口普查期间，成都市和绵阳市的人口分别增长了32.56%和25.43%。同时，南充、宜宾和泸州等中型城市的县城城镇人口也持续增加。这些地区公共服务与基础设施等方面的优势，持续吸引农业转移人口进入。

表8-4 2014~2021年四川省城市常住城镇人口 （单位：万人）[①]

城市	2014年	2015年	2016年	2017年	2018年	2019年	2020年	2021年
成都	486.7	793.6	870.1	890.1	917.7	944.3	1356.9	1383.4
绵阳	57.4	92.9	114.4	118.7	123.2	129.1	155.0	159.8
南充	126.7	110.5	111.9	113.8	116.9	119.5	125.5	125.7
宜宾	78.1	79.6	82.5	85.3	117.7	122.7	129.0	135.6
泸州	44.8	103.3	105.9	108.3	110.0	113.2	112.9	114.2
合计	793.7	1179.9	1284.8	1316.2	1385.5	1428.8	1879.3	1918.7

注：根据历年中国统计年鉴和CSMAR数据综合整理而成。

2014~2021年，大城市成为农业转移人口市民化的主要目标地之一。大城市教育与医疗资源集中，市政设施完善，吸引了大批人口流入。同时，相较于大城市，县城在生活成本、社会环境等方面也具有一定的优势，为农业转移人口提供了广泛的就业选择。因此，县城也吸引了大规模农业转移人口进入。如图8-3所示，2014年以来，四川县城和成都、绵阳、宜宾等主要城市常住城镇人口持续增长，成为农业转移人口主要目标地。

[①] 整理自2015~2022年四川省统计年鉴，剔除该市下辖县城及县级市后的常住城镇人口数量。

图 8-3 2014~2021 年四川主要城市和县城城镇人口变化趋势

未来，四川省应进一步优化城镇体系结构，建强现代化成都都市圈，推动成渝地区双城经济圈建设。同时，增强中小城市发展活力，加快形成分工合理、功能互补、良性互动的新型城镇化整体布局。稳步提高四川县城非户籍城镇常住人口义务教育、住房保障等基本公共服务实际享有的水平，强化就业服务和技能培训，推动城镇基本公共服务常住人口全覆盖，使农业转移人口进得来、留得住、过得好。从城市和县城两端同时发力，推进以县城为重要载体的城镇化建设，为四川现代化建设提供有力支撑。

（四）年龄、性别、教育水平特征

四川县城农业转移人口市民化的特征主要包括人口规模庞大、存在地区差异、目标城市以县城和大城市为主、年龄结构年轻化、性别结构女性化以及受教育水平提升。这些特征的形成受到多种因素的影响。首先，四川作为人口大省，农业转移人口的数量自然较大。其次，县城作为县域经济和服务中心，提供了就业机会和基础设施条件，吸引了大量农民工选择在县城落户和工作。此外，随着经济发展和教育普及，农业转移人口的年龄结构呈现年轻化的趋势。然后，女性农民工的比例逐渐增加，反映了性别结构的变化。再次，农业转移人口对教育的重视和受教育机会的增加，使得他们的受教育水平得到提高。最后，政府应关注和支持农民工的市民化过程，提供更好的就业机会、社会保障和公共服务，加强对农民工权益的保护，促进农业转移人口的融入和发展。同时，应加强教育培训的投入，提升其职业技能和知识水平，为他们的职业发展提供更多机会。

具体来看，四川县城农业转移人口的另一特征是年龄结构年轻化。随着农业现代化和家庭计划生育政策的推行，四川农村劳动力的年龄结构发生了变化，新一代农业转移人口以年轻人为主。这类县城农业转移人口具有较强的适应能力和创新意识，在城市中展现出较强的创业和就业潜力。此外，四川县城农业转移人口市民化的特征还表现在性别结构上。近年来，女性农民工在农村劳动力转移中占比逐渐增加，这部分女性农民工在城市中从事家政服务、餐饮业、零售业等各种工作，为城市经济的发展和社会生活提供了重要支持。四川县城农业转移人口也面临着性别歧视和劳动权益保护的挑战，需要加强相关政策的支持和保障。随着农村教育的普及和农民工对教育的重视，新一代农民工的受教育程度逐渐提高，他们具备一定的技能和知识储备，能够在城市就业市场中获得更好的机会和发展。政府也加强了对县城农业转移人口教育的关注，推出了一系列培训和教育支持政策，促进农业转移人口技能提升和职业发展。

四、四川县城农业转移人口的市民化

四川目前拥有 128 个县和县级市，数量位居全国第一，2012 年以来四川省城镇落户 1285 万人，保障随迁子女接受义务教育 594 万人次，农业转移人口数量庞大，促进农业转移人口的市民化对于促进四川新型城镇化发展、构建新型工农城乡关系具有重要的意义。

（一）社会融入

社会融入是衡量农业转移人口市民化程度的重要指标之一。在四川县城视角下，四川省农业转移人口逐渐融入当地社会，参与社区生活和社会活动，与当地居民建立起较好的人际关系。随着农业转移人口在县城定居和工作，他们与当地居民之间的交流和互动增加，并积极参与社区活动、志愿服务、邻里互助等，逐渐建立起与当地居民的良好关系。农业转移人口开始在社区居住，并积极参与社区建设和管理，参与社区的决策和议事，关注社区的发展和改善。同时，政府和社区组织也加强与农业转移人口的沟通和合作，为其提供更好的社区服务。为了增强农业转移人口的市民化程度，政府加强了对其社会权益的保障。通过完善劳动法律法规、加强劳动合同签订和工资支付监管等措施，保障农业转移人口的劳动权益和社会保障，提升其市民化认同感。

（二）经济融入

经济融入是农业转移人口市民化程度的重要方面。在四川县城视角下，经济融入主要体现在农业转移人口在县城的就业机会、收入水平增加以及创业发展等方面。首先，四川县城相对于农村提供了更多样化的就业机会。农业转移人口可以在县城的建筑、制造业、服务业等多个行业就业，获得较好的收入和职业发展机会。同时，政府还加大了对农民工就业的支持力度，通过招聘会、培训机构等渠道，提供更多的就业信息和技能培训，帮助农业转移人口更好地适应市场需求。其次，随着农业转移人口在四川县城的就业，收入水平相对较高，相较于农村的劳动收入，县城的工资待遇更具竞争力，农业转移人口通过稳定的工作和合理的工资待遇，提高了自身的经济收入，实现了一定程度的经济融入。最后，一些具备创业意识和创新能力的农业转移人口开始选择在四川县城创业，实现自己的职业发展和经济独立，政府积极支持农业转移人口的创业，提供创业指导、创业培训和创业资金等支持措施，鼓励其在县城开展自主创业，带动县城经济的发展。

（三）文化融入

随着农业转移人口在四川县城的定居，农业转移人口与当地居民之间的文化交流日益频繁，通过生活、工作和社交等方面的接触，农业转移人口逐渐了解当地的风俗习惯、节日庆典等文化特点，同时也将自身的文化元素融入县城当地社会。农业转移人口在与四川县城当地居民的交流中，逐渐接受当地的社会价值观念和道德准则，通过融入当地社区和参与社会活动，形成共同的价值观念，与当地居民分享共同的文化认同。这种价值观的转变促进了农业转移人口与当地社会的融合，加强了市民化意识。农业转移人口在四川县城生活的过程中，逐渐调整自身的习俗和生活习惯，与当地居民形成一定的文化共同点，融入当地的节日庆典、宗教活动和乡土文化，逐渐形成一种文化认同和身份认同。同时，农业转移人口也将自身的习俗和文化传统与当地居民分享，促进了文化的交流和共融。

整体上，农业转移人口与当地居民之间的社会融入不断加深，参与社区生活和社会活动的意愿增强。经济融入方面，农业转移人口通过就业机会、收入水平和创业发展的提升，实现了一定程度的经济融入。在文化融入方面，农业转移人口逐渐与当地居民形成文化交流和共融，价值观转变和习俗习惯的调整有助于促进市民化程度的提升。这些不仅促进了农业转移人口的市民化过程，也推动了县城社会经济的发展和文化多样性的增强。

第二节 县城农业转移人口市民化对四川城镇体系的影响

县城农业转移人口市民化的持续发展与深化，使得四川人口规模发生显著变化，推动了经济结构的调整与转型，促进了社区发展及居民生活水平的提高，同时，也给环境带来较大压力。县城农业转移人口市民化从人口结构、经济结构、社区发展和环境压力等方面对四川城镇体系产生了深远的影响。

一、市民化对县城人口结构的影响

县城农业转移人口市民化对四川人口结构产生了深远的影响。农业转移人口的市民化过程使得四川县城的人口结构发生了明显的变化，人口规模的变化、年龄结构的调整、性别比例的变动以及教育水平的提升都是农业转移人口市民化的重要表现。这些变化不仅对农业转移人口本身产生了积极的影响，也为四川县城的经济发展和社会进步提供了新的动力，具体如图8-4所示。

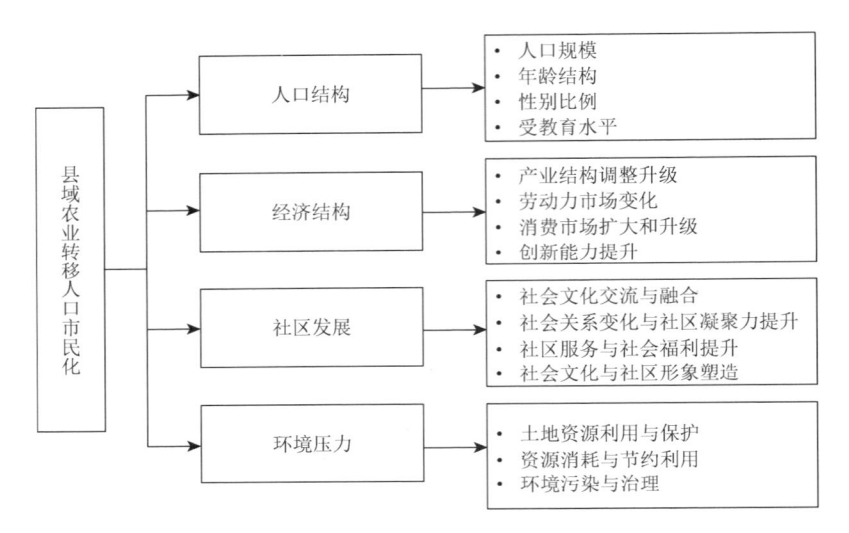

图8-4　县城农业转移人口市民化对城镇体系的影响机制

（一）人口规模的变化

县城农业转移人口市民化使得四川县城的人口规模发生了显著变化，随着农业转移人口逐渐向县城转移，县城内的人口数量不断增加。这一趋势对四川县城经济的发展具有积极的作用，增加了劳动力资源和市场消费潜力，农业转移人口市民化也对农村地区的人口规模产生了影响，但是也导致农村人口减少、老龄化等问题。

（二）年龄结构的调整

随着大量年轻人离开农村到四川县城寻求就业机会，农村地区的年轻劳动力减少，导致农村的老龄化问题加剧。同时，农业转移人口市民化使得四川县城的年轻人口增加,为四川县城经济的发展注入了新的活力。这种四川县城人口年龄结构的调整对于优化人力资源配置、推动经济发展具有重要意义。

（三）性别比例的变动

农业转移人口市民化对四川县城的性别比例也产生了一定的影响。由于农业转移人口以就业为主要目的,男性在农村向县城转移的比例相对较高,导致农村地区的男性比例下降,而县城的男性比例上升。这种性别比例的变动可能对社会稳定和家庭结构产生一定的影响,需要加强性别平等意识和性别平等政策的落实。

（四）受教育水平的提升

农业转移人口市民化对四川县城的受教育水平产生了积极的影响。农业转移人口通常具有较高的受教育水平,通过接受城市教育和培训,他们的文化素质和专业技能得到提升,这不仅对个人职业发展有帮助,也为县城经济的转型升级提供了人才支持。农业转移人口市民化对四川省教育水平的影响,具体体现在教育需求增加、受教育机会扩大和受教育水平提升带动县城发展三个方面。

首先,农业转移人口市民化的过程中,对教育的需求不断增加。农业转移人口通过积极参与县城小学、中学、职业培训等教育体系,提升自身的学历和技能水平,提高就业竞争力。此外,农业转移人口对子女教育的重视程度也提高,对小学、中学、职业培训等教育资源的需求逐渐增加。其次,四川县城受教育机会扩大。为满足农业转移人口的教育需求,四川县城政府加大了对教育资源的投入和布局。在县城建设了更多的学校和教育机构,提供更多的教育机会。同时,四川县城政府还鼓励和支持农业转移人口参与职业技能培训,并提供相关的培训课程和补贴,帮助其更好地适应县城的就业需求。最后,受教育水平提升带动四川县城发展。随着农业转移人口的受教育水平提升,创新创业能力和专业技能得到加强,为四川县城经济的转型升级提供了重要的人才支持。高素质的农业转移人口在四川县城的就业和创业中发挥着重要的作用,促进了四川县城经济的发展和产业的升级。

二、市民化对县城经济结构的影响

农业转移人口市民化推动了四川经济结构的调整和转型,涉及产业结构、劳动力市场、消费市场和创新能力等方面的变化。

（一）产业结构调整升级

农业转移人口市民化推动了四川产业结构的调整与升级。农业转移人口进入县城就业，带来了新的劳动力资源和创业创新的活力，促进了第二产业的升级、第三产业的发展以及新兴产业的崛起。

整体来看，四川省县域产业结构正从以第二产业为主转换为以第三产业为主。大规模农业转移人口在县城就业，带动了制造业、建筑业等第二产业的发展。通过技能的提升和工作经验的积累，有助于提高产业附加值和竞争力，推动四川经济由传统制造业向高端制造业转型。同时，随着农业转移人口的增多，四川省县域流通部门、生产和生活服务类部门、提高科学文化水平和居民素质服务的部门、社会公共需要服务类部门得到了快速发展。2021年，四川省县域第三产业增加值达到28287.55亿元，相比2020年的25471.07亿元实现大幅增长，增速高达11.06%。农业转移人口在零售、餐饮、旅游、物流等领域就业，促进了服务业的繁荣。同时，农业转移人口的市民化也提高了服务业的质量和水平，满足了人们对消费升级和个性化服务的需求。

农业转移人口市民化过程中，一部分具有创业意识和创新能力的农业转移人口开始在县城创业，推动了新兴产业的崛起。特别是在科技、信息技术、互联网等领域，农业转移人口的市民化促进了创新创业氛围的形成，培育了一批新兴产业和高新技术企业。同时，随着信息技术的发展与壮大，部分农业转移人口开始探索农产品线上销售。支持农产品主产区县城发挥产地优势，探索"种植养殖在农村，加工配送在县城"有效模式，将有助于把产业留在县城，把人留在县城。

（二）劳动力市场变化

农业转移人口市民化对四川劳动力市场产生了重要影响。随着农业转移人口进入县城就业，四川县城劳动力市场发生了变化，包括就业机会、劳动力供给和技能水平等方面。首先，农业转移人口的市民化推动了四川县城就业机会的增加。农业转移人口进入县城就业，为县城经济提供了大量的劳动力资源，劳动力的增加促进了生产力的提高和产业的发展，为经济增长提供了动力。其次，农业转移人口市民化过程中，他们逐渐适应四川县城的就业需求，提高自身的就业技能和素质，使得劳动力供给与需求之间的匹配更加紧密，提高了就业的效率和质量。最后，随着农业转移人口市民化的进行，农业转移人口通过接受教育培训和工作经验的积累，技能水平不断提升，在就业市场上更具竞争力，能够适应四川县城经济的结构调整和创新发展的需要，他们还在创新创业方面表现出一定的潜力，为县城经济的创新发展带来新的动力。

（三）消费市场扩大和升级

农业转移人口市民化对四川的消费市场产生了显著的影响。随着农业转移人口的进入，消费需求不断增加，推动了消费市场的扩大和升级。首先，农业转移人口的市民化使得他们的消费需求不断增加。随着收入水平的提高和生活水平的改善，农业转移人口对生活质量的要求也增加。四川县城农业转移人口成为消费市场的重要参与者，他们对衣食住行、教育、医疗等领域的消费需求逐渐增加，推动了消费市场的扩大。其次，随着农业转移人口的市民化，四川县城消费结构也实现了升级。农业转移人口对品质消费和个性化服务的需求增加，促使了县城消费市场向高品质、多样化和个性化的方向发展，这对于促进四川县城商品结构的升级、提高产品质量和创新能力具有重要意义。最后，农业转移人口的市民化进程推动了消费市场的增长，为四川县城经济增长提供了新的动力。消费的增加不仅带动了商品和服务的需求，也刺激了产业的发展和创新。农业转移人口成为四川县城消费市场的重要力量，对县城经济的发展和就业的增加产生了积极的影响。

（四）创新能力提升

农业转移人口市民化对四川的经济结构也带来了创新能力的提升。首先，农业转移人口在市民化过程中逐渐接触到四川县城的创新创业环境，增强了创新创业意识。他们开始关注市场需求、产品创新和商业模式的改进，积极参与创业活动，推动了四川县城经济的创新发展。其次，农业转移人口的市民化过程中，带来新的创新资源。在接受教育和工作经验的积累过程中，他们获取了新的知识、技能和创意，这些创新资源的引入促进了四川县城经济的创新能力提升，推动了新产品、新技术和新业态的涌现。随着农业转移人口的市民化，县城政府对创新创业环境的改善投入更多的关注，县城政府加大了对创新创业的支持力度，提供了更多的创业扶持政策、创业孵化器和创业资金。这种环境的改善为农业转移人口提供了更好的创新创业条件，激发了创新潜力，推动了四川县城经济的创新发展。

由此可见，县城农业转移人口市民化对四川经济结构产生了重要影响。产业结构的调整与升级、劳动力市场的变化、消费市场的扩大和升级，以及创新能力的提升、农业转移人口市民化推动四川经济向更加高效、创新和可持续的方向发展。同时，这种影响也为四川经济的转型升级提供了新的机遇和动力，促进了经济的稳定增长和社会的可持续发展。

三、市民化对县城社区发展的影响

县城农业转移人口市民化对四川县城社区发展产生了重要的影响。随着农业转移人口逐渐融入当地社区，其在社会文化、社会关系、社区服务与社会福利、社会文化与社区形象等方面都发挥了积极作用。

（一）社会文化交流与融合

县城农业转移人口市民化对社会文化的交流与融合的影响，主要体现在丰富文化多样性和传承乡风文明这两方面。首先，农业转移人口市民化带来了不同的文化背景和生活方式，丰富了四川县城社区的文化多样性，他们的到来促进了社区文化的交流与融合，增加了社区的文化活动和文化氛围。其次，农业转移人口在融入社区的过程中，也在县城传承了自己的乡风文明。乡村传统的节日庆典、民俗习惯等的流入，丰富了四川县城社区的文化内涵，这有助于增强社区的凝聚力和认同感，促进四川县城社区文化的传承与发展。

（二）社会关系变化与社区凝聚力提升

县城农业转移人口市民化有助于重构社区关系、促进社区互助与共享。同时，县城农业转移人口还能够参与社区治理。农业转移人口市民化改变了社区内部的社会关系，他们与县城当地居民建立了更紧密的联系。邻里间交流、合作和共同参与社区活动，促进了县城社区关系的融洽和社区凝聚力的提升。农业转移人口市民化也促进了社区居民之间的互助与共享。在四川县城农业转移人口市民化过程中，他们积极参与社区的公益事业和志愿活动，增强了社区居民之间的合作意识和互助精神，这种互助与共享的关系有助于增强社区的凝聚力，提高四川县城居民的幸福感和满意度。农业转移人口的市民化还推动了社区治理的参与和民主化进程。农业转移人口通过参与社区居民会议、居民代表选举等，积极参与社区决策和管理，为社区发展发声，这种参与民主化的进程有助于增强社区居民的自治意识，推动四川县城社区治理的规范化和民主化。

（三）社区服务与社会福利提升

农业转移人口市民化推动了四川县城社区服务设施的改善与完善。随着农业转移人口的融入，社区对基础设施、公共服务设施的需求增加。为满足市民化人口的需求，社区加大了对这些服务设施的投资建设，提升了社区居民的生活质量和福利水平。农业转移人口市民化对四川县城社区居民权益的保障起到了积极作用，社区加强了对市民化人口的法律援助、劳动保障、社会保险等方面的支持，保障其合法权益，提高了四川县城市民化人口的获得感和幸福感。农业转移人口市民化促进了四川县城社区居民参与度的增加，市民化人口的融入使得社区居民更加积极参与社区事务、公共决策和社区管理。通过参与社区活动、居民会议、志愿服务等，加强了社区居民的凝聚力和参与意识，促进了社区的和谐发展。

（四）社会文化与社区形象塑造

县城农业转移人口市民有助于塑造四川县城社区文化与社区形象。首先，农业转移人口市民化能够促进四川县城社区的文化交流与共融，带来不同的文化背景和生活方式，与县城当地居民互相学习、交流和融合。这种文化的交流与共融丰富了社区的文化内涵，增加了社区居民的文化认同感和归属感。其次，农业转移人口市民化对四川县城社区形象的提升起到了积极作用。随着农业转移人口的融入，社区的面貌得到了改善，环境卫生、建筑风格等方面得到了提升，这对四川县城社区形象的塑造、吸引外部投资和发展旅游业等具有积极影响。

四、市民化对县城环境压力的影响

县城农业转移人口市民化对环境压力产生了显著的影响。一方面，农业转移人口市民化导致了县城城市化进程的加速和人口聚集，增加了县城土地和资源的利用压力。另一方面，农业转移人口在市民化过程中可能面临生活方式和消费习惯的转变，对县城环境产生了新的挑战。因此，要实现可持续发展，需要采取相应的措施来缓解环境压力。

（一）土地资源利用与保护

随着农业转移人口市民化的推进，县城用地需求增加，可能导致农业用地向城市扩展，这会导致农业用地减少，对土地资源带来压力。因此，需要制定县城土地利用政策，合理规划城市扩展，保护农业用地，确保粮食生产和农村可持续发展。随着县城市民化的进行，农业转移人口在县城中从事各类经济活动，可能导致土壤污染和水资源受损。因此,需要加强县城土壤和水资源的监测与治理,防止污染物对环境和人体健康造成损害。农业转移人口市民化对生态环境带来的压力是不可忽视的,需要加强生态保护与恢复工作,保护生态系统的完整性和稳定性,提高生态环境质量。此外,应注重生态农业和绿色发展,倡导可持续农业生产方式,减少对环境的影响。

(二)资源消耗与节约利用

随着农业转移人口的市民化,能源消耗也相应增加,对县城能源资源造成压力。因此,需要加强能源管理,提倡县城节约能源和推广可再生能源的利用,减少对化石燃料的依赖,降低碳排放。四川县城农业转移人口市民化过程中,居民生活和经济活动对水资源需求增加。保证水资源的可持续利用,需要加强水资源管理与保护,提高水资源利用效率,推广节水措施,加强水污染治理,确保水资源的供应和水质的安全。县城农业转移人口市民化过程中,对自然资源的利用也增加了压力。需要加强对自然资源的管理与保护,制定科学的资源利用政策,加强环境监测与评估,确保资源的可持续利用和生态平衡。

(三)环境污染与治理

随着农业转移人口的市民化,交通、工业和居民生活等活动带来的大气污染问题也日益突出。县城需要加强大气污染防治措施,推广清洁能源和低碳技术,减少排放物释放,改善空气质量。县城农业转移人口市民化过程中,居民生活和经济活动对水环境造成的压力增加,需要加强水环境污染的监测与治理,加强污水处理设施的建设和运营管理,减少废水的排放,保护水资源安全和水体健康。农业转移人口市民化中的农业生产和工业发展可能导致县城土壤污染,这需要加强土壤环境的监测与评估,制定土壤污染防治的政策与措施,加强农药和化肥的使用管理,推广有机农业和环境友好型农业,保护县城土壤的健康和农产品的安全。县城农业转移人口市民化过程中,对生态环境的破坏需要引起重视。需要加强自然保护区的建设与管理,加强生态环境修复与恢复工作,提高生态系统的稳定性和抗灾能力,减少自然灾害发生。

综上所述,四川县城农业转移人口市民化对环境产生了一定的压力,包括土地资源利用、资源消耗、环境污染等方面。但合理的资源利用、环境治理和生态保护措施,可以减少和缓解这种压力。因此,需要加强四川县城人口环境保护意识的普及,制定并执行相应的环境保护政策和措施,促进农业转移人口市民化与环境保护的协调发展,实现四川县城可持续发展的目标。

第三节 以县城为重要载体深化四川户籍制度改革的发展路径

一、户籍制度改革与农业转移人口市民化的关系

户籍制度改革与农业转移人口市民化密切相关，二者相互促进、相互影响。户籍制度改革是指对传统的户籍制度进行改革和完善，为农业转移人口的市民化提供更好的机会和条件。

（一）农业转移人口市民化的需求

农业转移人口市民化是指将农村户口的人口转化为城市户口，并使他们在城市中享受相应的公共服务、福利和权益。农业转移人口市民化是现代化进程中的重要组成部分，旨在提高农业转移人口的生活水平和社会地位，减少城乡差距，促进社会公平和稳定。农业转移人口市民化的需求主要体现在公共服务需求、经济发展需求及社会认同需求三方面。首先，农业转移人口希望在城市中获得更好的教育、医疗、就业和社会保障等公共服务，大部分农业转移人口期望通过市民化获得与城市居民相同的享受权益和福利的机会，获得更多的就业机会，提高收入水平和改善生活条件。其次，市民化可以带来更广阔的就业市场和职业发展机会，提高他们的社会经济地位。农业转移人口还希望通过市民化获得社会地位和身份的认同，增强自我价值感和社会归属感。最后，市民化可以使他们摆脱农村户籍的限制，获得城市居民的身份认同，更好地融入城市社会。

（二）户籍制度的不平等性

传统的户籍制度存在着明显的不平等性，导致农业转移人口在城市中市民化的机会受限。户籍制度将人口分为农业户口和非农业户口，农业户口的人口在城市中享受的公共服务和福利相对较少。这种不平等的户籍制度制约了农业转移人口的市民化进程，加剧了城乡差距和社会不平等。农业转移人口持有的农村户籍限制了他们在城市中享受教育、医疗、社会保障等基本公共服务的权利，面临学校就业、医疗保障和社会福利等方面的限制和不平等待遇，难以获得与城市居民平等的服务和权益。农村户籍在就业和社会保障方面的限制也影

响了农业转移人口的市民化。农村户籍人口在城市中找工作受到限制，往往面临职业歧视和工资待遇不平等的问题。由于户籍制度的限制，农村户籍人口在社会保障方面也难以享受城市居民相同的权益和保障。农业转移人口在城市中的住房权利受到限制，农业转移人口在城市中购买住房、租赁住房等方面面临诸多困难。缺乏稳定的居住条件影响了农业转移人口的市民化过程和城市生活质量。

（三）户籍制度改革的意义

户籍制度改革是推动农业转移人口市民化的重要举措，具有重要的意义和影响。首先，户籍制度改革能够促进社会公平与人口流动。户籍制度改革可以消除城乡之间的不平等待遇和限制，促进社会公平与人口流动。通过改革户籍制度，农业转移人口可以在城市中享受与城市居民相同的公共服务、福利和权益，减小城乡差距和社会不平等。其次，户籍制度改革有助于激发人力资源潜力。农业转移人口往往具备较高的劳动力素质和就业意愿，其市民化可以促进城市的劳动力供给和经济发展，推动产业结构升级和城市化进程。然后，户籍制度改革可以促进城市经济的发展。农业转移人口市民化后可以获得与城市居民相同的就业机会和待遇，增加了城市的劳动力资源和消费需求，推动了城市经济的增长和发展。再次，户籍制度改革有助于增强社会稳定与凝聚力。农业转移人口的市民化，可以减少社会的分裂和不公平现象，增加社会的团结和凝聚力，促进社会和谐稳定。最后，户籍制度改革能够促进城乡一体化发展。通过改革户籍制度，促进农村人口向城市转移和市民化，可以促进城乡经济的融合和互补，推动农村经济的发展和农民收入的增加。

二、四川县城户籍制度改革的现状

四川省作为中国西南地区的重要省份，面临着户籍制度改革的重要任务和挑战。近年来，四川省在户籍制度改革方面仍面临一些问题。

（一）现行户籍制度存在的问题

四川省户籍制度改革虽然取得阶段性进展，但城乡二元户籍制度遗留问题仍未彻底破解。首先，城乡权益分割固化，依附于户籍的公共服务、社会保障和资源配置仍呈显著城乡差异。2021年四川县域城乡居民人均可支配收入比由2020年2.36下降至2.31，户籍捆绑的医疗、教育等资源分配不均加剧了四川县域内部发展失衡。其次，人口流动与城镇化质量不匹配。四川作为劳务输出大省，2021年户籍人口城镇化率与常住人口城镇化率相差近20个百分点,大量农业转移人口因落户门槛高、成本大难以融入城镇,制约消费扩容与人力资本提升。再次,县城承载能力不足。四川多数县城产业基础薄弱、公共服务配套滞后,难以支撑农业转移人口就近市民化,导致"半城镇化"现象突出。最后,改革协同性不足,户籍制度与土地、财税、社保等政策衔接不畅,农村土地退出机制缺位,农民进城面临"失地"与"保障不足"双重风险。这些问题亟需通过系统性改革破除制度壁垒,激活县城内需与要素流动潜力。

(二)四川省户籍制度改革的进展

为更好地服务于新型城镇化建设,四川省积极推动户籍制度改革,并取得了一定的进展。通过放宽落户条件、加强户籍管理和服务,逐步改变传统的户籍限制,为农业转移人口的市民化提供了更好的机会和条件。今后,应进一步深化户籍制度改革,调整优化成都市等大型城市的落户政策,其他中小城市和县城全面取消落户限制,依法保障进城落户农业转移人口的合法权益,引导农业转移人口就近就地落户城镇。另外,在教育、医疗等公共服务改革方面也进行了积极探索和改革。通过建立和完善公共服务体系,提供平等的教育、医疗等公共服务,为农业转移人口市民化提供更好的保障。此外,在公共服务均衡化方面也进行了积极努力。通过提升基础设施建设水平、推进教育和医疗资源的均衡布局,为农业转移人口提供更好的教育和医疗等公共服务。四川省还积极开展社会保障制度改革,为农业转移人口提供社会保障和福利保障,稳步提高非户籍城镇常住人口义务教育、住房保障等基本公共服务实际享有的水平,推动城镇基本公共服务常住人口全覆盖,努力提高农业转移人口的生活品质和市民化水平。

然而,四川省户籍制度改革仍面临一些挑战和问题。首先,政策的贯彻和执行还存在一定的不足,需要进一步加强政策的宣传和解释,确保政策的顺利实施。其次,农村地区的户籍制度改革进展相对滞后,需要加大对农村地区的改革力度和投入。最后,制度的创新和改革需要充分考虑实际情况和利益相关方的参与,确保改革的可行性和可持续性。

三、推动四川县城户籍制度改革的策略和路径

推动四川省户籍制度改革涉及多个方面,其中包括提高农民进城的便利性、保障农民在城市的权益以及提升农民的市民化水平,如图8-5所示。通过三方面的努力,可以为户籍制度改革提供策略和路径,促进农业转移人口的市民化进程。

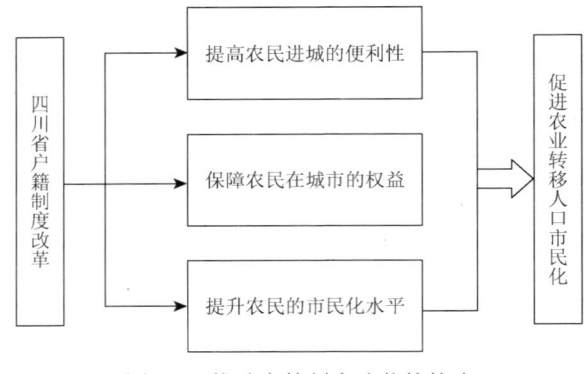

图 8-5 推动户籍制度改革的策略

（一）提高农民进城的便利性

一是，适当放宽农业人口进城的落户条件。通过减少居住年限要求、降低收入要求等，使更多的农民能够顺利进入县城，并享受县城居民相同的权益和福利。深化户籍制度改革，调整优化成都市落户政策，其他城市和县城全面取消落户限制，依法保障进城落户农民的合法权益，引导农业转移人口就近就地落户城镇。二是，加强四川县城农民工就业服务。为农民提供更好的就业服务，包括拓宽就业渠道、提供就业培训、加强就业信息发布等。通过提供全方位的就业支持，帮助农民顺利进入县城就业市场，提高他们的就业能力和竞争力。三是，完善四川县城公共交通和基础设施建设。加强县城与农村地区的交通和基础设施建设，提高农民进城的便捷性。建设公共交通网络，改善交通运输条件，为农民提供更便利的进城通道，降低进城成本和门槛。四是，加强四川县城信息化建设。推动信息技术与农业转移人口市民化的结合，建立农村信息化系统和农村电商平台，为农民提供信息和技术支持，提升他们的市民化水平和就业创业机会。

（二）保障农民在城市的权益

四川省新型城镇化的目标之一是要让农业转移人口进得来、留得住、过得好。在提高农民进城的便利性将其吸引至城市和县城之后，还需积极采取措施，保障其在城市的权益。完善相关法律法规，明确保障农民在四川县城的权益和利益。建立健全的法律体系，加强对农民权益的法律保护，解决农民在四川县城中遇到的就业、住房、社会保障等问题。加强农民医疗保险、养老保险、失业保险等社会保障制度建设。确保农民在四川县城中能够享受与城市居民相同的社会保障待遇，提高他们的生活品质和市民化水平，为农民工提供平等的就业机会和工作条件，确保其劳动权益得到有效保护。

具体来看，建立健全劳动法律法规体系，加强对四川县城用工单位的监管，防止拖欠工资、超时工作、不合理解雇等现象的发生。设立四川县城农民工维权机构，提供法律援助和维权服务，帮助县城农民工维护自身权益。确保农民在四川县城有合适的住房条件，加大公共租赁住房的建设和供应，提供贴息贷款和租金补贴等政策支持，帮助农民解决住房困难。改善农民居住环境，提升四川县城城乡建设和环境治理水平，提高农民居住条件的舒适度和安全性。建立健全农民社会保障制度，确保农民在城市享有与城市居民相同的医疗保险、养老保险、失业保险等方面的覆盖和待遇保障。加强对四川县城农民社会保障政策的宣传和解读，确保农民了解自身权益和享受相应的福利。鼓励农民参与四川县城事务的决策过程，增加农民的参与度和发言权。建立四川县城农民代表机制，设立农民代表大会，加强农民与政府、企事业单位之间的沟通和合作，促进农民利益的维护和决策的民主化。建立健全的四川县城社会支持机制，加强对农民的社会帮扶和服务。设立四川县城农民工服务中心、农民工维权机构等，提供法律咨询、劳动保障、心理辅导等服务，解决农民在城市中遇到的问题和困难。

（三）提升农民的市民化水平

通过加强教育培训、促进社会融入和增强文化认同等方式提升四川县城农民的市民化水平，深化新型城镇化改革。提供农民技能培训、职业培训、创业培训等教育培训机会，提升其技能水平和就业能力。同时，加强农村教育资源的配置，改善农村学校的教育条件，为农民子女提供良好的教育机会。加强社会融入机制建设，推动农民参与社会组织、社区活动等，增强农业转移人口的社会归属感和参与意识。通过社会融入，农民可以更好地融入城市社会，拓宽人脉关系，提升市民化水平。加强农民的文化教育和传统文化保护，增强他们对城市文化的认同感。通过举办文化活动、开展文化交流等方式，促进农民与城市居民之间的文化交流和融合，提升农民的文化素养和市民化水平。建立健全的社会支持机制，加强对农民的社会帮扶和服务，如设立农民工服务中心、农民工维权机构等，提供法律咨询、劳动保障等服务，解决农民在四川县城中遇到的问题和困难。

第四节 以县城为重要载体维护四川进城农民权益的发展路径

一、四川县城进城农民当前权益状况

四川省作为中国重要的农业大省，近年来城市化进程加快，大量农民涌入城市寻求就业和生活机会。然而，进城农民在城市生活中面临着诸多的权益问题，权益保障形势依然严峻。

首先，就业是进城农民面临的主要问题之一。尽管进城农民增加了城市的劳动力供应，但他们往往只能在城市中从事劳动密集型、低技能的工作，薪资较低且不稳定。农民工往往面临长时间工作、无偿加班和拖欠工资等问题，劳动权益难以得到保障。其次，居住问题也是进城农民面临的困境。农民工多数只能租住在城市的廉价房屋或简陋的工棚，居住条件差，生活环境不佳，农民工的居住区域与城市主干区存在明显的差距，城市更新和拆迁导致部分农民工被迫离开原住地。最后，进城农民在社会保障方面也存在问题。由于户籍限制，他们难以享受与县城居民同等的医疗保险、养老保险、失业保险等社会保障待遇，农民工在县城中生病就医困难，医疗费用负担较重，而养老和失业保障的覆盖率相对较低。

以上问题的存在有多方面的原因，户籍制度的限制导致进城农民难以获得县城居民的待遇，限制了其发展和权益保障。同时，进城农民在城市中的参与度和议价能力相对较低，缺乏有效的组织和代表机制，导致在与县城雇主、政府等利益相关方的博弈中处于弱势地位。此外，四川县城城市规划和城市管理的不完善也对进城农民的居住条件和社会保障产生了负面影响。

为解决进城农民的权益问题，需要采取一系列的政策和措施。建立健全四川县城劳动法律体系，明确进城农民工的权益和义务，严厉打击欠薪、无偿加班等违法行为。加强劳动监察和执法力度，保障农民工的劳动权益。同时，完善四川县城住房保障制度，增加公共租赁住房供应，改善农民工的居住条件。改革四川县城农民工的社会保障体系，扩大覆盖范围，提高保障水平。建立四川县城农民工医疗保险和养老保险制度，确保农民工在城市中享受与城市居民同等的社会保障待遇。加强对四川县城农民工医疗服务的监管和管理，提高医疗服务质量，降低医疗费用负担。加强对四川县城农民的法律援助和咨询服务，建立农民工法律援助机构，为农民工提供法律援助和咨询服务，帮助他们解决劳动纠纷、工资拖欠等问题。加强对四川县城农民工权益的维权培训，提高他们的维权意识和能力。加强对进城农民的教育培训。提供职业技能培训，提高农民工的就业能力和竞争力，促进他们在城市中的职业发展。此外，加强对四川县城农民子女的教育支持，提供优质的县城教育资源，缩小城乡教育差距，增强四川县城农民子女的就业能力和社会竞争力。

二、四川县城进城农民权益保障制度的重要性

四川省作为中国重要的农业大省，近年来城市化进程加快，大量农民涌入城

市寻求就业和生活机会。然而，进城农民在四川县城生活中面临着诸多的权益问题，他们的权益保障形势依然严峻。因此，建立健全的进城农民权益保障制度在四川省具有重要意义。

建立健全的进城农民权益保障制度对于维护四川县城社会稳定至关重要。进城农民是城市劳动力的重要组成部分，他们的就业、居住和社会保障等权益问题关系到他们的生计和生活质量。如果这些权益无法得到有效保障，将导致四川县城进城农民的不满情绪和社会不稳定因素的增加。因此，建立健全的四川县城权益保障制度可以增强进城农民的获得感和归属感，减少社会矛盾和不稳定因素，有利于社会的和谐与稳定。

建立健全的进城农民权益保障制度有助于促进四川县城社会公平。当前，由于户籍制度和城乡差别待遇的限制，进城农民在就业、居住和社会保障等方面往往面临着不公平的待遇。建立健全的四川县城权益保障制度可以弥补城乡之间的差距，实现农民与城市居民在权益保障上的平等。这不仅有助于促进社会公平，还可以减少城乡二元结构的隔阂和冲突，建立和谐的社会关系。

建立健全的进城农民权益保障制度有助于实现四川县城可持续发展。进城农民作为城市劳动力的重要组成部分，其参与城市经济和社会发展具有重要意义。如果他们的权益无法得到保障，将限制他们的发展和创造力的释放，从而影响县城的经济和社会发展。建立健全的四川县城权益保障制度，可以激发进城农民的创业潜能和创新动力，增加他们在县城中的就业和创业机会。进城农民在农村的生产经验和技能可以为县城的发展提供宝贵的资源，推动农业现代化、城市工业化和服务业发展。进城农民的市民化进程也会增加他们对县城发展的参与度和认同感，形成良好的县城社会氛围，推动县城的可持续发展。

建立健全的进城农民权益保障制度也有助于优化四川县城资源配置。进城农民作为县城劳动力的重要来源，他们的合理就业和生活保障，可以避免资源的浪费和闲置。进城农民的合理安置和权益保障，有助于减少县城社会保障负担，提高社会资源的有效利用率。通过建立健全的权益保障制度，可以实现资源的合理配置和社会资源的优化利用，为县城的可持续发展提供支撑。

建立健全的进城农民权益保障制度也是四川县城社会公众普遍关注的问题。进城农民作为城市化进程中的重要群体，其权益保障问题直接关系到社会的公平和正义。通过建立健全的权益保障制度，可以回应社会公众的关切，满足广大农民工的合理期待，增强社会凝聚力和民族团结力。这有助于构建和谐社会，提高县城政府的公信力和社会稳定性。通过这一制度的建立，可以促进四川县城社会公平、优化资源配置、推动可持续发展，并回应社会公众的关切，实现社会的和谐与稳定。因此，四川省应高度重视县城进城农民权益保障制度的建设，加强相关政策的制定和实施，确保县城进城农民的权益得到有效保障。

三、完善四川县城进城农民权益保障制度的策略和路径

建立和完善进城农民权益保障制度是确保其合法权益得到保护的重要举措。为此，四川省可以从提高进城农民的法律意识、加强法律服务和援助、建立权益投诉和纠纷解决机制三个方面入手，以确保权益保障制度的有效实施和运行。以下将对这三个方面进行详细阐述。

（一）提高进城农民的法律意识

提高进城农民的法律意识是建立和完善四川县城权益保障制度的关键一步。通过加强法律教育和宣传，让进城农民了解自身的权益和法律保护机制，增强他们维护权益的意识和能力。首先，开展法律培训和宣讲活动，邀请法律专家、律师等开展专题讲座，向进城农民普及相关法律知识，解答其关心的法律问题。同时，制作法律手册、宣传资料等，通过小册子、宣传板等形式向农民传达法律知识，提高他们的法律意识。其次，利用广播、电视、互联网等多种渠道进行法律宣传，在电视台、广播台播放法律宣传片，通过互联网平台发布法律宣传文章、短视频等，提高进城农民对法律的认知和理解。最后，设立法律咨询热线，为农民提供便捷的法律咨询渠道，解答他们在工作、居住、社会保障等方面的法律问题；建立法律援助中心，提供法律援助服务，为无力承担诉讼费用的农民提供免费法律援助，帮助其解决涉法纠纷问题。

（二）加强法律服务和援助

加强法律服务和援助是为四川县城进城农民提供实际帮助的重要途径。建立农民法律服务中心、设立法律咨询热线和法律援助机构等，可以为进城农民提供法律咨询、法律援助和法律代理等服务，帮助其维护自身权益。建立农民法律服务中心，为进城农民提供集中的法律服务。这些中心可以设立在城市主要农民聚集区域，配备专业的法律工作人员，提供法律咨询、法律培训和法律援助等服务。农民可以通过咨询中心获取相关法律信息和解决法律问题，提高自身权益保护的能力。设立法律咨询热线，为进城农民提供便捷的法律咨询渠道。农民可以通过拨打法律咨询热线，咨询相关法律问题，获取法律意见和建议。这样的热线服务可以及时解答农民的法律疑问，增强进城农民的法律意识和权益保护意识。建立法律援助机构，为进城农民提供法律援助服务。这些机

构可以为无力承担诉讼费用的农民提供免费法律援助，包括法律咨询、代理诉讼、调解等。通过法律援助机构的支持，县城进城农民可以更好地维护自身权益，解决涉法纠纷。

（三）建立权益投诉和纠纷解决机制

建立权益投诉和纠纷解决机制是确保四川县城进城农民权益得到保护的重要保障措施。这样的机制可以为进城农民提供及时有效的投诉渠道和纠纷解决途径，保障其合法权益。建立健全的权益投诉机制，确保进城农民能够便捷地表达自身诉求和投诉。可以设立进城农民权益投诉热线，为农民提供投诉渠道；设立投诉受理机构，及时处理相关投诉，并提供回应和解决方案。同时，建立投诉案件跟踪和处理机制，确保投诉问题得到妥善解决，建立健全的纠纷解决机制，为农民提供有效的纠纷解决途径，设立由相关部门、行业协会、工会等组成的农民工纠纷调解委员会，负责调解农民工的劳动纠纷。此外，建立劳动仲裁机构或由法院专门处理农民工的劳动纠纷案件，确保他们的合法权益得到维护。

同时，还可以推动建立县城农民工工资支付保障制度，确保农民工的工资按时足额支付，可以通过建立工资保障基金、实行工资集体协商机制等方式来实现。还应加强对用人单位的监管和执法力度，严惩拖欠农民工工资的行为，保障农民工的合法权益。另外，应加强相关法律法规的制定和修订，提供和提高对进城农民权益保障的法律依据和保障力度，通过完善法律体系，明确农民工的权益和义务，加强对用人单位的法律监管，加大违法行为的打击力度，为四川县城进城农民的权益保障提供更加坚实的法律保障。

第五节　以县城为重要载体提高四川进城农民技能的发展路径

一、四川县城进城农民的技能现状

四川省由于地域广阔，资源丰富，经济发展水平存在差异，四川的农民群体在进城务工过程中的技能现状表现出明显的地域性和行业性特征。四川县城进城农民技能水平整体较低，四川的农民工大多来自农村地区，近年来受教育水平虽呈现持续提高趋势，但总体来说受教育水平普遍不高。许多农民工只有初中甚至小学的学历，这限制了其职业技能水平。进城农民多数从事的是低技能、低收入的工作，如建筑工人、清洁工、保安等。尽管政府和一些非政府组织已经开展了一些职业技能培训项目，但这些项目的覆盖面仍然有限。许多农民工没有得到足够的机会接受系统的技能培训，使其在就业市场上的竞争力相对较弱。目前，农民工获得职业技能证书的比例仍然较低，这在一定程度上限制了其工资上限和职业发展空间。同时，各地区和行业的技能认证标准不统一，使得农民工的技能证书在不同地区和行业的通用性存在问题。在技术快速发展的今天，技能更新的速度也在加快。对于农民工来说，他们往往缺乏学习新技能的资源和时间。此外，由于受教育水平普遍较低，他们在学习新技能时面临更大的困难。

未来，四川省县城政府应该重视农民工的技能培训和认证问题，提供更多的职业技能培训和学习机会，以提高农民工的技能水平，提高他们的就业质量和生活水平。同时，也应该改进技能认证系统，使其更加公平、透明和统一，以促进农民工的职业发展。

二、提高四川县城进城农民技能的重要性

提高县城进城农民技能，能够有效提升其收入。技能水平是决定农民工收入的重要因素。一般来说，技能水平越高，收入越高，通过提高技能，农民工可以从事更高收入的工作，从而提高其生活水平。这对于减小农村和城市之间的收入差距，缩小社会贫富差距，促进社会公正和谐有着重要的意义。随着社会的发展，很多原本由农民工从事的简单劳动力工作正在被机器人和自动化设备取代，只有提高技能，农民工才能在日益激烈的就业市场中保持竞争力，避免失业。农民工的技能提升可以促进四川县城就业结构的调整，他们可从事更多的技术工作和服务工作，这对于推动四川县城的产业升级，适应新经济形态的发展有着重要的作用。提高进城农民工技能还能够有效提升四川县城社会稳定性。技能的提升可以提高农民工的就业稳定性，他们可从事更稳定的工作，减少失业或收入波动引发的社会问题，从而提高社会的稳定性。常住人口城镇化率每提高 1 个百分点，能够带动城镇新增就业 73 万人。因此，对四川县城进城农民进行技能提升尤为重要。政府和社会应该从政策、资金、设施等方面提供支持，鼓励和帮助农民工提高技能，实现他们的自我价值，同时也为县城社会的和谐稳定和持续发展做出贡献。

三、提高四川县城进城农民技能的策略和路径

（一）设立技能培训项目

技能培训是提高四川县城农民工技能的最直接和有效的方式。政府可以与各

类教育机构合作，设立面向农民工的技能培训项目，这些项目应该针对农民工的特点和需求，具有低成本、短周期、操作性强等特点。同时，培训项目应该覆盖各类技能，包括基本的计算机操作技能、语言交流技能，以及各类专业技能。注重培养农民工的终身学习能力，使他们能够在未来自我更新和提升技能。

（二）建立职业资格认证制度

职业资格认证是衡量和证明四川县城农民工技能水平的重要方式。县城政府应该建立公正、透明、统一的职业资格认证制度。制度应该包括明确的技能标准、公正的考核方式、有效的证书发放等环节，确保认证的权威性和公信力，使得农民工的技能得到社会的广泛认可，提高他们的就业竞争力。

（三）加强与就业市场的对接

技能培训和认证的目的是提高四川县城农民工的就业质量，因此需要与就业市场紧密对接。县城政府和教育机构应该关注市场的需求，及时了解和预判就业市场的变化，调整技能培训和认证的内容和标准。建立有效的信息发布和反馈机制，使农民工可以了解到市场的信息，找到适合自己的工作。

总的来说，提高四川县城进城农民的技能需要政府、教育机构、企业和农民工自身的共同努力。只有通过系统性的技能培训、公正的职业资格认证和紧密的市场对接，才能真正提高农民工的技能水平，提高县城的就业质量和生活水平。

第六节　以县城为重要载体建立四川农业转移人口市民化激励机制

一、四川县城市民化激励机制的必要性

随着城市化进程的加快，四川县城不断涌现出大量的农业转移人口，然而由于一系列的经济、社会和文化因素，这些县城农业转移人口面临着就业困难、社会融入难、教育医疗资源不足等一系列的问题和挑战。为了促进农业转移人口的市民化进程，建立激励机制具有必要性。

首先，农业转移人口的市民化可以促进四川县城经济的发展。农业转移人口的到来可以为城市提供更多的劳动力资源，为各个行业注入新的活力。农业转移人口的消费需求也可以刺激市场的发展，推动城市经济的繁荣。建立激励机制，

可以更好地调动农业转移人口的积极性，促进他们更好地参与四川县城经济建设。其次，农业转移人口市民化的过程可以缩小城乡差距。在农村地区，农业转移人口往往面临着教育、医疗、社会保障等方面资源的不足，而县城具有更丰富的资源和服务，通过市民化，农业转移人口可以更好地享受到县城的公共服务和福利待遇，缩小城乡之间的差距，实现社会的公平与公正。然后，农业转移人口市民化可以促进四川县城社会的稳定。县城是一个复杂的社会群体，不同的人群之间存在着差异和冲突，通过市民化的过程，农业转移人口可以更好地与城市居民融合，增强归属感和认同感，减少社会矛盾和冲突的发生。再次，农业转移人口市民化的过程可以提高四川县城人口社会文化素质。农村地区的教育、文化资源相对有限，农业转移人口常常面临教育水平较低的问题，通过市民化，他们可以更好地接触到城市的教育资源，有机会接受更高质量的教育培训，提高知识水平和文化素养。这有助于提升其就业竞争力和社会交往能力，为自身的发展创造更多机会。最后，农业转移人口市民化的过程可以增强其社会参与和政治权益，享有平等的社会权益和民主参与的机会。可以通过参与社区事务、参与社会组织、参与公民讨论等方式，发表自己的意见和建议，参与社会决策过程，这有助于提高他们的社会地位和影响力，为自身权益的维护和提升发声。

二、四川县城市民化激励机制的现状

四川县城政府在促进农业转移人口市民化方面采取了一系列政策措施，出台了农村转移人口市民化优惠政策，包括加快农村户籍改革、降低落户门槛、提供就业优先政策、推进农村土地流转等。这些政策鼓励和支持农业转移人口在城市落户和就业，提高了他们的市民权益。

为了提升农业转移人口的技能和文化素质，县城政府和相关机构积极开展教育培训工作。在教育方面，设立农民工子女义务教育补助金，帮助其解决子女入学问题。2020年，四川省财政厅下达中央和省级城乡义务教育补助148亿元，主要用于巩固完善城乡义务教育经费保障机制，提升保障水平。同时，积极督促各地全面落实城乡义务教育保障机制各项政策措施，确保资金及时发挥效益。另外，提供职业培训和技能提升机会，包括开办技工学校、举办职业培训班等，帮助农业转移人口提高就业技能，增加就业竞争力。2023年，广安市邻水县、广元市青川县、自贡市富顺县、眉山市仁寿县等县级政府组织，积极开展农民工技能培训活动。以市场需求为导向，建立培训与县城产业发展、就业需求紧密衔接的机制，适应全县产业发展需要和企业岗位需求，科学设置培训项目，有针对性地开展各类技能培训和再就业培训。

为了解决农业转移人口在城市生活中面临的社会保障问题，县城政府逐步完善社会保障体系。农业转移人口可以参加城市的医疗保险、养老保险等社会保障制度，享受与城市居民相同的福利待遇。此外，一些地方还开展了特殊群体住房保障项目，为农业转移人口提供住房补贴或优惠政策。2022年9月，宜宾市兴文县住房城乡建设和城镇管理局等11部门联合发布《关于促进房地产市场平稳健康发展的通知》，为兴文县城区规划区内购房的县外迁入户籍人员、农村转移户籍人员、经开区创业就业产业工人等符合条件的转移人口提供最高5万元的补贴。

然而，当前四川省农业转移人口市民化激励机制还存在一些问题和挑战。尽管县城政府出台了一系列的优惠政策和措施，但在实际落实过程中存在不少问题。一些政策执行不力，缺乏有效监督和评估机制，导致农业转移人口无法充分享受到政策的实际效果。尽管政府在教育和培训方面做出了努力，但仍存在教育和培训资源不足的问题。一些农业转移人口由于经济条件限制或教育机会不足，无法获得良好的教育和培训机会，限制了其职业发展和市民化进程。尽管有社会保障政策的推行，但一些农业转移人口仍然面临医疗保障覆盖范围有限、报销比例低等社会保障不完善的问题。另外，部分农业转移人口在城市社会中面临融入困难的情况。由于文化、习俗等方面的差异，农业转移人口与城市居民之间存在一定的隔阂和理解不足，缺乏社会交往机会和参与渠道，限制了其与县城居民的互动和融合。

三、健全四川县城市民化激励机制的策略和路径

随着农业转移人口数量的增加，建立和完善市民化激励机制对于促进四川省农业转移人口的市民化进程至关重要，应通过四川县城财政转移支付激励、社会保障激励、市民参与激励、教育培训激励、社会融入激励等方式健全四川县城市民化激励机制的策略和路径。

（一）财政转移支付激励

县城政府应加大对农业转移人口市民化的财政转移支付力度，确保其能够充分享受到市民待遇，这包括提供财政支持，为农业转移人口提供住房补贴、就业创业支持和教育培训经费等。建立财政补偿机制，解决农业转移人口在城市中就业和生活成本增加的问题，通过给予适当的财政补偿，减轻其经济压力，提高四川县城市民化的积极性和稳定性。

（二）社会保障激励

县城政府应逐步扩大社会医疗保险、养老保险、失业保险等保障覆盖范围，

确保农业转移人口能够享受与城市居民相同的社会保障待遇，提高其生活质量和安全感。同时，要逐步提高四川县城社会保障待遇水平，确保农业转移人口能够充分受益，这包括提高医疗保险的报销比例和范围，提高养老保险的退休金水平，为四川县城农业转移人口提供基本的社会保障。

（三）市民参与激励

鼓励农业转移人口积极参与社区建设和社区事务，提高他们对四川县城社区的归属感和参与度。政府可设立农民工事务办公室，为其提供相关服务和支持，组织社区活动，增强社区凝聚力。制定政策，向农业转移人口倾斜，确保其能够优先享受良好的教育、医疗、就业等公共服务。县城政府可以增加公共服务设施在农村地区的投资，提供更多优质的教育资源和医疗设施，以及创造就业机会，鼓励农业转移人口融入县城和获得发展。

（四）教育培训激励

县城政府和教育机构应提供职业技能培训、继续教育和学历教育等多样化的教育培训机会。这些培训应针对农业转移人口的需求和特点，注重实用性和就业导向，帮助其提高技能水平和就业竞争力。为农业转移人口提供教育培训的费用减免和奖励机制，鼓励他们参与学习和提升自身能力。设立教育培训补贴制度，提供经济支持和激励，减轻培训费用压力。

（五）社会融入激励

建立农业转移人口的社区活动、文化交流、体育比赛等社会交流平台，促进交流和互动，提供农业转移人口和县城居民相互认识，以及农业转移人口了解县城文化和融入县城的机会。县城政府应建立市民参与机制，鼓励农业转移人口参与社区事务和公共决策过程。可以设立农民工代表委员会或设立专门的农民工参与机构，建立沟通渠道，促进其参与社会事务的决策和管理。此外，还需要加强政策的宣传和培训，确保农业转移人口了解相关政策和激励机制，提高其知情度和参与度。建立监测和评估机制，定期对市民化激励机制的实施效果进行评估和调整，以保证政策的有效性和可持续性。值得注意的是，市民化激励机制的建立不仅需要政府的推动和支持，也需要社会各界积极参与和合作。县城政府、社会组织、企业和农业转移人口本身应该共同努力，形成多方合力，推动市民化激励机制的顺利实施，促进农业转移人口在四川县城中的融入和发展。

第九章　以县城为重要载体完善四川新型城镇化政策保障的发展路径

第一节　以县城为重要载体完善四川农业转移人口市民化配套政策

一、当前四川县城农业转移人口市民化配套政策概述

当前，四川省正在积极推动农业转移人口市民化的进程，并出台了一系列配套政策，实施县城市政基础设施建设、公共服务供给优化和人居环境质量提升行动等，以促进农业转移人口在县城中的融入和发展。

（一）户籍改革和落户政策

通过放宽农业转移人口的落户条件，简化落户手续，鼓励农业转移人口在县城中合法稳定地定居。此外，根据各地区具体情况，制定了农业转移人口落户政策。政策涵盖落户条件、落户程序和落户待遇等方面，为农业转移人口提供了明确的政策指导和便利。2022年4月，四川省新型城镇化工作暨城乡融合发展工作领导小组办公室印发《四川省新型城镇化和城乡融合发展2022年重点任务》，提出要持续深化户籍制度改革。加快推动成都都市圈社保缴纳年限和居住年限累计互认、居住证互通互认。推动成都完善积分落户政策，精简积分项目，确保社保缴纳年限和居住年限分数在积分落户政策中占主要比例。鼓励其他大中小城市出台优惠政策，引导城乡居民落户城镇。开展户籍地址清理，完成户籍人口行政管辖调整。有序推进电子居住证。

2023年8月3日，四川省委办公厅、省政府办公厅印发《关于推进以县城为重要载体的城镇化建设的实施意见》，提出具体方案，包括全面落实取消县城落户限制政策，确保稳定就业生活的外来人口与本地农业转移人口落户一视同仁。建立基本公共服务同常住人口挂钩、由常住地供给的机制，确保新落户人口与县城居民享有同等公共服务，保障农民工等非户籍常住人口均等享有教育、医疗、住房保障等基本公共服务，以及落实农业转移人口市民化奖励政策，奖励资金分配向吸纳农业转移人口规模大、新增落户多、基本公共服务成本高的地区倾斜。建立健全市县城镇建设用地增加规模与吸纳农业转移人口落户数量挂钩机制，专项安排与进城落户人口数量相适应的新增建设用地计划指标。

（二）就业和创业支持

2022年《四川省"十四五"新型城镇化实施方案》中提出，提高农业转移人口劳动技能素质。持续开展用工矛盾突出的行业和网络直播等新业态新生代农民工职业技能培训教育。深化产教融合，开展企业岗前培训、岗位技能提升培训、企业新型学徒制培训。推动公共实训基地共建共享，支持职业技能培训线上平台建设。完善政府职业技能培训补贴机制，保障培训补贴直达企业和培训者。探索通过社保卡为符合条件的农民工发放电子培训券。扩大职业院校面向农业转移人口的招生规模，探索通过技能水平测试等对农民工进行学历教育学分认定。

通过资金扶持、技术支持和创业培训等方式，鼓励农业转移人口创业就业。设立创业创新基金，提供贷款担保、创业培训和创业咨询等服务，帮助农业转移人口实现创业梦想。持续开展农民工劳务品牌培训和返乡创业培训，完善职业技能培训政策，畅通培训补贴直达企业和培训者渠道。目前，四川省正推进支持符合条件的县城建设产业转型升级示范园区、高新技术产业化基地、农业高新技术产业园区、服务业高质量发展示范区和农民工返乡创业园，打造国家农村产业融合发展示范园。

（三）社会保障和福利待遇

社会保障和福利待遇方面的配套政策主要体现在医疗保障、养老保险和失业保险等方面。农业转移人口可以参加城镇职工基本医疗保险和大病保险，享受基本医疗保障和大病医疗补助。政府也推行了远程医疗服务，方便农业转移人口获得医疗资源。农业转移人口可以参加城镇职工养老保险，享受养老金待遇，政府鼓励农业转移人口自愿缴纳个人养老金，提高养老金的个人账户累计额。农业转移人口可以参加城镇职工失业保险，享受失业补助和再就业服务。政府积极提供职业介绍、职业培训和创业指导等支持，促进农业转移人口实现就业稳定。

四川省《关于推进以县城为重要载体的城镇化建设的实施意见》中提出，保障农民工等非户籍常住人口均等享有教育、医疗、住房保障等基本公共服务。合理引导农业转移人口参加养老保险，逐步实现应保尽保。因城施策扩大保障性租赁住房供给，完善公租房实物保障和货币补贴政策，因地制宜发展共有产权住房。

依法保障进城落户农民的农村土地承包权、宅基地使用权、集体收益分配权，支持其依法自愿有偿转让上述权益。

（四）教育支持

在教育支持方面，四川省积极优化教育体育文化服务。具体措施包括持续开展教育补短板行动，新建、改扩建一批义务教育学校，扩大普惠性幼儿园覆盖率。同时，力争全面消除中小学"大班额"现象。政府提供农民工子女义务教育补助金，为农业转移人口子女提供经济支持，缓解其在县城接受教育的经济压力。落实农业转移人口随迁子女入学和参加升学考试政策，保障其平等接受义务教育的权利。政府鼓励农业转移人口通过成人高等教育、远程教育等方式继续学习，提高其受教育水平。此外，设立农民工职业培训基地，提供技能培训和职业发展指导，帮助农业转移人口提升就业竞争力和职业技能。

（五）住房保障

自 2012 年以来，四川省累计改造城镇老旧小区 1.65 万个，惠及居民 176 万户，城市建成区黑臭水体基本消除，绿化覆盖率达 43.95%。此外，通过为农业转移人口提供住房补贴，减轻其在城市租房或购房的经济压力。同时，政府加大保障性住房的建设力度，优先向农业转移人口提供保障性住房，确保进城农民享有安全、稳定的居住环境。2021 年，四川省在成都、泸州、绵阳、南充、宜宾、达州 6 个重点城市开展保障性住房示范工作，全年筹集保障性租赁住房 6.34 万套（间）。同时，在保障性租赁住房的布局上，充分考虑职住平衡和交通便利等因素。例如，在成都市 2021 年筹集的 6 万套（间）保障性租赁住房中，成都天府新区科学城天府科创园及配套项目 2 号地块工程项目保障性租赁住房（桐堂·科学城店项目），紧邻华西天府医院、地铁 1 号线科学城站，共建设 2189 套；成都崔家店公共交通导向型开发（transit-oriented development，TOD）保障性租赁住房项目，紧邻槐树店公园，邻近地铁 4 号线和 7 号线槐树店换乘站，共建设 554 套。

（六）公共服务和社会融入

公共服务方面，致力于重点推进县城基础设施和公共服务向乡村延伸和覆盖。推动重要市政公用设施布局向城郊及中心镇延伸，支持有条件的中心镇发展成为县域副中心，实施村级综合服务设施提升工程。建立健全城乡基础设施一体化投建运管机制，推进乡村路网与交通网主骨架高效衔接，实施农村公路加密补网工程和乡村运输"金通工程"。开展乡村水务百县建设行动，实施农村供水保障工程，建设安全可靠的乡村储气罐站和微管网供气系统，支持有条件的县（市）推进城乡供水供气一体化。同时，致力于推进城乡基本公共服务标准统一、制度并轨，促进县城内义务教育一体化改革发展，统筹教师编制配置和跨区调整，改善城乡寄宿制学校办学条件。鼓励县级医院与乡镇卫生院建立紧密型县城医疗卫生共同体，优化配置县乡村三级医疗卫生资源，改善乡镇卫生院和村卫生室条件，依托中心镇规划建设县城医疗卫生次中心，打造"30分钟健康服务圈"。健全县乡村衔接的三级养老服务网络，规划建设一批区域性养老服务中心，转型升级一批乡镇敬老院，打造一批村级互助养老服务点；理顺农村养老服务管理机制，逐步实施公办养老机构县级直管。

社会融入方面，鼓励农业转移人口积极参与社区建设和社区事务，提高社会融入感和归属感。为进一步加强对农民工工作的组织领导，2020年四川省将劳务开发暨农民工工作领导小组更名为四川省农民工工作领导小组，贯彻落实党中央国务院和四川省委省政府关于农民工工作的决策部署，统筹协调全省农民工工作，推动农民工工作战略性工程、发展农民工经济的具体政策措施，提供相关服务和支持，组织社区活动，增强社区凝聚力。鼓励农业转移人口参与社会交流和文化活动，促进其与县城居民、城市居民之间的交流和互动。组织文化演出、体育比赛、艺术展览等活动，营造融洽的社会氛围。

（七）政策宣传和培训

通过宣传栏、电视广播、网络平台等各种渠道，向县城农业转移人口传达市民化政策的相关信息，使其了解政策内容和权益。建立常态化的试点经验总结和推广机制，及时提炼宣传试点过程中的优秀经验做法，强化示范效应，凝聚社会共识，为推进县城新型城镇化建设营造出良好的社会环境和舆论氛围。同时，建立培训和指导机制，为农业转移人口提供相关政策培训和指导服务，通过组织培训班、讲座和咨询活动，帮助其了解市民化政策，提高其知识水平和权益保护意识。

（八）监测和评估机制

建立市民化政策的监测和评估机制，定期对政策实施效果进行评估。四川省统计局联合省发展和改革委员会，探索建立新型城镇化发展评价指标体系并持续改进更新，从人口规模、产业支撑、基础设施、公共服务、资源环境和协调发展等方面进行展开评价。充分发挥四川省新型城镇化工作暨城乡融合发展工作领导小组办公室的统筹协调作用，健全工作机制，强化督促指导，通过收集数据和开展调查研究，了解县城市民化政策的实际影响，及时调整和改进政策措施，确保政策的有效性和可持续性。

二、配套政策在县城市民化过程中的作用

为贯彻落实《国家新型城镇化规划（2021—2035年）》《"十四五"新型城镇化实施方案》《四川省新型城镇化中长期规划》，深入实施以人为核心的新型城镇化战略，四川省制定了一系列农业转移人口市民化配套政策，这些配套政策在四川省县城农业转移人口市民化过程中发挥着重要作用。

（一）户籍改革和落户政策

户籍改革和落户政策是推动县城农业转移人口市民化的重要措施。通过放宽农业转移人口的落户条件和简化落户手续，鼓励农业转移人口在县城合法稳定地定居，为县城农业转移人口提供更多的机会，使其享受县城城镇居民的权益和公共服务，提高其市民地位和社会融入程度。

（二）就业和创业支持

就业和创业支持政策是帮助农业转移人口在县城中找到稳定就业和实现创业梦想的重要手段。通过就业培训和岗位推荐等措施，政府帮助农业转移人口提升就业竞争力，适应县城就业市场的需求。同时，创业扶持政策提供资金扶持、技术支持和创业培训等资源，鼓励农业转移人口自主创业，实现经济社会融入。

（三）社会保障和福利待遇

社会保障和福利待遇政策是保障农业转移人口基本生活和权益的重要保障。医疗保障政策确保农业转移人口可以参加城镇职工基本医疗保险和大病保险，享受基本医疗保障和大病医疗补助；养老保险政策则为农业转移人口提供养老金待遇，确保其在退休后享有基本的养老经济来源；失业保险政策为农业转移人口提供失业补助和再就业服务，帮助农业转移人口度过失业期间，顺利实现再就业。

（四）教育支持

通过强化随迁子女基本公共教育保障、优化教育文化服务等措施，为农业转

移人口的子女提供平等的教育机会和教育资源。教育补贴政策为农民工子女提供经济支持,缓解其在县城接受教育的经济压力,确保其平等接受教育的权利。

三、县城配套政策存在的问题及挑战

四川省农业转移人口市民化配套政策在促进县城农业转移人口市民化进程中发挥了重要作用,但同时也面临着一些问题和挑战。要坚持和加强党的全面领导,发挥各级党组织作用,形成省市县三级联动工作体系,强化各县主体责任,切实推动目标任务落地见效。

(一) 政策执行不到位

部分政策在实施过程中存在执行不力的问题,这可能是由政策指导不明确、执行措施不完善、监管不到位等导致的。各级政府需要加强对政策的监督和评估,建立健全的政策执行机制,确保农业转移人口市民化配套政策能够真正落地生效。同时,加强与各级政府部门的协调配合,加强政策执行的沟通和协同,确保政策的一致性和有效性。

(二) 资金和资源不足

部分农业转移人口市民化配套政策的实施需要大量的资金和资源支持,但目前存在着资金短缺和资源不足的问题。县城政府可以通过增加财政投入、引导社会资本参与等方式解决资金问题。此外,优化资源配置、提高资源利用效率也是一项重要任务。县城政府可以加强与企业、社会组织的合作,充分利用社会资源,提供更多支持和帮助。鼓励社会资金投向县城的建设,规范推广政府和社会资本合作、资产支持证券等模式,引导中央在川企业、省属国有企业等参与县城建设。

(三) 社会融入和公共服务不平衡

农业转移人口在县城中面临着社会融入和公共服务不平衡的问题。由于文化、教育、习惯等方面的差异,农业转移人口与城镇居民之间存在一定的隔阂和认同困难。政府应加强社区建设,提供更多的社区活动和交流机会,促进农业转移人口与县城居民间的互动和交流。加大对公共服务设施的建设力度,确保农业转移人口能够享受到与城镇居民相同的公共服务,包括教育、医疗、住房等方面。

（四）信息宣传和培训不足

农业转移人口对市民化政策的了解程度不高，信息宣传和培训工作还存在不足。政府可以加大宣传力度，通过多种渠道向农业转移人口传递政策信息，提高其知情度和参与度。同时，建立培训和指导机制，为农业转移人口提供相关政策培训和指导服务，通过组织培训班、讲座和咨询活动，帮助农业转移人口了解县城市民化政策，提高其知识水平和权益保护意识。

（五）社会融入和文化认同不高

农业转移人口在城市中面临着文化、教育、习俗等方面的差异，其与县城居民之间存在一定的隔阂和认同困难。县城政府可以通过加强文化交流和教育引导，促进农业转移人口与县城居民之间的相互了解和认同；建立多元化的文化交流平台，组织文化活动和庆典，增进互动和融合。此外，加强对农业转移人口的教育培训，提高他们的文化素质和职业技能，增强他们在县城社会中的竞争力。

（六）公共服务和基础设施建设不足

从县城治理的角度看，四川部分县城老城区存在市政设施老化、配套功能不完善等问题。从资源要素看，四川省人口跨省跨市流动频繁，县城公共服务供给能力与日益增长的外来人口需求尚不匹配，城镇化从城乡关系向"城乡+区域"的关系加速演变。县政府应加大公共服务和基础设施的投入，提高服务质量和覆盖范围。加强教育资源的配置，提供优质的教育机会和学校设施，确保农业转移人口子女能够接受良好的教育。增加医疗服务的供给，提高医疗保障的覆盖范围和质量。同时，加强交通和基础设施建设，提高县城农业转移人口的生活便利性和县城融入感。

（七）政策协调和整合不足

目前，涉及农业转移人口市民化的政策涉及多个部门和层级，存在政策协调不足的问题；不同政策之间缺乏整合和配合，导致政策的实施效果不明显。省市县多级政府应加强政策协调机制，建立跨部门的协作机制，形成整体合力；加强政策衔接和信息共享，确保政策的一致性和协同效应。

（八）监测和评估机制不完善

目前，对于农业转移人口市民化政策的监测和评估机制不完善，缺乏科学的评估指标和数据收集，难以全面了解政策的实施效果和问题。政府应建立健全的监测和评估机制，制定科学的评估指标，定期对政策实施效果进行评估和调整。同时，加强数据收集和分析能力，提高政策决策的科学性和准确性。

四川省农业转移人口市民化配套政策在促进农业转移人口市民化方面取得了一定的成绩，但仍面临一些问题和挑战。为解决这些问题，政府应加强政策执行、增加资金投入、提高社会融入和公共服务水平、加强信息宣传和培训、协调整合政策、建立监测和评估机制等方面的工作。通过不断改进和完善政策，推动农业转移人口市民化的进程，实现城乡融合发展的目标。

四、完善县城配套政策的建议和路径

（一）完善户籍制度

户籍制度是影响四川县城农业转移人口市民化的重要因素之一。可通过以下三种方式，推进户籍制度的改革，促进农业转移人口市民化：第一，放宽县城落户条件。县城政府可以放宽农业转移人口在县城落户的条件，减少居住年限、放宽社保缴纳要求等，降低落户的门槛，鼓励城市居民对农业转移人口的落户提供支持和包容。第二，推动县城户籍制度改革。加快推进户籍制度改革，以居住为主要标准，逐步取消以户籍为基础的区别待遇，建立健全的居住证制度，使农业转移人口能够在县城中享受到与县城居民相同的权益和待遇。第三，强化县城信息共享与联网。建立户籍信息共享与联网机制，加强与农村户籍所在地的信息对接，确保农业转移人口的户籍变动得到及时更新和反映。

（二）提升就业和社会保障

农业转移人口就业和社会保障是四川县城农业转移人口市民化的重要保障。应加快发展大城市周边县城，推进交通设施互联互通、主导产业链式配套、公共服务便利共享，以创造更多的就业岗位；加大对农业转移人口的就业培训和职业指导力度，提高其就业技能和竞争力；鼓励创业，并提供创业扶持政策和金融支持，为其提供良好的创业环境和机会；扩大农业转移人口的社会保障覆盖范围，包括医疗保险、养老保险和失业保险等。政府可以通过财政补贴和政策扶持，降低其参保门槛，提高社会保障待遇水平，确保农业转移人口在城市中享受到基本的社会保障权益；通过建立健全工资支付保障机制，确保农业转移人口能够按时足额地获得工资收入；通过加强对用工单位的监督和执法，保护农业转移人口的劳动权益。

（三）加强教育与培训

教育和培训是提升四川县城农业转移人口市民化水平的重要手段。加大对农业转移人口子女接受优质教育的支持力度，确保其享有平等的教育机会；新建、改扩建一批义务教育学校，增加师资力量，提高教学质量，缩小城市、县城和乡村的教育水平差异；将扶持与资助下沉至各县，为农业转移人口提供多样化的职业培训机会，针对就业需求和市场需求进行培训，培训内容涵盖职业技能、职业素养、创业管理等方面，提高农业转移人口就业竞争力；设立职业指导和咨询中心，为农业转移人口提供就业指导、创业咨询等服务，帮助农业转移人口了解就业市场情况、职业发展路径，指导其进行职业规划和就业选择。

此外，还应建立健全的技能认证制度和职业资格培训体系，为农业转移人口提供获取职业资格证书的机会。倡导农业转移人口的终身学习意识，鼓励其在工作之余参加学习和培训活动，不断提升自身的知识和技能水平。政府可以提供相应的培训补贴和奖励，激励农业转移人口持续学习和自我提升。

第二节　以县城为重要载体优化四川集约高效的建设用地利用政策

一、当前四川县城建设用地利用政策概述

当前四川省建设用地政策是指在城市化进程中，为了满足经济发展和人口增长的需要，采取一系列措施，对土地利用和土地管理进行规划和调控。

（一）土地供应和规划

在土地的供应和规划方面，当前四川省建设用地政策推动土地供应方式的多样化：除了传统的出让方式外，还引入了划拨、租赁、入股等方式，以满足不同需求的用地主体；制定城市总体规划，明确城市的功能定位、发展方向和

空间布局，合理划定建设用地的范围和比例，确保县城发展与土地利用的协调性。四川省在县城总体规划的基础上，制定土地利用总体规划，明确各类用地的布局和区域功能；根据经济发展需求、生态环境保护等要求，统筹安排各类用地，合理利用土地资源。《四川省新型城镇化和城乡融合发展2022年重点任务》中提出，强化城市空间治理；划定永久基本农田、生态保护红线和城镇开发边界，稳步推进市县国土空间规划编制，合理控制老城区开发强度，增加口袋公园、街心绿地、慢行系统等公共空间；严格限制新建建筑高度，治理"贪大、媚洋、求怪"等建筑乱象。

（二）土地出让

在土地出让方面，建设用地政策调整出让方式，从原先的招拍挂方式转变为招投标、协议出让等方式，有助于提高土地的出让效率和市场竞争性，促进土地利用的优化。县城政府设定土地出让的条件，包括土地使用权期限、建设条件、开发要求等。通过设定条件，引导土地的合理开发和利用，促进土地资源的保护和可持续利用。开展工业用地标准地改革，推进"亩均论英雄"考核评价，健全工业用地供应体系，促进建设用地二级市场发展。此外，县城政府优先供应教育、医疗、交通等公共设施用地。确保县城基础设施建设和公共服务能够跟上县城发展的需要，提高居民的生活质量和县城可持续发展能力。

（三）土地管理和保护

在土地管理和保护方面，严格土地使用总量控制。通过严格的土地使用总量控制，控制建设用地的规模和增长速度。在土地利用总体规划的基础上，设定土地使用总量指标，实施用地节约集约利用。限制低效用地的开发利用，鼓励土地的集约利用和高效利用。对于农村闲置土地、低效用地，采取政策措施进行整治和转化，提高土地利用效率和质量。大力推进生态环境保护与修复，四川省建设用地政策注重生态环境保护和修复，在土地规划和土地出让过程中，加强对县城生态环境的保护，确保县城生态系统的健康和可持续发展。推动生态补偿机制的建立，鼓励县城生态环境的修复和保护。

（四）土地利用权的确权和流转

在土地使用权的确权与流转方面，加强土地使用权的确权工作，为土地使用用者提供明确的土地使用权，保障其合法权益。通过土地登记和确权工作，明确土地权属和使用范围，减少土地纠纷，促进土地流转和市场交易。积极推动土地流转市场的发展，鼓励农民通过流转土地实现规模化经营和农业产业化发展。加强土地流转市场的监管和规范，确保土地流转的公平、公正和安全。为了促进农村集体经营性建设用地的流转，四川省建设用地政策鼓励建立农村集体建设用地流转市场和交易平台，提供流转信息和流转服务，为农民提供更多的流转机会。

（五）政策协调和监管

在政策协调与监管方面，强调各相关部门的协同合作。加强建设用地规划、土地出让、土地管理等方面的部门协调，形成政策的一致性和协同效应。为强化监管，加强对建设用地政策的监管和执法力度，打击违法用地和违规开发行为，维护土地利用秩序和公平竞争的环境。加强对土地出让、土地使用、土地流转等环节的监督，严厉查处违法行为，确保政策的有效实施和执行。

（六）参与和信息公开

在参与和信息公开方面，鼓励广泛的政策参与和民众意见征集，包括土地使用者、农民、企业和社会公众等。设立参与机制，听取各方意见和建议，增加政策的公众性和民意的参与度；加强建设用地政策的信息公开和透明化，向公众提供建设用地规划、土地出让、土地流转等方面的相关信息，通过建立信息平台和公开途径，确保政策的透明度和公正性。

总体来说，当前四川县城建设用地政策在土地供应和规划、土地供应和出让、土地管理和保护、土地利用权的确权和流转等方面采取了一系列政策措施。县城政府应加强土地供应和规划的多样化，调整土地出让方式和条件，严格控制土地使用总量，加强土地利用权的确权和流转，强化政策协调和监管，促进参与和信息公开。这些政策举措旨在促进土地资源的合理利用和保护，推动县城发展的可持续性，实现经济、社会和环境的协调发展。

二、建设用地利用政策在县城发展中发挥的作用

当前四川建设用地利用政策在县城发展中发挥着重要作用。县城是城乡接合部的重要组成部分，承担着农业转移人口和农村发展的关键任务。合理利用建设用地资源，推动县城的可持续发展，是当前四川省的重要任务之一。建设用地利用政策通过合理规划和布局，支持县城的产业发展和经济增长，政府在建设用地

的规划和分配上，注重产业结构的优化和转型升级，通过引导产业布局、发展优势产业、推动产业协同发展等方式，提升县城的经济竞争力。同时，建设用地利用政策还鼓励发展新兴产业和现代服务业，促进县城的经济多元化发展。

建设用地利用政策在四川县城发展中起到优化城市空间布局的作用。县政府通过建立空间规划和土地利用总体规划，合理安排和布局建设用地。在县城扩展和更新过程中，注重空间集约利用和节约用地，优先选择城市内部的闲置土地、老旧厂区和城市更新区域进行开发，减少对农田和生态环境的占用。通过控制城市用地规模和强化土地节约集约利用，提高土地利用效率，实现县城用地可持续。

建设用地利用政策在县城的城市更新和改造中发挥着重要作用。县政府通过推动旧城区改造、棚户区改造、农村城镇建设等措施，改善城市环境和居住条件。县政府鼓励优化旧有建筑物的功能和结构，提高建筑品质和使用效益，通过土地供应、用地政策和金融支持等方式，支持城市更新项目的推进，提升县城的品质和形象，改善居民的居住环境和生活质量。

建设用地利用政策为四川县城的基础设施建设提供保障。县政府通过合理划定和配置建设用地，确保基础设施建设的需要得到满足。在规划建设用地时，注重布局城市交通、水利、电力、通信等基础设施，并将其纳入建设用地规划的重要考虑因素。通过合理的基础设施规划和建设，提高县城的基础设施水平，为经济发展和居民生活提供良好的支撑条件。

建设用地利用政策在四川县城发展中也发挥着保护生态环境的重要作用。政府通过限制用地规模、推动生态环境保护和修复等措施，加强对县城生态环境的保护和管理。在用地规划和建设中，注重生态功能的保护和修复，保留生态用地和绿地空间，加强生态环境保护的监测和治理。通过合理的用地规划和管理，保护县城的生态环境，提高四川县城居民的生活质量和健康水平。

建设用地利用政策在促进四川城乡一体化发展方面也发挥着重要作用。县政府通过合理地用地规划和建设，促进城乡之间的有效连接和协调发展。在县城发展中，注重农村城镇建设、乡村振兴等，通过合理规划农村用地，支持农村产业发展和农民转移就业。在农村地区合理划定建设用地，推动农村基础设施建设和公共服务配套，提高农村居民的生活水平和县城城市化水平。

政府需要继续加强对四川县城建设用地利用政策的研究和制定，根据县城的实际情况和发展需求，制定具体可行的政策措施。此外，还需要加强对建设用地的监管和执法，确保政策的有效执行，通过不断优化建设用地利用政策，推动县城的可持续发展，提升居民的生活质量，实现经济社会的协调发展。综合考虑县城的发展需求和资源环境，制定科学合理的政策措施，加强对建设用地的管理和监督，以实现县城可持续发展的目标。同时，还应加强与社会各界的沟通与合作，共同推动县城发展。

三、县城建设用地利用政策存在的问题及挑战

当前,四川省面临着快速城市化和经济发展的挑战,建设用地需求不断增加。为了有效管理和利用土地资源,四川省制定了一系列建设用地利用政策。然而,该政策在实施过程中存在一些问题,并面临着一些挑战,如图9-1所示。

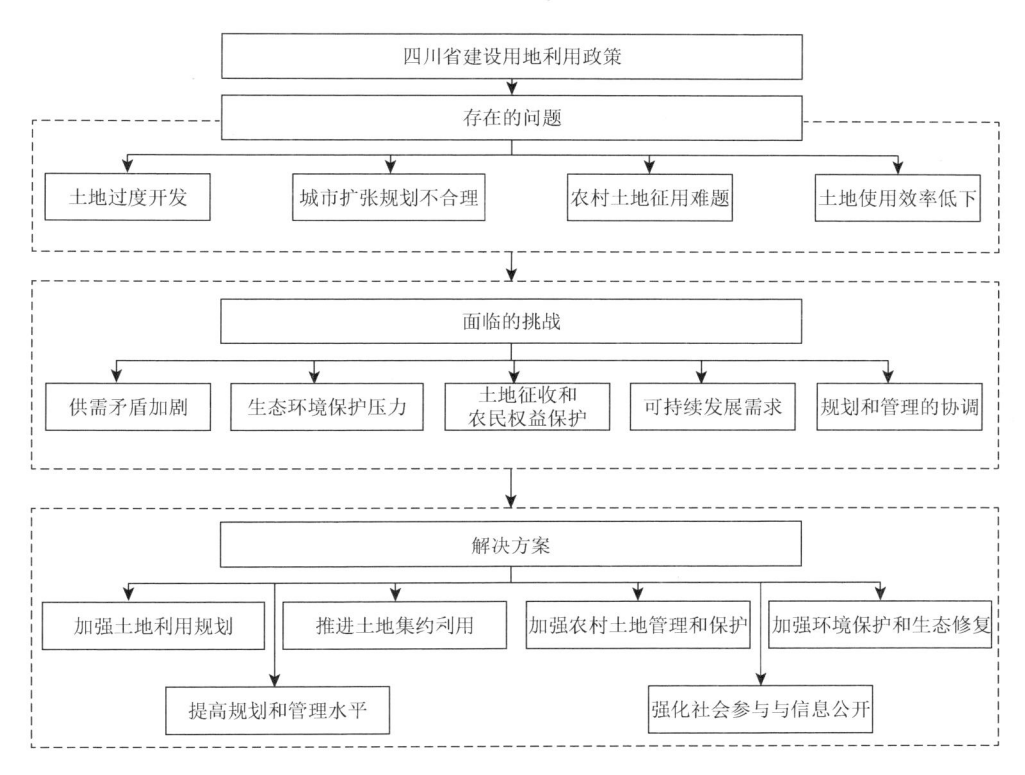

图 9-1 四川县城建设用地政策体系搭建

(一)建设用地利用政策存在的问题

四川县城当前所实施的建设用地利用政策主要存在土地过度开发、城市扩张规划不合理、农村土地征用难题和土地使用效率低下四个问题。首先,由于经济发展的压力和土地资源的紧张,四川县城一些地方存在土地过度开发的情况,导致土地资源的浪费和生态环境的破坏。其次,一些县城在扩张过程中存在规划不合理的问题,县城扩张往往沿着道路和交通便利的地区进行,导致县城空间的不均衡和资源分配的不合理。然后,农村土地被征用也是一个长期存在的问题,一

些地方在土地征收过程中存在补偿不充分、农民权益保护不到位的情况，导致社会不稳定和农民利益受损。最后，一些县城建设用地存在使用效率低下的问题。部分用地规划和开发不够科学，土地利用效率低，造成土地资源的浪费。

（二）建设用地利用政策面临的挑战

四川县城建设用地利用政策主要面临如下挑战：第一，县城土地供需矛盾加剧。随着县城城市化进程的加速，四川县城面临着土地供需矛盾加剧的挑战，县城建设用地需求持续增加，而土地资源有限，供应不足以满足需求。第二，县城生态环境保护压力。四川省是一个生态脆弱的地区，生态环境保护是一项重要任务。但在县城土地利用过程中，生态环境保护常常受到忽视，面临着生态系统破坏和生态环境恶化的挑战。第三，县城土地征收和农民权益保护。土地征收和农民权益保护是一项复杂的任务。需要解决农民的土地保障问题，保护农民的权益，确保他们能够在县城城市化过程中有可持续的生计和生活保障。第四，县城可持续发展需求。在建设用地利用过程中，需要考虑到可持续发展的要求，包括生态保护、资源节约利用、环境友好等方面，以确保县城土地利用的可持续性和生态平衡。第五，县城规划和管理的协调。建设用地规划和管理需要协调各级政府部门之间的合作。缺乏有效的规划和管理机制，容易导致重复建设、资源浪费和环境破坏等问题。

（三）解决方案

要解决建设用地利用政策所存在的问题和面临的挑战，可以从缓解土地供需矛盾、减轻生态环境压力、保护农民权益、实现高效可持续发展几点出发，制定优化建设用地集约高效的利用政策，提高四川县城建设用地规划水平与使用效率。

加强科学合理的县城土地利用规划。根据县城发展需求和资源承载力，确定合理的建设用地规模和空间布局。重点考虑县城土地资源的保护、生态环境的恢复和可持续发展的要求。推进县城土地集约利用，提高土地利用效率。推广县城高效利用土地的技术和模式，加强土地资源的综合开发利用，减少土地浪费和生态破坏。加强农村土地征收的规范化和制度化，确保农民的土地权益得到充分保护。加强农村土地管理和保护，提高农村土地利用效率，推动农业现代化和农村可持续发展。加强对县城土地利用的监管和执法力度，确保土地利用的合法性和规范性。加大对县城违法用地行为的打击力度，促进土地市场的健康发展。在县城建设用地利用过程中，加强环境保护和生态修复，注重生态功能的恢复和生态系统的重建。加强县城环境监测和评估，确保建设用地利用对环境的影响得到有效控制。加强县城建设用地规划和管理的专业化和科学化水平,提高规划和管理部门的能力和素质。加强各级政府部门之间的协作和沟通,建立健全的规划协调机制,确保规划和管理工作的一致性和协调性。引导四川县城合理扩张,沿重点交通轴和流域经济带,优化形成城镇化空间布局,促进优势区域更好发展、生态功能区更好保护。加强县城社会公众和利益相关方对建设用地利用政策的参与和监督。建立信息公开制度,相关政策和决策公开透明,增加公众对政策的知情度和参与度。

四、优化县城建设用地利用政策的建议和路径

建设用地是四川省经济发展和城市化进程中的重要资源,优化四川县城集约高效的建设用地利用政策需要实施严格的土地使用控制,促进土地资源的集约利用,提升土地使用的透明度和公平性。具体建议包括加强用地总量控制、完善土地审批制度、强化土地保护、提高土地利用效率评价标准、推动土地节约集约利用、加强土地整治和提质增效、推进土地流转和集约化利用、加强土地供应信息公开、完善土地交易市场机制、加强土地使用权确权登记、加强土地使用监管和执法等。这些路径的实施,将有效提高土地利用效率,推动土地资源集约利用,增加土地使用的透明度和公平性,促进四川县城建设用地利用的优化和可持续发展。

(一)实施严格的土地使用控制

制定明确的用地总量控制目标。根据四川县城发展需求和土地资源承载能力,科学确定合理的用地总量规划。控制用地总量在可持续发展范围内,防止过度开发和浪费。建立健全土地审批制度,加强对建设项目用地的审批和监管。加强对土地使用的审计和评估,确保用地行为合法、合规、合理。同时,强化土地保护。加强对重要农用地、生态保护地、风景名胜区等土地的保护力度。严禁非法占用和破坏土地资源,加强对违法用地行为的打击和处罚。建立科学的土地利用效率评价体系,明确评价指标和方法。通过评价结果,引导和激励用地主体提高土地利用效率,推动集约化利用。

(二)促进土地资源的集约利用

制定土地节约利用的政策和措施,鼓励四川县城企业和个人合理利用土地资源,提高土地利用效率。通过加强土地综合开发利用、强化土地节约型产业的发

展等途径，推动土地资源的集约利用。通过土地整治、土地整理和土地复垦等手段，改善土地利用结构，提高土地的品质和效益。加大对低效用地的整治力度，提高土地利用效率。鼓励农村土地流转，促进农业现代化和农村产业结构调整。通过土地流转，提高农村闲置土地的利用率。

（三）提升土地使用的透明度和公平性

与此同时，应不断提升土地使用的透明度和公平性，探索更加公正公开的四川县城建设用地利用政策。建立土地供应信息公开制度，及时发布土地供应计划、土地成交情况等相关信息。确保土地供应的透明度，提高公众对土地利用决策的了解和参与度。建立健全的土地交易市场，提高土地交易的透明度和公平性。推行公开、公正、公平的土地交易方式，加强土地交易的监管和执法力度，防止土地交易中的不正当行为。建立土地使用权确权登记制度，明确土地使用权的界定和保护。通过确权登记，保障土地使用权人的合法权益，促进土地资源的合理利用和市场化流转。加大对土地使用行为的监管和执法力度，加强对违法用地行为的打击和处罚。建立健全的土地使用监管机制，加强对土地使用情况的监测和评估，确保土地使用的合规性和公平性。

第三节　以县城为重要载体建立四川多元可持续的投融资机制政策

一、当前四川县城投融资机制政策概述

以县城为重要载体的四川投融资机制政策旨在支持县城的经济发展和基础设施建设。通过完善投融资体制机制、支持县城金融机构发展、创新融资渠道和工具等措施，以及加强政府引导和规划、优化投融资环境、加强项目评估和风险管控、强化投融资监管、鼓励公私合作（PPP）模式、加强信息公开和透明度、支持创业投资和科技创新等政策措施，促进四川县城的可持续发展和繁荣稳定。

（一）投融资机制的政策支持

四川省为新型城镇化所制定的投融资机制政策支持主要包括四方面的内容：第一，在县城投融资领域推行多元化、市场化的投融资体制机制，鼓励各类市场主体参与县城投融资活动，提高资金供给的多样性和灵活性。第二，鼓励县城金

融机构的设立和发展，提供金融服务和产品，支持县城的投融资需求，政府加大对县城金融机构的政策支持力度，促进金融机构向县城倾斜，提高金融服务的覆盖面和质量。第三，积极创新融资渠道和工具，推动债券市场发展，拓宽县城融资渠道，支持县城政府发行债券，吸引社会资本参与县城基础设施建设和公共服务领域的投融资。第四，鼓励民间投资和社会资本参与县城投资项目，提供优惠政策和便利条件，通过引导社会资本的参与，推动县域经济发展和基础设施建设。

（二）投融资机制的政策措施

加强对县城投融资活动的政府引导和规划。制定县城投资规划和目标，提出明确的投资方向和重点项目，引导资金流向县城，优化县城的投融资环境，简化审批手续，提高审批效率，推行一站式服务，提供便利的投资环境和服务，吸引更多投资者到县城投资兴业。加强对县城投资项目的评估和风险管控，确保项目的可行性和投资回报，建立科学的评估体系，评估项目的经济效益、社会效益和环境影响，规避投资风险。加强对县城投融资活动的监管，建立健全的投融资监管机制。加强对资金来源、资金流向和项目执行情况的监督和审查，确保投资资金的安全和有效使用。鼓励县城基础设施建设和公共服务领域采用PPP模式进行投融资，通过引入社会资本，共同承担风险和责任，推动县城公共基础设施的建设和提升。加强对县城投融资信息的公开，提高信息透明度，提高投资者和社会公众对投融资活动的了解和监督，及时发布县城投资项目信息、资金使用情况等相关信息，加强社会监督。鼓励创业投资和科技创新在县城发展中发挥重要作用，提供创业扶持政策和创新基金支持，吸引创业者和高科技企业到县城投资和创业，促进县城经济的转型升级。

二、多元可持续投融资机制在县城发展中发挥的作用

四川省采取的多元可持续投融资机制为县城的发展提供了重要的资金支持和机会。多样化的融资渠道和灵活的融资方式，使县城能够快速筹集资金，在加速基础设施建设、促进产业升级和转型、提升公共服务水平、促进就业和社会稳定、加强区域协调发展等方面发挥了重要作用，具体如图9-2所示。

（一）多元化融资渠道丰富县城资金来源

县城资金来源主要包括债券融资、金融机构融资、政府引导基金和社会资本投资。通过发行债券为县城提供资金支持。债券融资是一种重要的长期资金筹集

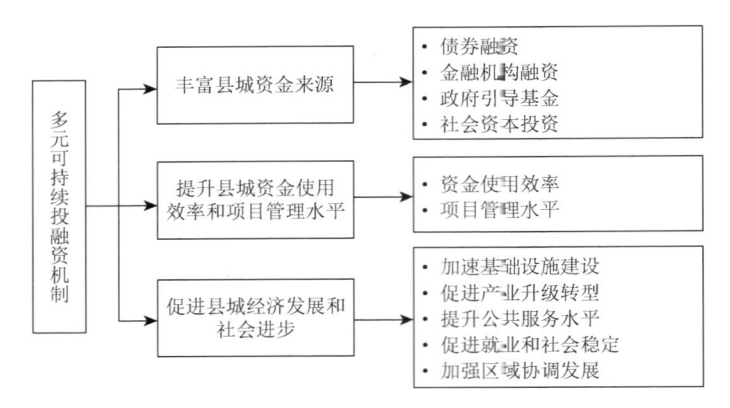

```
                    ┌─ 丰富县城资金来源 ──→ • 债券融资
                    │                      • 金融机构融资
 多元                │                      • 政府引导基金
 可持                │                      • 社会资本投资
 续投 ───────────────┤
 融资                │   提升县城资金使用    • 资金使用效率
 机制                ├─  效率和项目管理水平 → • 项目管理水平
                    │
                    │                      • 加速基础设施建设
                    │   促进县城经济发展和   • 促进产业升级转型
                    └─  社会进步         → • 提升公共服务水平
                                          • 促进就业和社会稳定
                                          • 加强区域协调发展
```

图 9-2　多元可持续投融资政策的作用机制

方式，通过发行政府债券或企业债券，吸引投资者购买，为县城项目提供资金支持。债券融资能够提供稳定的长期资金，并且债券的发行还能够增加县城的知名度和声誉，进一步吸引更多投资。例如，四川省金堂县持续加大县城城镇化建设的投入力度，获批发行全国首支无担保县城新型城镇化专项债券 8.4 亿元，2020~2022 年通过信贷支持县城补短板强弱项累计带动投资 150 亿元，极大改善了县城功能品质，10 年之内县城常住人口净增了 8 万多人。

四川省支持县城金融机构的发展，通过银行贷款、信贷等方式为县城提供融资支持。金融机构融资具有灵活性和定制化的特点，可以根据县城的具体需求和项目特点提供量身定制的融资方案。金融机构与县城之间的合作可以有效地满足县城的融资需求，支持县城项目的实施和发展。

金融机构融资在县城发展中发挥着重要作用。首先，金融机构融资能够提供多样化的融资产品和服务。金融机构根据县城的需求，提供多样化的融资产品和服务，包括贷款、信贷、融资租赁、债券融资等。这些产品和服务能够满足不同类型和规模的县城项目的资金需求，提供量身定制的融资方案。其次，金融机构能降低融资成本和风险。金融机构通过风险评估和风险管理，为县城提供具有竞争力的融资利率和融资条件。同时，金融机构能够提供风险分散的融资方式，减轻县城单一融资来源的风险。最后，金融机构具有丰富的金融经验和专业知识，能够为县城提供专业的金融咨询和服务。金融机构可以协助县城进行融资方案的设计和优化，提供风险管理和资金管理方面的建议，帮助县城提高融资效率和项目成功率。而且金融机构与县城之间的融资合作往往是长期性的，它们建立了稳定的合作关系。通过与金融机构的合作，县城能够获得更为可靠和稳定的融资支持，为县城的发展提供持续的资金保障。

设立政府引导基金，用于支持县城发展的重点项目。政府引导基金通过政府与社会资本合作的方式，为县城项目提供资金支持。政府引导基金的设立可以发挥政府的引导和调节作用，引导社会资本向县城项目投资，提高资金的使用效率和项目的成功率。例如，筹集规模超过1092亿元（截至2021年6月30日）的四川省省级产业引导基金，在转变财政支持方式、发挥政策引领作用和助力产业转型升级方面做出了积极的探索并取得了一定的成绩[①]。

鼓励社会资本参与县城的投资建设。社会资本投资具有灵活性和创新性，能够为县城带来更多的投资机会和发展机遇。社会资本的参与不仅可以提供资金支持，还可以带来先进的管理经验和技术，促进县城的经济转型和提升。

（二）提升县城资金使用效率和项目管理水平

多元化投融资机制政策有助于提升县城资金使用效率和项目管理水平。多元可持续投融资机制能够促使县城在资金使用方面更加注重效益和效率。县城面对多元化的资金来源，需要合理规划和管理资金的使用，确保资金能够最大限度地发挥作用。同时，多元化的融资渠道也鼓励县城更加注重项目的质量和经济效益，提高资金的使用效率。多元可持续投融资机制要求县城在项目管理方面具备更高的水平。为了获得投资者的信任和支持，县城需要加强项目的策划、实施和监管，确保项目的顺利进行和按期完成。通过引入市场化的投资和融资方式，县城还需要加强项目的风险管理和合规性管理，提升项目管理的水平和能力。

（三）促进县城经济发展和社会进步

多元可持续投融资机制政策的实施能够有效促进县域经济发展。多元可持续投融资机制为县城的基础设施建设提供了更为灵活和多样化的资金支持。通过债券融资、金融机构融资等方式，县城可以更快地筹集到资金，加快基础设施建设的进程，而优质的基础设施将为县城的经济发展提供坚实的支撑，并吸引更多投资和产业发展。多元可持续投融资机制为县城的产业升级和转型提供了资金支持。通过政府引导基金和社会资本投资，县城可以引进先进的技术、设备和管理经验，推动传统产业的转型升级，培育新兴产业，提高产业竞争力和附加值。多元可持续投融资机制为县城改善公共服务水平提供了资金支持。通过引入社会资本和市场化的融资方式，县城可以加大对教育、医疗、文化等公共服务领域的投资，提升公共服务的质量和覆盖范围，提高居民的生活质量和幸福感。多元可持续投融资机制为县城的经济发展带来更多的投资和项目，进而创造更多的就业机会。通过支持创业投资和科技创新，县城能够培育新的产业和就业机会，促进就业增长

---

① 参考四川省财政厅2022年5月25日发布的《四川省省级产业发展投资引导基金政策绩效评价报告》。

和社会稳定。多元可持续投融资机制有助于加强县城与周边地区的合作与协调，推动区域协调发展。通过引入外部资本和资源，促进县城与周边地区的经济互联互通，共同推动区域经济的发展和繁荣。

三、四川县城投融资机制政策存在的问题及挑战

四川投融资机制政策在推动经济发展和社会进步方面发挥了积极作用，但也面临一些问题和挑战，在一定程度上阻碍了经济发展和社会进步。

（一）四川县城投融资机制政策存在的问题

投融资机制政策在实施过程中，主要存在以下四个问题：第一，县城资金不平衡。四川县域经济发展相对滞后，资金供给不足，特别是在偏远地区和农村地区，投融资机制政策在解决资金不平衡方面仍存在挑战，尤其是对于基础设施建设和公共服务领域，资金投入相对较少。第二，县城融资渠道有限。四川县城融资渠道相对较为有限，主要依赖传统的银行贷款和政府投资，其他融资渠道，如债券市场、创业投资等还未得到充分发展。这限制了县城项目融资的多样化和灵活性，难以满足不同类型和规模的投资需求。第三，县城政府主导过于强势。四川县城投融资机制政策中，县城政府在投资决策和项目管理中起到主导作用，这导致投资决策集中在政府手中，缺乏市场竞争和社会资本的参与。此外，县城政府在项目管理中的角色过于强势，可能导致效率低下、资金浪费等问题。第四，监管不足。四川县城投融资机制政策中的监管不足也是一个问题。监管机构对资金使用和项目执行的监督不够严格，容易出现资金浪费、违规操作等情况，缺乏有效监管可能导致投融资活动中的不当行为和风险增加。

（二）四川县城投融资机制政策面临的挑战

四川县城的投融资机制政策在实施过程中面临的风险与挑战主要体现在风险管理、信息不对称、资金效益评估、资金流动性与制度建设监管体系方面。第一，投融资活动涉及多方利益相关者和资金流动，风险因素复杂多样。需要建立健全的风险评估和管理机制，加强对项目和资金流向的监测和控制，防范风险的发生。第二，投融资市场存在信息不对称的问题，信息透明度有待提高。投资者往往缺乏对项目的全面了解和准确评估，导致投资决策的不确定性增加。同时，项目方在获取资金时可能难以提供充分的信息，限制了投资者的选择和参与程度。因此，加强信息披露和公开，提高信息的透明度，有助于降低信息不对称问题。第三，

投融资机制面临资金效益评估的挑战。投融资活动需要进行效益评估,以评估资金的使用效果和项目的回报情况。然而,现有的评估方法和指标体系仍有待完善,难以准确评估投融资活动对经济和社会的影响。因此,需要建立科学的评估体系,提高资金效益评估的准确性和可靠性。第四,投融资机制面临资金流动性的挑战。在投融资活动中,资金的流动性对于项目的顺利进行和资金的回收至关重要。然而,由于资金流动性的不足,项目方在筹集资金或者进行资金回收时可能面临困难。因此,需要完善资金流动性管理机制,提供灵活的融资和回收渠道,确保资金的流动性和项目的可持续性。第五,投融资机制面临制度建设和监管体系的挑战。有效的制度和监管体系对于保障投融资活动的公平、公正和合规非常重要。然而,当前的制度和监管体系还存在不完善和不协调的问题,监管职责不清、执法不严等情况时有发生。因此,需要加强制度建设和监管体系的建设,提高监管效能和执法力度,确保投融资活动的规范和合法性。

四、建立县城多元可持续投融资机制的建议和路径

促进四川省县城的可持续发展,建设良好的基础设施,提供优质公共服务等需要充足的资金支持。为此,建立多元可持续投融资机制至关重要。围绕创新融资渠道、引导和吸引社会资本、建立风险防控机制三个方面,探索以县城为载体建立四川多元可持续投融资机制的建议和路径,具体如图9-3所示。

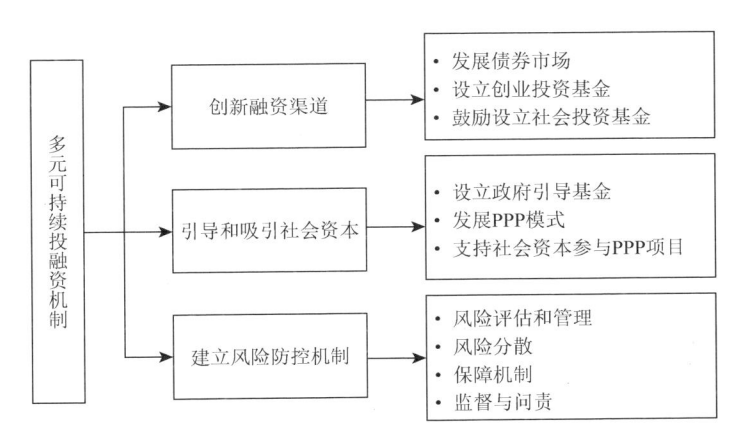

图9-3 多元可持续投融资机制优化路径

(一)创新融资渠道

在创新融资渠道方面,应加强债券市场建设,提高县城发行债券的便利性

和吸引力。鼓励县城政府发行政府债券和企业债券，吸引机构投资者和个人投资者参与。同时，建立专门的债券托管和交易平台，提高债券市场的流动性和交易便捷性。设立创业投资基金，支持县城的创新创业项目。通过引入风险投资机构，为县城的创新型企业提供资金支持和创业服务，推动县城的经济转型和创新发展。鼓励设立社会投资基金，吸引社会资本参与县城发展项目。通过与社会资本合作，引入社会资本的投资和运营管理经验，提升县城项目的质量和效益。

（二）引导和吸引社会资本

积极引导和吸引社会资本，以扩大资金来源。可通过设立政府引导基金、发展PPP模式和支持社会资本参与PPP项目等方式推进和实现。四川省可设立政府引导基金，引导社会资本投资县城项目。政府引导基金可提供风险补偿、贷款担保等形式的支持，降低社会资本投资风险，增加其对县城项目的参与。鼓励政府与社会资本采取PPP模式，共同投资和运营县城项目。通过政府与社会资本的合作，充分发挥各方的优势，实现资源共享、风险共担、收益共享，提升项目的成功率和经济效益。支持社会资本参与PPP项目，提供相应的优惠政策和支持措施。通过PPP模式，政府与社会资本合作共建和运营基础设施项目，分享风险与回报。

为了更好地支持社会资本参与县城PPP项目，需要注意以下几点：首先，要优化项目合作模式。要确保PPP项目的合作模式具有可行性和可持续性，县城政府应合理划分风险和利益，确保项目的经济可行性和吸引力，同时为社会资本提供合理的投资回报机制。其次，提供可靠的政府支持。县城政府应提供可靠的政府支持，包括明确的政策指导、法律保障和政府承诺。同时，县城政府应确保项目的政策稳定性和合规性，提供项目的土地、审批、环评等方面的支持。然后，加强项目信息公开。加强对PPP项目的信息公开和透明度，提供充分的项目信息，包括项目背景、投资规模、风险分担、收益模式等，以吸引社会资本的参与。最后，加强项目评估和监管。加强对PPP项目的评估和监管，确保项目的质量和效益。县城政府应建立健全的项目评估体系，对项目的经济效益、社会效益和环境影响进行评估，同时加强对项目的监管和风险防控。

支持社会资本参与PPP项目，可以充分发挥社会资本的投资和管理经验，提高项目的质量和效益。同时，社会资本的参与也能够分担县城政府的投资压力，降低财政风险。县城政府应积极引导和吸引社会资本参与PPP项目，为县城发展提供更多的资金和技术支持。政府和社会资本之间应加强合作和沟通，建立良好的合作关系，共同推动项目的顺利实施和运营。

(三)建立风险防控机制

应通过建立风险防控机制,降低投资风险和保障投资者权益。首先建立完善的风险评估和管理机制,对投资项目进行全面、科学的风险评估。根据不同类型的项目风险,制定相应的风险管理措施,确保投资项目的风险可控。其次,通过投资多个项目和行业,实现风险的分散。鼓励社会资本投资多个县城项目,降低项目单一性带来的风险。同时,县城政府也要加强风险管理和监测,及时发现和应对风险。然后,建立完善的投资保障机制,保护投资者的权益。加强法律法规的制定和实施,完善合同法律框架,提高法律保障的可预期性和可执行性,建立独立的仲裁和纠纷解决机制,为投资者提供便利的纠纷解决渠道。加强对投融资活动的监督和问责,确保投资项目的合规性和规范性。最后,建立健全的监督与问责机制,加强对投资项目的跟踪检查和评估,及时发现和解决问题。对违法违规行为,要依法追究责任,保护投资者的合法权益。

这些建议将有助于促进四川县城的发展,实现经济的可持续增长和社会的全面进步。同时,政府和相关各方应加强合作,加大政策支持和监管力度,确保投融资机制的有效运行和可持续发展。

第四节 以县城为重要载体创新四川城乡融合发展体制机制政策

一、当前四川县城城乡融合发展体制机制政策概述

当前,四川省正积极推进城乡融合发展,旨在促进城乡经济一体化、社会一体化和生态一体化。为实现这一目标,四川省采取了一系列的城乡融合发展体制机制政策。

(一)统筹规划和政策导向

四川省认真落实省第十二次党代会和省委十二届二次、三次全会部署,深入实施"四化同步、城乡融合、五区共兴"发展战略,把加快城镇化步伐摆在全局工作的突出位置,推进以人为核心的新型城镇化,尊重县城发展规律,统筹县城生产、生活、生态、安全需要,因地制宜、分类施策补齐县城城镇化短板弱项,更好地满足农民到县城就业安家需求和县城居民生产生活需要,为实施扩大内需战略、协同推进新型城镇化和乡村振兴提供有力支撑。

制定城乡融合发展规划，明确四川城乡融合发展的目标、任务和政策措施。规划将城乡融合发展纳入四川全省经济社会发展总体规划，统筹城乡空间布局、产业布局和人口流动，推动城乡要素优化配置和互动发展。此外，积极推进农村土地制度改革，深化农村土地承包关系确权登记，鼓励农民发展土地经营权流转、土地股份合作制等新型经营模式，推动农村土地资源的高效利用。通过财政补贴、税收优惠、金融支持等政策手段，鼓励和支持城乡融合发展。针对农村地区，推出产业扶持政策和就业创业政策，促进农村经济发展和农民增收。

（二）加强制度建设和体制创新

通过改革行政管理体制，建立健全四川城乡一体化管理机制。设立城乡一体化发展领导小组，加强对城乡融合发展的统筹协调和决策指导，提高城乡发展规划和政策的整体性和协调性；加强乡村治理体制建设，推动农村社会组织发展，加强农村基层自治和社会管理能力。鼓励村级集体经济发展，推动农民合作社、家庭农场等新型农业经营主体的培育和壮大。同时，加大对农村教育、医疗、文化、社会保障等公共服务设施的建设和改善，推动优质教育资源向农村倾斜，提升农村学校的办学水平；加强农村医疗卫生体系建设，提高农民的医疗保障水平，促进农村文化事业发展，满足农民的文化需求。

（三）促进城乡要素流动和融合

鼓励四川农民工返乡创业就业，提供创业培训、创业贷款等支持。推动县城与农村的就业信息对接和人才交流，促进人才流动和就业机会的均衡发展，同时，四川省推动农村土地流转，鼓励农民将闲置土地流转出去，吸引社会资本进入农村经济；提供土地流转奖补政策和土地流转撮合服务，促进土地资源的集约利用和农村经济的发展。此外，四川省加强金融支持，推动城乡融合发展，建立农村金融服务网络，提供贷款、保险等金融产品，支持农村产业发展和农民创业。同时，鼓励金融机构开展农村金融创新，推动金融服务的精准化和多样化。

（四）加强城乡信息化建设和科技创新

一方面，加大四川农村信息化建设力度，提升农村信息化水平。推广农村电子商务和农村物流服务，促进农产品流通和农民收入增加；加强农村网络覆盖和数字技术应用，推动农村电子政务和智慧农业发展。另一方面，加强科技创新支持，提升城乡融合发展的科技含量。鼓励科研机构和高校加强与农村的合作，推动农村产业技术升级和农业生产方式转变；加强科技成果转化和推广应用，促进农村经济的创新发展；加强县城运行管理服务平台建设，推进互联网与政务服务、社区服务深度融合。

（五）开展城乡融合发展试点

《2023 年四川省新型城镇化和城乡融合发展重点任务》中提出，要围绕畅通城乡要素流动、推进城镇公共服务向乡村覆盖和推进城镇基础设施向乡村延伸三个方面进一步深化城乡融合发展。具体措施包括深化成都西部片区国家城乡融合发展试验区改革，并选择 20 个县（市、区）开展县域内城乡融合发展改革试点。提高土地出让收入用于农业农村比例。引导入乡就业创业人员在原籍地或就业地城镇落户，并享受基本公共权益。

推进四川县城公共服务向乡村覆盖，推进城镇基础设施向乡村延伸。医疗方面，实施县级医院提标扩能，支持乡镇卫生院和村卫生室诊疗条件改善。教育方面，深化城乡学校共同体建设，推进"县管校聘"管理改革，县城镇学校、优质学校学年教师交流轮岗占比达到 10%。交通方面，实施县城道路网提质增效工程，开展乡村客运"金通工程"，新改建农村公路 1 万 km，实现"县到乡、乡到村"客货邮运输服务全覆盖。

（六）加强监测评估和政策调整

建立科学合理的城乡融合发展指标体系，定期监测和评估城乡融合发展的进展情况。通过监测指标的变化，了解城乡融合发展的趋势和问题，为政策调整和决策提供科学依据。根据监测评估结果，及时调整和优化城乡融合发展的相关政策。针对不同地区和领域的问题，制定有针对性的政策支持和激励机制，推动城乡融合发展的全面推进。同时，注重加强经验交流和学习借鉴。四川省与其他地区、国内外进行城乡融合发展的先进经验交流和学习借鉴，通过组织研讨会、培训班等形式，加强与其他地区的合作，共同探索城乡融合发展的有效路径和经验。为了加强城乡融合发展的协调管理，四川省还建立了跨部门协作机制，促进不同部门之间的信息共享和协同行动。通过加强部门间的合作和沟通，推动城乡融合发展政策的一体化和整合，确保政策的实施效果。

通过这些政策，四川省致力于推动城乡融合发展，实现经济社会的协同发展，提高农村地区的发展质量和居民生活水平。在未来的实践中，需要不断完善和优化这些政策，加强各方面的合作和协调，确保城乡融合发展的顺利推进。

二、城乡融合发展体制机制在县城发展中的作用

四川省城乡融合发展体制机制在县城发展中发挥着重要的作用。县城作为城乡融合发展的重要载体,是农村向城市转移的重要节点和城市功能承载区。

(一)促进县城规划与空间布局的协调发展

城乡融合发展体制机制在县城规划与空间布局中起到协调和引导作用。通过统筹规划和政策导向,将县城的发展纳入全省城乡融合发展的整体框架,协调县城与周边农村地区的关系,避免无序扩张和城市空心化。此外,体制机制还能够推动县城合理布局,引导县城功能区域的划分,促进城乡要素的合理配置和优化。

(二)推动县城产业结构的优化升级

城乡融合发展体制机制在县城产业结构优化升级中起到重要作用。通过引导和吸引社会资本,推动农村经济向城市型产业转型升级,促进县城产业结构的优化和多元化发展。体制机制还能够推动农村土地流转和资本流入,促进农村资源的集约利用,支持县城产业发展,提升县城经济的竞争力和可持续发展能力。

(三)加强县城基础设施和公共服务建设

城乡融合发展体制机制在县城基础设施和公共服务建设中发挥着关键作用。通过加大对农村基础设施建设的投入和政策支持,推动县城基础设施的改善和提升。通过完善农村公共服务体系,加强农村教育、医疗、文化等公共服务设施的建设,满足县城居民的生活需求,提升县城的人居环境和生活质量。

(四)促进县城人才流动和就业创业

城乡融合发展体制机制在县城人才流动和就业创业方面发挥着重要作用。通过促进城乡要素流动和融合,加强城市与农村的就业信息对接和人才交流,推动农民工返乡创业就业,为县城的人才引进和培养提供更多机会。另外,体制机制还能够提供金融支持和创业服务,鼓励和支持创业者在县城开展各类创业活动,促进县城就业和经济增长。

（五）保障县城居民权益和社会稳定

城乡融合发展体制机制在保障县城居民权益和维护社会稳定方面发挥着重要作用。通过建立健全的农村土地制度、社会保障体系和公共服务机制，保障农民的土地权益和社会保障权益，提高农民的获得感和幸福感。体制机制还能够加强社会组织建设和社会治理能力，提升县城的社会管理水平，维护社会稳定和谐。

（六）加强县城环境保护和生态建设

城乡融合发展体制机制在县城环境保护和生态建设方面发挥着关键作用。通过加强环境监测和治理，推动县城环境污染防治工作，改善县城的生态环境质量。体制机制还能够推动县城的生态建设，鼓励生态农业和生态旅游等绿色发展产业的发展，保护和利用好县城的自然资源，实现经济发展与生态保护的良性循环。

三、四川县城城乡融合发展体制机制政策存在的问题及挑战

四川城乡融合发展体制机制政策在推动城乡融合、促进县城发展方面发挥了促进县城规划与空间布局协调发展、推动县城产业结构优化升级等积极的作用，但同时也面临着政策衔接与资源配置等方面的问题和挑战。

（一）政策衔接和协同机制问题

四川县城城乡融合发展体制机制政策缺乏顶层设计和整体规划。当前，四川省城乡融合发展体制机制政策缺乏统一的顶层设计和整体规划，各个部门和地方在推动城乡融合发展时存在着各自为政、缺乏协调的情况，导致政策的衔接性和协同性不足。此外，部门职责界定不清。城乡融合发展涉及多个部门和地方的责任和权力，在政策实施过程中，各部门之间的职责界定不清晰，导致协作机制不畅，难以形成合力。四川各部门之间的信息共享和资源整合不够充分，影响了政策的实施效果。

（二）资源配置和投入不足问题

四川县城资源配置与投入方面，主要存在资金投入不平衡和人才资源不平衡

两个问题。当前，四川省城乡融合发展中，由于财政资源分配不均，县城发展所需的资金投入不足。一些偏远农村地区和欠发达县城受益较少，难以获得足够的财政支持，制约了其融合发展的进程。城乡融合发展需要大量专业人才支持，但当前存在城市吸引力较强、人才流失严重的问题。农村地区缺乏吸引人才的机制和条件，难以留住本地人才或吸引高层次人才前来支持县城发展。

（三）基础设施和公共服务不平衡问题

四川县城基础设施与公共服务方面的问题主要表现为基础设施建设滞后与公共服务供给不足。城乡融合发展中，一些农村地区基础设施建设滞后，交通、水电、通信等基础设施不完善，制约了融合发展。一些县城面临着老旧基础设施更新改造的问题，需要加大投入和改善设施。一些农村地区的公共服务设施不足，教育、医疗、文化等公共服务水平较低，与县城和城市地区的差距较大。农村地区缺乏高质量的学校、医院、文化娱乐设施等，居民享受公共服务的便利性和质量有待提升。

（四）城乡收入差距问题

四川县城城乡收入差距问题表现为农村地区收入水平相对较低和城市化过程中的收入不均。由于农村经济发展水平相对较低，一些农民的收入水平仍然较低。城乡收入差距较大，农民的收入增长缓慢，制约了城乡融合发展的速度和效果。随着城市化进程的推进，一些县城地区出现了收入不均问题。城市人口中的一部分人相对较富裕，而农民工等人群的收入相对较低，导致城乡收入差距进一步扩大，社会稳定性受到挑战。

（五）生态环境保护问题

城镇化发展过程中，四川县城生态环境保护问题逐步凸显。首先，农村地区生态环境破坏严重。一些农村地区在发展过程中存在生态环境破坏问题。大量农业面源污染、非法采砂、乱占乱建等现象导致水土流失、水质恶化等生态环境问题，影响了县城发展的可持续性。其次，城市化对生态环境造成了一定影响。城市化进程中，县城扩张对周边农村地区的生态环境造成了一定的压力。土地资源过度开发、工业排放等问题可能导致生态破坏，加剧资源和环境的不均衡，需要加强生态保护和恢复工作。

（六）社会管理和社会服务问题

随着城镇化的持续深入，四川县城在社会管理和社会服务方面，存在社会管理能力不足和农村社会服务不完善的问题。城乡融合发展中，一些县城的社会管理能力相对较弱，缺乏有效的社会治理机制。面对城乡融合带来的新问题和矛盾，如土地纠纷、劳动争议等，相关部门和机构的协调和处理能力有待提高。农村地区的社会服务设施和服务水平相对较低。县城教育、医疗、文化等方面的服务资源匮乏，影响了农民的生活质量和社会参与度。加强农村社会服务设施建设，提升服务质量和覆盖范围，是城乡融合发展中亟待解决的问题。

（七）产业结构转型和创新能力提升问题

四川城乡融合发展中的产业结构转型和创新能力提升方面，主要的问题为农村产业结构转型困难和创新能力不足。首先，农村地区的产业结构多以传统农业为主，缺乏多元化和高附加值产业的发展。农民创业和转型升级面临一定的困难和挑战，需要加强产业结构调整，引导农村经济向现代农业、农村旅游、特色产业等领域转型。其次，农村地区的创新能力相对较弱，科技创新、技术研发和成果转化能力有待提高。创新人才和创新机制缺乏，制约了农村地区的科技进步和产业升级。需要加强科技创新支持，建立创新驱动的农村发展体制机制，培养和引进创新人才，推动农村产业创新和技术进步。

（八）社会认同和文化融合问题

四川城乡融合发展过程中也存在一定的社会认同和文化融合问题。首先，由于历史、文化、生活习惯等方面的差异，城乡居民之间存在一定的社会认同隔阂。加强城乡交流和文化融合，提升居民的共同认同感和社会凝聚力，是四川城乡融合发展中需要解决的问题。其次，传统文化的保护与传承面临挑战。农村地区传统文化资源的挖掘、保护和传承工作亟待加强，以保持地方文化的多样性和独特性，同时也为城乡融合发展提供文化支持和创新动力。

四、县城创新城乡融合发展体制机制的建议和路径

为了创新四川的城乡融合发展体制机制，提出以下建议和路径，围绕加强城乡规划的整合、提升城乡公共服务的均衡化和促进城乡经济的融合发展展开。

（一）加强城乡规划的整合

首先，要建立四川统一的城乡规划体系。制定城乡规划整合的指导方针和政策，明确城乡规划的统一性、协调性和可持续性。建立统一的城乡规划法律法规，推动城乡规划制度和机制的整合，实现城乡规划的协同发展。加速发展大城市周边的县城，支持位于城市化地区，纳入成渝都市圈范围，以及邻近绵阳、南充、宜宾等大城市中心城区的县城，探索与中心城区一体发展的有效路径。同时，要分类引导县城发展方向，积极培育专业功能县城，支持位于城市化地区的县城发挥自身优势，形成优势特色明显、主导产业突出的专业功能县城。其次，要提升城乡规划能力。加强对县城和农村地区的规划和设计师队伍的培养和引进，提高城乡规划的专业化和科学化水平。建立城乡规划人员的培训体系，加强知识和技能的传承与更新。最后，要推动土地资源的优化配置，优化建设用地集约高效利用政策。优化土地利用结构，鼓励农村集体经济组织和农民合作社参与土地流转和开发，推动农村土地资源的集约利用。按照国家的统一部署，在经批准的试点区域，审慎稳妥地开展农村集体经营性建设用地入市试点。在土地供给、土地使用权划分等方面加强规划指导，提高土地利用效率和公平性。

（二）提升城乡公共服务的均衡发展水平

根据城乡发展需求，合理规划和布局四川县城教育、医疗、文化、体育等公共服务设施，确保基本公共服务均衡发展水平。加大对农村公共服务设施的投入，强化基础设施建设，提升农村地区的服务水平。具体实施措施包括构筑城乡道路交通网络、健全市政管网和防洪排涝设施、完善防灾减灾设施等。建立城乡公共服务资源共享机制，推动城市地区的公共服务资源向农村地区倾斜。通过县城政府购买服务、跨区域合作等方式，促进公共服务资源的均衡配置和高效利用。优化县城公共服务供给，加大教育、文化、医疗卫生方面的投入，建立健全基本养老服务体系。此外，还要推进社会管理和社会服务一体化。加强城乡社区建设，建立统一的社会管理和社会服务体系，提升农村社区的服务能力和社区自治能力。加强社会组织和社区组织的建设，促进社会力量参与城乡公共服务的提供和管理。

（三）促进城乡经济的融合发展

经济方面，可通过建立产业协同发展机制、支持创业创新和农民工返乡创业、促进就业和人才流动、建立农村金融体系和农村信用体系以及加强农产品加工和农业科技创新来促进城乡经济的融合发展。

通过培育壮大四川县城主导产业和优化提升产业发展平台，加强城乡产业的对接和融合，促进产业链的延伸和互补。支持位于重点生态功能区的县城发挥绿色资源优势，建设重点生态功能区县城。鼓励农村地区发展特色农业、农村旅游、乡村文化等产业，吸引城市企业和资本参与农村产业发展，形成农城融合的产业发展格局。加大四川县城创业扶持政策支持力度，鼓励农村青年和农民工返乡创业，支持符合条件的县城建设农民工返乡创业，推动农村经济的创新发展。提供创业培训、创业资金支持、技术指导等服务，促进农村创业者的能力提升和创业环境的改善。推动农产品加工业向农村地区转移，增加农产品的附加值。加强四川县城农业科技创新和技术推广，提升农业生产的科技含量和效益。培育农村地区的农业龙头企业，推动农业产业化和现代化发展。加强四川县城农村劳动力的职业培训和技能提升，提高就业能力和竞争力。鼓励县城企业在农村地区设立分支机构或生产基地，吸纳农村劳动力就业。同时，加强农村地区人才引进和培养，提升农村人才的综合素质和创新能力。加强农村金融机构的服务能力，提供多样化的金融产品和服务，支持农村经济的发展。建立健全农村信用体系，提升农村居民的信用评价和金融融资能力。引导社会资本投向农村地区，促进农村经济的融资和融合发展。鼓励社会资金投入县城建设，支持发展股权融资，规范推广政府和社会资本合作、资产支持证券等新模式，设立城镇化发展基金等。

在推进四川城乡融合发展的过程中，需要政府部门加大政策支持力度，加强统筹规划和协调机制，打破部门间的壁垒，形成多部门合作的工作机制。政府应加大对城乡融合发展的资金支持，设立专项资金用于农村基础设施建设、公共服务改善、农民就业创业等领域。同时，政府应该加强宏观调控和政策引导，引导城市企业、社会资本和专业服务机构积极参与农村地区的经济发展，推动城乡经济的融合发展。政府可以通过提供税收优惠、土地政策支持、创业扶持等激励措施，吸引和引导外部资源向农村地区投资和创业，促进农村经济的转型升级。同时，政府还应加强对农村创新创业团队的培养和扶持，提供创业孵化、技术支持、金融服务等支持，推动农村地区的创新创业活动。

此外，政府还应加强对城乡规划的整合，制定综合规划和发展目标，明确城乡融合发展的方向和重点。在规划过程中，要充分考虑城乡地区的特点和需求，合理规划土地利用、基础设施建设、公共服务设施布局等，实现城乡发展的协调和统一。同时，政府还应加强对城乡融合发展的监测和评估，及时调整政策措施，确保城乡融合发展取得可持续的成果。

总之，为了创新四川城乡融合发展体制机制，政府需要加大政策支持力度，加强统筹规划和协调机制，加强宏观调控和政策引导，引导外部资源投资和创业农村地区，加强对城乡规划的整合，制定综合规划和发展目标，明确城乡融合发展的方向和重点。政府还应加强对县级政府和乡镇政府的能力建设，提升其规划和管理能力，使其能够有效地推动城乡融合发展。通过以上措施的综合推进，促进四川城乡融合发展取得更好的成效。

第五节 以县城为重要载体健全四川城镇化建设政策体系

一、当前四川县城城镇化建设政策体系概述

当前四川省的城镇化建设政策体系致力于推动城乡融合发展，加快城市化进程，提升城镇化质量，改善人民生活条件，促进经济社会可持续发展。

（一）总体发展战略

根据国家政策和四川省的实际情况，制定城镇化发展的战略目标，包括提高城镇化率、推进农业转移人口市民化、推动城乡融合发展等。制定城市总体规划和分区规划，明确城市发展的空间布局、功能定位和发展方向，提出县城建设的重点任务和措施。注重引导县城分类发展，加快发展大城市周边县城，积极培育专业功能县城，合理发展农产品主产区县城，有序发展重点生态功能区县城。

（二）土地利用政策

在优化四川县城土地利用政策方面，推动土地供应机制改革，加强土地利用管控，提高土地利用效率和集约化水平。鼓励土地流转，推动农村集体经济组织和农民合作社参与土地流转和开发，提高农村土地资源的利用效益。同时，加强农村土地整治工作，推动农村宅基地和耕地的整理整治，提高土地利用效益。加强城市土地规划和管理，确保城市土地的合理利用和保护。此外，通过土地综合开发利用、土地托管和租赁等方式，推动土地资源的综合利用，促进土地的多元化发展，提高土地资源的利用效率。

（三）基础设施建设政策

在四川县城基础设施建设方面，加强县城基础设施建设和完善农村基础设施

建设齐头并进。一方面,加大对县城基础设施的投资力度,包括道路交通、供水供电、污水处理、垃圾处理等,提高县城基础设施的覆盖范围和服务质量,提升城市功能和竞争力。另一方面,加强农村基础设施建设,包括道路、水电、通信、教育、医疗等方面的配套设施,注重提高农村交通条件,改善农村供水供电状况,促进农村教育和医疗水平的提升,提高农村居民的生活质量。

(四)产业发展政策

在四川县城产业发展方面,积极培育壮大县城主导产业,提升优化产业发展平台,积极完善商贸和消费基础设施。坚持因地制宜的发展政策,根据县城优势和特色差异化配置要素资源,重点发展具有明显优势、能有效带动就业的传统优势产业,积极有序建设先进材料、新能源、医药产业基地和绿色低碳优势产业集中承载区。推进产业园区与所在县城构建一体化基础设施的公共服务,统筹布局县城建设交通、卫生和市政公共设施,促进产城融合型园区提升品质。

(五)生态环境保护政策

在四川县城生态环境保护方面,加大投入,加强生态环境保护,推动绿色发展。制定并执行严格的环境保护政策,推动生态环境的修复和保护。加强农村环境治理,推动农村污水处理、垃圾处理和农田水利设施的建设,保护农村的生态环境。鼓励绿色产业和循环经济的发展,推广绿色农业、绿色建筑等绿色生产方式,减少资源消耗和环境污染。加强农业面源污染防治,推进农业可持续发展。

(六)社会事业发展政策

在四川县城社会事业发展政策方面,积极加强教育事业发展,健全社会保障体系,促进文化体育事业发展。增加对教育事业的投入,提高农村教育的质量和覆盖范围;改善农村学校的办学条件,提供更多的教育资源和优质教育服务;完善农村社会保障制度,包括农村养老保险、医疗保险、失业保险等,保障农村居民的基本生活和社会保障需求;加强对特殊群体的关爱和保障,提升社会保障体系的覆盖面和保障水平;加大对农村文化事业的支持力度,提升农村文化设施的建设和文化活动的举办,丰富农村居民的文化生活;加强农村体育设施的建设,鼓励农村体育运动的开展,提高农村居民的健康水平。

（七）政策实施机制

建立健全四川县城城镇化建设政策的监督评估机制，加强政策的执行情况监测和评估。及时发现问题和不足，采取有效措施加以解决。同时，加强对县城城镇化建设政策的宣传和解读，使广大人民群众充分了解政策的目标、内容和实施路径。为相关部门和地方政府提供政策指导和支持，确保政策的落地实施。

这些政策的实施将推动城市化进程，提升城镇化质量，改善人民生活条件，促进经济社会可持续发展。同时，县城政府需要加强政策的监督和评估，及时调整政策措施，确保政策能够顺利落地实施，取得预期效果。

二、城镇化建设政策体系在县城发展中发挥的作用

城镇化建设政策体系在四川县城发展中发挥着重要的作用。县城是城乡融合发展的重要载体，城镇化建设政策体系的实施为县城的发展提供了有力支撑。它促进了四川县城基础设施建设、产业升级和经济转型，改善了城市环境和居住条件，推动了农民工返乡创业和农村人口市民化，加强了城乡规划和土地利用管控，以及促进了社会事业发展和公共服务供给。

（一）推动城市基础设施建设

城镇化建设政策体系提出了加强四川县城基础设施建设的目标和要求。通过城镇化建设政策体系，加大对基础设施建设的投入，改善县城的交通、供水、供电、通信等基础设施状况。这将有效解决县城基础设施短缺、滞后的问题，提升县城的综合服务能力和吸引力，为县城的经济发展和居民生活提供便利条件。

（二）促进产业升级和经济转型

城镇化建设政策体系鼓励四川县城产业升级和经济转型，提出了推动产业结构优化、发展新兴产业的目标。通过城镇化建设政策体系，引导和扶持县城产业转型升级，推动传统产业的优化调整，发展新兴产业，提升四川县城产业附加值。这将促进县城经济的转型升级，提高产业的竞争力和创新能力，增加就业机会，提高居民收入水平。

（三）改善城市环境和居住条件

针对城镇化建设政策体系提出了加强四川县城环境建设和改善居住条件的目标和要求。通过城镇化建设政策体系，加大县城环境治理力度，推动县城垃圾处理、污水处理、绿化等工作，改善县城的环境质量。同时，加大对住房建设的支持，提供财政补贴和住房贷款等政策，改善居民的居住条件，提升居民的生活品质。

（四）促进农民工返乡创业和农村人口市民化

城镇化建设政策体系鼓励农民工返乡创业和农村人口市民化，对此提出了加强农民工培训和创业扶持的目标和要求。通过城镇化建设政策体系，加强对农民工的培训和创业扶持，为他们提供创业资金、技术支持、市场开拓等方面的支持，鼓励他们返乡创业。加大对农村人口市民化的推动力度，提供便利的户籍迁移和社会保障政策，引导农村居民进入县城，享受县城的公共服务和福利。

（五）加强城乡规划和土地利用管控

城镇化建设政策体系提出了加强四川城乡规划和土地利用管控的目标和要求。通过城镇化建设政策体系，加强对城乡规划的整合和统一，制定县城总体规划和分区规划，明确县城的发展方向和重点。加强土地利用管控，推动土地资源的集约利用，鼓励农村集体经济组织和农民合作社参与土地流转和开发，提高土地利用效率。

（六）促进社会事业发展和公共服务供给

城镇化建设政策体系提出了加强四川县城社会事业发展和公共服务供给的目标和要求。通过城镇化建设政策体系，加大对教育、医疗、文化、体育等方面的投入，改善农村地区的公共服务设施和服务水平，提高农民的生活质量和幸福感。县城政府还应加强社会保障体系的建设，完善农村社会保障制度，包括养老保险、医疗保险、失业保险等，保障农村居民的基本生活和社会保障需求。

三、四川县城城镇化建设政策体系存在的问题及挑战

四川城镇化建设政策体系在推动城市化进程和促进经济社会发展方面提供了有力的支撑和指导,但也面临城镇化发展不平衡不充分、土地资源利用效率不够高效和集约等问题和挑战。要解决这些问题,县城政府应加强政策的执行和监督,优化政策措施,因地制宜、分类施策进行补充和完善,以更好地服务于新型城镇化建设。

(一)不平衡不充分的城镇化发展

尽管四川省在城镇化建设方面取得了一定的成就,但四川县城城镇化发展仍然存在不平衡和不充分的问题。一方面,县城之间的发展差异较大,大城市周边县城和经济发达县城相对集聚了更多资源和人口,而一些中小县城和农村地区发展相对滞后。另一方面,城市化进程在一些地区进展缓慢,农村地区的基础设施、公共服务和产业发展水平仍然较低,农民的生活条件和社会保障有待改善。

(二)土地资源利用不够高效和集约

土地资源是城镇化发展的重要支撑,但四川县城土地资源利用存在一些问题。首先,一些地区存在土地浪费现象,部分土地资源被闲置、农用地被非农用地占用,导致土地资源利用效率不高。其次,土地规划和利用不够科学和系统,城市扩张过程中缺乏有效的土地节约和集约利用手段。这些问题限制了土地资源的高效利用和城市发展的可持续性。

(三)基础设施滞后和不平衡发展

城市基础设施是支撑县城发展和提升居民生活质量的重要条件,但在四川省县城的城镇化建设中,基础设施建设存在滞后和不平衡的问题。一方面,一些中小城市和农村地区的基础设施建设滞后,交通、供水、供电、通信等方面的设施不完善,制约了当地的发展潜力。另一方面,一些大城市和经济发达地区基础设施过剩,出现了设施闲置和资源浪费的情况。

(四)农民工返乡创业和农村人口市民化进程不平衡

城镇化建设政策体系鼓励农民工返乡创业和农村人口市民化,但在实施过程

中,部分农民工在返乡创业方面面临着创业难、融资难等困难,缺乏创业资金和技术支持。另外,农村人口市民化进程不平衡,部分地区的户籍政策和社会保障制度不完善,限制了农村居民进城落户和享受城市公共服务的条件。

(五)生态环境保护和可持续发展面临挑战

县城城镇化建设对环境的影响是不可忽视的,城市扩张和工业化进程带来了生态环境破坏和污染问题,如土地沙化、水资源紧缺、空气污染等。部分地区的城镇化建设存在过度消耗自然资源的问题,如过度开发土地和水资源,导致资源供应紧张和可持续发展难题。

(六)城乡发展不平衡和社会差距扩大

城镇化建设政策体系在一定程度上加剧了城乡发展不平衡和社会差距扩大的问题。城市发展带动了一些地区的经济增长和增加了就业机会,但同时也加剧了城乡收入差距和社会福利差异。农村地区的经济发展滞后,基础设施和公共服务水平较低,农民的收入和生活水平相对较低,形成了城乡发展差距和社会不平等问题。

四、健全县城城镇化建设政策体系的建议和路径

健全四川县城城镇化建设政策体系是推动城市化进程和实现经济社会可持续发展的关键。为此,需要从完善县城规划和管理、强化政策的协调性和连续性、加强政策执行的监督和评估三个方面提出建议和路径。

(一)完善县城规划和管理

制定县城长期规划和中长期发展目标,将县城发展纳入四川全省发展整体框架,注重县城空间布局的合理性和可持续性。考虑人口、产业、资源环境等因素,科学划定城市发展边界和功能区划,避免过度扩张和资源浪费。具体而言,加强土地使用权划拨和流转管理,提高土地利用效率和集约利用水平;推行土地增减挂钩制度,加强农村土地整治和闲置土地的开发利用,提高土地资源的供给能力;加强土地执法监管,严厉打击违法用地行为,保护农民和公众的合法权益;建立健全县城管理体制机制;加强县城管理职能和责任划分,形成政府、市场、社会各方共同参与的城市治理模式;加强县城基础设施和公共服务设施的规划建设和

管理，提升县城管理的效能和服务水平；加强城市安全和风险防控，提高县城的抗灾能力和应急管理水平。

（二）强化政策的协调性和连续性

建立跨部门、跨层级的协调机制，加强各部门之间的沟通和协作，确保城镇化建设政策的协调一致性，注重城乡一体化发展，促进城乡经济社会协调发展，避免城乡发展差距进一步拉大。在强化政策的协调性和连续性时，需要加强政策衔接和过渡安排，确保城镇化建设政策的连续性和稳定性；及时修订和完善相关法律法规，解决政策交叉和矛盾问题，提高政策的可操作性和执行效果。为促进四川县城新型城镇化建设，鼓励各地方政府和相关部门在政策制定和实施中进行创新尝试，提供支持和奖励机制，鼓励地方政府积极探索适应本地特点的城镇化建设路径，推动经济发展和社会进步。同时，建立新型城镇化建设的经验分享机制，促进各地之间的交流与学习，加强合作和协同发展。县城应注重城镇化与产业发展的协同推进，通过引导和支持产业的转型升级，提高经济发展的质量和效益；鼓励发展新兴产业和高端制造业，培育创新型企业和人才，推动产业链的完善和优化，提升经济竞争力和可持续发展能力。

县城还应该加强人才培养和教育体系建设，提高人才培养质量和适应城镇化建设的能力。鼓励高校和科研机构开展与城镇化相关的研究和创新，提供人才支持和智力支持。同时，加强人才引进和留住政策，吸引高层次人才和专业人才到四川从事城镇化建设和相关行业；鼓励社会组织、企业和居民积极参与城镇化建设，形成多元化的发展合力；加强与社会组织的合作，共同推动城镇化建设的规划和实施；加强民众参与，提高信息公开透明度，广泛听取民意和意见，加强社会治理和公共参与，确保城镇化建设符合广大民众的利益和期待。

（三）加强政策执行的监督和评估

加强对县城新型城镇化建设政策执行情况的监督和检查，加强政策执行的透明度和问责机制。在政策执行的监督和检查方面：第一，加强社会监督，鼓励公众参与政策执行的评估和监督，推动政府行为的公开和透明，定期评估城镇化建设政策的实施效果，及时发现问题和不足，提出改进和优化的建议。第二，建立健全政策评估的指标体系，定量和定性评估政策的经济、社会和环境效益，为政策调整和决策提供科学依据。第三，与其他地区和国内外针对城镇化建设经验进行交流和学习，吸取他们的成功经验和教训，为四川县城新型城镇化建设提供借鉴和参考。第四，加强学术研究和政策咨询，提供理论和实践支持，为政策的制定和实施提供智库支持。

通过制定科学的长期规划，划定合理的县城发展边界和功能区划，提高土地利用效率，加强基础设施和公共服务设施建设。建立跨部门、跨层级的协调机制，加强政策衔接和过渡安排，修订完善相关法律法规，鼓励地方创新和经验分享，促进城乡经济社会协调发展。加强政策执行的监督和评估，建立健全的监督体系，加强政策执行的监督和检查，提高政策执行的透明度，建立问责机制，定期评估政策实施效果，及时发现问题和不足，推动政策的持续优化和改进。这些将为四川新型城镇化建设提供坚实的政策支持，推动城市化进程和促进经济社会发展。

参 考 文 献

车艳秋，2017. 以人民为中心的新型城镇化的内涵和路径研究[J]. 经济研究参考（58）：66-69.
陈健生，魏静，2016. 县域新型城镇化与新农村建设融合发展评价研究：以四川省为例[J]. 经济体制改革（1）：91-96.
陈明星，叶超，陆大道，等，2019. 中国特色新型城镇化理论内涵的认知与建构[J]. 地理学报，74（4）：633-647.
陈心颖，2020. 新型城镇化中"人"的现代化解读[J]. 福建论坛（人文社会科学版）（2）：36-44.
陈燕妮，2019. 新时代中国特色新型城镇化思想探析[J]. 学习论坛，35（12）：42-49.
邓生菊，陈炜，2021. 中国新型城镇化与农业现代化互促共进的成功案例：实践探索与经验启示[J]. 社科纵横，36（4）：44-51.
丁俊华，蔡继明，2022. 现行土地制度对我国城市化进程的制约及因应之策[J]. 河南大学学报（社会科学版），62（1）：14-20，152.
董婕妍，郭凯峰，2021. 推进以县城为重要载体的新型城镇化建设的思考：以曲靖市陆良县"中三马"一体化发展为例[J]. 太原城市职业技术学院学报（6）：16-18.
董晓峰，杨春志，刘星光，2017. 中国新型城镇化理论探讨[J]. 城市发展研究，24（1）：26-34.
方圆，2019. 乡村旅游在促进新型城镇化发展中的作用分析[J]. 农业经济（12）：29-30.
冯雪彬，张建英，2020. 农业现代化与新型城镇化耦合协调路径研究[J]. 农业经济（10）：23-25.
高强，程长明，曾恒源，2022. 以县城为载体推进新型城镇化建设：逻辑理路与发展进路[J]. 新疆师范大学学报（哲学社会科学版），43（6）：61-71.
韩云，陈迪宇，王政，等，2019. 改革开放40年城镇化的历程、经验与展望[J]. 宏观经济管理（2）：29-34.
河南省社会科学院课题组，王建国，2021. 河南实施新型城镇化战略的时代意义和实践路径[J]. 中州学刊（12）：26-31.
胡祖才，2021. 完善新型城镇化战略提升城镇化发展质量[J]. 宏观经济管理（11）：1-3，14.
黄锟，2020. 新型城镇化建设的新使命、新内涵、新要求[J]. 人民论坛（34）：56-59.
孔祥智，何欣玮，2022. 乡村振兴背景下县域新型城镇化的战略指向与路径选择[J]. 新疆师范大学学报（哲学社会科学版），43（6）：72-83.
雷刚，2022. 县城的纽带功能、驿站特性与接续式城镇化[J]. 东岳论丛，43（3）：138-145.
李博，左停，2016. 从"去农"向"融农"：包容性城镇化的实践探析与路径选择：以京津冀区域A镇的城镇化为例[J]. 现代经济探讨（8）：63-67.
李兰冰，高雪莲，黄玖立，2020. "十四五"时期中国新型城镇化发展重大问题展望[J]. 管理世界，36（11）：7-22.
李涛，2017. 经济新常态下特色小镇建设的内涵与融资渠道分析[J]. 世界农业（9）：75-81.
李源，郭祥林，2021. 人的城镇化：内涵、问题与对策[J]. 人民论坛·学术前沿（6）：104-107.

林闽钢，周庆刚，2015. 新型城镇化进程中人的现代化：以江苏为例[J]. 新视野（1）：74-78.
刘炳辉，熊万胜，2021. 县城：新时代中国城镇化转型升级的关键空间布局[J]. 中州学刊（1）：1-6.
刘秉镰，汪旭，边杨，2021. 新发展格局下我国城市高质量发展的理论解析与路径选择[J]. 改革（4）：15-23.
刘高，刘久莹，2022. 新型城镇化建设的"双沟实践"[J]. 学习月刊（3）：39-40.
刘国斌，朱先声，2018. 特色小镇建设与新型城镇化道路研究[J]. 税务与经济（3）：42-49.
刘莉，2022. 云南省新型城镇化高质量发展研究[D]. 昆明：云南财经大学.
刘士林，2018. 改革开放以来中国城市群的发展历程与未来愿景[J]. 甘肃社会科学（5）：1-9.
刘晓玉，2015. 借鉴与探索：河南新型城镇化发展再思考[J]. 学习论坛，31（4）：43-45.
陆铭，2022. 中国城市化存在的问题及当前的改革[J]. 广西财经学院学报，35（3）：1-11.
陆小成，万千，2016. 新型城镇化的空间生产与网络治理：基于五大发展理念的视角[J]. 西南民族大学学报（人文社科版），37（9）：119-126.
罗必良，洪炜杰，2021. 城镇化路径选择：福利维度的考察[J]. 农业经济问题，42（9）：5-17.
马黎明，2015. 传统农业乡镇城镇化的实践逻辑：以山东省平阴县孝直镇为例[J]. 晋阳学刊（4）：95-100.
彭青，田学斌，2022. 积极推进县城城镇化建设[J]. 理论探索（4）：101-107.
任呆，赵蕊，2022. 中国新型城镇化内涵演进机理、制约因素及政策建议[J]. 区域经济评论（3）：57-65.
任远，2014. 人的城镇化：新型城镇化的本质研究[J]. 复旦学报（社会科学版），56（4）：134-139.
石建勋，邓嘉纬，辛沛远，2022. 以县城为重要载体推动新型城镇现代化建设的内涵、特点、价值意蕴及实施路径[J]. 新疆师范大学学报（哲学社会科学版），43（5）：47-56，2.
宋连胜，金月华，2016. 论新型城镇化的本质内涵[J]. 山东社会科学（4）：47-51.
苏红键，2021. 中国县域城镇化的基础、趋势与推进思路[J]. 经济学家（5）：110-119.
苏斯彬，张旭亮，2016. 浙江特色小镇在新型城镇化中的实践模式探析[J]. 宏观经济管理（10）：73-75，80.
谭荣华，杜坤伦，2018. 特色小镇"产业+金融"发展模式研究[J]. 西南金融（3）：3-9.
王广兴，2020. 沿黄地区推进新型城镇化高质量发展的实践探索：以河南省焦作市为例[J]. 改革与开放（16）：1-5.
王婷，缪小林，2016. 中国城镇化：演进逻辑与政策启示[J]. 西北人口，37（5）：57-63.
王雅红，朱连超，宋雪，2021. 推进以县城为重要载体的新型城镇化建设路径研究：以新民市为例[J]. 辽宁经济（3）：45-54.
王耀，何泽军，安琪，2018. 县域城镇化高质量发展的制约与突破[J]. 中州学刊（8）：31-36.
吴宇哲，任宇航，2021. 以县城为重要载体的新型城镇化建设探讨：基于集聚指数的分析框架[J]. 郑州大学学报（哲学社会科学版），54（6）：65-71.
吴越涛，刘春雨，2021. 加快推进县城补短板强弱项研究[J]. 宏观经济管理（11）：9-11.
谢天成，施祖麟，2015. 中国特色新型城镇化概念、目标与速度研究[J]. 经济问题探索（6）：112-117.
辛宝英，2020. 城乡融合的新型城镇化战略：实现路径与推进策略[J]. 山东社会科学（5）：117-122.

徐灿，2018. 新型城镇化的本源意义探讨[J]. 怀化学院学报，37（7）：50-53.

杨传开，朱建江，2018. 乡村振兴战略下的中小城市和小城镇发展困境与路径研究[J]. 城市发展研究，25（11）：1-7.

杨佩卿，2022. 新型城镇化和乡村振兴协同推进路径探析：基于陕西实践探索的案例[J]. 西北农林科技大学学报（社会科学版），22（1）：34-45.

杨佩卿，姚慧琴，2016. 西部城镇化的历史演变、特征及未来路径[J]. 西北大学学报（哲学社会科学版），46（2）：107-113.

杨仪青，2015. 区域协调发展视角下我国新型城镇化建设路径探析[J]. 现代经济探讨（5）：35-39.

甄小英，2016. 把党建优势转化为经济社会发展新优势：海南省琼海市以党建促进新型城镇化建设的实践与思考[J]. 中国党政干部论坛（10）：89-92.

章胜峰，2021. 国家新型城镇化综合试点的金华汤溪实践研究[J]. 金华职业技术学院学报，21（2）：15-19.

张秋仪，张杨，杨培峰，等，2021. 我国城乡融合发展演化过程及福州实践[J]. 规划师，37（5）：25-31.

张蔚文，麻玉琦，李学文，等，2021. 现代化视野下的中国新型城镇化[J]. 城市发展研究，28（7）：8-13，26.

张新生，2016. 旅游推动城镇化建设的典型模式与问题研究[J]. 四川师范大学学报（社会科学版），43（1）：72-80.

张学军，李丽娜，2018. 特色小镇：当代中国乡村振兴战略的典型实践[J]. 河北学刊，38（6）：207-211.

张琦英，2016. 新型城镇化背景下创新型乡镇建设：以江苏苏州为例[J]. 商业经济研究（5）：125-126.

赵永平，2016. 中国城镇化演进轨迹、现实困境与转型方向[J]. 经济问题探索（5）：130-137.

赵振宇，丁晓斐，2017. "以人为核心"新型城镇化：内涵、约束及政策保障[J]. 宁波大学学报（人文科学版），30（3）：117-121.

周敏，林凯旋，王勇，等，2021. 新型城镇化建设：战略转向与实施路径[J]. 规划师，37（1）：21-28.

朱鹏华，2020. 新中国70年城镇化的历程、成就与启示[J]. 山东社会科学（4）：107-114.

卓玛草，2019. 新时代乡村振兴与新型城镇化融合发展的理论依据与实现路径[J]. 经济学家（1）：104-112.

左停，赵泽宇，2022. 共同富裕视域下县城新型城镇化：叙事逻辑、主要挑战与推进理路[J]. 新疆师范大学学报（哲学社会科学版），43（6）：84-97.

左雯敏，樊仁敬，迟孟昕，2017. 新中国城镇化演进的四个阶段及其特征：基于城乡关系视角的考察[J]. 湖南农业大学学报（社会科学版），18（3）：44-49.

Antrop M，2004. Landscape change and the urbanization process in Europe[J]. Landscape and Urban Planning，67（1/2/3/4）：9-26.

Howard E，Osborn F J，Mumford L，2013.Garden Cities of Tomorrow[M]. London：Taylor and Francis.

Inkeles A，1993. Industrialization，modernization and the quality of life[J]. International Journal of

Comparative Sociology, 34 (1/2): 1-23.
Jacobs J, 2000. The Death and Life of Great American Cities[M]. London: Pimlico.
Le Corbusier, 1929. The City of Tomorrow and Its Planning[M]. Cambridge: Mass MIT Press.
McGee T G, 1991. The Emergence of Desakota Regions in Asia: Expanding A Hypothesis[M]. Honolulu: University of Hawaii Press.
Moomaw R L, Shatter A M, 1996.Urbanization and economic development: A bias toward large cities? [J]. Journal of Urban Economics, 40 (1): 13-37.
Mumford L, 1961. The City in History: Its Origins, Its Transformations, and Its Prospects [M]. New York: Harcourt Brace.
Stimson, 2011. Investigating Quality of Urban Life[M]. London: Springer.
Serda A, 1867. The Basic Theory of Urbanization, Spanish: Grupo Planeta[M]. London: Macmillan.